U1010665

教育部人文社会科学研究规划基金项目
《学龄前儿童身体动作的游戏设计及效果评估》
项目批准号：14YJA890021

学龄前儿童身体动作的游戏设计及其效果评估

张 莹 著

北京体育大学出版社

策划编辑： 赵海宁
责任编辑： 赵海宁
责任校对： 韩培付
版式设计： 杨　俊

图书在版编目（CIP）数据

学龄前儿童身体动作的游戏设计及其效果评估 / 张莹著. -- 北京 : 北京体育大学出版社, 2018.7（2021.3重印）
ISBN 978-7-5644-2965-2

Ⅰ. ①学… Ⅱ. ①张… Ⅲ. ①游戏课—教学研究—学前教育 Ⅳ. ①G613.7

中国版本图书馆CIP数据核字(2018)第161937号

学龄前儿童身体动作的游戏设计及其效果评估
XUELINGQIAN ERTONG SHENTI DONGZUO DE YOUXI SHEJI JIQI XIAOGUO PINGGU

张　莹　著

出版发行：北京体育大学出版社
地　　址：北京市海淀区农大南路1号院2号楼2层办公B-212
邮　　编：100084
网　　址：http：//cbs.bsu.edu.cn
发 行 部：010-62989320
邮 购 部：北京体育大学出版社读者服务部 010-62989432
印　　刷：北京昌联印刷有限公司
开　　本：710 mm × 1000 mm　1/16
成品尺寸：170 mm × 228 mm
印　　张：36
字　　数：561 千字
版　　次：2018年7月第1版
印　　次：2021年3月第2次印刷
定　　价：148.00元

（本书如有印装质量问题，请与出版社联系调换）
版权所有 · 侵权必究

序

幼儿时期，是一个人从出生到生长发育基本成熟近20年的一个重要阶段。

由于大脑和神经系统发育先于其他各个器官，因此这个阶段又是智力发育，性格、情感、认知形成，速度、灵敏、协调、平衡等身体素质和基本动作技能发展的一个重要阶段。用体育界的行话讲，幼儿时期是这些基本身体素质自然增长的敏感期。在这个敏感期，如果进行科学的运动干预，其效果更好。

2000年，幼儿体质测试纳入国民体质监测系统后，对幼儿体育的关注开始进入体育工作者的视野。但是，真正潜心研究幼儿体育的学者仍属凤毛麟角。

在这种背景下，张莹博士从她的博士学位论文选题开始，力排众议，毅然地选择了这个方向（我是支持这个选题为数不多的导师之一）。经过十多年的研究与实践，张莹博士初步构建了关于幼儿体育理论和方法体系的框架。

《学龄前儿童身体动作的游戏设计及其效果评估》一书，较系统地论述了学龄前儿童动作技能学习特点、身体动作的基本特征和发展取向、体育游戏与幼儿动作发展、游戏干预的基本理论、身体动作的游戏设计、体育游戏中的运动负荷调控、身体动作的游戏教学，以及身体动作游戏的效果评估等。

本书是在进行幼儿体质监测后，关于如何进行有效运动干预的一本重要专著和参考书。它可以开阔幼儿教育工作者的眼界和思路，助力幼儿体育工作取得更显著的效果。

我作为一个老体质研究工作者，由衷地为张莹博士点赞，并祝愿她在这个领域继续更深入地研究下去。

最后，我想用一句古话作为结尾：海到无边天作岸，山登绝顶我为峰。

邢文华

2018年9月1日

前　言[1]

在高度机械化和自动化的社会中，便利的生活条件让幼儿的运动空间越来越小。媒体传播和电子游戏行业的不断壮大，造成幼儿体验自然世界的资源日益贫乏。学龄前阶段对个体今后的继续发展具有决定性的影响，精细动作、粗大动作发展是幼儿成长的重要组成部分，动作发展水平决定了其运动能力的高低。体质的强弱与一个人的运动能力有很大的关联，运动能力的高低将直接影响幼儿的体质健康状况。同时，幼儿动作技能的顺利、正常发展为其将来参加集体运动项目，增强自信奠定了基础。研究表明，动作技能发展落后的幼儿，在入学后，由于经常遭受运动上的挫折，自信心和同伴关系都会受到不良影响。运动能力的发展是幼儿发展的基石。运动能力的发展是幼儿认知、个性、社会性发展的中介与桥梁。运动是开启幼儿智慧的钥匙，是培养幼儿优良品德的摇篮，是幼儿社会化的沃土。运动创造健康快乐的人生。

体育游戏因具有提高动作技能，增强身体意识与自尊，促进认知与学习、社会性发展，增进积极的情绪情感与心理健康等综合性功效而愈加受到人们的重视。让幼儿学会体育游戏，并透过游戏中的运动实施认知、情感、社会性、健康等多方面的教育理念在幼儿园教育中越来越具有主导地位。然而，与当前幼儿园、家庭和幼儿对体育游戏的期待和热情不相符的是，研究者对幼儿体育游戏基本理论的关注明显不足，在体育游戏的设计和实施等方面缺乏相应的研究。综观当前幼儿园，“自主性体育游戏”已经形成了热潮，但很少有学者通过幼儿体育

[1]　本书的研究对象“学龄前（学前期）儿童”，特指3~6岁年龄段幼儿。书中根据具体情境需要使用“幼儿”“学前幼儿”“儿童”等词汇时，均代表“学龄前儿童”。

游戏的学习过程，系统分析他们学习的特点。

《3~6岁儿童学习与发展指南》提出，幼儿的学习方式是以游戏为主。动作的发展在幼儿教育和生活中是通过游戏来实现的，是幼儿体育教育的重要方式。符合幼儿兴趣和身心发展特点的游戏设计，能促进幼儿身体动作的发展，增强幼儿体质。在教学活动中，教师们选择体育游戏更多的是直接参考教学资料或者看幼儿是否感兴趣，缺乏针对幼儿实际动作发展现状的体育游戏。文献表明，关于游戏设计的内容研究者更多的是集中在教育游戏类、网络游戏或者某一能力的设计，对幼儿身体动作发展的游戏设计少之又少。3~6岁是个体运动能力发展与性格形成的关键期。如何根据3~6岁幼儿的动作发展特点设计身体动作游戏，设计原则是什么？设计方法与步骤是什么？运动中，幼儿的运动能力是如何习得的，如何促进幼儿运动能力的发展，幼儿是如何学习的，怎样接受信息，每次活动安排多少个教学内容比较适宜，重复练习多少次能比较好地掌握动作技能，哪种学习方式是与他们的年龄相匹配的，该如何引导他们的兴趣等一系列问题都有待我们去进一步深究，了解这些不仅对制订体育游戏计划很重要，而且还将为体育游戏的开展与推广，特别是对体育游戏的指导提供证据，为幼儿养成终身锻炼习惯、良好的性格，以及亲社会行为打下良好的基础。《幼儿园教育指导纲要（试行）》指出："教育评价是幼儿园教育工作的重要组成部分，是了解教育适宜性、有效性，调整和改进工作，促进每一个幼儿发展，提高教育质量的必要手段。""评价的过程，是教师运用专业知识审视教育实践，发现、分析、研究、解决问题的过程，也是其自我成长的重要途径。"对于幼儿动作发展水平和游戏设计效果是否适宜、是否有效，即要回答"评价什么""为什么评价""怎么评"的问题。《幼儿园教师专业标准（试行）》也指出教师应掌握观察、谈话、记录等了解幼儿的基本方法，在教育活动中观察幼儿，根据他们的表现和需要，调整活动，给予适宜的指导，有效地运用观察、谈话等方法，客观地、全面地了解和评价幼儿。但是，目前针对体育活动中的观察与记录的研究并不多见，从这一方面来看，本书也可以为教师提供相应的观察方法与记录方法。虽然，目前对于体育游戏的相关评价较为匮乏，但是本书来源于实践的游戏评价方式也可以为游戏设计的适宜性与有效性提供一定的参考。另外，本书对于我国幼儿基本动作进行分析，同时介绍了国际上较为常用的一些动作发展评价方法，也可以为相关动作发展水平评价提供一定的参考与借鉴。

本书系教育部人文社会科学研究规划基金项目《学龄前儿童身体动作的游戏设计及其效果评估》（项目批准号：14YJA890021）研究成果，是笔者在结合多年教学和研究的基础上，吸收国内外的研究成果而撰写的一部新著。针对目前我国幼教工作者在幼儿园体育游戏设计中存在的不同年龄段幼儿动作发展水平的确定、游戏内容的选取、教学语言的设计与应用等困境，本书试图立足于我国幼儿身体动作的学习特点、动作发展特征，借鉴国外幼儿动作发展取向，确定我国幼儿身体动作的游戏内容。分析我国经典体育游戏的设计特点，根据游戏干预的基本理论，设计符合幼儿身心发展特点的体育游戏，并通过相应的方法对身体动作游戏的效果进行评估。

本书主要服务对3~6岁幼儿教育有兴趣，或者从事幼儿教育相关工作的人员。对这些人来说，知道如何设计身体动作的游戏，以及了解游戏效果评估方式是非常宝贵的技能。笔者由衷地希望这本书对幼儿教育的研究者和实践工作者思考和指导幼儿园的体育游戏有所帮助。多年来，许多幼儿园和教师热情地参与了笔者所进行的、以体育游戏为基本活动的幼儿园教学的研究。他们的实践提供了许多宝贵的经验和生动鲜活的案例。同时，与笔者一起进行研究的夏琼博士，研究生朱丽雅、王翠、黄璐璐、陈若阳、陈慧慧也为本课题贡献了他们的智慧和辛勤劳动，为本书的顺利出版打下了坚实的基础。在此，表示诚挚的感谢。

本书的特色之一是呈现了不同教师的教学方案。由于教师的游戏理念具有一定的差异性，为了更好地表达他们的游戏设计特点，且考虑到不同类型游戏适合教学的方式各异，因此，教学方案也以表格式和文字大纲式两种形式存在。另外，由于书中的图片均为在实践研究过程中抓拍的，故存在清晰度不高和拍摄效果欠专业等问题，笔者考虑到这些图片均为当时情境的真实反馈，且图片大多作用为示意而非示范，再去摆拍也很难还原当时的情境，故在综合衡量后，决定还是保留原图片。为此给各位读者带来的不便，笔者深感歉意。

虽然本课题即将结题，但学无止境，本书只是笔者对幼儿体育游戏问题的探索和思考的阶段性总结。由于笔者学识浅陋，难免有许多不足之处，热忱希望各位专家、同行和读者不吝赐教，批评指正。

目录 Contents

第一章　学龄前儿童身体动作概述

【本章目标】

阅读完本章之后，你应该可以：

◆ 了解身体动作的基本概念。

◆ 掌握身体动作的构成要素和分类。

◆ 了解学龄前儿童身体特征。

◆ 明确身体动作对学龄前儿童发展的价值。

第一节　身体动作的概念

动作是人日常生活中重要的一部分，没有动作人类便无法生存、无法从事生产工作，动作是个体的基本能力[1]，动作是人类行为的基本要素。有些动作来自先天遗传，如抓握反射、快速眨眼；有些动作是后天习得，如跑、跳、跳绳等。后天习得的动作通常被称为技能。动作是个体与外界环境相互作用的主要手段，对个体起着保障生存与促进发展的双重作用。脑科学的研究表明，动作活动的结果会导致大脑感知运动控制系统的重组，从而促进大脑结构的完善，为个体早期心理的发展奠定良好的基础。由于动作及动作发展对于个体发展有着广泛

[1]　董奇，陶沙. 动作与心理发展[M]. 北京：北京师范大学出版社，2004:3-5.

而深刻的影响，因此，动作习得与发展规律等方面的问题一直是发展心理学研究中的重要课题。

库伯和格拉索认为，虽然某些动作形式是天生的，但仍然需要学习经验，以增进动作技能的发展。他们还认为，这些动作形式是在学习者合乎自然的、发展的各个关键阶段出现的，要促进技能发展，就应该在动作协调基础的发展阶段及时地实施动作教育。如果学习者神经系统已做好准备，而不提供练习这些基本动作形式的经验，这些形式也许会因为错过了发展的敏感期和关键期，而永远不可能达到其全部的潜能。在幼儿发展的最初两年，接受刺激的数量比刺激的类型更为重要。在个体生命的早期，幼儿发展主要体现在动作的发展上，语言能力的局限使得动作的发展成为观察幼儿发展的重要窗口。

一、身体动作的含义

运动学认为，动作主要被视为在一定的时间和空间限定下，肢体、躯干的肌肉、骨骼、关节协同活动的模式。它既可以指由多个部分共同构成的完整活动模式，也可以指某一部分的特定活动模式[1]。比如，立定跳远是全身大部分肌肉、骨骼和关节参与的位移动作模式，包括手臂摆动、下肢的蹬地、起跳、腾空、落地等系列动作。

人们常常会把动作与运动混为一谈，两者的定义相似，但在涉及练习和康复时，它们所指的却是不同的事物。动作，即为一个在自身动力作用下发挥着功能的身体在改变姿势时所产生的行动[2]；运动可能代表着在一个或一组身体环节之内可达到的柔韧性范围。动作与基本的和高级的全身活动有关。运动，如肩关节弯曲180度，经常与方向性、自由度的一个专门量度有关。运动是动作的一个组成部分，动作包括稳定性、平衡、姿势控制、协调和感知[3]。运动技术则是指个体发挥身体能力，有效地完成动作的方法。每个运动技术都由一系列合理排序的

[1] GREG PAYNE，耿培新，等. 人类动作发展概论[M]. 北京：人民教育出版社，2008：355.

[2] 张英波. 动作学习与控制[M]. 北京：北京体育大学出版社，2011：11-13.

[3] GRAY COOK. 动作：功能动作训练体系[M]. 张英波，等译. 北京：北京体育大学出版社，2011：5-7.

动作所构成；每一个技术动作都由开始、进行和结束三个部分所组成。在连续或组合动作中，前一动作的结束部分往往又是后一动作的开始或准备部分。

动作的发展影响到个体的成长，动作与生活环境密切相关。动作也因不同的情况和年龄而表现出不同的含义。Grupe从日常生活出发，从四个不同维度归纳出人的动作的意义：①工具意义。动作在日常生活、体育游戏、工作、人际交往中，被当作达到、实现或制作某物的工具而机械地广泛运用。通过动作去挤压、制作、触摸等，同时也包含了能去体验、证明和改变的意义。②感知和体验意义。通过动作来获取关于身体、事物的物理性质和对周围人的认知。这些活动是有目的地寻找和获取经验。③社会意义。个体通过动作和他人建立人际关系，或通过动作把某些想法表达出来，如招手、拥抱等，这些都具有传递信息的特征，归属于礼仪。④个体意义。在活动中运用动作不断地经历和体验自我，同时也改变和实现自我。其中任何一个意义，都会因个体所处的发展阶段或生活时期不同而表现出完全不一样的比例。对幼儿而言，探索性体验的意义占据主要地位。上述意义可以重叠，经常是一个事实和多个意义同时凸显出来。不同的教育目的，动作会呈现不同的观点。目标决定采取的措施或者选择的内容，如强调探索意义时，需要给幼儿提供相应的器材，他们能亲身体验所有的物品，找出它的使用方法。幼儿通过积极的活动达到对环境的掌控，通过其行为和行为的结果识别自身。教育的框架条件是为幼儿能形成自己的力量和能力而设置的促进发展的环境。当周围环境不足以满足幼儿自发、自觉的行为时，“有准备的环境”尤为重要。

二、动作的相关概念

（一）动作技能

在动作学习的过程中，常常会运用动作技能学习表达。《体育科学词典》中解释，动作技能为按照一定的技术要求完成某种动作的能力。一个动作技能可能既不是基本动作技能，也不是特殊动作技能，而是一系列精确的动作表现。在动作技能中更为强调动作的控制。基本动作技能则是指一些有组织的基本动作，涵盖两个以上三个部位之动作的结合。

（二）动作模式

动作模式则是一组组织化的相关动作。一个动作模式，包含了一个单独动作本身及其外在的动作表现[1]（图1-1）。例如，立定跳远、单脚跳等基本动作。它们只代表一个有组织的序列性动作，只强调动作，忽视动作的精确性、控制性和简明性。

图1–1　幼儿动作模式

（三）体育锻炼

要了解体育锻炼，必须先了解体力活动（Physical activity）。体力活动是指身体在骨骼肌收缩下，保持身体移动和持续消耗能量的过程。体育锻炼是指有计划、有组织、反复进行的身体活动，其目的是增强或保持体质和健康水平，属于体力活动的一种[2]。

（四）体能素质

体能素质是指在从事身体运动时所表现出来的能力，它包括身体素质和基本运动能力这两方面的发展水平。体能发展的过程，是促进人体形态、结构和生理机能协调发展的过程。身体素质包括力量、耐力、速度、柔韧、灵敏和协调

[1]　GALLAHUE D L. 儿童发展与身体教育[M]. 许义雄，译. 台北：麦格罗・希尔有限公司，2000:22-23.

[2]　田野. 运动生理学高级教程[M]. 北京：高等教育出版社, 2003: 692-695.

性[1]。幼儿体能是指个体经过先天遗传和后天身体锻炼而获得的，在3~6岁这个年龄段，从事一切身体活动时所表现出来的基本运动能力。它是由身体素质和基本运动能力的发展水平所决定的[2]。其中，身体素质是幼儿体能最主要的决定因素，包括速度、力量、耐力、平衡、柔韧、灵敏等；基本运动能力，是指幼儿在日常生活和社会实践活动中所必需的、最基本的身体活动的技能，如走、跑、跳、投、攀、钻等动作，有时也称为基本动作。基本运动能力是幼儿体能的外在表现形式。幼儿体能的发展是通过基本运动能力去实现的，基本运动能力的高低由身体素质的高低决定，身体素质的高低由身体内在机能所决定，最后落实到了机体的神经肌肉、身体成分、心肺耐力、柔韧性，以及肌力和肌耐力等方面，它们之间也是相互影响的（图1-2）。

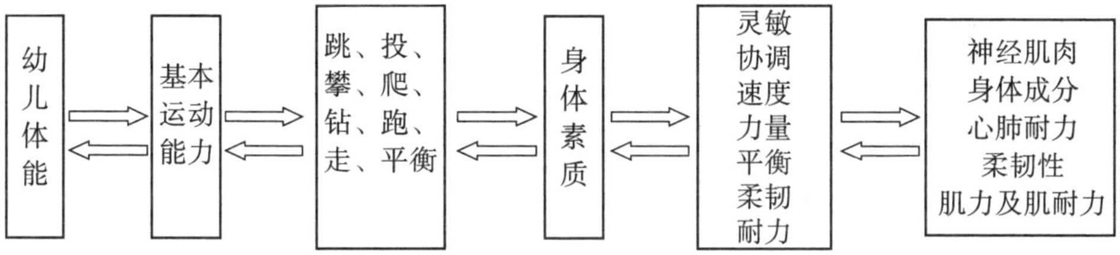

图1-2　幼儿体能的基本构成要素

三、动作的构成要素

（一）根据动作的内在结构划分

从动作的内在结构来看，动作的构成要素是指构成技术动作的各个因素[3]，主要包括身体姿势、动作轨迹、动作时间、动作速度、动作速率、动作力量和动作节奏等要素[4]。

（1）身体姿势：指在动作过程中，身体或身体各部分所处的状态及身体各部

[1] 刘馨.学前儿童体育[M].北京：北京师范大学出版社,2009:35-38.
[2] 张莹.幼儿期体能练习研究[M].北京：北京体育大学出版社，2015:28-31.
[3] 龙春生.运动训练学[M].北京：北京体育大学出版社，2011: 341-343.
[4] 田麦久.运动训练学[M].北京：北京体育大学出版社，2008: 235-236.

位在空间所处的位置关系。可分为开始姿势、动作进行过程中的姿势和结束姿势。

（2）动作轨迹：指在做动作时，身体或身体某部分所移动的路线。包括轨迹形状（直线、曲线、弧线等）、轨迹方向（前、后、左、右、上、下六个基本方向及各种旋转与环绕等）和轨迹幅度（长度、角度）。

（3）动作时间：指完成动作所需要的时间。包括完成动作的总时间（完成动作所需要的全部时间）和各个部分的操作时间（完成动作的某一环节所需要的时间）。

（4）动作速度：指在单位时间里身体或身体某一部分移动的距离。包括平均速度、瞬时速度、初速度、末速度、角速度和加速度等。

（5）动作速率：指在单位时间内同一动作重复的时间。

（6）动作力量：指在完成动作时，身体或身体某部分克服阻力所用力的大小，是人体内力和外力相互作用的结果。

（7）动作节奏：指在完成动作过程中的时间特征。包括用力的大小、时间间隔的长短、动作幅度的大小及动作的快慢等要素。

（二）根据影响动作的因素划分

根据影响动作的因素，把动作的构成要素分为身体姿势、动作方向、动作幅度、动作路线、动作频率、动作速度、动作节奏等方面[5]。

（1）身体姿势：即为动作的外部表现形式，包括开始姿势、动作过程姿势和结束姿势。身体姿势的改变会影响到动作的难易程度和锻炼效果。比如，“大踢腿”时，绷脚尖和勾脚尖，其难易和效果都会不一样，勾脚尖难度较大，能起到拉长大腿后群肌肉及韧带的作用；而绷脚尖较为容易，主要起到拉长大腿股四头肌的作用。

（2）动作方向：即为动作运动的方向。动作方向不同，所影响的肌肉群也不同。体前屈时主要影响腰背肌肉，体后屈时主要影响腹背肌肉。

---

[5] 文岩. 幼儿体操教程（上）[M]. 北京：人民教育出版社，2012: 8-9.

（3）动作幅度：做动作时身体或身体某部分移动距离的大小。动作幅度加大，难度就相应加大。

（4）动作路线：做动作时，身体或身体某部位运动轨迹的连线。动作路线改变，对幼儿协调能力要求加大，难度加大。

（5）动作频率：指单位时间内动作重复的次数。在同一时间内，动作重复的次数越多，肌肉的负担量就越大。徒手操中，经常利用动作频率的变化来增减运动负荷。

（6）动作速度：指单位时间内身体或身体某些部位移动的距离。动作速度的快慢将直接影响运动负荷的大小，如跳跃运动，一拍一跳和一拍两跳的效果截然不同。

（7）动作节奏：主要表现在动作的快慢、强弱、用力和放松交替性地进行。如果动作节奏不好，不仅不容易掌握动作，还会影响到锻炼效果。

（三）教育学的视角

1. 根据动作的表现形式划分

Rudolf Laban（1971）认为，无论什么形式的运动，无论运动的目的是什么，可观察到的运动都可以分为以下四个主要元素：身体、动力、空间、关系。第一，身体：身体哪个部分移动？第二，动力：身体怎样移动？第三，空间：身体往何处移动？第四，关系：有什么关系存在？（图1-3）[1]

[1] GRAHAM G, HOLT/HALE S, PARKER M. Children Moving: A reflective approach to teaching physical education (6th).Mountain View,CA:Mayfield. 2002:2234-2237.

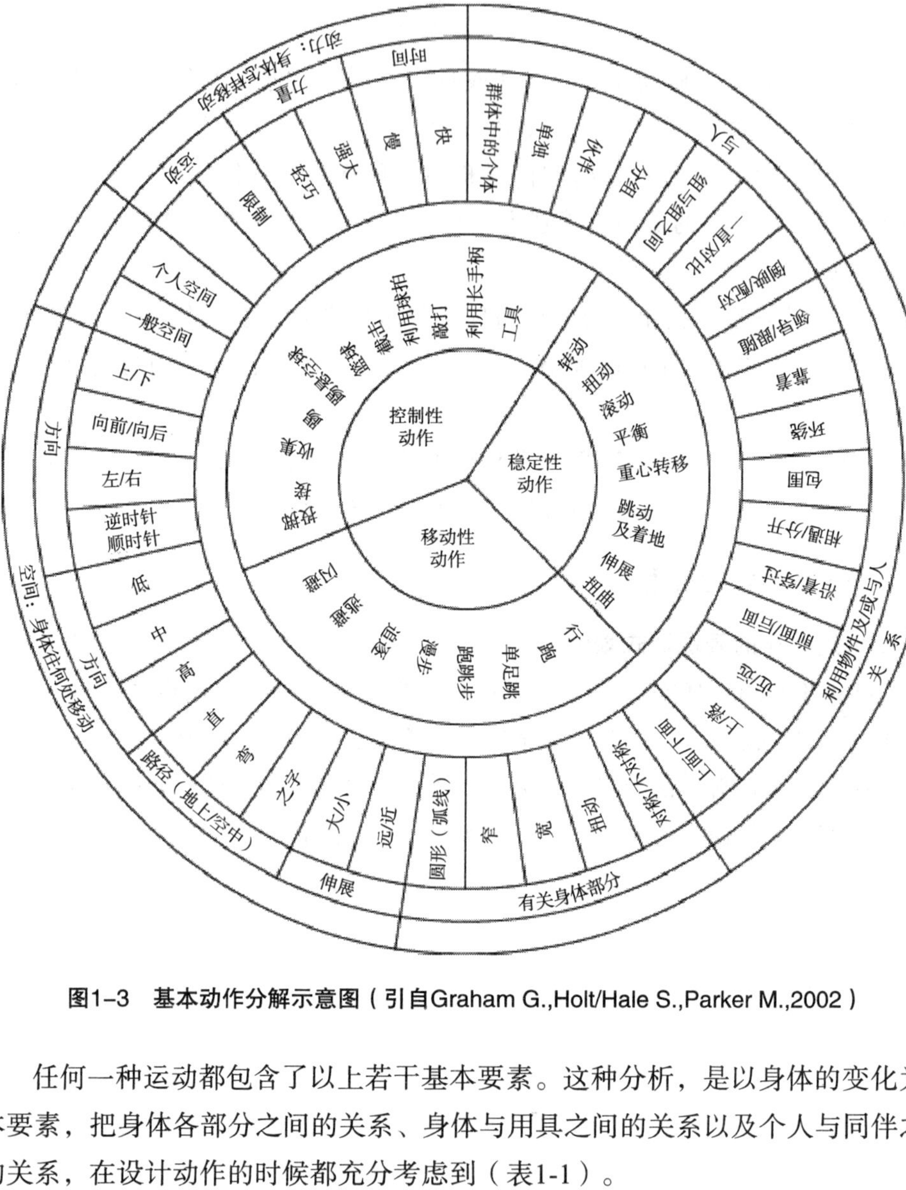

图1–3　基本动作分解示意图（引自Graham G.,Holt/Hale S.,Parker M.,2002）

任何一种运动都包含了以上若干基本要素。这种分析，是以身体的变化为基本要素，把身体各部分之间的关系、身体与用具之间的关系以及个人与同伴之间的关系，在设计动作的时候都充分考虑到（表1-1）。

表1-1 身体动作构成元素

身体 身体哪个部分移动？	动力 身体怎样移动？	空间 身体往何处移动？	关系 有什么关系存在？	其他类别
1. 全身的行动： 伸展、弯曲、扭曲、摇荡 2. 身体部分的行动： 支撑身体重量、 引导行动 接受重量/力量、 应用力量 3. 身体的动作： 移动性动作、 非移动性动作、 操控性动作 4. 身体形状 对称型、不对称型	1. 时间： 快、渐快、突然快、慢、渐慢、突然慢、保持着快/慢 2. 力量： 动量、强/弱、 重/轻；软、硬、 放松/紧张 3. 空间： 直线—直接 曲线—不直接 4. 游动： 自由限制、流畅/不流畅、可持续/可制止	1. 位置： 一般空间、个人空间 2. 方向： 前/后、左/右、上/下、逆时针/顺时针 3. 水平： 低、中、高、超高（器械/同伴） 4. 路径： 直线、曲线、弯线 } 地上/空中 5. 平面： 矢状面、额状面、水平面	1. 身体各部分： 上/下、前/后、开/合、近/远、相遇/分离 2. 个人与同伴： 连接/交替/轮流 提问/回答、领导/跟随 提升/被提升、单独/一致、越过上面/越过下面 3. 器械与设备： 越过上面/越过下面、近/远、登上/着落、前面/后面、包围、靠着；沿着/穿过、环绕	练习目标 场地区域 音乐 灯光 形式 视听器材 环境布置

根据这些元素，Laban把基本动作分为控制性动作、稳定性动作以及移动性动作。控制性动作是指操弄不同小型用具，如球、彩带、绳、圈、花环等发展幼儿操控技能的练习形式，包括投掷、接、收集、踢悬空球、拍球、截击、利用球拍敲打、利用长手柄工具敲打等。稳定性动作是指身体在活动时并没有移离原位的练习形式，包括转动、扭动、滚动、平衡、重量转移、跳动及着地、伸展和扭曲等。移动性动作是指身体从一点移到另一点的练习形式，包括行、跑、单足跳、跑跳步、滑步、追逐、逃避和闪避等。稳定性动作是控制性及移动性动作的基础。稳定性动作强调平衡——静态或动态的平衡，这种能力在技巧、体操、跳水及滑冰等项目中非常重要。而控制性动作不仅包含大肌肉动作也包含小肌肉动作，它所包含的投掷、接、踢等基本动作都可以转换为打网球、掷标枪、踢足球等基本技术。如果能熟练掌握移动性动作，如跑、跳、踢等技术，就能够用来从事如拍球过障碍物、助跑跳远等特定项目。移动性动作技能较为熟练时，

就能用作从事其他特殊的运动，如跳绳、网球掷远等。控制性动作技能不仅有大肌肉动作（Gross motor manipulation），而且还有精细肌肉动作（Fine motor manipulation）。大肌肉动作技能包含给予或接受某物的力量，即投、接、传、踢、挥、跳等基本的大肌肉动作。控制性动作技能是这些基本技能的精细化。例如，跳绳、网球掷远、传接篮球、踢足球等都包含掷、踢、跳等基本动作的精细化，更强调动作控制简明、精确（表1-2）。

表1-2　部分运动技能的重要基本动作技能

运动技能	稳定性动作技能	移动性动作技能	控制性动作技能
篮球	部分轴心动作技能：转身、躲避、防守、掩护、阻挡、切入、假动作	跑、跳、滑、走、跨	传、接、射、运、跳、阻挡、抢板球
足球	截、盯人、闪避、转	跑、跳、跨滑	踢、吊、抛、挡、传、运、接
体操	所有轴心动作技能：静态与动态平衡姿势	跑、垂直跳、跃、水平跳、跨跃、起跑	鞍马、跳马、双杠、单杠、吊环、爬绳
田径	所有轴心动作技能：动态平衡技能	跑、垂直跳、跃、水平跳、跨跃、起跑	网球掷远、投火箭、传接物、跨跳
舞蹈	所有轴心动作技能：静态与动态平衡姿势	跑、跳、跨、跃	掷、接

2. 根据涉及部位的活动划分

根据所涉及的全身各部位的活动分类，可以分为粗肌肉动作和精细肌肉动作。粗肌肉动作又叫大肌肉动作，是指由身体的大肌肉或肌肉群产生的动作，包括行走、跑、跳等；精细肌肉动作是指由身体的小肌肉或小肌肉群产生的动作，包括画画、书写、使用刀叉，以及弹奏乐器等。这种分类比较简化，不能深入分析较为复杂的动作，比如对踢球这类典型的由大肌肉群和小肌肉群共同完成的动作就难以深入分析。但是在管理上，这种分类却非常有用，对于促进有关人类动作的交流也有实际功效[1]，同时也有助于传达有关人类动作发展的重要概念。

[1] GREG PAYNE. 人类动作发展概念[M].北京：人民教育出版社，2008：24-25.

四、身体动作的发展规律

动作发展有着严密的内在规律。幼儿动作发展包括四肢和躯干的动作发展，受到身体的发育，特别是骨骼肌肉的发展顺序及神经系统的支配作用的制约，幼儿动作的发展与身体的发展有着类似的发展规律（图1-4）。幼儿身体的发展遵循头部—颈部—躯干—四肢的发展规律，幼儿动作发展也同样遵循这一规律。

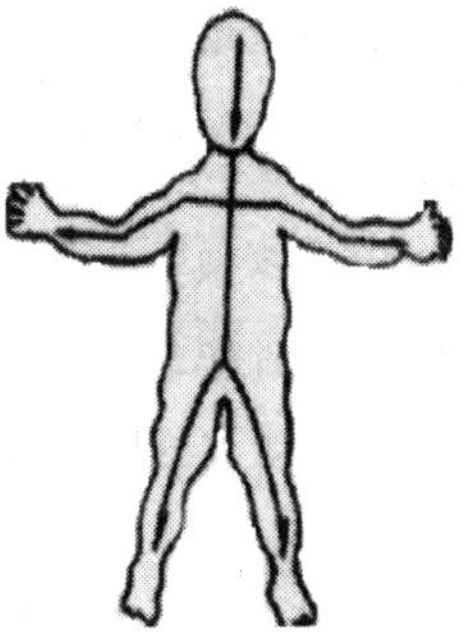

图1-4 身体和运动发展的直线倾向图

（一）动作发展的准备性

特定动作的发展需要具备一定的生理和心理基础，为了有效应对外界刺激，机体必须达到一种准备性的状态，提前开始练习不一定能产生预期的效果[1]。动作的学习与练习必须基于幼儿的发展水平，比如，爬行动作的发展，就是随着婴儿翻身动作的日益熟练及手部与腿部力量的提高，才出现了最早的自主位移动作——爬行。又如，行走动作的发展，与神经系统的成熟、躯体平衡能力的发展、肢体控制能力的发展、肢体肌肉的强壮程度、视动协调能力等因素密切相关[2]。

---

[1] 董奇，陶沙. 动作与心理发展[M]. 北京：北京师范大学出版社，2004：50.

[2] BRIL B, BRENEIRE Y. Postural requirement and progression velocity in young walkers. Journal of Motor Behavior, 1992:105-116.

（二）动作发展的顺序和方向

Gallahue把幼儿动作发展以年龄为特征，按“三角形”来划分，越是简单的、基础的动作放在塔基，越是复杂的动作放在塔尖（图1-5）。由图1-5可知，幼儿的动作发展是建立在准备与经验的基础上的，上一个动作的获得是为下一个动作的掌握打下基础。2~7岁是基础动作阶段，主要是发展多样的基本动作（表1-3），这个阶段又包括动作的起始（2~3岁）、初级（4~5岁）、成熟（6~7岁）三个不同而又相互衔接的阶段。起始阶段的幼儿，开始表现出有目的、有方向的尝试与探索，试图做出扔、接、踢、跳等动作。此时，任何练习都能提供一定的运动经验，有助于动作发展；初始阶段是介于起始和成熟的过渡阶段，此时幼儿的动作发展水平直接奠定了成年以后运动发展水平的基础。Gallahue认为，许多成年人运动能力薄弱的原因，就在于在基础动作时期缺乏适当的环境条件，而没有使基础动作获得应有的发展。成熟阶段是基础动作的成熟时期，表现在个体按照任务的要求，把各种动作技能整合为协调准确、熟练有效、适当的活动。因此，3~6岁是基础动作发展的关键时期[1]。其中，3岁是幼儿学习动作技能的最佳时期，身体柔软，容易学许多动作，不怕别人嘲笑，喜欢模仿和不厌其烦地重复同一动作。只要能积极地加以指导和训练，此时幼儿可以获得许多动作技能经验[2]。

---

[1] GALLAHUE D L. Understanding Motor Development in Children[M]. New York: Wiley, 1982：145-165.

[2] 罗伯特·菲尔德曼.发展心理学（第4版）[M].苏彦捷，等译.北京：世界图书出版公司，2007.

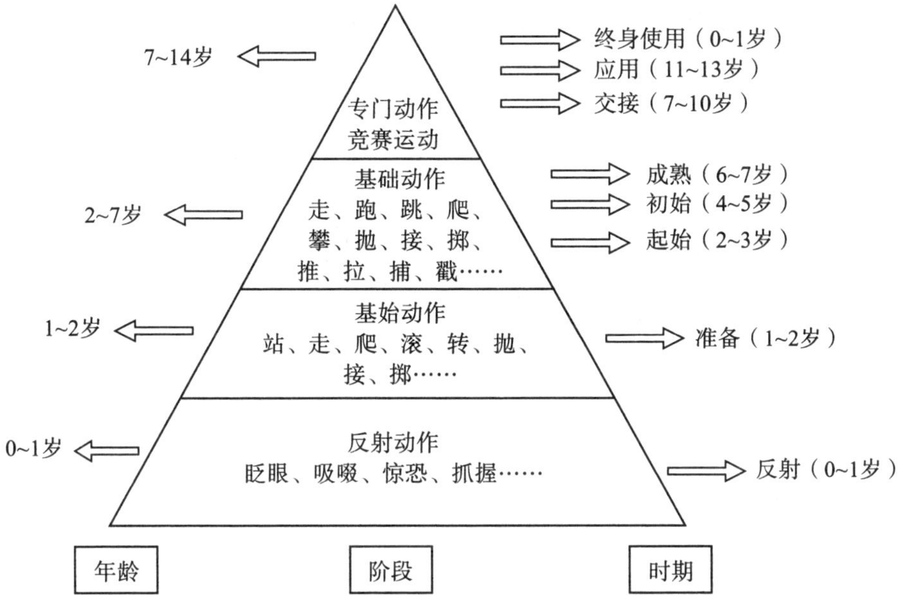

图1–5 动作发展的阶段和时期（修改自Gallahue，1982）

美国春田学院的刘展教授提出了人类身体活动的十个基本动作模式，见表1-3。对幼儿来说，这十个基本动作模式是人类动作技能发展的基点。

表1–3 人类身体活动的十个基本动作模式

基本动作模式	日常生活实例	运动和健身实例
下蹲	坐下/站起	前、后下蹲
弓箭步	上楼梯/跳跃	前、后弓箭步
弯身	弯腰捡东西	腰背提拉
转体	转身拿玩具	斜拉练习
步态	行走/跑步	冲刺跑
提拉	拉小车	坐立拉练习
推撑	推小车/支撑跳	俯卧撑
上举	上举皮球	推举哑铃
爬动	爬楼梯台阶	动物爬行练习
滚翻	地下或床上翻身	身体翻转练习

澳大利亚体育委员会于1993年发表的“幼儿运动能力发展顺序表”，见表1-4。

表1-4 幼儿运动能力发展顺序表

年龄 技能	2.5岁	3岁	4岁	5岁	6岁
单脚站立	尝试单脚站立	双脚合并站立5秒，以惯用脚短暂间单脚站立1秒	单脚站立2~7秒	能够随意用左脚或右脚站立8~12秒	能掌握稳定和正确的单脚站立
步行	以手扶墙两步一级上下楼梯	单独以交替脚上楼梯；单独以两步一级下楼梯，前后左右步行	能容易地在窄路上步行；单独以交替脚上下楼梯。能沿直线向前走	提高脚跟或脚尖步行，双手拿着物件上下楼梯	提高脚跟或脚尖向后走
脚尖步行	以脚尖步行（在成人示范后）	以脚尖站立和向前步行约3米	以脚尖着地向前跑	轻松地以脚尖向前跑	稳定地以脚尖向前跑
跑动	流畅地向前直线跑	跑动时能绕过障碍物和转弯	跑动时能技巧地控制方向和急转	跑动时能急停、起跑和转向	跑动时能流畅地和技巧地绕过障碍物
双脚跳跃	在固定位置做双脚原地跳跃，由30厘米高处跳下	双脚并拢由最低梯级跳下，短距离双脚向前跳	由低高度（30厘米）以双脚同时并拢向下跳，双脚同时着地，熟练地双脚向前跳（约30厘米）	由站立开始以双脚并拢向前跳，双脚跳高30厘米	双脚跳过离地25厘米高的短绳
滑步跑	不能做到	不能做到	有些幼儿能够以惯用脚做基本的滑步跑	大部分幼儿能够协调地做滑步跑	能够以左脚或右脚为引导腿做滑步跑
单脚跳	不能做到	3.5岁时，能够以惯用脚跳1~3次	能够以惯用脚跳4~6次	能够以惯用脚跳8~10次	能够交替地单脚跳3米

续表

技能＼年龄	2.5岁	3岁	4岁	5岁	6岁
原地弹跳	不能做到	不能做到	大约有15%的幼儿能够原地弹跳	大部分幼儿能够用不同的脚做单足跳；双脚一起跳过30厘米高的绳	85%的幼儿能够原地弹跳，跳过自己摇动的绳3次
抛掷	只能以单手伸臂抛掷小球；双手向下掷直径约2厘米的球；能站立并双手持球，举高到额前，将球掷向前方	能够提臂过肩抛掷网球	能够单臂滚网球	能够以身体配合做单手肩上抛掷网球；用双手接住反弹的乒乓球	流畅地做单手肩上抛掷网球
捕接	能够对空中飞行的球做出迟缓的伸臂动作	能够以合拢双臂的方式接打球于胸前	能够捕接豆袋；能够以双屈臂从不同方向抛来直径20~27厘米的球	抛球者准确地抛球，接球者能一边拍手，一边接球	能够以双手接网球
拍球	未能懂得拍球，只能以双手滚动大球给成人	能够颇熟练地以双手拍大球	能够以双手交替拍球2次及以上	能够轻松地拍和接住小球，但不是经常成功	能够熟练地拍1次小球和接住，但时常因太过用力而不成功地投弹，并集中在惯用手
踢球	能够踢固定的大球	能够用力地向前踢固定的中型球	能够以跑步动作向前踢固定的球	能够以一脚站稳，并用力地将固定的球踢往不同的方向	能够踢移动的球，并走向球和尝试截停它

续表

技能\年龄	2.5岁	3岁	4岁	5岁	6岁
推拉	能够在固定位置站稳，向前推大球	能够在固定位置用力推大球上斜板；能够以双手推动大纸箱向前行走超过3米，能够以双手拉着大纸箱向后行走超过3米	能够以双手推动大纸箱向前行走超过3米，能够以双手拉着大纸箱向后行走超过3米	能够熟练地以双手推动大纸箱向后和推着大纸箱向前	能够熟练地以双手推动物件向前和拉着物件向后，同时可走动
攀爬	能容易地攀爬游戏区设施；能匍匐爬上滑梯平滑的一面；能爬上及爬下倾斜的梯	能以两步一级方式爬踏上设施；能爬上、爬下游戏区内的攀登架；能在攀登架上横着行走	能以交替式的手、脚动作在梯和树上攀爬；能在绳网上灵活地攀爬	能够灵巧地攀爬、滑动和摇荡	能够面对多类型的攀爬挑战
韵律活动	能轻柔、缓慢地做出简单韵律动作	能做出简单全身性的音乐韵律动作；能依拍子踏步	能做出独立身体部分的韵律动作；能依拍子步行	能依音乐做出熟练韵律活动；能依拍子步操	能依拍子做出跳跃、走动和滑步跑

第二节　身体动作对学龄前儿童发展的价值

一、学龄前儿童身体特征

（一）测量学特征

与成年人相比，幼儿具有不同的身体比例和成分。幼儿的年龄越小，身体比例的差异越大（Malina, 1984）。在出生时，头部大约是身体总长度的25%，而成年人的头部仅占身体长度的大约12%。与之相似，成年人腿部长度至少占据总身长的一半，而新生儿腿部长度仅占身体长度的大约30%。四肢的生长速度比躯干快，而躯干的生长速度比头部快。腿短和头大的特点意味着年龄较小的幼儿在完成诸如平衡和跳跃的动作任务时会遇到很大困难（BUNS, 2011）。

（二）肌肉质量

从出生直到青少年，肌肉质量随着体重的增加而稳定增加。男子的骨骼肌质量比例从出生时占总体重的25%，增加到年轻男子的40%~45%或更多，这种增加大部分出现于青春发育期的肌肉发展速率高峰期。这个高峰期与睾酮分泌量几乎10倍的骤然增加相一致。女孩的肌肉质量增加虽然比男孩子慢，但也在持续增加，年轻女子的肌肉质量可占她们总体重的30%~35%。这种肌肉增长速率的差异在很大程度上与青春发育期的激素分泌差异有关。男孩和女孩肌肉质量的增加主要来源于肌纤维体积的增加，与肌纤维数量的增加关系很小或没有关系。女孩在16岁至20岁，男孩在18岁至25岁达到肌肉质量的高峰。

（三）内脏器官功能的发展

与成年人相比，在次最大和最大强度运动时，幼儿更小的心脏和血量造成了他们的每搏输出量更小。在相同运动强度下，作为部分代偿，幼儿的心率比成年人更高。但即使心率更高，幼儿的心输出量仍然比成年人少。在次最大强度运动中，动脉和静脉氧浓度差的增加保证了有足够的氧气输送到运动中的肌肉。最大强度运动时，在一些不仅仅需要幼儿移动身体的活动（如跑步）中，氧供给会限制运动成绩。直到身体成熟时，肺活量一直在增加，这主要是由于身体生长造成的。在最高强度运动时，最大通气容量和最大通气量都直接与身体增长成正比。像呼吸和心血管功能一样，伴随着持续的身体发育，有氧能力得到提高。男孩的最大吸氧量（VO_2max）在17岁至21岁达到峰值，女孩在12岁至15岁达到峰值，之后稳定下降。幼儿较低的最大吸氧量值，限制了其耐力成绩，在一些活动中，如长跑，幼儿的成绩远远低于成年人。这种差异可以用幼儿和成年人在固定速度跑中步频的差别予以解释。

（四）体能素质的发展

随着幼儿的成长和神经系统的发育，他们的平衡、灵敏和协调性能力逐渐提高，必须完成围绕神经细胞积累的脂肪层的髓鞘化过程，才能做出快速反应性动作和技能性动作。髓鞘发育不完整，沿着神经纤维传导的神经冲动速度较慢。肌肉质量随着年龄增加而增加，也带来了力量的增长，而人体生长产生的力量增加取决于神经的成熟，在性成熟前后出现的髓鞘化完成之前，神经肌肉的控制能力非常有限。学龄前期，随着生长，腿越来越长并越来越强壮，以及动作模式更加有效，造成了步长增加，由于步长的增加带来了跑速的增加。随着幼儿的成长，他们的步长更长，身体在腾空阶段保持的时间也越长。当要求年龄小的幼儿跑得更快时，他们一般会在“原地”加快步频。因此，教师应该对他们说“迈更大步”，而不是说“跑快一点”。幼儿从两岁直到小学阶段，各种动作技能发生了系统性变化。例如，一名两岁的幼儿跑步时双臂很高、伸直，双脚成肩宽分开、短而平地向前迈步，而在青少年或成年人中就看不到这种动作（BUNS, 2011）。

二、身体动作的价值

（一）动作是日常生活中重要的一部分

动作是人日常生活中重要的一部分，没有动作，我们便无法养活自己，无法从事生产，无法生存。动作的能力不仅使人类能够走路、游戏和操作物体，也是人类发展与演化非常重要的部分，其与智力和情绪能力的发展同样重要。吃饭需要用手拿碗筷，去某个地方需要步行、跑等，人们生活的每时每刻都伴随着各式各样的动作，动作对提高和决定人们生命质量具有重要的作用。“动作即生命”是希波克拉底在2000多年前就倡导的理念。“生命在于运动”也是大家的共识，“首先要动作好，然后再经常运动”（格雷·库克，2010）。

（二）动作是人类适应环境的重要手段

由于动作的发展持续个体生命始终，而且重要动作的获得、变化意味着个体与环境互动关系的改变。动作是个体与环境互动的重要手段，它不仅是个体适应环境的工具，同时也是个体适应环境的产物。人类的动作是适应环境的重要手段，不同的环境造就不同的动作。在幼儿时期，人的很多时间和精力都花费在适应各种环境的动作的学习、练习上，比如独自坐、爬行、站立、行走、跑、跳、抓握、使用工具等构成基本生存活动要素的动作。

（三）动作是学龄前儿童心理发展的重要途径

心理学认为动作是心理功能的外在表现，视动作为信息加工的过程和结果。动作的发起和完成过程取决于内外信息在个体心理系统中的登录、编码、储存与提取。比如，投篮不仅是肢体和躯干动作的共同获得，还涉及对篮圈大小、距离、自身力量、投掷角度等的感知、分析、判断，以及对经验的唤醒。在一系列复杂认知加工的基础上，形成并执行动作程序。在动作进行中，感知觉、注意、记忆、思维、情绪、动机等心理因素发挥着重要的作用。因此，动作也是促进幼儿心理发展的重要途径。

（四）动作是学龄前儿童神经系统发展的重要标志

个体发展的早期，动作的发展是判断个体脑发育程度的重要指标。神经科学认为，任何动作，无论简单或是复杂，都是在神经系统调控下进行和完成的，神经系统对动作的控制具有全程性、协同性和多水平等特点。动作发展滞后，尤其是具有里程碑意义的动作发展滞后被认为是幼儿早期发展问题的表现。动作学习导致的脑改变，是研究脑可塑性的重要途径。

三、身体动作对学龄前儿童发展的功能

齐默尔根据前人的研究结果把动作对幼儿发展的功能进行如下划分（表1-5）[1]。

[1] 雷娜特·齐默尔. 幼儿运动教育手册[M]. 杨沫，易丽丽，译. 南京：南京师范大学出版社，2008：3-5.

表1-5　动作对幼儿发展的多种功能

功能	具体价值
个体功能	认识自己的身体并借此认识自身，区分身体的各种机能，形成自己的愿景
社会功能	和其他人一起做事，共同或面对面游戏，与别人交流、协商、让步，以获得成功
创造功能	单独做事，制作某个东西，完成某个动作（某项运动技能，如倒立、跳舞等）
表达功能	表达在活动中的感觉和感受，放松身体并尽情享受
感受功能	感受在活动中产生的各种感觉，如欢乐、愉悦、疲惫和充满活力等
探索功能	认识周围物质世界和空间世界，区分物体和器具并掌握它们的特征，适应周围环境的要求并融入其中
比较功能	和别人比较，相互估量、竞争，学会面对胜利或承受失败
调节功能	承受压力，了解体能的极限，提高绩效，适应自己和周围环境施加的各种压力

四、影响身体动作发展的因素

（一）主体因素

1. 人体结构力学特征

身体动作表现以人体解剖结构为基础（图1-6）。动作的幅度取决于人体关节的结构，动作的速度取决于肌肉的结构（肌纤维构成比例）和功能等。

图1-6　身体动作表现形式

2. 中枢神经系统的调控

骨骼肌活动主要是由神经机能调节。动作的合理性依赖于参加动作的肌肉群的协调程度，协调程度又依赖于神经系统对肌肉的合理而精细的支配。从神经系统来说，动作的完成取决于相关神经元的连续冲动、冲动的频率及冲动到达肌纤维的准确时间（图1-7）。

图1-7　神经系统对动作的调控

3. 感知觉能力

幼儿在完成动作时，需要各种感知觉参加，其中肌肉运动感觉起着重要作用。经过反复学习与练习，幼儿各种分析器的感受性得到高度发展，为了适应各种运动的需要，专门性知觉（球感、速度感、器械感）得以形成和发展。幼儿能够较为清晰地知觉自己的动作，使动作具有一定的准确性和协调性。实践中发现，在很多情况下，幼儿感知觉能力的高低与其动作发展水平存在极为密切的关系。例如，滚油桶，幼儿对油桶上的身体感知觉能力直接影响着他们能否掌握高难动作（图1-8）。

图1-8　运动中幼儿的感知觉能力

4. 动作的储存数量

幼儿动作储存的数量越多，越能顺利地建立新的条件反射，掌握新的动作技能（图1-9）。

图1-9　幼儿运动的多样性

5. 体能素质的发展水平

力量、速度、柔韧等体能素质对动作的完成和质量有着重要的影响。这些素质的发展水平直接影响动作完成过程中时空、节奏特征及各部分肌肉用力的协调配合。幼儿动作发展水平在很大程度上依赖相关体能素质的发展水平（图1-10）。

图1-10　幼儿体能素质发展水平

6. 个性心理特征

幼儿学习掌握动作和完成动作的质量与注意力、思维、信心和意志等心理品质有着直接关系，特别是高难动作的掌握更受到这些心理品质的影响（图1-11）。

图1-11　运动中的孩子

（二）客体因素

1. 成人的儿童观与运动水平

在复杂的物理和社会环境中，个体动作必须具备目的性、计划性、灵活性、准确性和复杂性，必须与特定设计规范保持一致。有了兴趣和目标物，动作的产生还取决于幼儿的行为是否得到社会关系环境的许可。成年人的幼儿观与运动水平直接制约着幼儿动作的发展方向和发展速度。任何动作，只有在成人允许的范围内才能存在和发展。不同的成人有不同的儿童观，有的成人认为幼儿具有很强的运动潜能，只要在保证安全的条件下，允许他们进行一些有挑战的、冒险的、具有难度的动作，如侧手翻、跳马等。有的成人认为幼儿应以安全成长为目的，没有必要进行侧手翻、跳马等动作学习。不同运动水平的成人对幼儿动作发展的影响也是不一样的，具有一定运动水平的成人，因了解科学动作的方法与保护手段，会安排幼儿进行前滚翻、从上往下跳的动作学习与练习；而不具备运动水平的成人，因其自身缺乏对一般运动技能的方法与保护手段的基本认识，不允许幼儿进行他们认为不安全的动作学习与练习。

2. 周围环境

环境对于幼儿动作发展具有重要意义。人类的大部分动作是在使用环境的过程中逐步复杂起来的。不同环境造就不同的动作。环境因素是指个人因素以外的那些因素，包括场地器材的大小、形状、颜色、以及背景的色彩、观察时间和教学指导的影响等。

Newell 从社会生态学的角度，构建了约束模型（图1-12），以说明个体、环境、任务对动作发展的交互影响作用。该模型指出，要理解个体如何动作并随着时间而发展，不仅要考虑动作者，同时还要考虑环境和任务。个体、环境和专门的任务经常动态地交互作用，每个变化特征都可能被其他正在发生的变化影响，该模型还表明，其他人的存在或缺少会影响个体的动作发展，练习的空间、地面、光线和器材的大小及形状等因素也会影响个体的动作发展。

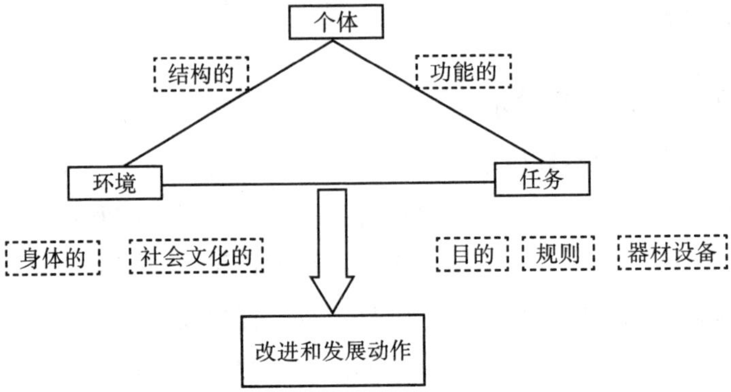

图1-12　Newell的约束模型

第二章　学龄前儿童动作技能学习特点

【本章目标】

阅读完本章之后，你应该可以：

◆ 了解动作学习的基本理论。
◆ 掌握学龄前儿童动作学习方式。
◆ 了解学龄前儿童动作学习机制。
◆ 了解学龄前儿童动作学习的影响因素。
◆ 掌握学龄前儿童动作学习策略。

第一节　动作学习基本理论

动作学习就是动作从不会到会，从不太会到非常熟练的过程。例如，幼儿从不会立定跳远到掌握立定跳远技能的过程。动作学习是动作发展的重要途径[1]，董奇、陶沙认为动作学习具有阶段性和长期保持性两个特点，动作学习经历了认知、联结和自动化三个阶段。①认知阶段：个体在学习新动作初期，首先，必须获得关于该动作的某种认知。如动作的知识、基本要求、操作要点等内容，并在头脑中形成相应的动作表象。其次，在形成和建立动作表象的质量、

[1]　董奇，陶沙. 动作与心理发展[M]. 北京：北京师范大学出版社，2004：99.

途径、形式、角度及时间上均具有多样性。质量上，一些动作粗糙、简单、不完整，而另一些动作则比较翔实、丰富和完整。途径上，可以通过别人言语的直接指导，也可以通过观察别人的动作示范，还可以按照说明书或指导手册的指引。形式上，有正式与非正式之分，如投掷动作可以在非正式的情形下进行学习，而游泳动作则必须在正式的条件下进行。角度上，既有分解学习，也有完整学习。时间上，动作技能较复杂的认知的时间稍长，反之较短。②联结阶段：这是动作学习的第二阶段。对于相对简单的动作来说，就是在刺激与反应之间建立较为稳固的联结；对于相对复杂的动作而言，就是将许多简单动作有机地结合起来，以形成比较连贯的复杂动作。这个阶段，个体的注意力已经从动作认知转向动作操作。③自动化阶段：这是动作学习的最后阶段。个体的各个动作在时间和空间上已联结成一个有机的整体并已巩固下来。只要刺激出现，便可自动地、熟练地完成一个接一个的动作。这个阶段标志着动作学习的完成。动作学习的长期保持性是指在学会动作之后，该动作的保持较好，不容易遗忘。

学习方式则是指学习者在完成学习任务时基本的行为和认知的取向[1]，主要包括发现学习、观察学习、探究学习、模仿学习、语言理解学习，以及手触学习等[2][3]。探究学习是指个体通过尝试、分析判断与思考等方式，对当前事物的性质（形状、颜色、软硬等）以及事物与事物之间的关系、事物的变化（形状、空间位移等）与自己的动作之间关系的考察[4]，以获得对某事物或现象的内部特征与关系的深层认识的过程[5][6]。模仿学习，是个体观察他人动作，模仿他人动作，或根据语言模仿所描述的动作，最后成为自己动作的学习方式[7]。语言理解学习是指教师运用语言指导个体获得动作技能的一种学习方式，包括倾听、提

[1] 严虹焰. 学法的指导[M]. 成都：四川大学出版社，2010：2.
[2] 陈帼眉，姜勇. 幼儿教育心理学[M]. 北京：北京师范大学出版社，2011：78.
[3] 张博. 论儿童的学习方式[J]. 学前教育研究，2001（1）：11.
[4] 刘焱. 儿童游戏通论[M]. 北京：北京师范大学出版社，2008：169.
[5] 陈帼眉，姜勇. 幼儿教育心理学[M]. 北京：北京师范大学出版社，2011：78-79.
[6] 张宪冰. 幼儿探究性活动及其指导策略研究[D]. 大连：东北师范大学，2002：11.
[7] 王海燕，等. 模仿学习对运动技能的影响[J]. 首都体育学院学报，2013（4）：362-366.

问、对话等方式[1]。

一、学龄前儿童学习理论

对于幼儿的学习机制，不同的学习理论有各自不同的立场。

（一）行为主义学习理论

行为主义将学习过程看作个体在外部刺激下的反应过程，研究刺激—反应之间联结的学习过程是其最主要的特征。其代表人物有Skinnert和Bandura。Skinnert认为个体从事的绝大多数有意义的行为都是操作性的，操作学习在学习中占有主导地位。Bandura则认为人类的许多学习，如语言、社会规范、态度和情感等，很难用刺激—反应或操作性条件反应来解释，而用观察学习可以进行相应的解释。

（二）人本主义学习理论

人本主义则非常关注幼儿的学习潜能及情感在学习中的重要作用。其代表人物Maslow认为个体成长的内在力量是动机，而动机又由多种不同性质的需要组成，各种需要之间有高低层次之分。环境的安全与幼儿的安全感是幼儿学习与发展的重要前提与基础。Rogers非常重视以幼儿为中心的学习，他认为人类生来就有学习的潜能，在安全氛围中的学习效果最好，涉及学习者个体因素（情感与理智）的学习最持久、深刻，有意义的学习大多是在做中学。

（三）认知心理学学习理论

认知心理学主张学习的研究必须要关注个体记忆新信息、新技能时所难以观察到的内部心理历程，个体的学习不是刺激与反应间的联结关系，而是个体对整个学校情境中事物关系的整体认知与了解。其代表理论有信息加工学习论和认知结构学习论。前者关注个体对事物经由认识、辨别、理解而获得新知识的

[1]　陈帼眉，姜勇. 幼儿教育心理学[M]. 北京：北京师范大学出版社，2011：79-80.

认知历程，认为幼儿的学习就是获取、保持、加工信息的过程，其代表人物主要有Gagne和 Sternberg等人。后者认为个体所学到的是思维方式即认知结构，Ausubel的意义学习论和Bruner的发现学习论是其代表。Ausubel认为意义学习就是新知识与学习者原有的认知结构之间建立非随意性和非临时性的联系。意义学习的外部条件就是学习材料必须具有内在逻辑性；内部条件就是学习者必须有意义学习的倾向，即学习者积极主动地把新知识与已有认知结构中的相关经验加以联系的倾向性，学习者的认知结构中必须有相关的经验，以便与新知识发生符合逻辑的联系。Bruner主张发现学习，强调幼儿的探索学习过程，强调直觉思维在发现学习中的价值，强调学习的内在动机。他认为，幼儿学习和掌握一般原理规则与知识技能固然重要，但更为重要的是要发展积极的学习态度与能力，即探索新情境、新问题的学习态度，做出假设、推测关系，应用于实践的能力，及解决新问题或发现新事物的探究态度。

（四）建构主义学习理论

建构主义是认知主义的进一步发展，它认为世界并不是完全客观存在的，每个幼儿对于世界的理解和认识是多元的、有差异的。知识是每个幼儿根据自己原有的经验，通过实践活动而不断生成的，它不是独立于幼儿而客观存在的。幼儿在学习中不是一块“白板”，而是主动的建构者，他们的原有经验和发展水平是学习的基础，同时为了确保学习的有效性，教师必须不断提出挑战性任务和提供必要的支持，帮助幼儿从借助支持到摆脱支持，逐渐达到独立完成任务的水平。新信息和新知识是幼儿在具体问题情境中主动建构的[1]。为此，他们提倡随机通达教学、抛锚式教学（情境式教学）和支架式教学。

（五）加涅学习理论

加涅吸取了上述行为主义、信息加工心理学和建构主义的思想，形成了其独到的既有理论支持，又有技术操作支持的学习理论。他认为幼儿学习主要是来自

---

[1] COBB P. Constructivism and Learning[J]. In: Husen, T. & Postlethwaite, T. N. , eds. The international encyclopedia of education. And ed. Oxford: Pedgamon, 1994: 1049-1052.

周围环境的刺激，感官提供给幼儿对周围环境的印象，幼儿用感官获得对周围环境的认知（表2-1）。

表2–1　感觉系统及其功能一览表（修改自雷娜特·齐默尔，2010）

感官系统	认知活动	感觉器官	刺激	获得信息
视觉系统	看	眼睛	光线	对物体的亮度、颜色、形状和位置的判断
听觉系统	听	耳朵	声波	声调、音色、音量、噪声、语音、声音传播的方式和来源
触觉系统	触摸	皮肤、手、嘴	机械刺激、皮肤触觉	大小、形状、距离、物体表面特征、温度
本体感觉系统	深度敏感、运动觉、调节平衡	肌腱、肌肉、四肢、平衡器	本体运动、肌肉收缩	身体各部分之间的位置关系、肌肉的放松度、个体的力量、物体的重量、方位、身体的加速度、平衡感
嗅觉系统	闻	鼻子、鼻孔	气体的、化学的刺激	环境、食物、卫生
味觉系统	品尝	嘴、口腔、腭、舌	化学刺激	食物、控制进食和消化

感官是幼儿与外界环境交流的触手。它不仅是幼儿学习的刺激来源，更是幼儿进行安全运动的关键。环境对幼儿感官刺激越大，他们参加活动的积极性越高，引起他们进行挑战的欲望越强烈[1]。幼儿运用移动身手触感，亲身体验各种感觉信息，以了解周围环境[2]。这些活动通过感官加工、处理，储存在大脑中，最后发展成为幼儿自己的经验和知识[3]（图2-1）。

[1]　雷娜特·齐默尔. 儿童感知教育手册[M]. 杨沫，谢芳译. 南京：南京师范大学出版社，2010.

[2]　杨霞, 叶蓉. 儿童感觉统合训练实用手册[M]. 上海：第二军医大学出版社，2007: 9.

[3]　同[1].

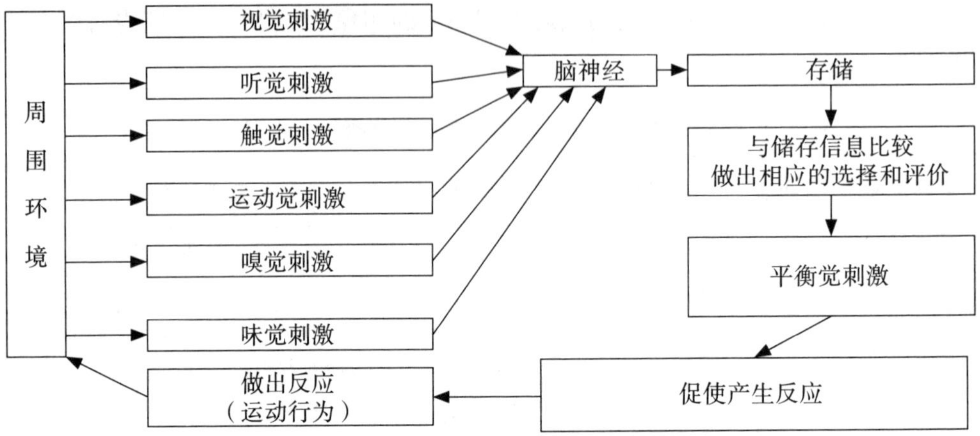

图2-1　感知的过程（引自雷娜特·齐默尔，2010）

二、动作学习机制

20世纪70年代以前，动作学习理论主要是以连锁反应理论为代表的行为主义学习理论。此后，涌现出了以信息加工观点为主的动作学习过程论、闭环理论和图式理论的认知心理学学习理论。

（一）连锁反应理论

本理论是利用行为主义的刺激—反应公式的连锁反应系列来解释动作的学习与形成。它认为学习就是因练习而获得的一连串刺激反应联结的不断加强，是学习者外部动作行为在外部影响作用下的变化过程，以形成稳定、连贯而又准确的动作序列。这个过程被认为是刺激引起反应，第一个动觉反馈调节着第二个动作，第二个动觉反馈又调节着第三个动作，这样以此类推产生连续性动作[1]。但是，该理论却无法解释快速的精细化动作是如何产生的。

[1]　黄希庭. 心理学导论[M]. 北京：人民教育出版社，1991：601.

（二）动作学习过程论

与连锁反应理论强调动作学习的外部刺激与反应相比，该理论更重视动作学习中的内部控制过程，即认知成分的作用，它认为动作学习过程包含了感受—转换—效应器三个连续步骤。知觉的正确与否直接影响动作技能的形成，因此，各种感觉器官接收的信息超载或贫乏都可能导致知觉判断失误，影响效应器的活动，从而影响动作学习[1]。

（三）闭环理论

该理论认为，动作技能是在动作反应练习、知觉痕迹、记忆痕迹三种因素的共同作用下得以获得的。在动作学习过程论的基础上，提出了知觉痕迹和记忆痕迹是动作学习的基础[2]，进一步揭示了动作学习的内部控制机制。但是，如何储存众多的动作细节，却是该理论遇到的无法释义的问题。

（四）图式理论

图式理论认为图式不同于知觉痕迹，它不是零碎的知觉碎片，而是具有一定概括性的动作变量关系，图式主要是学习者在动作练习或实践中，发挥认知作用所形成的。在该理论中，一项动作技能可能包含一套动作图式，它们构成了概括程度不同的多个层次。所有的图式都是经过长期练习而逐渐形成和完善的，在一定的环境中，通过启动和调用相应的图式，便可完成具体动作的操作[3]。

研究证明，幼儿动作学习的动力可归纳为好奇心、运动的渴望、探索的需求、获得认可的需求、创新的需求、运动的快乐，以及成就的追求等方面[4]。其中，“兴趣—无兴趣”与“成功—失败”是影响幼儿动作学习的主要因素。好奇心和探索欲是促进其行为的重要动机。幼儿固有的好奇心让他们产生参与的想法，而其强烈的探索欲望依赖于体验的成功。了解幼儿产生运动欲望的来源，是

[1] 黄希庭. 心理学导论[M]. 北京：人民教育出版社，1991：602.
[2] 刘承恩. 试析动作学习理论模式的演变[J]. 华东师范大学学报，1999（4）：65.
[3] 刘承恩. 试析动作学习理论模式的演变[J]. 华东师范大学学报，1999（4）：67.
[4] 雷娜特·齐默尔. 幼儿运动教育手册[M]. 杨沫，易丽丽，译. 南京：南京师范大学出版社，2008.

设计有效的体育游戏的关键。幼儿与成人学习的根本区别在于必须激发其内在的学习的积极性，为主动运动、发展动作打下基础。在体育游戏过程中，幼儿的动作学习方式是否符合上述学习理论，是否有其特殊性，我们不得而知，为了提高幼儿的动作发展水平，提高运动能力，很有必要进行相关研究。

第二节　动作学习方式

本研究从2012年9月—2013年6月，选择了杭州4所省一级幼儿园3~6岁年龄段的幼儿为研究对象，对他们体育运动中的学习过程进行了观察。为了保证观察和记录的准确性和全面性，本研究人员通过录像详细地记录了每次教学活动，研究幼儿的运动学习的次数、学习的内容等，并根据当时情况做一些随机性的访谈，通过及时整理，记录当时的感想。其中有研究价值的3~6岁年龄段幼儿的体育教学活动58次，以幼儿园幼儿常见的24种动作学习为研究对象（表2-2）。

表2-2　幼儿园体育游戏中常见项目

动作类型	名称
控制性动作	平衡板、竹梯、赶球、运球、拍球、跳绳、自行车、跳竹竿、踩高跷、传接球、羊角球、布袋跳、平衡木、攀登、飞碟
稳定性动作	模仿操中的转动、扭动、滚动、平衡、重量转移、跳动及着地、伸展、扭曲
移动性动作	走、跑、跳、钻、爬、滚动

为了了解上述动作的学习特点，本研究主要以参与性和非参与性两种观察方式进行。

研究观察幼儿24种动作技能获得后发现，除了模仿、探究以及语言理解等方式，还有一种几乎所有教师都忽视，但在动作技能获得过程中确实存在的方式——手触学习，这种方式在进行控制性动作或移动性动作，如踩高跷、立定跳远等的教学中会用到（图2-2）。手触学习是指幼儿在借助他人或外界的帮助下进行动作练习的学习方式。这个外界既可以是物品，如固定栏杆，也可是人，如教师、家长或其他同伴。

图2-2 手触学习过程

本研究通过三年的观察发现，不同年龄段幼儿在基本动作技能的获得过程中，都存在模仿、探究、手触、语言理解等学习方式，见表2-3。

表2-3 幼儿常见运动技能获得的学习方式

运动技能	获得方式											
	模仿学习			探究学习			手触学习			语言理解学习		
	3~4岁	4~5岁	5~6岁	3~4岁	4~5岁	5~6岁	3~4岁	4~5岁	5~6岁	3~4岁	4~5岁	5~6岁
走	●	●	●	●	●	●				●	●	●
跑	●	●	●	●	●	●				●	●	●
跳	●	●	●	●	●	●	●			●	●	●
钻	●	●	●	●	●	●				●	●	●
爬	●	●	●	●	●	●				●	●	●
滚动	●	●	●	●	●	●	●	●	●	●	●	●
投掷	●	●	●	●	●	●	●	●	●	●	●	●
攀登	●	●	●	●	●	●	●	●	●	●	●	●
平衡木	●	●	●	●	●	●	●			●	●	●
赶球	●	●	●	●	●	●	●				●	●
爬绳	●	●	●	●	●	●	●				●	●
拍球	●	●	●	●	●	●	●	●	●	●	●	●

续表

运动技能	获得方式											
	模仿学习			探究学习			手触学习			语言理解学习		
	3~4岁	4~5岁	5~6岁	3~4岁	4~5岁	5~6岁	3~4岁	4~5岁	5~6岁	3~4岁	4~5岁	5~6岁
运球	●	●	●	●	●	●	△	●	●	●	●	●
传接球	●	●	●	●	●	●	△	●	●	●	●	●
跳绳	●	●	●	●	●	●	△			●	●	●
平衡板	●	●	●	●	●	●	●	●	●	●	●	●
自行车	●	●	●	●	●	●				●	●	●
踩高跷	●	●	●	●	●	●	●	●	●	●	●	●
竹	●	●	●	●	●	●	●	●	●	●	●	●
跳竹竿	●	●	●		●	●	△			●	●	●
布袋跳		●	●		●	●	△				●	●
模仿操	●	●	●				●	●	●	●	●	●
飞碟	●	●	●	●	●	●	●	●	●	●	●	●
羊角球	●	●	●	●	●	●	●			●	●	●

注：“●”表示为幼儿动作技能获得方式，“△”表示没有在这个年龄段开展相关内容。

结果表明，任何动作技能的获得都至少是三种学习方式综合运用的结果，单纯的学习方式是不存在的。例如，滚动、投掷、攀登、拍球、平衡板、踩高跷、竹梯、飞碟等可以采用模仿、探究、手触，以及语言理解等学习方式获得；走、跑、钻、爬、运球、平衡木、赶球、爬绳、跳绳、自行车、跳竹竿、布袋跳、羊角球等采用模仿、探究，以及语言理解等学习方式获得；模仿操，一般都是成品，主要采用模仿、手触、语言理解等学习方式获得。

模仿、探索、手触，以及理解语言是3~6岁年龄段幼儿运动学习的基本方式。对于“不同年龄段幼儿动作技能获得方式的权重”的教师问卷调查结果见表2-4。

表2-4　不同年龄段幼儿动作技能获得方式的权重

幼儿	不同年龄段幼儿动作技能获得方式的重要程度（和为1）			
	探究活动	模仿学习	理解语言的能力	手触练习
3~4岁	0.22	0.36	0.24	0.18
4~5岁	0.30	0.34	0.25	0.11
5~6岁	0.32	0.33	0.28	0.07

虽然不同年龄段幼儿动作技能获得方式的权重各有差异，但模仿学习是三个年龄段幼儿动作学习的最重要的方式，并且年龄越小模仿学习所占的比重就越大。探究活动与理解语言的能力也是随着年龄的增长变得越来越重要，只有手触学习方式是随着年龄的增长所占比重逐渐减少。不同的学习方式对于幼儿动作技能获得的影响不一样。

一、探究学习

动作的学习初期，探究学习是幼儿教师最常用的教学方式。教师主要通过环境的布置、问题的导入引发幼儿的学习兴趣，然后不断深入问题引导他们自主探究动作。探究学习对动作获得具有重要的影响，如案例1所示。

案例1：“炸弹专家”

教师在场地内设置了三条高低不同的封锁线，封锁线的前方是“敌人的坦克”，“炸弹专家”的任务就是把“炸弹”（沙包）扔过封锁线，击中“敌人的坦克”。

教师：总部已经把“炸弹”准备好了，“炸弹专家”自己选择投掷的“坦克”，有的封锁线高，有的封锁线低，你们想打击哪里的“坦克”都可以，注意不要踩到脚下的红色警戒线（这样容易被“敌人”发现，暴露自己，带来“生命危险”。）

孩子们自由选择场地进行投掷练习。

女幼A开始选择了最高封锁线进行投掷，尝试了3次都没有办法扔过去，然后她沮丧地离开这个场地，来到了最低封锁线场地上进行投掷，第一次就击中

“敌人的坦克”，兴奋的她连续投掷了9次，都获得了成功。中间封锁线击中的欢呼声吸引了她，她蹦蹦跳跳地来到了中间封锁线场地上，第一次她没有成功，第二次她加大了手臂后引的幅度，双脚上跳使出了更大的力量去投，成功地击中了“坦克”。接下来的6次投掷中，她每次都加大手臂后引幅度向前投，每次都成功地击中“敌人的坦克”。在分享成功的时刻，她把“加大手臂后引”动作经验展示给了其他小伙伴。在新一轮的练习中，女幼A直接来到了最高封锁线场地上，用刚才的方法再次投掷，成功了！小女孩开心极了，一遍一遍地投，乐此不疲。

案例1是一个典型的探究学习方式，探究学习具有如下特点。

（一）动作是儿童自主探索所获

学习初期，教师不会直接示范新动作，而是通过环境和问题引发幼儿的自主探索。幼儿对于将要出现的动作并没有具体的概念与表象。案例1中，教师根据幼儿不同水平设计了三条高低不同的封锁线，设置了“炸弹专家”把“炸弹”（沙包）扔过封锁线，击中“敌人的坦克”的战争情境，激发了他们自主探索投掷动作的学习兴趣。教师又通过问题“如何才能投过封锁线击中‘敌人的坦克’？”激发幼儿的探索欲望。第一次挑战最高封锁线的失败表明，女幼A缺乏一定的投掷经验。随后挑战最低封锁线成功后，她对投掷动作有了一定认识并积累了相应的投掷经验。再挑战中间封锁线，尽管第一次尝试失败，但并没有打击她学习的积极性，也让她体会到了投掷需要一定高度，她运用双脚上跳增加投掷高度并获得了成功。再次挑战最高封锁线时，她又体验到了投掷成功不但要有一定的高度，还需要手臂发力，于是尝试加大投掷手臂后引幅度并获得成功。整个活动中，教师没有教任何投掷动作，主要是布置了不同高度的封锁线，引发幼儿主动思考，自主探索，女幼A动作技能获得都是自己探究的结果。

学习中，幼儿为解决教师提出的相关问题而进行尝试动作练习。动作的出现是幼儿在教师的积极引导下，不断激发思考、操作、再思考、再操作的循环过程。女幼A经历了投掷失败（最高封锁线）——积累一定的投掷认知与动作经验（最低封锁线）——意识到投掷需要一定高度，出现双脚向上跳投掷动作（中间封锁线）——认知到投掷需要一定的力量，出现投掷手臂后引外伸的投掷动作

（重新挑战最高封锁线），整个过程耗时20分钟左右。由于探究学习本身就是一个不断创新的过程，而创新是需要一定的时间的，因此提供充足的探究时间，是探究学习的基本条件。

（二）幼儿自主支配与调节学习过程

探究学习中，幼儿对于自己的活动具有支配和控制的权利。首先，他们具有选择的自由。幼儿能以自己的想法、意愿和能力自主选择和支配自己的学习活动，而不是被动地顺从教师。他们会选择适合自身能力的安全环境，幼儿之间的差异能得到尊重，心理上会感到自由与安全。案例1中，女幼A一开始根据自己的意愿选择了最高封锁线，后来她根据自己的实际能力转移到其他封锁线也是由她自己决定的。在整个学习过程中，她的行为没有受到教师或其他人的控制与主导，是其自主地支配与调节自己的探究过程。其次，探究是幼儿亲身经历的实践活动。幼儿是学习的主体，他们通过对自己或他人体验的过程与结果的观察、比较、反思和判断，获得新的认识和感受，在此基础上进一步调节自己的动作模式，以获得最佳效果。

二、模仿学习

很多体育游戏与日常生活相关度不高，仅凭动作与认知经验，部分动作是幼儿无法靠自己主动体验获得的，模仿是获得这些动作的重要学习方式（图2-3）。

（一）动作获得更为直观、具体

如果说探究学习之初，幼儿对于将要获得的动作形式是无法预知，没有具体图示的，那么模仿学习就是，幼儿通过视觉或听觉感受到一系列的图像，进行模仿图像的学习过程。在图2-3中，男幼看见同伴玩绳，其攀爬、悬吊、翻转等绳上动作充分吸引了他的注意力，激发了他的参与兴趣，于是他主动参与其中，模仿同伴攀爬绳、悬吊绳、双脚倒挂绳等动作。同伴的一系列绳上动作直观、具体、生动地展现在他的眼前，促成其模仿获得玩绳的方法。与探究学习相比，模仿学习能让幼儿在短时间内较快地掌握动作。幼儿无须自己探究动作，而是根据他人示范或媒介示范学习动作，虽然也是运用看、听、摸、触等方法进行学习，但是这些方法的使用与探究学习是有天壤之别的。

图2-3　幼儿模仿学习过程

（二）模仿学习的不同形式

研究发现，幼儿的模仿学习有四种形式：①不完全模仿。这是3岁左右的幼儿常见的模仿形式。他们在体育游戏中模仿教师的动作，但对于超出其能力范围的动作，他们不模仿，或部分模仿。例如，第一次进行立定跳远练习，60.5%的幼儿无法体验到腿蹬地发力向前跳的感觉。教师示范，仍有30.8%的幼儿采用了不模仿的态度。我们认为可能是这个动作超出了其经验范围。②完全模仿。5~6岁年龄段幼儿，86.3%的幼儿能够完全模仿教师的简单动作。③延缓模仿。在学习过程中，常常存在这样一个现象，就是幼儿观察到了动作的外形，但是在现场却怎么也无法成功地做出相应的动作，可是某时或某天，他突然就能成功地完成这个动作，这就是延缓模仿。我们认为，在模仿学习中，虽然动作是直观、具体地呈现出来的，但是动作并不是幼儿自身探究出来的，运动器官的具体感觉无法模仿，脑神经与运动系统的联系并不是可以依赖模仿获得的。④创造性模仿。就是在模仿的基础上，进行改进创新动作。比如图2-3中的幼儿，他在学会同伴的双手悬吊于绳的动作后，创新了双脚倒挂绳的新动作。

三、语言理解学习

从心理特点来看，幼儿主要通过感知和表象来认识世界，感知是表象产生的前提。语言对于幼儿的认知具有发展价值，语言理解学习方式就是利用语言激活幼儿的表象。在体育游戏中，教师的语言非常关键。研究表明，在教授动作的时候，如果教师使用一些幼儿能理解的语言进行描述，儿童只需要模仿教师进行3次练习即可完成该动作技能；如果教师仅是就动作的要领进行讲解，80.5%的幼儿至少需要8次重复练习方可完成该动作技能。语言理解学习具有如下特点。

（一）使抽象的动作可掌握、可理解

在动作学习中，幼儿更容易通过教师的形象、生动的语言获得一种肌肉的感觉。教师运用幼儿能理解的语言，把抽象的“动作”变为幼儿的知觉能感受到的直接动作。“兔子起跳时很有力，落地是轻轻的”这句话把跳跃时落地的动作要领用幼儿能理解的语言描述出来。教师拿一个玩具放在旁边，“让我们把红旗举起来，高一点，再高一点，让小玩具都能看见”，这样的语言能让3~4岁的幼儿理解双臂上举的动作。

（二）唤醒动作和认知经验与新动作之间的联系

实践中，幼儿对一些具体的动作往往表现得无从下手，无法体验到具体的肌肉感觉。语言起着将幼儿的已有经验与新知进行衔接、贯通，并帮助幼儿完成认识升华、动作经验提升的作用，它是认识主体与客体之间的通道，使幼儿更深刻地理解事物。研究表明，教师运用生动的语言描述与幼儿生活经验相似的情景、角色的动作，能激起幼儿已有的运动经验，把没有体验过的“动作”变为幼儿体验过并能感觉到的动作，指导的效果更为显著。“钢琴是怎么弹的呀？用身体怎么来弹钢琴？”就是唤醒幼儿对弹钢琴时琴键上下跳动的认知经验，获得对身体上下弹跳这一新动作的认知，为进行钢琴学习打下基础。

四、手触学习

体育游戏很多时候是主动学习与被动学习的结合。首先，体育游戏练习内容一般是由教师根据幼儿发展水平与趋势所选择的，从这个层面来说，幼儿是被动学习；其次，在动作学习的过程中，教师应重视手触指导，幼儿在被动体验的过程中，感受到肌肉的变化过程，更能理解动作。

（一）帮助幼儿体验动作的肌肉感觉

动作学习往往是从幼儿对动作外形和要领的感知开始的，因此，无论教师多么规范地示范和有效地讲解，都不能真正地把所学动作的相关要领完全地表达出来。教师可能传递给幼儿的只是反映动作形象的外部信息，动作过程中有关身体感受的内部信息难以言传。但是，完成动作的关键是动作者的内部感觉，他们所需要的正是这种完成动作过程中有关身体感受的内部信息。幼儿需要教师手把手地帮助他们体验动作的内部信息（图2-2）。在立定跳远、平衡板、踩高跷等动作的学习中，单纯依靠探究、模仿或语言讲解，不能使幼儿准确地感受动作的内部信息。比如，立定跳远中蹬地力量、轻轻落地，平衡板上的平衡，踩上高跷后的移动等，均需要肌肉、骨骼、关节的运动感觉，而这种感觉是通过模仿、语言等学习方式无法获得的，需要成人对幼儿进行手把手的辅导。

（二）降低幼儿动作学习过程中的心理压力

调查表明，74.2%的幼儿对于没有尝试过的运动项目存在一定的心理压力，外界适度的帮助有助于降低他们的心理压力，利于动作的学习。比如，平衡木练习中，0.3米宽、0.1米高的平衡木，对于3~4岁的幼儿而言，易使其产生一定的恐惧感，当教师手扶住他们手臂的时候，他们就有一种安全感，能够走过平衡木。经过1到2次的手扶练习，幼儿积累了一定的动作经验与认知经验后，他们感到自己是安全的，就不再恐惧高度并能顺利走完平衡木。

第三节　不同学习方式的机制

从上述学习方式对动作获得的影响来看，幼儿的动作学习既有行为主义的外部刺激学习机制，也有人本主义的激发幼儿内在的学习动机与潜能，还有建构主义的运用幼儿原有经验与发展水平促进幼儿动作获得。任何一个动作获得的过程，都不是单纯一个学习理论能够解释的，而是多个学习理论的综合运用。同时，由于动作的获得不同于其他社会性习得，在教学中主要是通过各类感官进行（图2-4）。不同的学习方式更是利用了不同的感官刺激，激发幼儿学习兴趣，通过成功体验维持幼儿学习激情。探究及模仿学习更多的是激发幼儿的学习兴趣，而语言理解与手触学习更多的是帮助幼儿获得成功体验，维持学习激情。

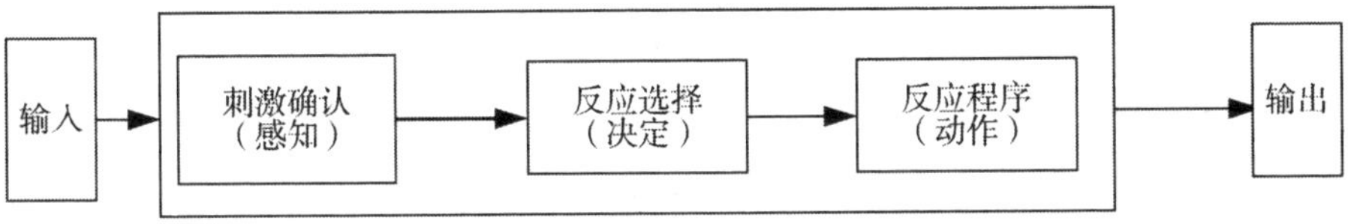

图2-4　幼儿动作控制信息流程（引自Schmidt & Wrisberg，2000）

在体育游戏中，幼儿的动作学习可以归纳为刺激确认阶段—反应选择阶段—反应程序阶段等（图2-5）。

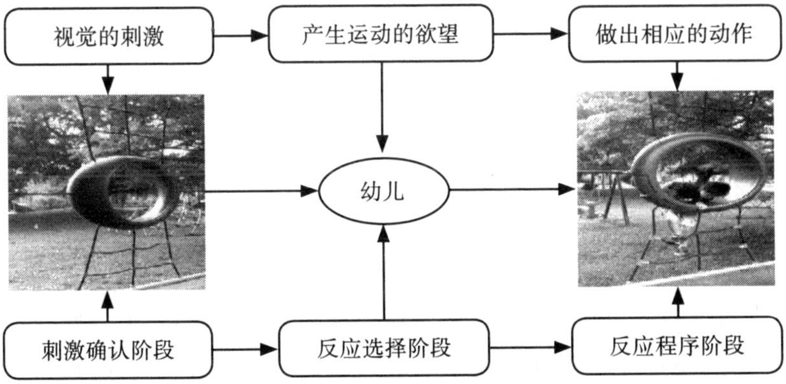

图2-5　幼儿动作信息处理过程中的各阶段

一、探究学习的机制

在探究学习中，教师常常运用生动的语言、有趣的场地与器材激发幼儿的好奇心与探究欲。幼儿的探究都是起源于或围绕着一个对于他们来说“新颖”的问题、情境或材料。问题的提出是从听觉给幼儿施加刺激，而情境和材料的提供则主要给幼儿的视觉带来冲击。比如案例1“炸弹专家”中，教师使用关于战争情境的语言，提供多层次、多功能、具有选择性的场地与器材，从视觉与听觉上给幼儿施加刺激，激发他们强烈的好奇心与运动的渴望，从而引发其探索与创新的需求。幼儿运用触摸和操作等方式不断地尝试、体验物体之间的距离、空间、力量、速度、软硬、方向、运动形式等各种关系，通过身体各个部位的肌肉、肌腱、关节、韧带等身体感觉，运用注意、记忆、想象等思维方式进行一系列的判断、比较，归纳和总结动作和行为的调节，并主动建立新的动作[1][2]。探究学习的机制如图2-6所示。

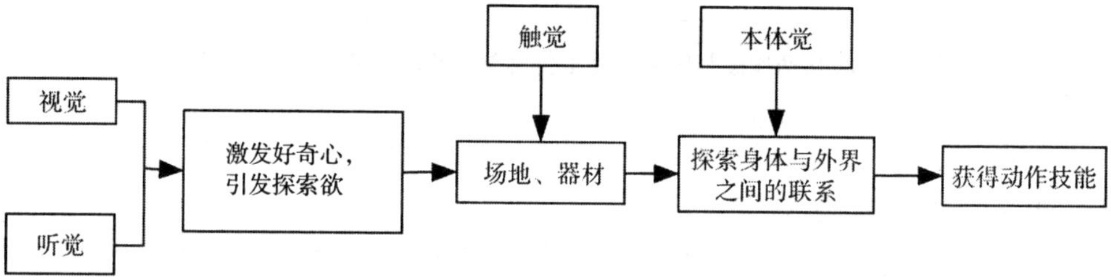

图2-6　探究学习的机制

二、模仿学习的机制

任何模仿学习都是通过对幼儿的视觉或听觉进行刺激，使其产生运动的兴趣，然后进行学习的过程。视觉模仿与听觉模仿存在一定区别，视觉模仿看到的是具体的、直观的动作形式或动作完成过程；而听觉模仿是先通过语言理解，然

[1]　杨霞，叶蓉. 儿童感觉统合训练实用手册[M]. 上海：第二军医大学出版社，2007.
[2]　陈帼眉，姜勇. 幼儿教育心理学[M]. 北京：北京师范大学出版社，2011.

后回顾已有认知与动作经验，再进行模仿练习的过程。图2-3中男幼B首先受到了同伴玩绳动作带给他的视觉刺激，激发了他的参与兴趣，通过不断的触摸、练习、操作，获得一系列身体动作。视觉是直接模仿，听觉是间接模仿。模仿是从幼儿视觉和听觉方面出发的学习方式，是最直观的学习方式，最容易在幼儿大脑中获得动作表象，也是最常用的幼儿动作学习方式，年龄越小，这种方式运用得越普遍。这两种学习方式的机制如图2-7所示。

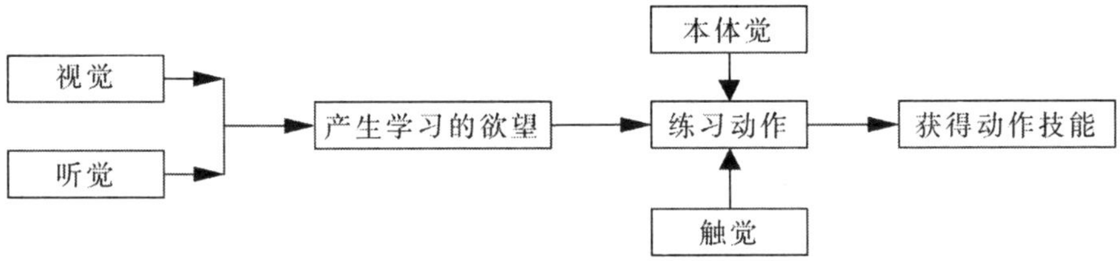

图2-7　模仿学习的机制

三、语言理解学习的机制

在动作学习过程中，语言的作用一是引发了幼儿内在的学习动机；二是搭建了原有知识与新知识之间的桥梁；三是保持了学习的持久性。听觉是语言学习最重要的刺激源。通过听觉，刺激幼儿产生学习欲望，从而促使本体觉与触觉发生反应，最后获得动作。幼儿必须在听的时候集中注意力，才能接收到听觉刺激[1]。对幼儿来说，语言是听觉、思维和表象能力的运用。要用适合幼儿的简单语言，并易于激发幼儿兴趣，最好和周围的情境一起使用，在幼儿理解语言的同时，调动幼儿记忆中表象的建立，从而激发幼儿的兴趣。语言学习的机制如图2-8所示。

[1]　雷娜特·齐默尔. 儿童感知教育手册[M]. 杨沫，谢芳，译. 南京：南京师范大学出版社，2010.

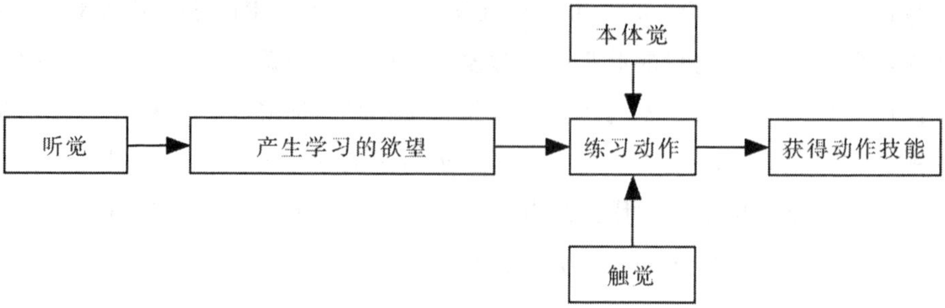

图2-8 语言学习的机制

四、手触学习的机制

手触学习就是成人或其他物体对幼儿的触觉与本体觉施加一定的刺激，使幼儿体验到动作的方向、路线、节奏、力量，以获得其深层的肌肉感觉。手触是从幼儿的本体觉出发，帮助幼儿获得正确的本体觉，体验到成功的感觉，从外界刺激到促进动作的形成，外界的帮助相当于构建幼儿自身动作的支架。手触学习的机制如图2-9所示。

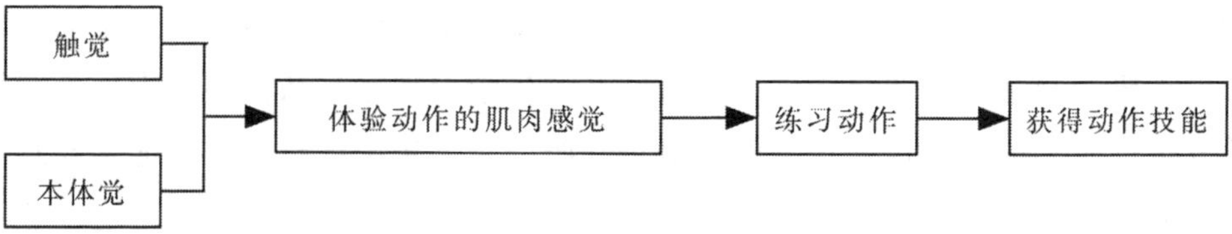

图2-9 手触学习的机制

从上述影响与机制来看，幼儿的四种动作学习方式几乎都是不同学习理论的综合运用。既有以行为主义的操作和观察学习为主的探究学习，也有观察、操作相互进行的模仿学习，还有语言与手触学习中的操作性学习，同时在动作学习中还非常重视人本主义提倡的幼儿内在学习动力和潜能，只有激发幼儿内在的动力，动作学习效果才能更好。此外，在动作内容选择上面，还应该符合认知心理学提出的新旧知识的有逻辑的联结，动作的学习也是一个获取、保持、加工信息的过程。另外，动作的学习过程也符合建构主义提出的学习是一个主动的过程，幼儿原有经验和发展水平是动作学习的基础。发现是通过不断的观察、操作而进行的。

第四节 动作学习效果的影响因素

一、练习机会

练习机会就是在体育游戏中，教师有意识地营造激发幼儿探索、学习动作的时间、场地与器材的过程。我们对参加2013年度浙江省少幼儿体育大会暨浙江省幼儿特色体育、健身舞操表演大赛展示的特色项目及参加幼儿园数目进行了统计：健身舞操13所，轮滑10所，足球6所，篮球4所，体育舞蹈、武术各2所，气排球、田径、跳绳、跆拳道等项目各1所。参加表演的幼儿年龄在4.5~7岁。根据现场拍摄的录像，把幼儿能完成每个项目的基本动作进行统计，结果见表2-5。

表2-5 2013年浙江省幼儿特色体育参赛幼儿园幼儿具备的部分动作技能一览表

特色项目	基本动作	初次涉及本项目的年龄段及每周练习次数
健身舞操	举、大踢腿、弓步、踏步、跑跳步、波浪、髋部动作、开合跳、弹踢腿、高抬腿、后踢腿、绕环、摆动、屈、伸	小班第一学期 每周五次
篮球	双手运球、双手交换运球、侧滑步运球、摆腿交替运球、反弹球、开合跳拍球、跑跳步运球、胯下运球、侧移双手运球、转身运球、转身接球、二人传接球（反弹球、上传球）、绕退运球、滑步防守、行进间传接球、手指拨球、换身运球、行进间双手运球、八字绕球、障碍跑运球、抛接球、跪立运球	小班第一学期 每周三次
足球	脚内侧踢、脚外侧踢、单脚颠球、双脚交替颠球、膝部颠球、胸部停球、射门	小班第二学期 每周三次
武术	冲拳、托掌、弓步冲拳	
跳绳	单人跳、双人跳、跳大绳、交换腿跳、前交叉跳、后交叉跳、变换位置跳、变换同伴跳、双摇绳跳	中班第一学期 每周至少三次
气排球	手拨球、传球、抛球、扣球（跑动中扣球）、垫球	小班第二学期 每周两次

续表

特色项目	基本动作	初次涉及本项目的年龄段及每周练习次数
田径	跨栏、蹲踞式跳远、跨越式跳高、接力赛、障碍跑、投火箭	中班第一学期每周三次
轮滑	站立、原地踏步、侧踏步、踏步前行、左右滑行、前后滑行、直线滑行、曲线滑行、正中切法停止、A字停刀、T字停刀、转弯急停	小班第二学期每周三次
体育舞蹈	伦巴、恰恰、牛仔舞	中班第二学期每周三次
跆拳道	左冲拳、右冲拳、前踢、横踢、侧踢、勾踢、推踢、后踢	中班第一学期每周两次

表2-5统计结果表明，幼儿的运动潜能非常大，只要能提供适宜的练习机会，他们均能较好地掌握通常人们认为这个年龄段不可能掌握的动作技能。我们的调查表明，目前我国幼儿园各年龄段幼儿体育游戏练习的内容主要还是聚集在走、跑、跳跃、投掷、钻、爬攀、平衡等7大基本动作，部分公办幼儿园还有拍球、跳绳、踩高跷等48项内容。但是与运动项目相关的练习内容涉及不多。我们认为，造成这样的原因，除了幼儿教师本身的体育教学能力有限外，还与人们陈旧的观念有关。有教师认为幼儿可以学习拍球等动作技能，但篮球的其他技术不需要这么早就接触。从表2-5可见，只要给予适当的器材、场地及练习时间，幼儿的运动能力将远远超出我们的想象。

练习机会需要考虑的因素包括器材、设备及时间。充足而宽裕的器材、设备及时间，对基本动作的发展非常重要。练习机会的提供，将大大刺激幼儿动作学习的潜能。

二、练习内容

多少个练习内容对幼儿动作掌握的效果最好？我们研究发现较多教学内容不利于动作的掌握。由于幼儿具有注意力集中时间短、容易对新鲜事物感兴趣的特点，因此，在一次体育游戏中，3~4岁年龄段幼儿可以进行1~2个技术结构相似的动作；4~5岁年龄段幼儿可以学习2个动作练习；5~6岁幼儿可以学习2~3个动作练习。

单一的练习内容，采用生动有趣的情境与角色不断深入，能充分地引导幼儿主动参与练习，并保持相应的练习热情。比如，进行蹲着走练习时，采用“蚕宝宝慢慢长大了”的指导语，逐渐增加幼儿参与的人数，由1个变为2个和4个，乃至到最后一路纵队幼儿。采用“蚕宝宝要去找妈妈，他们要爬一座山、过一座桥、钻一个长长的山洞”等语言诱导，变换蹲着走的路线，层层加深动作的难度。幼儿沉浸在设置的情境与角色中多次重复一个单调的练习内容。练习中，幼儿并不因为练习内容单一而影响参与的兴趣，教师语言更容易影响幼儿练习的激情。

各种运动技能中，有一些运动技能是在“会”与“不会”之间有明显或截然区别的[1]，如游泳；而有些运动技能是“会”与“不会”没有明显区别的，如跑步等项目。这种表示运动技能“会”与“不会”的程度高低就是运动技能的“会能度”。“会能度”越高表示越容易学习。本研究通过长期收集和访谈调查，整理出幼儿园体育游戏中常用的运动形式，主要有走、跑、跳、爬、拍球等48项基本练习形式。对运动技能“会能度”调查的数据进行统计学处理，利用加数求和的方法计算运动技能“会能度”。调查的每项运动技能附以0~10分的分值，0分代表幼儿从不会到学会某些运动技能最大的难度；10分代表幼儿从不会到学会某项运动技能最小的难度，几乎等于不用学就会。调查表明，幼儿园常见运动技能“会能度”的调查结果见表2-6。

表2-6 幼儿园常见运动技能“会能度”的调查结果

运动技能	会能度	运动技能	会能度	运动技能	会能度	运动技能	会能度
走	0.97	远足	0.92	爬	0.89	钻	0.81
短跑	0.67	投掷远度	0.45	走木平衡	0.76	单人跳绳	0.35
长跑	0.86	立定跳远	0.56	连续跳	0.69	折返跑	0.58
拍球	0.32	悬吊	0.90	徒手体操	0.46	攀爬	0.79
自行车	0.35	轻器械操	0.43	羊角球	0.86	布袋跳	0.62
踢毽子	0.18	踩气球	0.57	滚铁环	0.31	拉重物	0.53
踩高跷	0.56	荡桥	0.67	跳箱	0.11	荡秋千	0.79
踢球	0.58	玩布球	0.76	滚动	0.81	推小车	0.82

[1] 董文梅，毛振明. 体育学理之探究[M]. 北京：北京体育大学出版社，2011：26-27.

续表

运动技能	会能度	运动技能	会能度	运动技能	会能度	运动技能	会能度
转呼啦圈	0.33	运球	0.34	投准	0.36	投快	0.32
传接球	0.38	双手垫球	0.56	下手发球	0.42	拦网	0.31
羽毛球发球	0.46	平衡板	0.53	轮滑	0.48	跨跳	0.57
飞碟	0.89	跳大绳	0.29	前滚翻	0.63	后滚翻	0.42

由表2-6可见，“会能度”在0.60~0.99的几乎都是与日常生活紧密联系的基本动作，其运动技术相对固定、单一，幼儿一经掌握后就具有一定的稳定性和准确性，如走、远足、爬、钻、长跑、走平衡木、悬吊等项目，这类动作简单易行，学习起来相对比较容易，便于掌握。“会能度”在0.11~0.59的运动项目，在学习时具有一定的难度，所用练习的时间比“会能度”高的项目更长。分析各自的动作构成元素不难看出，“会能度”低的运动技能构成元素、成分的数量以及注意需求量比“会能度”高的运动项目更复杂，其运动项目由大量动作元素构成，特别是对于幼儿需要更多的注意。初学者在参与这些低“会能度”的运动项目学习过程中，从开始不会到学会，运动水平显著提高，学会技能的标准清晰。“会能度”在0.70~10.0的动作，可以对3~4岁幼儿进行教学；“会能度”在0.50~0.70的动作，可以对4~5岁幼儿进行教学；“会能度”在0.10~0.50的动作可以对5~6岁幼儿进行教学。不同运动项目，幼儿保持的时间长短不一。比如周期性项目，如跑、跳绳、拍球、骑自行车、羊角球等技能，幼儿一旦学会就容易长期保持；而一些非周期性项目，尤其是基本体操等具备多个动作、多个方向的套路练习，虽然经过一段时间的练习能做到自动化阶段，但两周不练习后，其遗忘率高达80.5%。一个有趣的现象是，如果这套体操配以儿歌或情境后，幼儿的遗忘率仅为20.3%。

三、示范与练习

在动作学习中，示范与练习是极其重要的两个环节。示范在动作学习中的认知阶段具有重要的作用，是动作学习的基础；而练习则主要在动作学习的联结和自动化阶段扮演不可或缺的角色。

一个良好的示范应具备两个要素：①幼儿能通过示范了解动作的含义，比如，双手上举中“举”的含义。②通过示范能了解动作的结构和完成路线，比如，两手侧平举成上举中从侧平举变为上举的过程。示范的位置将直接影响动作学习的效果，结构简单、方向变化少的动作，使用背面示范更利于幼儿的动作学习；而路线比较复杂的、方向变化多的动作需要镜面、背面，以及侧面示范相应地结合起来。另外，幼儿围观的位置也影响示范的效果，不同的观察角度呈现出来的动作也不同，比如，教师居中，幼儿围成圆时，站的位置不同，观察角度不同，教师出来的示范效果也不同。

练习是以掌握一定的动作方式为目的所进行的反复操作过程，是获得动作的关键因素。任何动作的形成都必须通过不断的练习[1]，它的作用就是帮助运动系统与神经系统建立相应的联系，提高动作的准确性与精确度，促使动作的不断完善和熟练，加快完成动作的速度以及使动作之间的衔接更为协调。幼儿掌握动作的质量取决于体育活动中动作重复的次数。一套4~5节的模仿操，3~4岁年龄段幼儿每天重复1次，两周基本掌握；每天重复2次，一周即可掌握。跳绳技术，5~6岁年龄段幼儿每天练习20分钟，78.8%的幼儿两周后基本能协调地进行。而且在教学的开始阶段，每个动作重复的次数不少于4次，在第6~8次重复动作时，幼儿技能掌握得最好。当然，不同的动作，幼儿练习次数不一样。与日常生活动作相似的体育动作，幼儿掌握得较快，一般在重复4次时基本能掌握；与日常生活关联度不大的体育动作，幼儿一般需要重复6~8次方能掌握较好，比如立定跳远、网球掷远；而与日常生活完全无关的体育动作，比如拍球、跳绳、骑自行车、平衡板等技术，幼儿一般需要重复10~12次方能较好掌握（表2-7）。

表2-7 幼儿掌握基本动作的时间

运动技能	掌握时间（分钟）		
	3~4岁	4~5岁	5~6岁
走	10	2	2

[1] 董奇，陶沙. 动作与心理发展[M]. 北京：北京师范大学出版社，2004:112.

续表

运动技能	掌握时间（分钟）		
	3~4岁	4~5岁	5~6岁
跑	20	10	5
跳	20	10	5
爬	5	1	1
攀登	20	5	3
拍球	30	20	20
运球	—	—	200
踩高跷	100	90	60
骑自行车	200	100	90
跳绳	—	200	200
传接球	—	—	200
跳跳球	—	100	90

四、情　感

心理学家认为3~6岁的幼儿主要是通过游戏活动，借助于经验来认识世界的。他们对外界事物的学习更偏重基于情感成分的兴趣意愿，更多地借助于直接经验，年龄越小，动作能力越弱，情感依恋程度越强。因此，创设幼儿动作技能习得环境，首先要从情感上激发他们的共鸣，产生对动作学习的浓厚兴趣。幼儿具有泛灵化倾向，喜欢将所有的物品都当成有生命的。针对此点，本研究结合动作具有看得见、感觉得到的特点，给动作或器械赋予鲜活的生命。让篮球变为活生生的“球宝宝”，这样，我们就可以从幼儿第一次接触篮球时就引导他感知“球宝宝”是他的好朋友，“球宝宝”可以和他一起跑、一起跳，还可以和他一起做游戏。在孩子和“球宝宝”的自然接触中，逐渐和篮球，以及篮球的一些基本技术建立了亲密的感情。

五、学习动机

为何幼儿会玩得如此开心与投入，为何会积极参与到运动过程中而不亦乐乎？为什么他们能不知疲倦地在跳跳床上跳来跳去？幼儿运动的动机是什么？他们学习与练习的动力又是什么？所有这些的问题都可以归结为幼儿动作学习的动力和原因，即动机—行为的内部因素。雷娜特·齐默尔认为各种兴趣、需求、欲望，以及驱动行为和活动进行的力量，都可以称为动机[1]。个体对饥饿、口渴、睡觉、运动等这些与生俱来的本能和需求属于第一动机体系；而在伴随着发展过程中产生的其他动机和需求，如成功、获得认可或成绩，这些属于第二动机体系。Oerter却认为，幼儿的好奇心和探索欲是促进其行为的重要动机，可归入为第一动机体系，这一动机体系服从“兴趣—无兴趣”原则，第二动机体系受“成功—失败”原则影响。由此总结出对幼儿行为起重要影响的因素包括好奇心、运动的渴望、探索的需求、获得认可的需求、创新的需求、运动的快乐，以及成功的追求。从这个层面来说，幼儿的发展和学习是由兴趣和需求决定的。在体育游戏中，教师对于激发幼儿动作学习的方式，都可以从上述动机中所寻，而且在一次活动中，往往掺杂了激发多种学习动机的方法与手段。幼儿对感兴趣的动作，其学习能力尤为突出。比如，在中班教授手指操《小白爬楼梯》时，教师只进行过一次20分钟的教学活动，第二周97.6%的幼儿就能准确地跟着教师进行练习了。

六、教师指导

教师的指导是影响幼儿动作学习的一个重要外部因素。教师的指导泛指教师在体育游戏过程中所采取的一切行为。教师的指导主要包括两个方面，一是语言指导，二是示范指导。3~4岁幼儿的语言表达能力强过动作发展水平，如果教师能适宜地使用语言，往往能激发出幼儿更多的创意动作。在教授动作的时候，如果教师使用一些幼儿能理解的语言进行描述，幼儿只需要模仿教师进行3次练习

[1] 雷娜特·齐默尔. 幼儿运动教育手册[M]. 杨沫，易丽丽，译. 南京：南京师范大学出版社，2008：76-77.

即可完成该动作技能；如果教师仅是就动作的要领而讲解，80.5%的幼儿至少需要8次重复练习方可完成该动作技能。在学习动作过程中，使用音乐或朗朗上口的儿歌同样也能促进幼儿快速而较好地掌握动作技能。经过系统地学习身体部位与动作概念，92.5%的幼儿能顺利地熟悉教师的要求，能正确、自觉并情绪良好地以实际动作回应教师的动作要求，90.7%的幼儿能很好地理解口头作业和准确地把它转化为动作。通过两周的练习后，86.4%的幼儿能够独自设计一些简单的动作，并能利用熟悉的动作成分进行重新组合。同样，情节性故事也可以促进幼儿较快完成动作技能（表2-8）。

表2-8　基本体操教学过程中施加不同媒介对幼儿掌握动作技能的所需练习次数

教学媒介	不同年龄段幼儿		
	3~4岁年龄段	4~5岁年龄段	5~6岁年龄段
音乐	5	4	3
儿歌	3	2	2
情节性故事	2	2	2
动作要领讲解	8	8	6

情节性故事比直接动作要领讲解、音乐、儿歌更容易促进幼儿对基本体操套路动作的掌握。从某种方面而言，其主要是充分地调动了幼儿情绪，激发了幼儿的想象力，明确表象，促使陌生的动作形象化。

而5~6岁幼儿动作技能的形成在很大程度上取决于他对练习的内容和结构的认识程度，取决于他对应该按什么顺序和怎样完成练习的各个细节的认识。这个年龄段的幼儿采用模仿教师示范的练习8次后，96.3%的幼儿能完成该动作技能，但是在动作结束后，98.9%的幼儿无法回答应该做什么和如何做的问题。采用模仿示范的学习方法，幼儿主要是机械地掌握动作，无法真正地理解动作（表2-9、表2-10）。

表2-9 教师的教学方式对幼儿基本动作学习的影响

完成人数 / 教学方式	不同年龄段幼儿		
	3~4岁（25人）	4~5岁（22人）	5~6岁（24人）
模仿	89.4%	78.6%	76.5%
口头指导	1.2%	8.9%	24.0%
口头指导+模仿	89.6%	88.4%	93.2%

表2-10 表述动作对幼儿完成动作技能的影响

完成次数 / 教学方式	不同年龄段幼儿		
	3~4岁（25人）	4~5岁（22人）	5~6岁（24人）
能正确表述动作的幼儿	5次	3次	2次
不能正确表述动作的幼儿	10次	8次	8次

第五节 动作学习策略

一、正确处理幼儿兴趣与学习的关系

无论是探究、模仿、语言理解，还是手触学习，都使幼儿获得感官兴趣，激发动作学习的动力。依据幼儿兴趣所指向的活动层次，将兴趣划分为感官兴趣、内在兴趣和中间兴趣三个层次[1]。

感官兴趣，指向的是活动外部的各种刺激物，如颜色、形状、声音、味道、社会的正面评价、教师的表扬、家长的奖励、同伴的认可等。幼儿从活动本身无法得到任何满足，之所以从事这个活动，根本原因在于这个活动可以为自己带来各种外部的东西，如社会的肯定和奖赏等。感官兴趣的被动性和依赖性，决定了感官兴趣很难持久，容易出现兴趣疲劳。为了防止与缓解兴趣疲劳现象，需要不断地变换方

[1] 秦元东. 兴趣层次说与儿童学习[J]. 幼儿教育（教育科学版），2006（4）：42-45.

式，提高外部包装物对幼儿的吸引力，以维持这种感官兴趣水平。

内在兴趣，指幼儿从活动本身可以获得足够的满足，不再需要外部奖赏，如游戏中幼儿的兴趣即是如此。个体的满足感源于活动中自我的超越，活动中各种意外发现的惊喜、体验等。内在兴趣本质上是主动的，内在具有一种自我生发与强化的机制，会随着幼儿在活动中的不断拓展与深化而不断加强与提高，反过来又会激发幼儿进一步拓展与深化学习活动，最终形成一种良性循环。假如奖赏幼儿去做他们本来就感兴趣的事，他们反而会慢慢失去兴趣，因此，奖赏会降低幼儿自发地从事某活动的意愿。

中间兴趣，介于感官兴趣和内在兴趣之间的兴趣，既部分指向于活动的感官刺激物，又部分指向于活动本身。幼儿能够从活动本身获得一定程度的满足，但这种程度本身还不足以激励幼儿全身心投入活动，因此，还需要一定程度的感官刺激物，它是一种复合型兴趣。中间兴趣是动态变化的，即被动性和主动性各自所占比例的变化，以及相应的感官兴趣和内在兴趣各自所占比例的变化。教师可以通过对外部奖赏不同的运用策略，既可能促进中间兴趣中内在兴趣成分的提升，增强中间兴趣的主动性，使其向内在兴趣方向发展，也可能促进中间兴趣中感官兴趣成分的提升，加剧中间兴趣的被动性，使其向感官兴趣方向发展。如幼儿偏向于感官兴趣时，可以较多使用各种感官刺激物，如表扬、有趣的活动形式，以促使幼儿能够参与学习。随着学习的不断深入，幼儿可能会逐渐发现或体会到学习的乐趣。此时，教师应逐渐减少各种形式的感官刺激，诱导与促使幼儿逐渐从关注外部刺激转移到更多地关注活动本身，即从感官兴趣逐渐转向内在兴趣。

在学习中，幼儿的兴趣很少是极端的感官兴趣或内在兴趣，更多是介于二者之间，是一种复合型中间兴趣。随着幼儿学习活动的变化，他们的兴趣也会相应发生变化，如果从学习中获得的满足越来越多，对外部刺激的依赖与关注程度越来越低，那么幼儿的中间兴趣也开始在向内在兴趣一端转移，教师的职责就是尽可能帮助幼儿的中间兴趣向内在兴趣方向转移。感官兴趣、内在兴趣和中间兴趣的区别在于兴趣指向性的差异。随着学习活动变化，幼儿在学习活动中获得满足程度的变化，以及幼儿对外部刺激依赖与关注程度的变化，其兴趣的指向性也随之发生变化。因此，三者之间的区别是相对的，在一定条件下可以相互转化，它们是一个兴趣连续体（图2-10）。

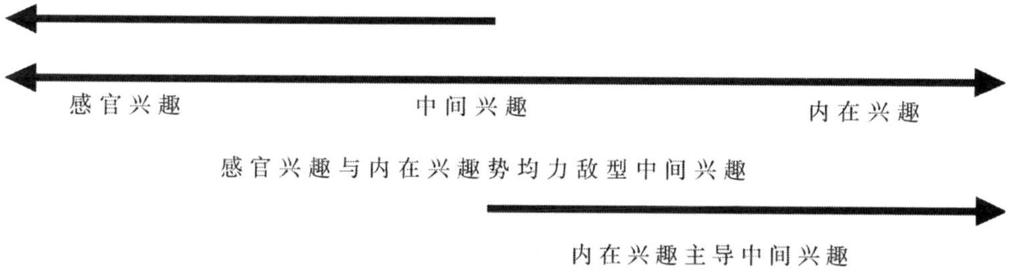

图2–10　兴趣连续体

兴趣和学习是一种相辅相成的关系，兴趣可以促进学习，学习也可以增强兴趣。当幼儿的兴趣是感官兴趣时，教师需要借助各种形式感官刺激，促使幼儿学习，随着幼儿逐渐体验到学习的乐趣，幼儿的兴趣结构由感官兴趣独霸的局面逐渐转变为由感官兴趣占优势；内在兴趣萌发并逐渐壮大，感官兴趣和内在兴趣平分秋色；直至内在兴趣占优势，最终转变为内在兴趣。在此过程中，教师及时、准确地洞察幼儿兴趣结构的微妙变化，适时相应减少直至最终取消对各种感官刺激物的运用，推动幼儿兴趣结构的积极变化，即从感官兴趣向内在兴趣的逐渐转变。如果教师坚持对各种感官刺激物的强调与运用，就会不同程度地制约与阻碍幼儿兴趣结构的积极变化，甚至有可能促使幼儿兴趣结构的消极变化，即由内在兴趣逐渐向感官兴趣转移与转化，最终形成感官兴趣长期独霸的兴趣结构局面。当幼儿的兴趣是内在兴趣时，教师就不需要运用各种感官刺激物强调了；当幼儿的兴趣是中间兴趣时，教师可以适时、适量地使用各种形式的感官刺激，使用的时机与分量要根据中间兴趣的具体情况而定；当幼儿的兴趣属于内在兴趣主导型时，教师要尽量少用或不用感官刺激物，推动幼儿兴趣逐渐变化为内在兴趣；当幼儿的兴趣属于感官兴趣主导型时，开始初期教师要比较多地采用各种感官刺激物，随着幼儿从学习中获得满意程度的提高，逐渐减少或取消感官刺激物；当幼儿的兴趣属于感官兴趣与内在兴趣势均力敌时，教师开始要适度采用感官刺激物到逐步减少，最终取消感官刺激物的使用。

虽然，本研究归纳分析的体育游戏中幼儿动作的学习方式，主要是以感官对幼儿学习兴趣的影响为出发点，但最根本的，还是要通过感官激发幼儿学习兴趣，通过成功体验把感官兴趣逐步转化为内在兴趣，从而让幼儿真正地掌握动作，提高运动能力。

二、有层次地积累幼儿的认知与动作经验

不管采用探究、模仿，还是语言理解和手触等学习方式，为了更有效地促进幼儿动作学习，新的学习必须依靠原有的经验，外部信息的输入如果没有主体已有的经验作为基础，那么这种信息对学习主体来讲是毫无意义的[1]。有层次地积累认知与动作经验，是幼儿实施各种动作学习方式的基础。动作学习中，幼儿的心理状况、认知经验，以及运动经验等方面，都要有一个铺垫。经验的积累需要遵循从易到难，从简到繁的原则。比如5~6岁大班幼儿学习跳竹竿等较为复杂的动作技术，那么在儿童3~4岁的时候，需要做一些认知准备（跳竹竿的来由）和动作经验（击竿的节奏、吟唱的节奏、跳涌的节奏、跳竹竿），掌握一定的跳涌动作与节奏。在儿童4~5岁的时候，先进行一定距离、固定竹竿的跳跃练习，然后使用两根竹竿的敲击练习，最后进行简单的跳跃练习。通过小、中班的经验积累，5~6岁幼儿能比较容易地学习跳竹竿。根据活动实施情况，从跳房子、跳静止的竹竿到跳敲击的竹竿一系列有层次的练习，幼儿心理压力逐渐变小，适应能力逐渐增强，从心理、认知、动作经验等方面为最后自如地进行跳竹竿等类似活动进行了相应的铺垫。在学习目标方面，立足于幼儿的实际情况，根据幼儿的进步不断调整相应的目标；在能力准备方面，从单纯的节奏掌握、跳跃动作、跳竹竿等技术逐渐提高幼儿运动能力，最后较好完成跳竹竿整套技术。这一系列的经验积累过程，让幼儿产生参与的欲望、持续进行的热情、主动探索的激情，乃至无限回味的殷勤期盼。又如进行蹲着走的练习时，我们从两个方面逐渐增加难度：一是动作本身，二是参与的人数。采用两种方式进行练习，一是教师直接教学蹲着走，幼儿很快掌握；二是为了引发幼儿自主蹲着走的动作出现，教师设计了几个任务，用橡皮筋逐渐降低高度，最后让幼儿自主探索出蹲着走的动作（图2-11）。

---

[1] 杨莉娟. 当代教育心理学[J]. 教育科学研究，2000（4）：58-60.

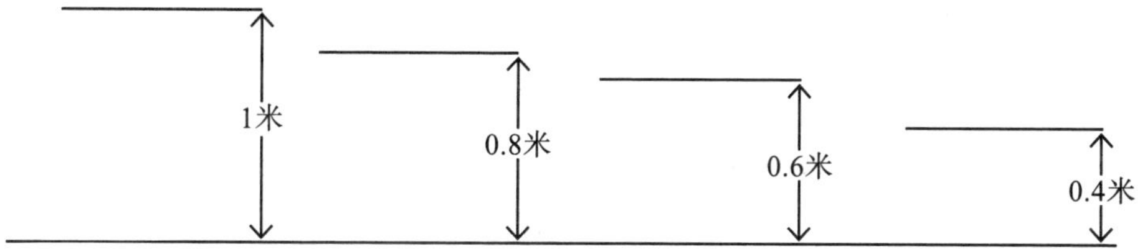

图2-11　蹲着走场地设计图

为了增加难度，教师采用了以下措施。①增加参与人数，具体方法：独立走→双人走→四人走→多人走，首先有了蹲着走的经验，然后让两个幼儿配合着蹲着走进行练习，熟练后可以增加到四个人进行。②改变行走路线，可以进行直线走或斜线走，最后一路纵队进行，先进行直线走，具备一定的经验后，然后斜线走，最后为S形路线走。另外还采用平地走—上坡走—下坡走；平地走—沙地走—草地走—水中走；宽地走—窄地走；平地走—有一定高度地走。通过这样的设计，能充分利用幼儿的动作经验为教学服务，幼儿的动作技能掌握得更好。由此，变化多端的蹲着走已经成为幼儿课余活动的一个开心活动。动作的教学步骤非常重要。在教授新动作时，新动作一定要包含幼儿熟悉的动作成分，做熟悉动作的重新组合。

三、选取能激发运动兴趣，并能采取进一步行动的刺激

利用好奇心与探究欲激发幼儿学习兴趣，利用成功体验维持幼儿学习热情。在体育游戏中，由于幼儿可以接受的刺激非常多，根据他们的身心发展特点，选择和设计有效的刺激。有效刺激必须满足两个条件：①能激发幼儿的运动兴趣。不是所有的活动都能对幼儿产生吸引力，对于已经熟悉的，没有挑战性的活动幼儿的参与度不高；而对于一些少见的，具有一定挑战性的活动，他们兴趣更大。②能激发幼儿采取进一步的行动。吸引幼儿的活动很多，但是这些活动不一定都能激发幼儿采取进一步的行动。幼儿只有在进行心理和生理上都具有一定承受能力的活动时，他们才会选择采取下一步行动。

（一）视觉方面

在对于事物的理解方面，幼儿更相信他们的视觉而不是触觉。①颜色：根据幼儿对颜色的敏感度有选择地使用颜色。比如幼儿对于红、黄、蓝、绿等颜色比较敏感，在需要重点突出的地方，可以选用这些颜色，以吸引他们的注意力[1]。②空间位置。可以从平面、立体等多方面设计空间，空间位置的不断变化，吸引幼儿参与的积极性。③形状。不同的形状引起幼儿不同的思考，对于不同形状的物体选择进行不同的动作，产生不同的动作（图2-12），如轮胎，幼儿喜欢钻、滚动、骑跳等；而方形的木块，他们会进行建构游戏，会在长方形的垫子上跳、滚动等。

图2-12 有效视觉刺激的设计示范

（二）听觉方面

①运用声音的变化。改变声音的大小、快慢、强弱等。例如，声音大，向上跳；声音小，蹲着走。声音快，疾跑；声音慢，慢走。节奏强，身体动作幅度大；节奏弱，身体动作幅度小。②讲述幼儿喜欢的情节与角色。幼儿喜欢听故事，也善于把自己想象成故事里的角色，利用这个特点设计课程。③运用视觉感知听觉。在讲述的过程中，适当地搭配相应的物品，会让幼儿接受到更有效的刺激。比如讲述“小青蛙抓害虫”游戏的时候，戴着小青蛙的头饰或拿着小青蛙的玩具会让幼儿参与的兴趣更浓。

---

[1] 雷娜特·齐默尔. 儿童感知教育手册[M]. 杨沫，谢芳，译. 南京：南京师范大学出版社，2010：24.

（三）触觉方面

可根据一定的物理特性和材料本来的特性设计与选择动作。把相同材料设计为不同的重量、长短、大小的器材，让幼儿在尝试的过程中，构建使用同一材料不同感受的器材的动作。根据材料的颜色、形状、大小、重量来区分器材，比如，一系列颜色深浅不同的竹竿，轻重不一的沙包，或长短不一的木条，每组以颜色、重量、大小为特征的器材形成强烈对比，每个系列都包含两个极端，最大的或最小的、最长的或最短的、最轻的或最重的等，这些材料都有助于幼儿设计出不同的动作，并且注意力集中。

（四）嗅觉方面

当然，可以运用味道刺激，引发幼儿的活动欲望。比如，根据一年四季不同的花香设计活动，释放不同的味道，引发不同的活动内容。春天桃花香，可以去跑步；夏天荷花香，可以去游泳；秋天桂花香，可以去远足；冬天梅花香，可以去滑雪。

（五）本体觉方面

不同的环境设置与物体投放，会引发幼儿不同的本体觉。选择质地不同的场地，提供规格不一的器材，使用形状各异的道具，通过不同的体验，幼儿在不同的场地、器材、道具中找到相应的、合适的动作。

四、以体验为导向

体验是指个体通过眼、耳、鼻、舌等感觉器官或自己的身体行为直接感知客观现象，并开动思维认识现象本质的过程[1][2]。实践证明，成功体验是维持幼儿学习热情的重要条件。在动作学习中，体验是幼儿最重要的学习方式。幼儿通过对自己或他人体验的过程与结果的观察、比较、反思和判断，获得新的认识和感

[1] 林海燕.用体验式学习培养小学科学课教师[J]. 集美大学学报，2003（2）：70.

[2] 陆丽华. 幼儿体验的研究——以健康教育活动为例[D]. 南京：南京师范大学，2006：5-23.

受，并在此基础上进一步调整自己的行为。幼儿在体育游戏中是否具有选择权，能否自主支配自己的活动，是否具有积极主动性，是否发挥创造性等对于幼儿的动作学习具有很大的影响，能让幼儿进行主动体验的学习效果更好。体验主要具有如下特点：①伴随着问题，体验过程从问题出发，在问题的探索过程中展开；②伴随着尝试，用不同的方法试着解决问题；③伴随着思考，随着思考的深入体验逐步加深，在过程中生成新的想法和新的问题。观察表明，幼儿体验过程的时间长短、复杂程度都不一样。有的幼儿体验过程短暂且清晰明快；有的幼儿为了完成动作技能，需要前后环节对比；有的幼儿体验过程中，新问题不断涌现，历时较长，但幼儿从中得到的认识与情感体验也愈加深刻与丰富。

五、教授正确的观察方法，采用合理的示范

幼儿的观察特点、教师的示范方式均直接影响动作完成质量。模仿学习中包含着Bandura的观察学习理论，模仿学习的第一步是观察，有效的观察是有效模仿的条件。实践中，幼儿的观察特点决定了示范的时间长短、示范的重点、示范的语言，以及示范的方位。在体育游戏中，教师一般采用如下方法指导幼儿观察。①顺序法：就是指导幼儿按照一定顺序进行观察的方法。比如，遵循从远到近、从上到下、从左到右、从高到低、从整体到局部等顺序进行动作观察。②比较法：就是比较两个或两个以上的动作的异同点的方法。让幼儿进行分析、比较、思考、判断，从而正确细致地认识动作。在观察过程中，有些动作变化幼儿容易忽视，采用比较法，可以很好地解决这一问题。③表达法：是指在教师指导下，幼儿在观察后通过讲述、练习等方式表达自己的观察情况和感受。允许幼儿在观察过程中相互交流，鼓励他们相互提问。

示范是指由教师完成一系列熟练而又合乎要求的动作，供幼儿模仿和学习使用。示范行为是教师指导中最常见的行为之一，它是教师向幼儿提供问题解决策略的一种途径。在幼儿动作学习的初级阶段，即认知阶段，示范扮演着非常关键的角色。调查表明，93.2%的动作主要是通过教师示范、幼儿模仿获得。幼儿模仿学习效果与指导教师的示范有很大的关联，具体表现在三个方面：示范的位置、示范的方式和示范中师幼交流的方式。①示范的位置：示范的相对位置主要从以

下方面反映出来：一是示范的方位，即教师是面对、背向或侧对幼儿，示范的方位将直接影响幼儿对前后、左右认知的混淆；二是围观示范，教师示范时，幼儿所站位置也将影响动作学习效果，如幼儿围成圆圈，教师居中时采用示范，幼儿常常会因为不同观察角度而产生动作困惑。幼儿更容易接受镜面示范，其次为背面示范，侧面示范效果最差。体育游戏大多采用半圆式围观，教师站在圆中心，幼儿围成半圆观摩。②示范的方式：教师对动作示范方式的处理非常重要，是采用完整示范还是分解示范，一是依据动作的技术本身，二是依据教师对动作的把握程度。例如，拍球、飞碟、跑等简单动作主要采用完整示范；而跳绳、跳竹竿等较为复杂的动作主要采用分解与完整两种示范进行。此外，示范的顺序（下肢、上肢、躯干等顺序）、示范的速度（示范的快与慢等）都将影响学习效果。③示范中师幼交流的方式：示范中，师幼的交流主要通过语言与目光两种媒介进行交流。师幼保持相应的目光交流，一是能及时发现幼儿的学习状态，随时调整示范方式；二是在教师视线内，幼儿的注意力容易集中，学习效果更为显著。

幼儿容易接受镜面示范。他们更适应教师目光的交流。当示范教师的着装上下一致的时候，幼儿观察的重点一般在于上肢。如果突出下肢的动作，可以：①用语言着重提示。比如："现在老师请小朋友们看看，老师的腿在做什么动作？腿是怎么变化的？"②让下肢变得能吸引幼儿的眼球，激发兴趣。比如穿颜色鲜艳的裤子或在下肢绑上气球等。如果突出腰部的动作，则可以在腰上进行相关的设计，如扎一条彩色的带子等。

六、使用能激发幼儿认知与动作经验的语言

调查表明，幼儿在动作学习的过程中遇到的许多问题，主要是因为他们无法了解教师的语言、示范，或所陈述的动作指令。因此，在动作学习的过程中，让幼儿理解教师所要教学的动作，让幼儿了解教师的口语指令，并知道教师要他们做什么是非常重要的。同时，还要协助幼儿学习去理解并模仿教师所示范的动作显得非常重要。对于不同年龄段的幼儿，教师的语言应具有不同的特点。比如3~4岁幼儿做侧平举时手臂伸不直，教师只需说一句"两手向树一样的直"。在对5~6岁幼儿教学挥臂时，教师只需说"让我们和客人们再见吧"，他们就能做

出相应的动作。在教学中，教师还应养成随时描述目前状况的习惯，如“现在我要大家抬起自己的手臂，然后指向前方”“王方，你这样摆动手臂，是在模仿什么？”幼儿听到这些问题后，就会逐渐了解身体的不同部位能做些什么，以及身体在空间里是如何移动等。教师依据幼儿已有的生活经验和概念，清楚简短地使用与幼儿生活经验相似的情境、角色描述动作时，教学的效果尤为显著。

七、动作学习过程中需要耐心等待

现在的体育游戏中存在两种不良倾向：①过于强调幼儿的探究学习，以为只要给予幼儿充足的探究时间，他们就能掌握一些动作技能。然而很多体育游戏的动作技能是人类在实践的过程中，长期探究摸索而形成的结果，需要一定的传授。此外，由于幼儿认知与动作经验有限，以及能力水平的制约，在一定程度上，幼儿对于某些动作技能，是必须通过模仿学习获得的。②认为动作学习就是让幼儿模仿即可获得，虽然给予一定的探究时间，但是时间过少，探究不足，教师过快展示动作技能，过早地干涉幼儿的尝试行为。对于第一种情况，应当在幼儿觉得对器材或动作的兴趣逐渐降低的时候，教师及时地进行提示与指导，利于幼儿动作的掌握；对于第二种情况来说，当幼儿遇到问题的时候，不要急于给予帮助，幼儿需要时间把身体与动作之间所有的联系搞清楚，如果他面对的困境总是被马上解决（他不能连续拍球的时候，教师马上告诉他应该怎么拍；走平衡木时总是有人牵着手），那么他就没有机会学会自己解决问题。

八、根据幼儿学习特点合理运用学习方式

心理学研究表明，个体在学习过程中感觉器官会呈现出各种优势，有听觉学习型、视觉学习型、动觉学习型，以及混合学习型[1]。幼儿在心身发育、性格、能力、行为方式、运动经历等方面具有显著的差异性，不同的幼儿具有不同的学习风格。教师应该主动掌握幼儿的学习风格，根据学习风格培养幼儿相应的动作

[1] 陈帼眉，姜勇. 幼儿教育心理学[M]. 北京：北京师范大学出版社，2011：89-99.

学习能力。比如擅长视觉学习的幼儿，就以模仿为主进行动作学习；擅长听觉学习的幼儿，教师的语言就要联系其原有的认知和动作经验，以语言理解为主进行教学。

不同的动作，教师应采用不同的学习方式：①走、跑、跳、攀爬、钻等基本动作的学习，以探究方式为主，而这些动作的相关动作，则通过语言理解等方式进行。比如，教师说“高人走”，小朋友们就能根据语言提示做出足尖立、双手上举的走；当教师说“矮人走”，小朋友们都会选择蹲下走；教师说“小鸟飞”，小朋友们即可张开双臂跑着走。对于一些比较抽象的动作，如立定跳远、后滚翻等这类动作与幼儿的生活经验相离甚远，小班的部分幼儿运用模仿很难体验到动作完成过程，教师手把手地教授动作尤为重要。②操作器材的动作学习，具有一定的阶段性，不同的阶段应当采用不同的学习方式。幼儿初次接触某种器材时，教师可以运用问题、描述或器材本身，激发幼儿的好奇心，通过探究，使幼儿了解器材的质地、属性、特点。第一次接触跳绳，幼儿会把绳甩、挥舞起来，认识到绳是软的、长的、可以舞动、可以放在地上跳过去跳过来，折叠、玩蛇追逐人的游戏。这是他们认知与动作经验的水平促成的探索结果。随着对绳了解的深入，观看到他人怎么把绳摇起来跳，他们会对这种玩法产生兴趣，开始尝试，模仿学习就开始了，这是由一种对自我技能较高层次的要求所致。在模仿的同时，幼儿也在不停地探索，他们不知道跳绳的基本方法，双手如何摇绳，双脚如何跳跃，手脚如何配合，如果总是失败的体验，幼儿的学习热情会大大降低，甚至讨厌跳绳活动。通过模仿、探究及语言理解等方式，幼儿终于发现了手脚绳配合的内部联系，找到了单人跳绳的方法。当掌握了单人跳绳的方法后，幼儿又开始进行了新一轮的创新性的模仿学习，如交互腿跳、跳大绳、双人跳绳等动作的尝试。

总之，在体育游戏中，幼儿主要是通过探究、模仿、语言理解，以及手触等四种方式学习动作。不同学习方式对幼儿动作获得的影响是不同的。探究学习中，幼儿自主支配与调节学习过程，通过一定时间自主探索获得动作；模仿学习能让动作更为直观、具体，便于幼儿掌握。观察是模仿学习的第一步，幼儿的观察特点将直接影响模仿效果，示范的方式将直接影响动作完成质量；语言理解可使抽象的动作可掌握、可理解，运用语言可以唤醒动作、认知经验与新动作之间的联系；手触学习能帮助幼儿体验动作的肢体感觉，降低学习过程中的心理压力。从不同学习方式的机制来看，幼儿动作学习主要是通过各类感官获得相关信息。探究学习是以视觉和听觉刺激为主，模仿是以视觉、听觉刺激为主，语言理解是以听觉刺激为主，手触学习是以触觉和本体觉刺激为主。虽然刺激来源不同，但是反应选择与反应程序基本一致。

幼儿的感觉系统并不是单独发生作用的，而是眼睛的视觉、耳朵的听觉、皮肤接触和肢体活动的触觉等各方面刺激汇集而成[1]的。在躲避跑中，幼儿首先需要接受来自各个感官的信息，通过触觉感受路面是平整的还是凹凸不平的、是硬的还是松软的。本体觉让幼儿认识到哪个地方非常光滑，容易失去平衡，怎样才能使脚站稳。耳朵会对同伴或周围环境的声响做出反应，眼睛会给予他们指示，当路面凹凸不平时，下肢应怎样移动，躯干用什么姿势才能维持身体平衡，什么时候该结束这个运动等。通过这些感觉的参与，幼儿能够进行躲避跑，即使是凹凸不平的地面，他们也可以较为安全地进行这个游戏。利用幼儿的感官系统进行动作学习，既符合幼儿身心发展特点，也是动作学习的最佳方式，还是未来培养与提高幼儿运动能力的发展趋势。

---

[1] 杨霞，叶蓉. 儿童感觉统合训练实用手册[M]. 上海：第二军医大学出版社，2007r.

第三章 学龄前儿童身体动作的基本特征

【本章目标】

阅读完本章之后，你应该可以：

◆ 了解学龄前儿童投掷、立定跳远、跑、双脚连续跳、走平衡木、跳绳等动作的发展特征。

◆ 掌握学龄前儿童投掷、立定跳远、跑、双脚连续跳、走平衡木、跳绳等动作的教学方式与策略。

◆ 掌握学龄前儿童投掷、立定跳远、跑、双脚连续跳、走平衡木、跳绳等动作的教学设计方法。

跑、跳跃、投、平衡等基本运动能力是幼儿园体育游戏中主要的运动形式，其中立定跳远、折返跑、网球掷远、走平衡木、双脚连续跳等运动又是幼儿最常见的、发展基本动作的练习形式。了解3~6岁年龄段幼儿这些练习形式的动作模式，有助于人们理解幼儿体育动作的发展特点及发展规律。为了了解我国幼儿跑、跳跃、投、平衡等基本动作的发展变化情况，本研究于2011年在北京某一级幼儿园随机选取大、中、小班各两个自然班共178名幼儿，编为3~4岁、4~5岁、5~6岁年龄段，分别对立定跳远、折返跑、网球掷远、走平衡木、双脚连续跳等动作进行两次测试。9月14日进行第一次测试，12月20日进行第二次测试。幼儿年龄按照实际年龄计算，即用测验日期减去每个孩子的出生日期得到他们的实际年龄，幼儿的人数及性别分布见表3-1。

表3–1　各年龄组幼儿的基本情况

年龄段	男（个）	女（个）	合计	平均年龄
3~4岁	24	29	53	3岁零3个月
4~5岁	36	30	66	4岁零5个月
5~6岁	33	26	59	5岁零6个月
合计	93	85	178	

参加体质测试的人员均为体育测量与评价、运动解剖学和体育教育训练学专业的硕士生，他们之前经常参与体质方面的测试，已具有相关体质测试的经验；在测试之前对所有测试人员进行测试方法的培训，并针对幼儿接受能力的特点，着重对测试时的指导语进行统一。两次测试均采用同一批测试人员。每次测试的时间集中在三天内完成。

测试工具：①采用国民体质监测中有关幼儿部分的立定跳远、折返跑、网球掷远、走平衡木、双脚连续跳等动作技术要求进行测试，主要以远度、时间、投掷远度等为统计成绩，每人练习三次，取最好成绩；②采用JVC9800高速摄像机摄像立定跳远、折返跑、网球掷远、走平衡木、双脚连续跳等动作技术。摄像准备：每次拍摄前先确定摄像机的位置，然后确定比例尺。用DVcoach运动训练视频分析系统、Dartfish分析系统等软件对所摄视频进行相关解析，对幼儿立定跳远、折返跑、网球掷远、走平衡木、双脚连续跳、跳绳等动作特征进行分析。本研究采用SPSS 16.0软件进行相关数据的分析与处理。

第一节　投掷类动作发展特征

由于动作的发展，幼儿本身存在动作内的差异性，即各部分的发展成熟度会有所不同。因此，本研究参照已有研究资料，依据部分序列法理论，并通过对网球掷远的动作分析，确定了以下五个编码维度：下肢迈步、上臂后引、躯干转体、上臂前挥、非投掷手位置等动作，并对其进行解析，见表3-2。

表3-2　幼儿上手投掷动作的部分发展序列和具体特征[1]

各部分的动作	发展序列和具体特征
下肢迈步（S）	S1 无脚步动作：从最初的站立姿势开始扔球 S2 同侧步：迈出的脚步与扔球手臂同侧 S3 异侧步，短步伐：迈出的脚步与扔球手臂异侧 S4 异侧步，长步伐：迈出的脚步与扔球手臂异侧，并且两脚之间的距离大于幼儿站立高度的一半
上臂后引（B）	B1 无手臂后引动作：球直接从最初持球位置出手 B2 肘和上臂弯曲：球从头后侧或同侧位置出手，此前上臂有意识地上举并伴随着肘的弯曲 B3 手臂呈弧形向后上引：球从头后侧位置出手，此前肘关节伸展，手臂绕圆弧形过头后引，或倾斜后引或垂直从臀部提起 B4 手臂呈弧形向后下引：手臂开始向后向下呈弧形运动，至腰部以下位置，最后球向上从头后侧出手
躯干（骨盆—脊柱）转体（T）	T1 无躯干动作或单一的前后方向动作（以右臂投掷为例）：发力阶段只有上肢在运动，在向前挥臂的时候往往会带动躯干左转，但在挥臂之前，没有转体动作。如果因挥臂带动躯干转动，再迅速向左转体。有时，只有上体进行转动，而髋部正对投掷方向保持僵直状态或仅仅是随着上体的转动而顺势转动 T2 上体或整个躯干组块的转体动作（以右臂投掷为例）：躯干和髋部如一个整体或组块一样先向右转体。有时，只有上体进行转体，而髋部正对投掷方向保持僵直状态没有转动或仅仅是随着上体的转动而顺势转动 T3 分层次的转动（以右臂投掷为例）：发力阶段，髋部领先于上体向左转动。当投掷选手沿投掷的反方向转体后，髋部首先开始向前转动，而此时，上体仍保持向后转体的姿态
上臂前挥（F）	F1 前臂未滞后：在投掷过程中，前臂和球稳定地向前挥动直至球出手 F2 前臂滞后：在投掷过程中，前臂和手的动作经常会滞后于身体其他部位的动作。例如，当转动身体的时候，前臂和手基本上是在体后相对静止不动，或相对向下或后移动。它们会充分地向后向下延伸，或在肩部（上体）转至面向前方之前是一直保持静止的位置 F3 延迟的前臂滞后：前臂的挥动动作通常会延迟到最佳的上体转至面向前方的时候才开始

[1] ROBERTON M A. Stability of stage categories across trials: implications of stage theory of over-arm throwing development[J]. Journal of Human Movement Studies, 1977：49-59.

续表

各部分的动作	发展序列和具体特征
非投掷手位置（A）	A1 无非投掷手动作：保持最初的体侧位置 A2 手臂保持在体前斜下方的位置 A3 手臂保持在体前斜上方位置，随躯干的转动而转动

在视频解析过程中，每组动作选取同一被试所完成的、较有代表性的动作，选取的动作时相相同。经过图像的采集、剪辑、视频的对比，以及动作全景图等方式，分析归纳我国学龄前儿童投掷动作特征。

一、投掷动作的类型及特征

对编码结果进行相应的对比和频数分析后，本研究将我国学前幼儿投掷练习归纳为10种动作类型（图3-1至图3-10）。为了方便，我们根据表3-2的英文序号进行表述。各动作类型的特征及图示如下。

动作类型一的特征：S1-B1-T1-F1-A1（图3-1）。①双脚静止不动，投掷过程始终保持着最初的站立姿势；②手臂无后引动作，球直接从最初持球位置出手；③躯干无转动；④在掷球过程中，前臂保持稳定地向前挥动，直到球出手；⑤非投掷手无动作，保持在体侧。此类动作主要是利用上肢的前挥发力。

图3-1　动作类型一

动作类型二的特征：S1-B2-T1-F1-A1（图3-2）。①双脚完全静止不动或脚原地不动，膝关节和踝关节具有屈伸动作；②前臂上举并屈肘，球位于头后侧；③躯干前后移动；④在掷球过程中，前臂保持稳定地向前挥动，直至球出手；⑤非投掷手位于体侧。这类动作主要由挥臂带动躯干转动，屈髋，上肢挥动发力；也有部分幼儿利用伸展躯干，屈髋发力。

图3-2　动作类型二

动作类型三的特征：S1-B2-T2-F1-A2（图3-3）。①双脚静止不动；②球在头后侧，前臂上举并屈肘；③随着上体转动，髋部也顺势稍带转动；④在掷球过程中，前臂保持稳定地向前挥动，直至球出手；⑤非投掷手斜下举。这类动作主要是利用上臂弯曲，躯干右转伸展躯干，再迅速左转屈髋发力。

图3-3　动作类型三

动作类型四的特征：S1-B3-T2-F2-A1（图3-4）。①双脚静止不动；②上臂倾斜后引；③上体右转，投球过程迅速左转；④转动身体时，前臂和手肩部上在体后静止不动，呈现出前臂滞后的动作；⑤非投掷手无动作，保持在体侧。这类动作主要是利用上臂与躯干的联动，前臂滞后动作发力。

图3-4　动作类型四

动作类型五的特征：S2-B2-T1-F1-A2（图3-5）。①迈出脚与掷球手同侧；②球在头后侧，前臂上举并屈肘；③躯干前后移重心运动；④在掷球过程中，前臂保持稳定地向前，掷球出手；⑤非投掷手斜下举。这类动作主要因迈步带动躯干前后移重心，以配合上肢挥动发力。

图3-5　动作类型五

动作类型六的特征：S3-B2-T2-F1-A1（图3-6）。①迈出的小步与掷球手异侧；②上臂倾斜后引；③上体右转，投球过程迅速左转；④在掷球过程中，前臂稳定地向前挥动出球；⑤非投掷手无动作，保持在体侧。这类动作主要是利用上臂与躯干的转体发力。

图3-6　动作类型六

动作类型七的特征：S4-B2-T2-F1-A2（图3-7）。①迈出的脚与掷球手异侧，两脚之间的距离大于幼儿站立高度的一半；②球在头后侧，前臂上举并屈肘；③随着上体转动，髋部也顺势转动；④在掷球过程中，前臂保持稳定地向前挥动，直至球出手；⑤非投掷手无动作，保持在体侧。这类动作主要是利用重心后移，躯干转体，上臂后引发力。

图3-7　动作类型七

动作类型八的特征：S4-B2-T2-F1-A2（图3-8）。①迈出的脚步与掷球手异侧，两脚之间的距离大于幼儿站立高度的一半；②球在头后侧，前臂上举并屈肘；③上体转动，髋部顺势转动；④在掷球过程中，前臂保持稳定地向前挥动，直至球出手；⑤非投掷手斜下举。这类动作主要是利用下肢蹬地，重心由后前移，躯干转体，上臂后引发力。

图3-8　动作类型八

动作类型九的特征：S4-B3-T2-F1-A2（图3-9）。①迈出的脚步与掷球手异侧，两脚之间的距离大于幼儿站立高度的一半；②手臂呈弧形向后上引；③上体转动，髋部顺势转动；④在掷球过程中，前臂保持稳定地向前挥动，直至球出手；⑤非投掷手斜下举。这类动作主要是利用下肢蹬地，重心由后前移，躯干转体，上臂后引发力。

图3-9　动作类型九

动作类型十的特征：S4-B3-T2-F2-A3（图3-10）。①迈出的脚步与掷球手异侧，两脚之间的距离大于幼儿站立高度的一半；②手臂呈弧形向后上引；③上体转动，髋部顺势转动；④在掷球过程中，前臂滞后；⑤非投掷手斜上举。此类动作主要是利用下肢蹬地，重心由后前移，躯干转体，上臂后引，前臂滞后发力。

图3-10 动作类型十

二、不同年龄段幼儿投掷动作特征

把3~4岁、4~5岁和5~6岁年龄段幼儿投掷动作对比后发现，上述十种动作类型并不是在所有的年龄段都存在，不同年龄段其动作类型也不同（表3-3）。

表3-3 我国学前幼儿投掷动作特征

动作类型	3~4岁	4~5岁	5~6岁
类型一	S1-B1-T1-F1	S1-B1-T1-F1	—
类型二	S1-B2-T1-F1	S1-B2-T1-F1	S1-B2-T1-F1
类型三	—	—	S1-B2-T2-F1
类型四	—	—	S1-B3-T2-F2
类型五	S2-B2-T1-F1	S2-B2-T1-F1	S2-B2-T1-F1
类型六	S3-B2-T2-F1	S3-B2-T2-F1	S3-B2-T2-F1
类型七	—	—	S4-B2-T2-F1
类型八	S4-B2-T2-F1	—	S4-B2-T2-F2
类型九	—	S4-B3-T2-F1	S4-B3-T2-F1
类型十	—	—	S4-B3-T2-F2

投掷动作类型的发展变化主要体现在类型二、类型五、类型六、类型九的使用方面。在3~4岁、4~5岁年龄段，幼儿使用率最高的是类型二、类型五，类型三、类型七、类型十在这两个年龄段使用率为零。随着年龄的增长，类型二、类型五的使用率呈现出下降的趋势，类型六的使用率出现上升趋势，5~6岁年龄段类型九幼儿的使用率最高。另外，类型二的使用率在3~4岁与4~5岁两个年龄段的幼儿中差异不显著，3~4岁年龄段比4~5岁年龄段幼儿的使用率稍高，但与5~6岁年龄段相比有显

著性差异；类型五的使用率在3~4岁与4~6岁年龄段幼儿之间存在显著性差异，3~4岁年龄段幼儿的使用率明显高于其他两个年龄段，4~5岁年龄段与5~6年龄段差异不显著；类型六的使用率在三个年龄段之间没有显著性差异（表3-4）。

表3-4　十种投掷动作在不同年龄段幼儿中的使用率（%）

动作类型	3~4岁	4~5岁	5~6岁
类型一：S1-B1-T1-F1	5.7	5.3	0.0
类型二：S1-B2-T1-F1	45.7	34.2	15.2
类型三：S1-B2-T2-F1	0.0	0.0	8.8
类型四：S1-B3-T2-F2	0.0	11.1	9.1
类型五：S2-B2-T1-F1	29.6	18.3	10.6
类型六：S3-B2-T2-F1	13.6	16.2	18.7
类型七：S4-B2-T2-F1	0.0	0.0	6.2
类型八：S4-B2-T2-F1	5.4	10.2	7.3
类型九：S4-B3-T2-F1	0.0	14.7	17.7
类型十：S4-B3-T3-F2	0.0	0.0	6.4

三、投掷动作的性别差异

（一）动作类型使用率的性别差异

通过表3-5可以看出：3~4岁、4~5岁年龄段男女幼儿投掷动作没有显著性差异；5~6岁年龄段男女幼儿表现出较为显著的差异。男幼在类型八至类型十的使用率明显地高于女幼；女幼使用率较高的主要集中在类型五至类型七。

表3-5　不同年龄段男女幼儿投掷动作使用率（%）

动作类型	3~4岁		4~5岁		5~6岁	
	男	女	男	女	男	女
类型一：S1-B1-T1-F1	10.2	11.4	7.6	8.8	0.0	0.0
类型二：S1-B2-T1-F1	34.6	36.5	30.3	32.4	13.5	14.3

续表

动作类型	3~4岁		4~5岁		5~6岁	
	男	女	男	女	男	女
类型三：S1-B2-T2-F1	0.0	0.0	0.0	0.0	7.1	5.4
类型四：S1-B3-T2-F2	0.0	0.0	10.2	9.2	6.9	5.2
类型五：S2-B2-T1-F1	28.8	27.0	21.6	22.9	11.6	16.7
类型六：S3-B2-T2-F1	16.1	15.4	19.4	15.7	12.5	22.6
类型七：S4-B2-T2-F1	0.0	0.0	0.0	0.0	10.1	16.6
类型八：S4-B2-T2-F1	10.3	8.7	5.5	5.7	16.9	7.2
类型九：S4-B3-T2-F1	0.0	0.0	5.4	5.3	20.6	6.4
类型十：S4-B3-T3-F2	0.0	0.0	0.0	0.0	15.8	5.6

（二）投掷距离的性别差异

有研究指出，性别差异对于投掷距离有巨大的影响[1]，5~6岁女幼的投掷距离与3~4岁男幼相比无显著差异。但本研究发现，5~6岁女幼的投掷距离远远超过3~4岁男幼的投掷距离，没有显著地体现出性别对投掷距离的影响。

四、学龄前儿童投掷动作模式成因

（一）投掷动作特征

我国3~6岁年龄段幼儿投掷动作主要有十种类型，各种类型在下肢的位置，上臂的后引、挥动，躯干的转动，以及非投掷手的位置等方面表现出不同的特点，具有不同的效率水平。其中在类型八至类型十中，身体各个部分的配合较为协调，具有比较成熟的下肢迈步、上臂挥动、躯干转体，以及非投掷手等动作，属于使用效率较高的动作类型；类型一至类型四表现出在下肢、上肢与躯干的配

[1] MORRIS A M, ATWATER A E, WILMORE J H. Age and Sex Differences in Motor Performance of 3 Through 6 Year Old Children[J]. Research Quarterly for Exercise and Sport, 1982，53（3）：214-221.

合上不够协调，动作不太灵敏，属于使用效率较低的类型；而类型五、类型六、类型七的使用效率介于二者之间。在各种动作使用的普遍性方面，各年龄段幼儿均表现出在类型三、类型四、类型八、类型十较低的使用效率，说明了这几种类型在幼儿园并不普及。这表明，此年龄段幼儿在投掷动作的选择上具有一定的相似性，动作的建立和发展可能具有某种连续性与普遍性，早期建立的动作可能会影响到后期动作的出现。

研究发现，随着年龄的增加，幼儿动作的类型越来越多。3~4岁、4~5岁年龄段幼儿各具备五种类型，5~6岁年龄段有九种动作类型。而3~4岁年龄段的五种类型，到了4~5岁后仍然存在，而且还出现了类型四和更为高级的类型九动作，尤其是在上臂的后引动作B3中，4~5岁年龄段幼儿的进步尤为显著。5~6岁年龄段幼儿的九种动作类型中，仅有五种类型曾经在3~4岁和4~5岁年龄段出现过，而且比4~5岁年龄段幼儿还多出了更为高级的三种类型。在异侧迈大步S4的动作上，5~6岁年龄段幼儿投掷更多利用了下肢的蹬地、上臂的后引，以及躯干的转体产生力量。

对类型二、类型五、类型六的使用效率分析显示，使用类型二时，虽然下肢基本保持静止不动，但是上臂的后引动作，使得在投掷时容易激发腰部发力。因此，本研究认为，类型二是动作经验不足的幼儿能采用的最有效的投掷动作。使用类型五时，同侧迈步，上臂后引，更容易获得投掷力量，是具有一定动作经验的幼儿能采用的有效投掷动作。因此，这两种类型在3~4岁和4~5岁年龄段幼儿中具有较高的使用效率。而作为更高级的类型六，出现了异侧迈步动作，尽管是一小步，加上上臂后引，已经为躯干转体提供了前提条件，投掷力量由下肢产生，投掷距离更远，此类型在投掷经验较为丰富的幼儿中具有较高的使用效率。在日趋成熟的类型九中主要利用下肢蹬地，重心由后前移，躯干转体，上臂后引的协调发力。类型九是投掷经验丰富、动作发展良好的幼儿采用的高效投掷动作。研究表明，随着幼儿投掷经验的增加，类型六、类型九的使用效率逐渐升高，而类型二、类型五的使用效率则出现急剧下降的态势。对于这种现象，我们认为，随着年龄的增长，个体的练习机会不断增多，获得的动作经验日益丰富，为了更好地完成投掷任务，个体更倾向逐渐摒弃效率较低的动作类型，而采用效率较高的动作类型。因此，类型二、类型五、类型六、类型九的使用效率随年龄增长而发生的变化体现了动作发展的“效率性原则”。

研究发现，97.7%的幼儿在日常生活中接触投掷项目的时间较少（每个学期仅有2~3次不足30分钟的活动时间），尤其是3~4岁年龄段幼儿更是缺乏相应的练习时间与机会，而且运用投掷动作完成相应任务的机会也不多（主要是投沙包、扔小布球等内容）。因此，这一年龄段的幼儿在投掷技能与投掷活动使用相似的动作技能（如羽毛球拍的挥动）方面的经验相当欠缺。经验的匮乏使幼儿对高效率的投掷动作类型的掌握较为缓慢，这可能是造成3~4岁和4~5岁年龄段幼儿中类型二、类型五使用效率较高的原因之一。在教师提供多种类型的投掷活动及其相似动作类型的活动后，由于有了较多的练习机会、练习时间以及有效的指导，幼儿的动作经验日趋丰富。大量的学习和练习经验有助于幼儿逐渐构建高效率的投掷动作类型，因而，5~6岁年龄段幼儿中，出现了类型二与类型五使用效率迅速下降、类型六的使用效率上升、类型九骤增的现象。研究还发现，幼儿对语言的理解能力和对任务概念的认识也会影响投掷动作的发展。幼儿的年龄越小，对任务概念的认识越差，随着年龄的增长，幼儿对任务的关注度也较高。此时，投掷动作会随着任务的变化也发生相应的变化。

由于各年龄段幼儿身心特点具有非常大的差异，因此，以上分类并不一定能全面、科学地判断幼儿的投掷动作发展情况。比如，类型五在使用效率方面来看，属于比较低级的动作类型，但是对于3~4岁的幼儿来说，却属于较为高级的动作类型。根据学前幼儿动作发展特点，本研究也把投掷动作类型进行相应的分类（表3-6）。根据脚的位置变化情况，把S1作为初级动作类型，S2、S3为中级动作类型，S4为高级动作类型。当然，由于各年龄段身心发展特点不同，这里的分类也是相对的。比如，3~4岁年龄段幼儿S1为初级类型，S2是较高级类型；而对于4~5岁、5~6岁年龄段幼儿，S2属于初级类型；在3~4岁年龄段属于高级类型的S3，在5~6岁年龄段则属于中级类型。

表3-6　不同年龄段幼儿投掷动作分类一览表

年龄段	初级动作类型	中级动作类型	高级动作类型
3~4岁	类型一：S1-B1-T1-F1 类型二：S1-B2-T1-F1	类型五：S2-B2-T1-F1	类型六：S3-B2-T2-F1 类型八：S4-B2-T2-F1

续表

年龄段	初级动作类型	中级动作类型	高级动作类型
4~5岁	类型一：S1-B1-T1-F1 类型二：S1-B2-T1-F1 类型四：S1-B3-T2-F2 类型五：S2-B2-T1-F1	类型六：S3-B2-T2-F1	类型八：S4-B2-T2-F1 类型九：S4-B3-T2-F1
5~6岁	类型二：S1-B2-T1-F1 类型三：S1-B2-T2-F1 类型四：S1-B3-T2-F2 类型五：S2-B2-T1-F1	类型六：S3-B2-T2-F1 类型七：S4-B2-T2-F1 类型八：S4-B2-T2-F1	类型九：S4-B3-T2-F1 类型十：S4-B3-T3-F2

综上所述，我国学前幼儿投掷动作的发展变化主要表现在类型二、类型五、类型六、类型九的使用方面：随着年龄的增长，类型二、类型五急剧下降，类型六呈现出上升的趋势；同时，促使了类型九的快速增长，类型九在5~6岁年龄段的使用效率显著高于其他年龄段。这可以说明，类型二、类型五、类型六有助于转化为类型九等更高级动作类型。

（二）投掷技能的获得

在实地考察过程中，我们发现许多幼儿园的教师对于投掷动作的教学，常常出现几种迷思：①投掷动作简单，不需教，幼儿自然能够掌握；②只需示范完整动作，幼儿看了即可模仿，学会投掷动作；③幼儿只需足够多的练习，就能做出正确的投掷动作。长达三个月的研究发现，无论是第一个、第二个观念或第三个观念，都是错误的教学观念，也可能是造成幼儿在动作技巧学习中停滞不前的主要问题症结。曾经访谈过多位从事幼儿体育教学的教师，体育教学主要是给孩子们什么样的活动内容？教师回答："只要他们觉得游戏很好玩，他们能够对运动产生兴趣就好，至于技能的学习并不重要。" Gallahue 和 Ozmun（2002）[1]曾指出："对大多数人而言，许多动作不会（自动）发展，也不会因为生理成熟而改善，需要有练习的机会、多多鼓励、正确的指导以及适当的学习环境，才能

[1]　GALLAHUE D L, OZMUN J C. Understanding Motor Development: Infants, Children, Adolescents, Adults (5th ed.）[M] .Singapore：McGraw-Hill，2002.

让幼儿逐渐地熟练动作的技能。”因此，作为一位幼儿教师需要认识到幼儿学习动作的需求，并给予适当的指导，才能让幼儿的动作发展逐渐趋向成熟，采取放任或是没有教学内容的游戏，无法让幼儿的动作发生质的变化。Dusenberry的研究指出，经过学习，幼儿的投掷水平都达到或者超过相应年龄段应具备的水平，尤其是对脚步动作、前臂滞后、躯干扭转以及非投掷手位置等动作的改善尤为突出。因此，有必要对幼儿进行投掷动作的指导。但是，指导什么内容？从哪些方面进行指导？又如何指导？

五、不同年龄段幼儿投掷练习内容分布

根据投掷动作发展特征，本研究设计了3~4岁、4~5岁、5~6岁年龄段幼儿相应的投掷练习内容、方法（表3-7）。

表3–7　学前幼儿投掷练习内容、方法一览表

投掷练习内容	3~4岁年龄段	手段与方法	4~5岁年龄段	手段与方法	5~6岁年龄段	手段与方法	投掷动作约束条件
地滚球	体验手臂用力	1.对墙滚球 2.两人对滚球	手臂快速用力	1.两人对滚接球 2.一人滚球，另一人追接球	快速、准确地滚接球	1.保龄球 2.自滚自接球	1.个体：性别、年龄、生物学
抛接球	体验上抛用力	1.双手上抛气球 2.双手上抛布球 3.双手上抛大皮球	初步判断速度与力量	1.自抛自接布球 2.自抛自接大皮球 3.两人2米抛接球	正确判断速度与力量	1.高抛高接 2.对墙抛接 3.两人相距3~4米抛接大皮球	2.任务：精确度、力量
肩上投掷	1.下肢的异侧迈步练习 2.非投掷手	1.向前投掷 2.对墙投掷 3.投高	1.躯干的转动 2.非投掷手	1.投远 2.投固定物体 3.投悬吊呼啦圈	以投移动物体为主	1.投4米外的固定物 2.投慢速移动物体 3.投快速移动物体	3.环境：目标大小、目标距离、指导语

续表

投掷练习内容	3~4岁年龄段	手段与方法	4~5岁年龄段	手段与方法	5~6岁年龄段	手段与方法	投掷动作约束条件
双手头上前抛	1.异侧迈步练习 2.上肢用力	1.向前抛 2.距离2米对墙抛	1.异侧迈步练习 2.腰腹用力	1.距离3米前抛出 2.高2米上抛出	全身协调用力	1.两人4米对抛 2.穿越悬吊圈	1.个体：性别、年龄、生物学 2.任务：精确度、力量 3.环境：目标大小、目标距离、指导语
双手向后抛	—	—	1.下肢站立 2.上肢用力	背对空地练习	全身协调用力	背对空地练习	

六、投掷动作的教学策略

（一）一次只进行一个重点

虽然本研究把我国幼儿投掷动作归纳为十种类型，但为了精练教学投掷项目，我们把其简化为四个重点内容，以供教师在实施教学时应用：①准备姿势，投掷臂向后伸展，非投掷臂指向投掷方向；②投掷时，身体向侧转体90度，随着投掷的过程将身体转向出手的方向；③投球时，手臂以过肩出手方式，朝向前方进行投掷；④以右手为惯用手者，左脚在前，右脚在后，投掷过程中，将重心由后脚转移至前脚[1]（图3-11）。对于幼儿来说，在一堂课之内要他们能够学习这五个动作并确实地执行出来，是有困难的。因此，一堂课只进行一个重点，并且要求他们确实执行，教学效果显著。

[1] 王宗腾. 幼儿投掷动作的教学策略[EB/OL].[2012-10-10]. http://www.kid-sport.org.tw/homepage/index.asp.

图3-11　成熟投掷动作连续图

（二）投掷物有去有回

在练习中，投掷物的四处滚动较难控制。为了减少不必要的捡球时间，教师可以将幼儿排列在两边（图3-12），这样既能增加练习机会，减少等待时间，又能够让对面的幼儿负责捡球，重复练习。

图3-12　练习场地设计图

（三）依据幼儿能力设计练习目标

依据幼儿能力设计难易程度不同的方案，不但可以激起不同能力幼儿的学习动机，增加他们的成就感，还可以让幼儿针对自己的能力，选择自己希望投掷的高度与远度（图3-13）。

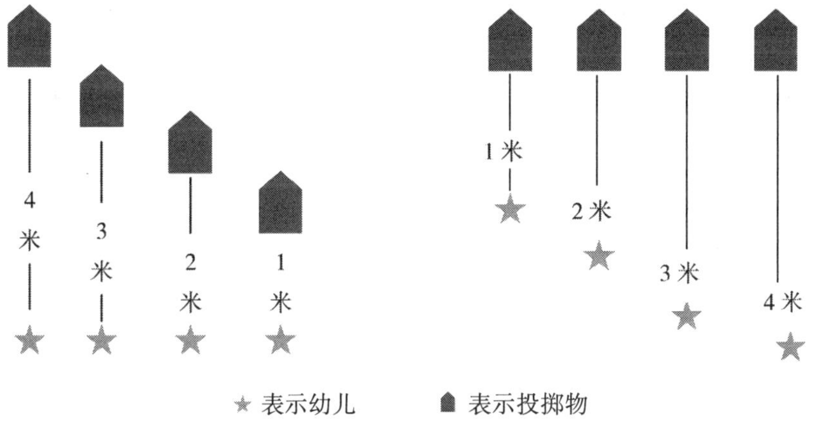

图3-13　练习设计图

（四）改变器材，体验投掷乐趣

不同的形状与质地的器材，会产生不同的力量与速度，对幼儿的投、接能力也会造成不同的影响。由于幼儿的小肌肉发育未成熟，目测球速与力量的能力不足，如使用质地坚硬的网球进行投接练习，他们会对接球产生恐惧，不容易正确地接住球。如果教师用报纸球或是沙包代替网球，用大网兜作为接球的器材，则会使得投接练习更为简单、安全、有趣。

（五）合理使用指导语

幼儿在学习动作时遇到的很多问题，大都是因为他们无法了解口语指令、动作示范，或以手触指导所陈述的动作指令所引起[1]。因此，使用幼儿能够理解的指令是非常重要的，这里的指令既包括听觉、视觉、触觉的指令，也包括本体感觉的指令。这些指令将协助幼儿发展跟随口语指令的能力（听觉）、正确模仿的能力（视觉），以及通过教师的手触指导而了解某项身体动作的能力（触觉和本体感觉）。设计合理的指导语将激发幼儿的练习潜力，诱导其正确动作的体验（表3-8）。

[1]　菲里斯·卫卡特. 动作教学[M]. 林翠湄，译. 南京：南京师范大学出版社，2006:23.

表3-8　投掷动作教学指导语一览表[1]

力量	空间/高度	关系/与他物
你能否掷得 软些？ 硬些？ 大声些？（击墙时） 脚踩得大声些？	你能否掷得 高些？ 低些？ 斜对着目标？	你可否掷 软球？ 篮球？ 报纸球？ 投过绳子？
时间	**方向**	**与他人**
慢些？快些？ 手的动作快些？ 身体转动快些？	向前？ 向后？ 侧面？ 一定角度？	与同伴？ 与同伴距离一样？ 与同伴投掷方式一样？
整体动作	**范围**	**联结**
动作尽量小？ 动作尽量大？ 像个机器人？ 脚不动？ 身体不动？ 尽量平稳？	尽可能远？ 尽可能近？ 用右手？ 用左手？ 用双手？ 头上掷？低手？侧面？ 画最大圆圈？	如与同伴在一定距离中，针对目标用三种方式投掷

七、教学建议

（一）根据基本动作发展特征，有针对性地对幼儿进行相应的指导

从投掷动作特征来看，不同年龄段幼儿需要重视不同方面的指导。比如3~4岁年龄段幼儿，应关注他们的下肢迈步、非投掷手的位置等内容，如何让他们学会迈步是重点；4~5岁年龄段幼儿，应更多地从躯干转动、非投掷手的位置等内容对其进行指导，如何转动躯干是活动的重点与难点；5~6岁年龄段幼儿，则主

[1] GALLAHUE D L. 儿童发展与身体教育[M]. 许义雄，译. 台北：麦克劳・希尔有限公司，2000：439.

要从全身协调用力等方面对其进行指导。在此年龄段幼儿的投掷练习中，下肢与躯干的协调配合既是活动指导的重点，也是难点。

（二）增加练习机会、时间与正确的指导

投掷练习由于其项目特点与安全因素，在教学过程中，对幼儿的约束较多，多是在教师的组织下统一进行的。就幼儿自主多动的天性而言，此类练习难以被幼儿所喜欢。另外，幼儿园场地的局限，造成练习投掷项目的机会与时间少之又少。要使得幼儿掌握良好的投掷技能，必要的练习机会与时间必须保证。练习、正确的指导以及教师和家长们的鼓励，是幼儿动作持续发展的必要条件。一位好的教师，除了能够在课程中引起幼儿的学习动机外，更需要认识投掷动作的要领，具有分析动作好与坏、正确与错误的能力，才能给予幼儿适当的指导，幼儿才能学得正确的技能。如果教师只凭借着猜测以及自身的动作经验来指导幼儿，就有可能造成错误的动作教学，进而对幼儿未来相关运动的学习，如网球掷远、投掷实心球、篮球传球、排球扣球、网球发球、羽毛球高远球等技术产生重大的影响。

（三）根据动作特征，循序渐进地进行教学活动

在动作技能学习的初期，根据项目特点，循序渐进地练习优于大量无序地练习。比如，投掷练习的内容包含速度、准度和距离，确定投掷练习顺序既是激发幼儿练习兴趣，也是发展他们投掷技能的重要环节。从幼儿身心发展特点而言，他们比较容易掌握投远技术；投掷速度需要肌肉快速发力，这对初学投掷动作的幼儿具有一定的难度；准确度则更需要在目测距离、调控速度的基础上建立一个正确的判断，这对于幼儿在学习初期具有较高的难度。因此，建议投掷项目学习顺序：距离→速度→准确度。投掷练习顺序：投远→投准； 投固定物→投移动物体；投大→投小；投慢→投快；单一投前→多方位投掷；上手投掷→下手、背后等。

八、投掷游戏活动设计案例

活动名称	一物多玩——沙包	年级	大班（分组教学）
活动目标	◆ 探索沙包的多种玩法，能创造性地进行游戏 ◆ 能积极主动参与游戏，有合作意识，不争抢 ◆ 在游戏中能够协商、共同设计简单游戏	器材	◆ 沙包100个 平衡木、标靶子、小车、蓝色绸布、带各种漏斗形状的布、钻圈
	活动/教学活动（幼儿）		教学组织和安排（教师）
开始部分	热身部分：幼儿2队整齐走进场地。队形变换成4路纵队，进行头、腰、四肢、腿部、脚部的活动，使身体达到活动状态		教师以口令打四个8拍的节奏，带领幼儿做热身动作，观察每个幼儿动作是否到位，以手势进行提醒
主题游戏（活动1）	◆ 集中性游戏：幼儿拿沙包自由结伴讨论探索沙包的玩法 ◆ 展示介绍自己的沙包玩法，学习有创意的玩法 ◆ 注意事项： » 提醒各区域适合的场地（走动、投远、抛接） » 沙包注意不要打到人脸及扔到场地外		◆ 教师示范抛接沙包，激发幼儿探索玩沙包的兴趣 ◆ 教师巡视幼儿玩沙包的情况，鼓励幼儿创造与其他小朋友不一样的游戏，当遇到困难时及时给予帮助和指导，鼓励幼儿大胆参与创编
升华游戏（活动2）	幼儿小组创编游戏：小马运粮 ◆ 幼儿小组商量办法，设计运用什么工具通过河流、桥、隧道（15分钟） ◆ 幼儿介绍自己团队运粮的方法及设计通过河流、桥、隧道的好办法 ◆ 幼儿尝试、调整用各种方法收集运送粮食 ◆ 团队比赛：按自己团队的方法进行运粮，时间10分钟，以时间到粮食多以及运输方法巧妙等为胜 ◆ 注意事项： » 在运输过程中，可以变化驮粮食的位置，粮食全部掉落为失败 » 每人必须运到超市后，才能返回		◆ 教师设计情境：幸福超市要购进一些粮食（沙包），我们怎样才能把粮食送到呢? ◆ 到幸福超市要经过河流、桥、隧道，保证粮食完好不掉落 ◆ 提醒团队协商策划运行路线、所用工具（方便运输和运粮多） ◆ 表扬在合作中互相配合协商、运粮多的小组，鼓励在合作中解决问题的小组

续表

	活动/教学活动（幼儿）	教学组织和安排（教师）
结束部分	放松运动：幼儿送到粮食非常高兴，一起跳起了庆祝的舞蹈，结伴互相抱一抱、在地垫上翻滚一下，缓解运粮的辛苦	提醒幼儿不要互相扑到、撞到，调整幼儿呼吸，引导幼儿做放松整理运动
安全措施	场地布置宽敞，器械组合注意牢固	配班教师在安全位置进行防护
教学反思	怎样调动幼儿主动想办法解决问题的能力，一起协商、制订完美的计划及在实施过程中调整的能力	

第二节 立定跳远动作发展特征

研究立定跳远的动作类型，可以提供衡量立定跳远动作发展的、可观察的客观指标。本研究通过观察分析立定跳远的起跳、空中动作、落地等过程，断定幼儿下肢力量、协调素质等发展水平。在不同的动作模式中，因起跳时手臂的摆动，膝关节的弯曲程度，空中展体、收腿以及落地时的脚、膝、手臂的动作不同，体现出来的动作模式也是不同的。个体的上肢、下肢及躯干的动作不同，在很大程度上影响了个体的动作表现。从以上几个方面对立定跳远的动作模式进行定性分析，发现五种不同的立定跳远动作模式。各动作模式的具体情况见图3-14至图3-28及说明。

一、不同年龄段幼儿立定跳远动作特征

（一）3~4岁幼儿立定跳远动作特征

模式一的特征：起跳时膝关节基本保持直立，手臂由下经前向胸前上摆动，摆动的幅度较小，下肢蹬地无力，腾空时手臂保持在胸前，膝关节稍有弯曲，前脚掌触地，过渡到全脚掌落地，同时，手臂由上向下摆动（图3-14）。

图3-14　3~4岁幼儿立定跳远动作模式一

模式二的特征：起跳时膝关节弯曲，手臂由下经前摆至头上，摆动的幅度较大，下肢蹬地有力，手臂摆动带动身体向上向前运动，腾空时膝关节基本保持直立，手臂保持在头高的位置，前脚掌触地，过渡到全脚掌落地，同时，手臂由上向下摆动带动身体前倾，膝关节稍有弯曲（图3-15）。

图3-15　3~4岁幼儿立定跳远动作模式二

模式三的特征：起跳时双膝弯曲，手臂由前斜下经前向两侧打开带动身体向上向前运动，腾空时充分地挺胸展体，收腿并迅速前伸，前脚掌落地，手臂由侧经后向下摆动（图3-16）。

图3-16　3~4岁幼儿立定跳远动作模式三

模式四的特征：其与模式三的区别主要在于手臂的摆动幅度，手臂的摆动幅度较大，带动身体向上向前运动的力量也就大，距离较长（图3-17）。

图3–17　3~4岁幼儿立定跳远动作模式四

模式五的特征：起跳时膝关节保持一定弯曲，手臂由斜下到胸前带动身体向上运动，腾空时双臂侧平举，直膝，几乎是直上直下的位置落地（图3-18）。

图3–18　3~4岁幼儿立定跳远动作模式五

从上述五种3~4岁幼儿立定跳远的模式来看，结合他们身体发育特点分析，影响3~4岁幼儿立定跳远成绩的主要是膝关节的屈伸程度以及手臂的摆动路线与幅度。3~4岁幼儿的立定跳远动作表现在起跳、腾空以及落地动作均存在一定的差异。起跳时不能正确地利用手臂的摆动来带动身体的跳跃；空中动作，有的稍微弯曲双膝，有的则是收紧身体；落地也有的是直腿落，有的是屈膝落。这也说明了幼儿动作的获得不是遗传的，也不是随着年龄增长而出现的，必须是在神经成熟的基础上，随着学习的进行而逐渐获得的。幼儿要较好地掌握运动技术，还需要正确的引导与多次的练习。教师的重视程度将直接影响幼儿动作发展水平。

（二）4~5岁幼儿立定跳远动作特征

模式一的特征：准备姿势时，双臂的位置在后上方，起跳瞬间，手臂已经能够从后上方摆动至胸前带动身体向上向前，但腾空时，手臂仍然延续了3~4岁幼儿的动作——侧平举，展体不充分，落地时脚的前伸不够（图3-19）。

图3–19　4~5岁幼儿立定跳远动作模式一

模式二的特征：起跳腿稍屈，双臂由前经后摆动，起跳瞬间，手臂已经能够从后上方摆动至胸前带动身体向上向前运动，腾空时手臂屈肘，展体不充分，落地时脚没有前伸，屈膝落地（图3-20）。

图3-20　4~5岁幼儿立定跳远动作模式二

模式三的特征：屈膝准备，手臂斜后方举，起跳时手臂仍然保持在后面，蹬地有力，空中姿势舒展，屈膝落地（图3-21）。

图3-21　4~5岁幼儿立定跳远动作模式三

模式四的特征：屈膝准备，一手弯曲，另一手直，蹬地发力腾空，空中双臂打开，屈膝落地（图3-22）。

图3-22　4~5岁幼儿立定跳远动作模式四

模式五的特征：屈膝准备，手臂由后往前摆动，没有腾空，屈膝落地（图3-23）。

图3-23　4~5岁幼儿立定跳远动作模式五

如图3-19至图3-23所示，4~5岁幼儿的立定跳远动作比3~4岁幼儿有了很大的改进。起跳时自然屈膝，起跳瞬间重心前移明显，有明显的蹬地起跳动作出现。奇怪的是，3~4岁幼儿落地时还具有双脚前伸落地的动作，但到了4~5岁年龄段时，更多的幼儿采用的是屈膝落地方式。同时说明，小班幼儿还不知道跳下的时候使用屈膝的方式来保护自己，而中班的幼儿已经有了自我保护意识，于是不自觉地就出现了双脚屈膝落地的动作，这种动作对脑的震荡最小。

（三）5~6岁幼儿立定跳远动作特征

模式一的特征：这是完成较为流畅、协调的动作，也是大多数6岁幼儿具备的动作模式。手臂的摆动自然、流畅，空中舒展，屈膝落地（图3-24）。

图3-24　5~6岁幼儿立定跳远动作模式一

模式二的特征：腾空时腿部动作具有明显的走动行为，也就是说6岁的幼儿已经无意中具备了走步式跳跃的雏形（图3-25）。

图3-25　5~6岁幼儿立定跳远动作模式二

模式三的特征：起跳、腾空时的手臂摆动与身体动作刚好相反，屈膝落地（图3-26）。

图3-26　5~6岁幼儿立定跳远动作模式三

模式四的特征：腾空时重心前移，空中展体不充分，屈膝落地（图3-27）。

图3-27　5~6岁幼儿立定跳远动作模式四

模式五的特征：起跳及腾空过程中，手臂的摆动幅度不够大，与小班和中班幼儿的动作模式相似（图3-28）。

图3-28　5~6岁幼儿立定跳远动作模式五

随着感知觉和中枢神经协调的迅速发展，6岁左右的幼儿跳跃水平发展较快，立定跳远动作基本上与成人相似了，但是落地时，腿的快速前伸拔地的动作未有发现。其他如起跳时手臂的摆动、膝关节的弯曲、全身的协调用力、空中的身体动作、重心的迅速前移等都表现出较好的发展趋势。

二、不同年龄段幼儿跳跃动作练习内容分布

根据幼儿立定跳远动作发展模式，设计了幼儿园小班、中班、大班跳跃教学内容（表3-9）。

表3-9　不同年龄段幼儿跳跃教学内容

跳跃教学内容	小班	中班	大班
分腿跳	分腿跳0.10~0.15米高度	分腿跳0.15~0.20米高度	分腿跳0.20~0.25米高度
向前跳	向前跳0.25米	向前跳0.50米	助跑向前跳0.70米
纵跳	向上跳0.05米摸物	向上跳0.15米拍球	助跑向上跳0.20米摸高
跨跳	单脚跨跳	双脚跳	助跑跨跳

续表

跳跃教学内容	小班	中班	大班
立定跳远	摆臂练习	摆臂蹬地练习	摆臂蹬地快速跳跃练习
单腿跳	原地单腿跳	行进间单腿跳	行进间左右脚交替跳

教学内容是根据幼儿跳跃动作发展规律来设计的，从高向下跳、立定跳远、双脚向前跳、跨跳过平衡线等动作，随着年龄增长，幼儿动作质量也在逐渐提高，男女幼儿间的差异不显著。而需要较好空间判断能力的原地纵跳、双脚直线两侧行进跳、跨跳过垂直障碍等动作质量提高幅度较慢。原地纵跳、直线两侧行进跳，男女幼儿差异不显著，跨跳过高度障碍的动作质量差异显著。男幼比女幼完成的动作质量要高，有呈年龄增长差异增大的现象。在测试立定跳远时，男女幼儿总体差异不显著。由于小班幼儿（3~4岁）还没有建立起自身与物体的时间、空间和距离等联系，因此将小班幼儿发展跳跃动作的练习安排为“分腿跳0.10~0.15米的高度”“向前跳0.25米”“向上跳0.05米摸物”等。中班幼儿（4~5岁）跳跃动作有了新的发展，则安排“分腿跳0.15~0.20米高度”“向前跳0.50米”“向上跳0.15米拍球”“行进间单腿跳”。大班幼儿（5~6岁）跳跃技能发展较快，安排“分腿跳0.20~0.25米高度”“助跑向前跳0.70米”“助跑向上跳0.20米摸高”“行进间左右脚交替跳”。

三、跳跃动作的教学策略

（一）跳跃动作融入晨间操

晨间操是幼儿园每天都要进行的体育活动形式，也是我们对幼儿进行身体教育的一个重要基地，基本动作的练习可以很好地融入其中。可以把准备动作、起跳动作、空中动作有效地创编到操节之中，为跳跃动作学习打下经验基础。比如原地提踵伸展下蹲摆臂练习和原地摆臂深蹲跳练习，将这些动作编入操节里，幼儿每天巩固练习，还可以配上相应的儿歌进行。

《一只青蛙一张嘴》

一只青蛙一张嘴，
两只眼睛四条腿，
扑通一声跳下水。
两只青蛙两张嘴，
四只眼睛八条腿，
扑通 扑通 跳下水。
三只青蛙三张嘴，
六只眼睛十二条腿，
扑通 扑通 扑通 跳下水。
四只青蛙四张嘴，
八只眼睛十六条腿，
扑通 扑通 扑通 扑通 跳下水。

（二）触球练习

在跳跃动作中，腾空阶段身体重心飞行的水平距离决定了跳远的远度，身体重心的腾起角对跳跃的远度起着巨大的作用。很多幼儿在做跳跃动作时，只有向前跳的动作，缺少高度，使身体重心的腾起达不到一定的角度，进而不能形成长而平的运动轨迹，减少了腾空时间，使身体过早落地，缩短了身体飞的水平距离。教师在指导幼儿练习时，要培养幼儿的角度意识。为此，可进行原地和行进间的触球练习。①为了让幼儿体会向上跳的动作，可把球悬挂起来，让幼儿原地跳起来可以摸到球；②为了让幼儿体会到身体腾起的角度，可以让幼儿助跑起来向前向上触摸球。

（三）跳跃障碍练习

3~4岁年龄段幼儿在学习立定跳远时，很多时候会出现不知道如何向前跳的情况。为了让幼儿体会到向前跳的肌肉感觉，可以把球按照间隔0.10米、0.20米等距离摆放，让幼儿依次跳过球。

（四）加强上肢动作练习

跳跃动作由上肢、躯干、下肢等身体部位的动作所构成，以前对幼儿跳跃动作的练习，只是重视下肢动作的学习，忽视了上肢动作的学习。在技术环节的关注上，主要集中在起跳和腾空环节。跳跃动作是上下肢动作协调一致完成的，所以，不但要进行下肢动作练习，还应加强上肢动作教学，对上肢动作的形式、方向、幅度、速度和力量进行有针对性的教学，使幼儿形成合理的动作轨迹和用力顺序。向前摆臂与不摆臂相比，更能提高人体起跳的初速度。跳跃中进行合理的摆臂可提高跳的远度，跳跃中向前摆臂可以提高起跳初速度。

（五）跳跃动作与游戏结合

跳跃动作的形成需要多次的重复练习，练习是枯燥的、单调的，不容易激发幼儿的学习兴趣，难以集中注意力。而游戏是幼儿非常喜爱的一种学习内容与学习方式，为此，把游戏与跳跃动作结合起来，既可以激发幼儿的学习兴趣，又能持续他们的练习热情，还能巩固提高动作技能。

四、教学建议

（一）场地目标情境化

根据不同年龄段幼儿，乃至不同幼儿个体的跳跃能力发展水平，设定相应的活动目标。通过设置目标物或目标线等为标志物来教学或规范幼儿在跳远项目中的具体技术，从对3~6岁幼儿立定跳远的动作分析来看，幼儿的跳跃动作一般是下肢动作较上肢动作发展快，原地动作的控制能力较空中动作的控制能力好。3~4岁幼儿已经形成了双脚同时起跳和同时落地的动作。根据幼儿的能力设置相应的场地，场地要体现出不同幼儿水平的层次性，让幼儿在练习的过程中能随时看到自己的进步。场地的设置情境化，不同的情境和角色能激发幼儿不同的学习兴趣，在目标物引导的状态下，幼儿立定跳远距离比自然状态下的大，且有非常显著的差异，反映出目标物引导可显著地促进幼儿立定跳远运动技能的提高[1]。

（二）抽象动作具体化

跳跃分为准备、起跳、腾空和落地四个阶段。不同年龄段幼儿其重点、难点是不一样的。在小班进行立定跳远教学时，起跳既是学习的重点，也是学习的难点。如何让3~4岁的幼儿体验到起跳时的双脚用力是个难点，虽然，3~4岁幼儿已经能跳上跳下了，具有了跳跃的经验，也会双脚用力，但是他们并不能正确地理解“双脚用力”的含义，需要给他们提供相应的通道，把抽象的含义和他们原有的经验贯通起来。对幼儿来说，“双脚用力”是一个非常抽象的短语，幼儿并不缺乏相关的动作经验，而是不能把自己的经验和“双脚用力”这个短语联系起来。如何把相关的描述动作的短语变换为在幼儿的认知范围内，是一个非常重要的教学基础。幼儿是运用感觉系统进行学习的，听觉、视觉、触觉、运动觉是他们进行动作学习的基本方式。教师把“双脚用力”说出来，幼儿的听觉接受了，但是缺乏触觉感知。教师把“双脚用力”的动作做出来，幼儿的视觉接受了，但缺乏触觉感知，幼儿还是无法真正理解“双脚用力”的真正意义。为此，我们可以从激发幼儿的触觉、运动觉来真正感知“双脚用力”，把对抽象短语的理解转换为他们的认知能理解的方式。比如，在地上放一个可以发出响声的、平坦的纸张（注：幼儿在上面跳是安全的），让幼儿在纸张上跳跃，让他们体会如何把纸张的响声变得大声，更大声，告诉幼儿，这就叫“双脚用力”，这样就把他们以前的经验与这个短语的意义衔接起来了。

（三）设置距离适宜化

在跳跃练习中，设置适宜的距离非常关键，这里的距离主要包括水平距离和垂直距离。跳跃动作虽然可以在不大的场地进行练习，但是场地的规划特别重要。不同的场地设置诱发不同的跳跃动作，设置障碍物来诱发幼儿的跳跃动作是幼儿教师常用的一种方法。动作的发展与周围的环境紧密相连，有什么样的环境

---

[1] 刘胜军. 幼儿立定跳远动作发展特征及目标物引导对其影响[D]. 北京：北京体育大学，2016：32-34.

就会出什么样的动作。当场地小，不能助跑的时候，立定跳远就容易出现；当可以助跑，前面有一个障碍物的时候，幼儿多半选择使用跨跳进行；当障碍物具有一定高度时，幼儿会自行选择原地双脚向上跳。适宜的距离与教师的教学目标紧密相连。

五、跳跃游戏活动设计案例

（一）小班跳跃教学案例

快乐的音符

目标：

1. 练习双脚连续跳的动作，锻炼腿部力量和耐力，发展平衡能力和协调性。

2. 感知音乐的节奏和韵律，能辨认方向。

3. 感受与同伴一起游戏的快乐，培养规则意识。

准备：

1. 物质准备：单元筒6个、双单元砖6个、脚印10对、沙包32个、体能环2个，音乐播放设备。

2. 经验准备：能立定跳远。

过程：

1. 开始部分

音符操：教师扮演指挥家，幼儿扮演音符。教师带领幼儿随音乐一起边念儿歌一边做操。

2. 基本部分

（1）探索活动：教师出示材料，幼儿探索材料的多种玩法。

① 教师将10对脚印放在地上，两对脚印之间相距0.30~0.50米。

教师：你们每天都快乐地跳来跳去，那么有谁能够双脚连续跳？

② 幼儿尝试双脚连续跳的动作，教师请幼儿相互讨论如何跳。

（2）动作指导：双脚连续跳。

幼儿双脚连续向前跳。

动作要领：略。

（3）游戏：沉睡的音符。

场地设置：在起点处直线摆放6个单元筒或双单元砖作小树林，然后再放置一个体能环作小音符的家，10对脚印两两相距0.30~0.50米直线摆放，途中散落沙包作沉睡的音符。

教师：小音符们，很多同伴在森林里睡着了，让我们一起去找到他们，把他们带回家吧。

幼儿分成两路纵队站在起点线后等待。然后每组一名幼儿依次绕过障碍跑通过小树林，根据地上脚印的位置，进行双脚连续跳，途中捡起一个个沉睡的音符，将其送回家后迅速和第二名幼儿击掌，第二名幼儿出发。直到把所有沉睡的音符都送回家，游戏结束。

3. 结束部分

（1）放松操。

（2）教师进行评价和小结。

（二）中班跳跃教学案例

活动名称	快乐小兵	年龄	中班
活动目标	◆ 幼儿练习平衡、爬、双脚跳等基本动作 ◆ 通过游戏培养幼儿坚强勇敢、团结协作的好品质 ◆ 让幼儿充分体验游戏的快乐，能积极主动参与游戏活动	器材	木头、轮胎、梯子、小旗

续表

	活动/教学内容（幼儿）	教学组织和安排（教师）
主体游戏（10分钟）	1.游戏名称：跨越堡垒（第一关） 游戏方法：个别幼儿先说一说跨越堡垒的各种方法，然后进行跨越堡垒示范，最后在教师的引导下分成雪梨组和苹果组，用不同的方法、不同的路线进行跨越堡垒。 注意事项：跨越堡垒的时候，同伴之间不能推挤、串队，要相互鼓励、相互帮忙 2.游戏名称：丛林探险（第二关） 游戏方法：幼儿在教师的引导下进行丛林探险。通过跳小河、爬高山、捡宝藏等，享受游戏的乐趣 注意事项：大家结伴而行，一起想办法克服困难，并一起分享快乐。 安全措施：注意幼儿在鱼贯式进行游戏时，不要推挤、串队，要相互鼓励、相互帮忙	1.游戏名称：跨越堡垒 组织队形： × × × × × × × × × × 游戏过程：请个别幼儿先说说如何跨越堡垒。请个别幼儿示范如何跨越堡垒。引导幼儿分成雪梨组和苹果组，依据游戏路线进行跨越堡垒（发展幼儿在轮胎路沿上的平衡动作） 教师小结 2.游戏名称：丛林探险 组织队形： × × × × × × × × × × 游戏过程：教师以谈话的形式激发幼儿想参加丛林探险的兴趣 教师与幼儿一起参加丛林探险，一起分享快乐 教师小结
升华游戏（7分钟）	1.游戏名称：翻山越岭（第三关） 2.游戏方法：幼儿在教师的引导下进行翻山越岭，勇攀高峰，智取小旗，胜利完成闯关任务，在幼儿享受游戏乐趣之余，尽显其勇气、坚强之气势	组织队形： × × × × ×　× × × × × 游戏过程：教师把长梯架于轮胎之上，引导幼儿分成两队鱼贯式地进行翻山越岭，勇攀高峰，智取小旗，胜利完成闯关任务 教师小结
结束部分（4分钟）	幼儿通过互相拥抱、击掌、握手等方式庆祝胜利 幼儿回忆游戏活动的内容，并进行他评、自评和互评	教师引导幼儿通过各种形式庆祝胜利 教师回顾学习内容与评价幼儿

续表

	活动/教学内容（幼儿）	教学组织和安排（教师）
安全措施	幼儿在鱼贯式进行游戏时不要推挤、窜队，要相互鼓励、相互帮忙	注意观察幼儿在鱼贯式进行游戏时不要推挤、窜队，要相互鼓励、相互帮忙
教学反思	在游戏的过程中，教师应该如何更好地介入游戏，激发幼儿参与活动的兴趣，从而更好地完成游戏目标	

（三）大班跳跃教学案例

1. 快乐的小青蛙

设计意图：

大班幼儿的上下肢力量得到一定发展，更喜欢富有挑战性的活动。教师应为幼儿选择一些具有一定挑战性却符合幼儿身心发展的体育游戏，帮助幼儿养成勇敢、自信的良好品质。

目标：

（1）喜欢参与体育活动，养成勇敢、自信的良好心理品质。

（2）了解青蛙的生活习性，掌握立定跳远的动作要领。

（3）通过游戏和练习，身体更加协调、灵敏。

准备：

有关青蛙的儿歌，青蛙头饰若干，荷叶图片若干，害虫图片若干。

过程：

（1）导入部分

播放有关青蛙的儿歌，教师引导幼儿一起做热身活动。

教师：儿歌听完了，老师要考一考小朋友们了。小朋友们知道青蛙生活在什么地方吗？那青蛙走路又是什么样子的呢？

（2）基本环节

教师出示青蛙头饰，请几位小朋友们模仿青蛙跳跃的动作。

教师讲解示范青蛙跳（立定跳远）的动作要领：一摆手，二蹬腿，三起跳，四落地。接着，幼儿在教师的指导下练习动作，并勇敢站出来为其他小朋友示范。

教师为幼儿分发青蛙头饰和荷叶图片，鼓励幼儿像青蛙一样勇敢地跳在荷叶图片上。在游戏过程中，可以让幼儿变换荷叶图片的摆放姿势，提高难度，进行练习。

教师引导幼儿将荷叶图片和害虫图片重新放置，组织幼儿玩“小青蛙捉害虫”的游戏。

（3）结束部分

教师引导幼儿做放松活动，并收拾整理器材。

2. 青蛙卫士

活动名称	青蛙卫士	**年级**	大班
活动目标	学习双脚跳动作，上下肢协调发力，向上前方跳 发展弹跳力和下肢力量 体验跳跃活动的乐趣，学习主动、诚实遵守游戏规则	**器材**	标志碟
	活动/教学内容（幼儿）		**教学组织和安排（教师）**
开始部分	慢跑：跟随教师在音乐的伴奏下绕场地慢跑 热身操：分散站立，跟随教师听音乐做操，使腿部关节和韧带得到充分活动		组织形式： 带领幼儿在欢快音乐的伴奏下进行头部、扩胸、伸展、下蹲、体转、跳跃、放松运动
主题游戏	游戏名称：青蛙学本领（学习双脚跳动作） 游戏方法：每位小青蛙找到一个害虫标志碟，听教师的口令从害虫上跳过，将害虫吃掉，每吃一次害虫换一次位置		组织形式： 教师示范动作，并讲解动作要领：两脚与肩同宽，上体稍前倾，两臂在体后成预备姿势，两腿用力蹬地，同时两臂前摆，身体向前上方跳起，然后落地屈膝缓冲 提醒幼儿在吃完害虫后换位置，在换位置时不要推挤 纠正幼儿错误动作，并请个别幼儿示范正确动作

续表

	活动/教学内容（幼儿）	教学组织和安排（教师）
升华游戏	游戏名称：青蛙吃害虫（巩固双脚跳动作） 游戏方法：将幼儿分成人数相等的两队，分别站在两个“家”里面 听到出发的音乐后，两队同时出发，吃一个害虫后马上回家，先回家的那一队得一分 听到出发的音乐后，两队同时出发，吃两个害虫后马上回家，先回家的那一队得一分 听到出发的音乐后，两队同时出发，吃三个害虫后马上回家，先回家的那一队得一分 以此类推，吃十个害虫，分数高的那一队获胜 注意事项： 轻声数出吃到害虫的数量 在游戏过程中，观察周围情况，避免与其他幼儿相撞	组织形式： 游戏准备和组织：在场地两端画两条横线，并将标志碟间隔一定的距离摆放在场地中间，将幼儿分成人数相等的两队，成两排横队在场地的两端相对站立 活动指导：示范正确游戏方法，及时纠正幼儿动作中的错误动作 提醒幼儿不要吃到重复的害虫
结束部分	稳定情绪，放松身心 幼儿随意站立，随着舒缓的音乐，跟随教师进行放松活动	组织形式： 活动指导：带领幼儿调整呼吸、放松肌肉、调节情绪，重点进行腿部和手臂的放松
安全措施	幼儿在吃害虫的时候，注意观察周围情况，避免相撞	
教学反思		

第三节　跑步动作发展特征

跑是位移技能的一种，是由两脚交替作为支撑点来推动身体向前移动的动作，包含着一个两脚同时离地的阶段。跑是日常生活环境中所必需的活动能力，是构成运动、舞蹈、休闲活动等技能的基础之一，也是幼儿体育游戏的重要活动内容之一。跑是幼儿发展最早的能力之一，2岁的幼儿已经具备初步的跑步动作，不同年龄段幼儿跑步能力呈螺旋上升。跑步动作由支撑、腾空和恢复支撑三个阶段组成。根据这三个阶段中手臂和下肢动作的变化，跑步技能可分为四个发展阶段[1]（表3-10）。按照跑步动作的三个发展阶段的成熟度，跑步技能的发展阶段又分为初始期、基础期和成熟期[2]（表3-11）。由于动作的发展，以及幼儿本身存在动作内的差异性，各部分的发展成熟度会有所不同。动作的发展与年龄有关，可是并不受到年龄的限制，同一个年龄段，幼儿的动作技能发展水平也不一样，有的幼儿是初级水平，而有的幼儿已经达到了成熟水平。了解不同年龄段幼儿各自跑步技能的发展水平，将有助于我们分析幼儿动作发展的影响因素以及发展空间，为进一步提高幼儿动作技能水平提供参考与借鉴。

本研究依据跑步动作的四个发展阶段和三个阶段的成熟度，以及部分序列法理论，对幼儿的跑步技术进行分析。手臂位置维持跑动中身体的平衡与加速，下肢的摆动、腾空、落地是跑步的核心技术，而躯干又是连接上肢与下肢的通道，下肢运动能力将直接凸显在躯干的倾向程度上。因此，本研究确定以下五个编码维度：手臂位置、躯干位置、下肢摆动、下肢腾空、下肢落地，对这些方面进行解析，见表3-12。

表3-10 跑步技能发展序列描述

动作名称	第一阶段	第二阶段	第三阶段	第四阶段
跑	高位保护跑 手臂—高位保护 脚扁平着地 小步子 两脚与肩同宽	中位保护跑 手臂—中位保护 身体直立 脚接近完全伸展	脚跟—脚趾、手臂伸展 手臂—低位保护 手臂反向摆动 肘关节几乎完全伸展 脚跟—脚趾着地	手臂有力摆动 脚跟—脚趾着地（疾跑时是前脚掌—脚跟着地） 手臂与腿反向摆动、肘关节弯曲

[1] GREY PAYNE, 耿培新，等. 人类动作发展概论[M]. 北京：人民教育出版社，2008：239-244.

[2] GALLAHUE D L. 儿童发展与身体教育[M]. 许义雄，译. 台北：麦克劳·希尔有限公司，2000：391-397.

表3-11　跑步技能三个发展阶段描述

动作	初始期	基础期	成熟期
跑	1. 腿的摆动幅度小而且有限 2. 生硬，每一步的距离不一样 3. 两脚同时离地的腾空不明显 4. 支撑腿伸展不完全 5. 手肘生硬、小幅度摆动，每次手肘弯曲的程度不一样 6. 腿部的摆动有些外八字的倾向 7. 脚的支撑面较大	1.步幅、步频和速度增加 2. 腾空高度虽然有限，但已可明显观察到 3. 蹬地的时候，支撑腿的伸展较为完全 4. 手臂的摆动增加 5. 外八字的倾向减少	1.步幅增加到最大，而且速度增加 2. 腾空明显 3. 支撑腿完全伸展 4.手臂垂直摆动，而且手部动作与腿部相对应 5. 手臂的弯曲成近乎直角的状态

表3-12　学龄前儿童幼儿跑步动作发展序列（修改自Roberton, M. A，1977[1]）

各部分的动作	发展序列和具体特征
手臂位置（A）	A1 手臂高位，扬着手、架着肩以保持身体平衡。手肘生硬、小幅度摆动，每次手肘弯曲的程度不一样 A2 手臂中位，手肘近90度弯曲，落到体侧，较为自然地摆动 A3 手臂低位，并垂直摆动，手部动作与腿部相对应 A4 手臂低位，弯曲成近乎直角状态，自然摆动
躯干位置（B）	B1 躯干前倾，左右晃动 B2 躯干稍有前倾，左右晃动 B3 躯干前倾较大 B4 躯干自然前倾，跑动中平稳
下肢摆动（S）	S1 腿的摆动幅度小而且有限，生硬，每一步的距离不一样。支撑腿伸展不完全；腿部的摆动有些外八字的倾向 S2 步幅增大，速度增加，蹬地时，支撑腿的伸展较为完全，外八字的倾向减少 S3 步幅增加到最大，支撑腿伸展完全

[1] ROBERTON M A. Stability of stage categories across trials: implications of stage theory of over-arm throwing development[J]. Journal of Human Movement Studies, 1977: 49-59.

续表

各部分的动作	发展序列和具体特征
下肢腾空（F）	F1 两脚同时离地的腾空不明显 F2 腾空高度虽然有限，但已可明显观察到 F3 腾空明显
下肢落地（L）	L1 脚跟落地，快速过渡到全脚掌 L2 脚跟落地，落地时脚的支撑面较大 L3 全脚掌落地

在视频解析过程中，每组动作选取同一被试所完成的较有代表性的动作，选取的动作时相相同。经过图像的采集、剪辑、视频的对比，以及动作全景图等方式，分析归纳我国幼儿跑步动作类型与特征。

一、学龄前儿童跑步动作的类型

将编码结果对比分析后，将3~6岁幼儿跑步动作归纳为九种动作类型（图3-29至图3-37）。为了方便，根据表3-12的英文序号进行表述。各动作类型的特征及图示如下。

动作模式一：A1-B1-S1-F1-L1（图3-29）。①手臂高位，时而弯曲时而扬起,手肘生硬，摆动幅度小，每次弯曲的程度不一样。②躯干前倾，左右晃动。③腿的摆动幅度小，有外八字倾向，每一步的距离不一样，支撑腿有蹬伸，但伸展不完全。④两脚同时离地的腾空不明显。⑤脚跟落地，快速过渡到全脚掌。

图3-29　动作模式一

动作模式二：A2-B2-S2-F1-L2（图3-30）。①手肘弯曲，较为自然地摆动。②躯干稍有前倾，左右晃动。③步幅增大，蹬地时，支撑腿有蹬伸，但伸展较为完全。④两脚同时离地的腾空不明显。⑤脚跟落地，快速过渡到全脚掌。

图3-30　动作模式二

动作模式三：A3-B3-S2-F1-L1（图3-31）。①手臂垂直摆动，而且手部动作与腿部相对应。②躯干前倾较大。③步幅增大，支撑腿蹬伸较为完全。④两脚同时离地的腾空不明显。⑤脚跟落地，快速过渡到全脚掌。

图3-31　动作模式三

动作模式四：A1-B3-S2-F1-L2（图3-32）。①扬着手、架着肩以保持身体平衡。手肘生硬、小幅度摆动，每次手肘弯曲的程度不一样。②躯干前倾较大。③步幅增大，支撑腿的伸屈较为完全。④腾空不明显。⑤落地时脚的支撑面较大。

图3-32　动作模式四

动作模式五：A4-B4-S2-F2-L2（图3-33）。①手臂弯曲近直角，自然摆动。②躯干自然稍前倾，平稳。③步幅增大，支撑腿蹬伸较为完全。④腾空高度虽然有限，但已可明显观察到。⑤脚跟落地，落地时脚的支撑面较大。

图3-33　动作模式五

动作模式六：A2-B4-S3-F3-L3（图3-34）。①手臂弯曲近直角，自然摆动。②躯干自然前倾，平稳。③身体前倾较大，步幅增大，支撑腿蹬伸完全。④腾空明显。⑤全脚掌落地。

图3–34 动作模式六

动作模式七：A4-B4-S2-F2-L3（图3-35）。①手臂弯曲近直角，能自然摆动。②躯干稍前倾，平稳。③步幅增大，支撑腿蹬伸较为完全。④腾空高度不明显，但已可观察到。⑤全脚掌落地。

图3–35 动作模式七

动作模式八：A4-B2-S3-F3-L3（图3-36）。①手臂弯曲近直角，自然摆动，手部动作与腿部相对应。②躯干稍有前倾，左右晃动。③步幅增大，速度加快，支撑腿完全伸展。④腾空明显。⑤全脚掌落地。

图3–36 动作模式八

动作模式九：A4-B4-S3-F3-L3（图3-37）。①手臂弯曲近直角，自然摆动，手部动作与腿部动作相对应。②躯干自然前倾，平稳。③前摆有力，步幅大，速度快，蹬地充分。④腾空明显。⑤全脚掌落地。

图3-37　动作模式九

二、学龄前儿童跑步动作的特征

（一）3~4岁幼儿跑步动作特征

3~4岁幼儿跑步动作类型主要分布在模式一至模式三等三种类型，其中，65%的幼儿为模式一，26%的幼儿为模式二，9%的幼儿为模式三。

（二）4~5岁幼儿跑步动作特征

4~5岁幼儿跑步动作类型主要分布在模式三至模式七等五种类型。其中，8%的幼儿为模式三，15%的幼儿为模式四，34%的幼儿为模式五，32%的幼儿为模式六，11%的幼儿为模式七。

（三）5~6岁幼儿跑步动作特征

5~6岁幼儿主要分布在模式四至模式九等六种动作类型，其中，10%的幼儿为模式四，20%的幼儿为模式五，25%的幼儿为模式六，24%的幼儿为模式七，12%的幼儿为模式八，9%的幼儿为模式九。

（四）成熟跑步动作的特征

作为一名跑步动作技能成熟的幼儿，必须具备以下几个条件：①每条腿要有足够的力量推动身体向前和向上运动；②必须具备在动态中保持身体平衡的能力；③必须有协调双腿以保持连续稳定步伐的能力。成熟的跑步动作，即为动作模式九的表现形式（图3-37）。对于成熟跑步动作的特征，学者们的观点并不一致。1996年出版的《幼儿体育教学法》指出，跑的基本要领是：向后蹬地用力，向前摆腿方向正、幅度大、膝放松，用前脚掌先着地，脚尖朝前，落地轻而柔和。上体稍前倾，两手轻握拳，屈肘前后自然摆动，眼往前看，用鼻呼吸，自然而有节奏。但是这三次幼儿10米折返跑测试的动作模式结果表明，上述成熟的跑步动作模式在3~6岁幼儿中难以出现，尤其是前脚掌落地，落地做到轻而柔和。这与本研究所观察到的幼儿跑步动作的成熟模式有一定的区别，这种描述适合成人的跑步动作模式。本研究结果更倾向耿培新等主编的《人类动作发展概论》里所描述的熟练跑步者的动作特征[1]。

三、跑步动作的性别差异

（一）动作类型使用率的性别差异

3~6岁年龄段幼儿跑步动作类型的使用率没有显著的性别差异，从模式一到模式九都表现出这一规律。

（二）跑步成绩的性别差异

通过表3-13至表3-15可知，2013年、2014年、2016年男女幼儿10米折返跑的成绩虽有差异，但差异不显著，男幼跑速略高于女幼。

表3-13　2013年3~6岁男女幼儿10米折返跑的成绩

测试指标	性别	*N*	均值	标准差	均值的标准误
10米折返跑	男	452	8.89	1.03	0.250
	女	443	9.23	0.98	0.252

表3-14　2014年3~6岁男女幼儿10米折返跑的成绩

测试指标	性别	*N*	均值	标准差	均值的标准误
10米折返跑	男	457	8.32	1.14	0.332
	女	432	8.41	1.21	0.276

[1] GREY PAYNE, 耿培新，等. 人类动作发展概论[M]. 北京：人民教育出版社，2008：239-244.

表3-15　2016年3~6岁幼儿10米折返跑的成绩

测试指标	性别	N	均值	标准差	均值的标准误
10米折返跑	男	421	7.35	1.43	0.038
	女	423	7.50	1.46	0.039

研究结果表明，不同年龄段幼儿跑步动作模式不一样，即使是同一年龄段幼儿跑步动作模式也存在一定的差异性，有的幼儿是模式一的水平，而有的幼儿已经达到了模式三或模式四的水平。有学者认为，跑的动作技能在4~5岁时能达到成熟模式[1]。然而，本研究结果表明，跑步动作达到成熟动作模式的4~5岁幼儿几乎不存在，5~6岁年龄段也仅有9%的幼儿为模式九的水平。是否因成熟动作模式的标准不一致而造成研究结果的不一致？根据Gallahue的三个阶段来看，3~4岁幼儿主要集中于初始期，部分幼儿到达基础期；4~5岁幼儿集中于基础期，个别幼儿到达成熟期；5~6岁幼儿以基础期为多，部分幼儿达到成熟期。按照Grey Payne等跑步技能发展的四个阶段来看，3~4岁幼儿主要集中在第一、二阶段；4~5岁幼儿主要集中在第三阶段；5~6岁幼儿主要集中在第三、四阶段。

不同年龄段幼儿其生理、形态差异性导致动作模式具有一定的年龄特点。3~4岁幼儿由于身体重心较高，头重脚轻现象显著，部分幼儿通过手臂扬起、架起肩跑来保持身体平衡；部分幼儿手臂垂直左右摆动保持身体平衡；部分幼儿自然弯曲手肘做前后摆动。此年龄段手臂的作用主要是维持身体平衡，加之下肢力量不足，屈髋、伸髋能力较差，脚踝支撑无力，造成跑动中身体左右摇晃，扁平足落地。4~5岁幼儿跑步动作发展很快，动作比较协调，启动速度较快，控制身体的能力明显增强。跑动中存在较多的动作模式有模式三至模式八等6种类型。4~5岁是幼儿跑步动作技能形成的关键时期，运动系统逐渐成熟，身体重心逐渐下降，头重脚轻的现象基本消失，手臂不再像3~4岁幼儿那样扬着手臂、架着肩跑，出现了直臂、屈肘摆动等动作。此阶段，手臂不但用来维持身体平衡，还逐渐开始用于帮助提升跑速。虽然，跑步技术日趋成熟，伸髋能力提高，但是主动屈髋的能力

[1]　林惠雅. 儿童游戏课程——动作技能与社会能力发展[M]. 台北：心理出版社，2015：4-5.

较差，所以必须通过身体前倾来促进跑的速度，如模式五的幼儿。5~6岁幼儿跑步动作接近成人模式，强有力的摆臂对于跑速的提升具有重要的作用。部分幼儿主动屈髋的能力比较差，躯干前倾较大，身体容易出现左右摆动，如模式四；部分幼儿小腿肌肉松软无力，造成足背屈的能力不足，导致扁平足或往外翻落地，如模式五；髋伸不足，臀肌无力，腹肌无力，如模式七；伸髋的能力较强，主动屈髋的能力不足，跑动中骨盆的旋转灵活性较差，如模式八；虽然髋伸、髋屈的能力足够，但足弓弹动不够，脚踝力量不足，不稳，落地晃动，如模式九。

Gallahue与Grey Payne等对于幼儿跑步动作序列的描述，几乎都是以手臂和下肢的动作变化为主，对于躯干的位置变化较为缺乏。手臂、下肢所有动作的协调完成都必须通过躯干来传递，躯干的位置变化与幼儿跑步动作模式的出现紧密相连。视频解析表明，3~4岁幼儿使用率较多的动作模式为模式一至模式三，4~5岁幼儿使用较多的动作模式四至模式六等都表现出较大的躯干前倾。这是因为，此年龄段幼儿的下肢力量差，屈髋能力不够，摆动腿上抬高度不足，为了增大步幅，躯干补偿性地出现较大前倾。当幼儿的下肢力量能促进屈髋能力，提高摆动腿上抬高度时，步幅增大不再需要通过躯干较大前倾就能实现时，躯干就能保持在一个适宜的前倾位置，如动作模式七至模式九的动作特征。

学龄前期是跑步技能日趋合理化的阶段[1]，跑步动作发展快。影响跑步成绩的因素有很多，如幼儿的身体形态、身体机能、性格与气候等方面，其中跑步的动作模式是一个重要的因素。李克[2]等认为，幼儿动作模式的差异性，是因为存在跑步步态特征，而这却是腿部力量和身体协调性的发育不足所致。然而，跑步动作模式不是自动形成的，虽然许多移动性技能在初期似乎与遗传的特质有关，但是成熟阶段的完成，是基于练习的机会、他人的鼓励、成人的指导等环境因素所促成的。心理学家马森（P. H. Mussen, 1969）认为，练习可以促进动作更为协调，有助于幼儿把外在干扰的、多余的动作降到最低限制。要掌握正确的跑步动作模式，必须要进行相应的教学活动。

---

[1]　黄世勋，等. 3~12岁儿童快跑能力发展的研究[J]. 成都体育学院学报，1990（1）：50-58.

[2]　李克，等. 3岁至6岁幼儿跑步步态特征的运动学分析[J]. 沈阳体育学院学报，2011（6）：99-102.

四、跑步动作的教学

幼儿仅仅通过自主游戏是不可能习得正确的身体运动技能的[1]。正确的跑步动作有助于幼儿跑得更科学、更快。要使幼儿获得跑步动作技能，教师需要提供动作练习机会以及相关的集体教学活动[2]。

（一）跑步练习内容分布

幼儿运动技能的发展是有顺序的。如果活动中包含的一些基础性运动技能还未被掌握，幼儿就不能成功地参与到此项活动中[3]。澳大利亚体育委员会于1993年发表的“幼儿运动能力发展顺序表”里指出，2.5岁的幼儿就可以流畅地向前直线跑；3岁幼儿跑动时能绕过障碍物和转弯；4岁幼儿在跑动中能技巧性地控制方向和急转；5岁幼儿可以急停、起跑和转向；6岁幼儿能流畅地、技巧性地绕过障碍物。根据上述跑步技能发展顺序，结合本研究的跑步动作发展特征，设计了不同年龄段幼儿相应的跑步练习内容、手段与方法（表3-16）。

表3–16　不同年龄段幼儿跑步练习内容、手段与方法一览表

3~4岁	练习内容	手段与方法	4~5岁	练习内容	手段与方法	5~6岁	练习内容	手段与方法
体验跑的动作	1. 直线跑 2. 跑动中绕过障碍物和转弯跑 3. 跑动中能控制方向和急转	1. 沿着场地周围跑 2. 大风吹	跑中的快速变化	1. 技巧性地控制方向和急转 2. 可以急停、起跑和转向	1. 一路纵队跑 2. 在规定范围内快速跑	准确快速地进行多种环境下的跑步	1.急停急起 2. 起跑、转向 3. 能流畅地、技巧性地绕过障碍物	1. 10米折返跑 2. 狡猾的狐狸在哪里 3. 木头人 4. 大渔网

---

[1] MANROSS M A. Learning to throw in physical education class; Part 3[J]. Teaching Elementary Physical Education, 2000, 11（3）:56-129.

[2] SANDERS S W. Active for life: Developmentally appropriate movement programs for young children[Z]. Washington, DC: Association for the Education of Young Children, 2002: 3.

[3] GALLAHUE D L. Transforming physical education curriculum, In Reaching potential, Vol. 2: Transtorming early childhood curriculum and assessment[M]. Bredekamp & T. Roregrant,1995 : 125-144.

续表

3~4岁	练习内容	手段与方法	4~5岁	练习内容	手段与方法	5~6岁	练习内容	手段与方法
听从指令做动作	听信号跑	1. 小孩小孩真爱玩 2. 四散跑	能听从口令随时调整跑的速度与方向	听口令变化跑	跑动中听信号做规定动作	正确判断速度	听节奏跑步	1. 听数结组 2. 桃花桃花儿朵开
快速拿物品	快跑	接力比赛	快速改变方向	快跑	1. 钻城门 2. 老狼老狼几点钟	快速改变方向	快跑	1. 钻城门 2. 贴人
体验圆圈跑的摆臂方式	圆圈跑	1. 绕圆圈跑 2. 切西瓜	圆圈跑中的腿及臂摆动方法	圆圈跑	1. 圆圈跑 2. 丢手绢	圆圈快速跑	圆圈跑	1. 圆圈跑 2. 大渔网
跑动中改变方向	曲线跑	“Z” “S”等形式的跑步	转弯跑	转弯跑	送粮食	快速变化方向	转弯跑	1. 老鹰抓小鸡 2. 踩影子

（二）跑步的教学方式

在学龄前阶段，对于跑的速度要求不高，但是对于跑步的规范性有一定要求。以下两种活动有助于幼儿加深对跑步技能的掌握。

1. 探索性的跑步活动

为了促进幼儿对跑步的认知与体验，教师可以根据力量的来源、发生的空间位置、动作与物体之间的关系等动作的构成要素进行引导，以激发幼儿的探索性思维活动。操作方式与内容见表3-17。

表3–17 探索性的跑步活动

努力／力量	空间／程度	关系／目标
你的跑步能够 像一只大象？ 用你的脚尖跑步？ 用整个脚掌跑步？ 像飞翔在空中？ 尽可能地柔软？ 尽可能地僵硬？	你的跑步能够 非常高？ 非常低？ 以较高的高度跑？ 以较低的高度跑？ 以中度的高度跑？ 以较高的高度快跑或慢跑？ 以较高的高度平顺地跑？	你的跑步能够 在一条直线上跑？ 穿越直线？ 在障碍物下面跑？ 在椅子后面跑？ 绕着椅子跑？ 穿越呼啦圈跑？ 带着球跑？ 带着手提箱跑？
时间	**方向**	**人**
尽可能地快？ 尽可能地慢？ 先慢后快？ 时快时慢？	向前？ 向后？ 向左或向右？ 向对角线方向？ 变换方向一次？ 变换方向三次？ 直线跑？ 曲线跑？ Z字形跑？	自己跑？ 在同伴前面跑？ 在同伴后面跑？ 在同伴旁边跑？ 握着同伴的手跑？ 全班一起跑？ 不碰触任何人地跑？ 和两位同伴一起跑？
流动	**范围**	**综合**
尽可能地平顺？ 尽可能地不平顺？ 像一台机器？ 像一个机器人？ 像一头鹿？ 像一个足球运动员？ 不使用手臂？	在自己周边范围内跑？ 跑遍整个教室？ 尽可能地远？ 不与其他人碰撞？ 大步跑？ 碎步跑？	经由组合不同的努力程度、空间与关系，可以衍生出多种类型的探索活动经验

2. 发展性的跑步活动

这个教学活动是探索性活动的延伸。活动前，令幼儿尝试各种不同的探索性跑步活动，然后给予一些限制，激发幼儿的挑战欲望，以回应这些运动。操作内容与途径见表3-18。

表3-18　发展性的跑步活动

操作内容	途径
一般手臂动作	1. 首先让幼儿尝试各种不同的探索性跑步活动。 2. 然后给予一些限制，让幼儿回应这些活动的挑战。 3. 以顺时针方向绕着体育馆跑，然后以逆时针方向跑。 4. 以最快的速度绕着体育馆跑一圈。你的手臂做了哪些动作？它们动作的速度是快还是慢？ 5. 当你慢慢跑的时候，你的手臂动作的速度是快还是慢？为什么？ 6. 当你跑步的时候，你如何摆动你的手臂？它们有没有在你的胸前交错？ 7. 首先以双臂在胸前交错的方式跑步，然后再用不交错的方式跑步。哪一种方式感觉比较好？为什么？
腿部动作	1. 当你快速跑的时候，脚的哪一部分先着地？当你慢跑的时候，脚的哪一部分先着地？ 2. 当你上坡和下坡跑的时候，你的步幅有何不同？为什么？ 3. 当你跑步的时候，如果身体是向前倾斜的，可以试着把身体挺直地跑，然后再往前倾斜地跑。哪一种跑步的感觉比较好？为什么？
综合	1. 告诉我你将用什么方式跑完100米的距离？如何跑完50米的距离？如何跑完10米的距离？ 2. 为什么不同距离的跑法之间会有些不同？ 3. 现在融合其他的活动，让幼儿在跑法上更趋熟练。 4. 你能够紧随着别人的后面跑步吗？ 5. 当有人想要紧随在你的后面跑步时，你能够避开吗？ 6. 赤足跑步，穿着慢跑鞋跑，然后再穿着体操鞋跑，你觉得哪一种感觉最舒服，最安全？ 7. 在不同的材质上跑，它们对你的跑步方式有什么影响？为什么？

根据幼儿在跑步动作中的手臂位置、躯干位置、下肢摆动、下肢腾空，以及下肢落地等方面的不同变化，把幼儿的跑步动作模式划分为九种动作类型；不同年龄段幼儿的跑步动作各有特征。3~4岁幼儿主要集中在模式一至模式三等三种类型；4~5岁幼儿主要集中在模式三至模式七等类型；5~6岁幼儿主要集中

在模式五至模式九等类型。幼儿跑步动作的性别差异主要表现在跑步成绩上，同年龄段男幼优于女幼，而动作类型使用率上无性别差异。3~6岁幼儿成熟的跑步动作就是动作模式九所具备的基本特征。

五、跑的游戏活动设计案例

（一）小班跑的教学案例

风婆婆和小树叶

目标：

（1）喜欢参与集体游戏，养成遵守规则的好习惯。

（2）能理解游戏规则。

（3）能根据信号练习走、跑。

准备：

（1）儿歌《片片飞来像蝴蝶》、风婆婆头饰一个、小树叶头饰若干。

（2）经验准备：跑的基本动作技能。

过程：

（1）导入部分：以儿歌的方式导入活动的课题。

教师播放儿歌《片片飞来像蝴蝶》，引导幼儿做相应的动作，活动身体。

（2）基本环节。

①引导幼儿观察周围树叶的变化。

教师：小朋友们，你们有没有看到过树叶飞舞的样子，就像一只只花蝴蝶？那树叶为什么会飞舞呢？哦，原来是风婆婆在帮助它们呀！那风婆婆下一次在帮助小树叶的时候，小朋友们一定要认真观察树叶是怎么飞舞的。

②讲解游戏规则，并示范游戏过程。教师佩戴风婆婆的头饰，其他小朋友佩戴小树叶头饰。游戏开始后，当教师喊“刮小风了”，并用手示意风的方向时，小朋友们要慢慢地跑向风的方向；当教师喊“刮大风了”，并用手示意风的方向时，小朋友要快快地跑向风的方向；当教师喊“风停了”时，小朋友们

要蹲下来。

③开始游戏。教师在游戏过程中，要提醒幼儿注意安全，并根据幼儿的运动能力调整口令，做到动静交替。

（3）结束部分：放松活动，教师总结点评幼儿表现。教师收拾整理器材。

（二）中班跑的教学案例

1. 运报纸比赛

目标：

（1）巩固跑步的正确姿势，练习跑的速度。

（2）能开动脑筋，运用多种方法练习跑。

（3）复习游戏冲过封锁线，培养幼儿机智、勇敢、遵守纪律的品质。

准备：

（1）人手一张报纸、音乐。

（2）经验准备：跑。

过程：

（1）开始部分。幼儿手拿卷好的报纸，在音乐声中有精神地入场，做准备运动。

（2）热身部分：韵律操。幼儿在教师的带领下，听着音乐有节奏地手拿卷好的报纸，有精神地做操。

（3）基本部分。教师打开报纸，启发幼儿边想边尝试不用手帮忙怎样才能让报纸贴在胸前而不掉下来。让幼儿自由分散地活动。然后，请幼儿集中，谈谈尝试的结果。得出结论：把报纸贴在胸口，快速地跑。第二次尝试将报纸贴在胸前往前跑，试跑几次，让幼儿得到结论：跑得越快，纸贴得越紧，越不容易掉。幼儿再次自由尝试数次。复习游戏冲过封锁线。发展幼儿快速奔跑及躲闪的能力，以竞赛的形式进行。

（4）结束部分。教师带领幼儿做“大笑”“大哭”的表情，以放松肌体和情绪，对幼儿活动情况做简单评价。幼儿在音乐声中走回教室。

2. 猫捉老鼠

目标：

（1）喜欢参与游戏，遵守游戏规则。

（2）理解游戏规则，增强自我保护意识和能力。

（3）通过游戏，促进快速跑能力、平衡能力和灵活性发展。

准备：

（1）物质准备：小花猫头饰两个、小老鼠头饰若干、在场地上标记两个安全屋。

（2）经验准备：具备变向跑，跑动中急停急起的技能。

过程：

（1）热身活动：教师带领幼儿到达活动场地，引导幼儿做轻松的热身活动。

（2）导入部分：教师以谈话的方式导入活动的课题。

教师：今天早上，你们最喜欢的山羊博士打来求救电话。他说森林里最近出现了好多老鼠，这些老鼠一直在偷吃其他小动物的粮食，小动物们的粮食都被老鼠吃光了，非常伤心。他们非常想要我们帮助他们一块抓住偷吃的老鼠们，小朋友们想不想一块去帮助伤心的小动物们呢？那我们一起去森林里找山羊博士商量一下吧！

（3）基本环节：教师讲清游戏规则，并示范游戏活动。教师请一位小朋友戴上小花猫的头饰，再请三位小朋友戴上小老鼠的头饰，分散站立在游戏场地上。游戏开始后，当教师喊道“小花猫要捉老鼠了”时，小花猫开始用力追小老鼠，小老鼠则要尽快找到安全屋并躲起来。但是安全屋里的空气非常稀薄，每个小老鼠在安全屋内只能躲30秒钟，否则将会窒息，游戏结束。若是小老鼠被小花猫捉住了，那么下一轮就要扮演小花猫继续捉小老鼠。教师分发头饰，幼儿开始游戏。教师在游戏过程中，要提醒幼儿注意安全。如果幼儿人数过多，教师可以将幼儿分成两个小组，让每一个幼儿都参与到游戏中去。

（4）结束部分：扮演游戏结束后，教师可以请扮演小花猫的幼儿分享一下，小老鼠好不好捉；请扮演小老鼠的幼儿分享一下，逃脱追击的小窍门。分享过后，收拾整理器材，放松身体。

（三）大班跑的教学案例

1. 营救伤员

目标：

（1）练习快走、跑、跳、爬等基本动作。

（2）提高快速反应能力和动作灵敏性。

（3）培养幼儿热爱运动的兴趣。

准备：

（1）物质准备：铁丝网，高度以幼儿蹲爬高度为宜；用竹棒和塑料纸制作若干担架；粉笔用于场地小河及起点线的划定；独木桥用牛奶铁罐搭成的梅花桩代替；森林用黑色大轮胎代替；伤病员用小纸团代替。

（2）经验准备：具备走、跑、跳等基本运动能力。

过程：

（1）救护热身。

教师：小朋友们，你们有没有看到过电视里那些救护员穿着白大褂抬着担架救人呀？他们的速度很快很快，是不是看起来特别酷，特别让人羡慕呢？在很多小朋友心中，医生就像大英雄一样是不是？

教师：今天，我们也来当一回救护员，看看小朋友是不是也可以像他们一样动作又快又好呢！

教师：首先我们来做一下救护操，跟着老师一边念儿歌一边做动作：抬抬，抬得稳；跑跑，跑得快；爬爬，往上爬；跳跳，跳得高。

我们再来一遍，把儿歌念得更响亮，动作做得更好看！

（2）救护演习。

教师：作为一名救护员，在救伤员的时候会遇到很多障碍，你们看，前方我们要爬铁丝网，过小河，走独木桥，过森林，需要我们有闪电一般的速度，所以我们先来练习一下吧。

（教师先示范再指导小朋友练习，幼儿排队逐个依次越过障碍，然后从边上绕回队伍。教师对幼儿不正确的姿势进行纠正，重点是过铁丝网的钻爬动作。）

（3）救护行动正式开始。

教师：现在森林里发生火灾了，许多小动物都遇到了危险，有的还受了伤，我们快去营救他们吧。

游戏方法与规则：幼儿两人一组合作，站在起点线上，双手扶住担架，越过重重阻碍，将受伤的小动物（每次两个小纸团）抬上担架，然后原路返回送往医院（医院即事先在起点附近划定的一个小区域，用来放小朋友运来的纸团）要求动作迅速。

（4）救护总结。游戏进行两次。第一次结束后，教师进行初步总结，提出活动中遇到的问题以及如何去避免。第二次结束后，教师还要请小朋友们来谈一谈自己的体会和想法。

2. 奔跑吧，勇士

目标：

（1）在游戏中发展幼儿走、跑、爬、跳、平衡等基本动作。

（2）发展幼儿想象力、创造力。

（3）培养幼儿集体活动意识和互相谦让的良好品德。

准备：

（1）物质准备：音乐《快乐宝贝》、独木桥3个、小动物（小猫、小狗、小兔、小羊、大灰狼）头饰、动物食物（鱼、骨头、萝卜、草）若干、跨栏5个、大呼啦圈4个、小呼啦圈4个、泡沫垫若干、信箱1个。

（2）经验准备：具备走、快速跑、手膝爬、跳跃的基本能力。

过程：

（1）导入部分：带领幼儿做热身活动。

教师：小朋友们，今天老师听到一首很好听的音乐，让我们一起跟着音乐来活动活动身体吧。

（2）基本部分：森林里发生了一件很奇怪的事情，小动物们的食物被大灰狼偷走了，小动物们非常着急，想请小朋友们帮忙营救食物。教师带领幼儿来到森林，在草丛里突然发现一个信封，教师向幼儿展示信封内容：想要穿过森林，必须做完以下四项任务。

①任务一：过独木桥。

游戏规则：自己想办法通过独木桥，只有全部小朋友通过独木桥才能到达第二关。

要求：在通过独木桥的时候不能掉下独木桥，因为独木桥下有鳄鱼，否则会被鳄鱼吃掉，不能进入下一关。

教师向幼儿示范过独木桥的技巧，并提醒注意安全，带领全体幼儿过独木桥，同时给予鼓励。

教师：我们的小勇士真棒，全都顺利通过了，让我们继续前进吧。

②任务二：钻山洞。

游戏规则：想办法钻过山洞，团结合作共同完成。

要求：小朋友们在钻山洞的过程中不能把山洞撞倒。

教师向幼儿示范钻山洞并讲解钻山洞的技巧，提醒注意安全，带领全体幼儿钻山洞，同时给予鼓励。

教师：我们的小勇士真棒，全部顺利通过了，让我们继续前进吧。

③任务三：跳一跳。

游戏规则：自己想办法跳过障碍物，自由发挥。

要求：不得碰倒栏杆，碰倒栏杆的视为犯规。

教师向幼儿示范跳过障碍物，提醒注意安全，同时给予鼓励。

教师：我们的小勇士真棒，全都顺利通过了，让我们继续前进吧。

④任务四：智取食物。

游戏规则：小朋友们与同伴共同想办法，把挂在高处的食物拿到手。

要求：必须是小朋友们合作完成，共同拿到任意一样食物才能进入下一关。

教师组织幼儿合作，想办法把高处的食物取下来，讨论合适的方法。

（3）结束部分：教师带领幼儿将食物送给相对应的动物，并给予小礼物奖励。

教师：我们的小朋友们都很能干，能根据提示自己想办法顺利通过每个关卡，老师为你们感到骄傲。

第四节　双脚连续跳动作发展特征

双脚跳是指双脚离地、双脚着地的一种技能。双脚连续跳就是一个双脚跳接着另一个双脚跳的动作技能。两个双脚跳之间的衔接是连续跳中起跳发力的重点。

一、不同年龄段幼儿双脚连续跳动作发展特征

双脚连续跳包括起跳—腾空—落地—再起跳—腾空—落地等阶段的多次重复。本研究将从起跳时手臂的摆动，膝关节、踝关节等的伸展，腾空时手臂的位置、身体的姿态和落地时身体重心的位置等方面分别对不同年龄段幼儿的双脚连续跳动作发展特征进行阐述。

（一）3~4岁幼儿双脚连续跳动作特征

起跳时，手臂摆动有限，而且尚未能带动跳跃动作的进行，同时膝关节、踝关节以及臀部的伸展较小；起跳后身体垂直方向移动，向前移动不明显；腾空时手臂摆向侧下方或后上方以保持平衡；双脚的落地较为困难，落地时身体的重心在后；上一次的双脚落地与下一次的双脚起跳动作不连贯，连续跳的意识不明显，需要教师的提醒与指导方能完成（图3-38）。此年龄段幼儿呈现出双脚连续跳动作的初始期。

图3–38　3~4岁幼儿双脚连续跳动作模式

（二）4~5岁幼儿双脚连续跳动作特征

起跳时，手臂已能带动身体跳跃，膝关节、踝关节和髋关节伸展且较为完整；腾空时，手臂侧举或弯曲前举维持平衡，并带动身体前跳，同时臀部保持弯曲状态；双脚主动前伸，前脚掌落地，身体重心迅速前移，为下一个跳跃做好了

准备（图3-39）。这个阶段为跳跃动作的基础期。

图3-39　4~5岁幼儿双脚连续跳动作模式

（三）5~6岁幼儿双脚连续跳动作特征

准备时，手臂动作是摆向身体的后上方；起跳时，手臂用力向前、向上方摆动，膝关节、踝关节和髋关节伸展充分；腾空时，手臂保持向前弯曲或侧举的位置，身体向前跳的动作明显，屈髋、屈膝；双脚前伸，身体重心迅速跟上，落地快速，即刻进入下一个跳跃动作。两个跳跃之间的动作连贯（图3-40）。这个阶段是双脚连续跳的成熟期。

图3-40　5~6岁幼儿双脚连续跳动作模式

二、双脚连续跳的教学

双脚连续跳作为跳跃动作的一个组成部分，不同年龄段要求有所差异。

对于已经具备一定弹跳能力的3岁幼儿，需要一定的肌肉耐力以完成双脚连续跳动作。因此，首先要鼓励他们进行弹跳练习，进行起跳后落回原来的起跳点，让幼儿体验弯曲膝关节，身体蹲下，向前摆动手臂等系列动作。然后进行跳过障碍物练习，体验跳过一定高度的肌肉感觉。

4岁幼儿的跳跃能力已经较为熟练，可以进行跳起、跳下、往前跳和跳过障碍物、双脚连续跳等练习。

三、双脚连续跳的教学建议

（一）为活动技能较弱的幼儿提供帮助

对于跳跃技能较差的幼儿，可以在地上画一条线，让幼儿跳过这条线。手臂的摆动能带动身体向上跳，对于起跳能力差的幼儿，需要足够的手臂肌肉力量。因此，加强幼儿手臂肌肉力量是关键。教师可以让幼儿在两张固定的桌子中间，让他用手将身体支撑起来，使脚能够离地以发展上肢力量。

（二）了解与“跳”有关的概念

幼儿在进行双脚连续跳的时候，既可以学习“上、下”“向前、向后”“原地”“上面、下面”“跳过”“起跳、落地”等词汇和概念，又可以让幼儿通过这个动作表现出这些概念。可以用“我来做，你来猜”的游戏让幼儿猜另一个幼儿做什么动作，或是幼儿说出一个词，由另一个幼儿用动作表现出来。

（三）利用善跳的动物形象

在墙上张贴一些跳跳类动物图片，如袋鼠、青蛙、兔子、小鹿等图片。这些图片张贴的位置要与幼儿的视线平行。在教学活动中，鼓励幼儿模仿这些动物做跳的动作以进行双脚连续跳练习。

四、双脚连续跳游戏活动设计案例

（一）蹦蹦跳跳长身体

活动名称	蹦蹦跳跳长身体	年级	大班
活动目标	1.发展跳跃能力 2.促进幼儿灵敏性和协调能力的提升 3.培养团队合作意识	器材	标志桶、小梯绳、皮球
	活动/教学内容（幼儿）	教学组织与安排（教师）	
开始部分（5分钟）	热身操：做一些简单的拉伸动作 活动方法：教师带领幼儿从上到下将各个关节部位进行拉伸，让幼儿的身体充分活动开 兔子舞 活动方法：幼儿围成一个圈，后面的幼儿把手搭在前面幼儿的肩膀上，教师在喊“左右”的口令时，幼儿相应地向一侧伸左腿或右腿，同时支撑脚也跳一下；教师在喊“前前后后”的口令时，幼儿双脚向前跳两下或者向后跳两下。幼儿在教师口令的指导下，蹦蹦跳跳地向前跳	组织队形： 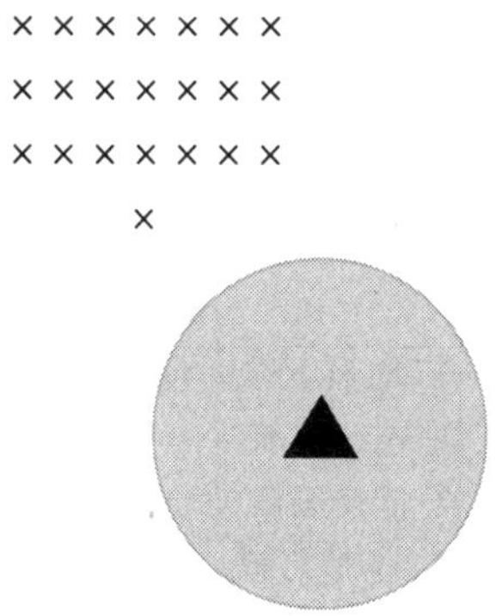	
主题游戏（8分钟）	1.划拳通关 将幼儿分成两队，站在梯绳前，每队派出两名幼儿站在梯绳的第四格和第八格里 幼儿利用开合跳的方式通过梯绳的每一格，在第三格和第七格时，与站在前面格里的幼儿“剪刀石头布”，赢了继续向前跳，输了则离开梯绳跑回队尾，下一个幼儿继续 2.手脚齐上阵 将幼儿分成两队，每队一个皮球，在开合跳通过梯绳的同时，当双脚分开在格外时，双手持皮球将球上举至头顶，当双脚合并在格内时，双手将球收回腰部部位，依此循环 当跳完梯绳时，用手拍球跑回终点，再抱球跑回队伍，把球给下一个幼儿	组织队形： 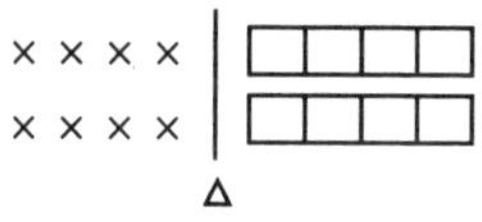 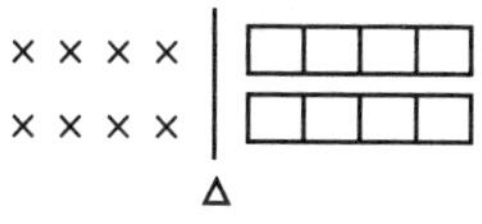	

续表

	活动/教学内容（幼儿）	教学组织与安排（教师）
升华游戏（7分钟）	游戏名称：蹦蹦跳跳过障碍 将幼儿分成人数相等的两队，教给幼儿两种梯绳的跳跃方式，幼儿任意挑选一种跳过梯绳，并穿越标志桶到达终点后迅速跑回，与下一个队友击掌后，下一个幼儿继续，在最短时间内完成的队伍获胜	组织队形： 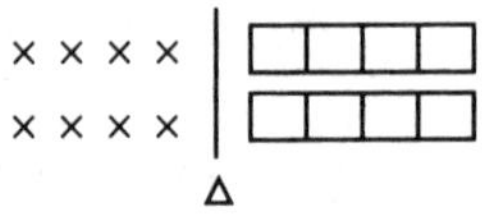
结束部分（5分钟）	放松操：教师带领幼儿捶捶腿，活动手腕、脚腕，互相捏捏肩，让幼儿身体得到放松	幼儿四散站立的队形，跟在教师后面进行游戏
教学反思		

（二）跳跃障碍物

<table>
<tr><td>活动名称</td><td>跳跃障碍物</td><td>年级</td><td>大班</td></tr>
<tr><td>活动目标</td><td>1. 增强下肢力量，双脚能灵敏与协调地连续向前跳
2. 能遵循活动规则，听口令游戏
3. 培养大胆、勇敢的精神，体验体育活动的乐趣</td><td>器材</td><td>布袋若干，障碍物盒子若干（60厘米×40厘米×20厘米），录音机</td></tr>
<tr><td></td><td colspan="2">活动/教学内容（幼儿）</td><td>教学组织与安排（教师）</td></tr>
<tr><td>开始部分</td><td colspan="2">热身操：螃蟹体操</td><td>组织队形：
× × × × × ×
× × × × × ×
△</td></tr>
<tr><td>主题游戏</td><td colspan="2">游戏名称：袋鼠跳
游戏方法：要求双脚并拢向前下方跳过障碍物，依次跳过前方障碍，流水作业
设置两组障碍，每一组设置6个盒子
要自己独立完成跳轮胎任务，不允许他人帮忙</td><td>组织队形：

情境导入：今天，我们来到一个叫澳大利亚的地方，这里有很多袋鼠，这种袋鼠是世界上跳得最远的动物之一，小朋友们想不想也变成这样厉害的袋鼠</td></tr>
</table>

续表

	活动/教学内容（幼儿）	教学组织与安排（教师）
升华游戏	游戏名称：快快跳过去（团体游戏） 游戏方法：教师发令后，排头穿好布袋向前跳过障碍物，返回时也要跳过障碍物，然后接力下一位队友，跳完的幼儿排至队尾，以此类推 注意事项：因有布袋套脚只能跳，不能行走，容易摔倒，要注意安全；同时，每人必须跳过障碍物，返回时也要跳过障碍物	组织队形： × × × × × ×  游戏准备和组织：每个幼儿穿上布袋，在场地一端画上起点线，幼儿6人一组，共分两组，各组按顺序站在起点线后，等待教师的口令；每组幼儿前方放置六个盒子
结束部分	活动内容：放松操 活动方法：教师带领幼儿进行放松运动，让幼儿从紧张和兴奋的活动中慢慢恢复平静，最后要对幼儿进行简单的评价，以起到鼓励和引导作用	组织队形： × × × × × × × × × × × × ×
安全措施	排除场地周围的安全隐患，最好在塑胶场地上进行 提醒幼儿起跳时双臂摆动，脚尖用力向前方跳起，两脚落地后屈膝缓冲，以保持身体平衡 注意接力赛时不要相互碰撞	
教学反思		

第五节　走平衡木动作发展特征

走平衡木是测试幼儿平衡能力的重要指标。平衡能力是人所必须具备的，在日常生活中，为了适应各种活动，人们必须不断地变化姿势，保持身体平衡。身体平衡能力是维持身体姿势、运动的基本前提。幼儿要转身去拿一种玩具，或者走上台阶进活动室，他的身体就要随着这个动作改变姿势，保持身体平衡才能达到目的。幼儿的平衡能力发展较晚，在日常生活中，如走、跑，遇到障碍物躲避时都需要保持身体平衡。但他们的平衡能力差，移动位置或做各种动作时往往因不能保持平衡而摔倒；快跑中突然停止或急转弯时，或从高处往下跳时，往往不能及时调节身体平衡导致摔倒；在走窄路或架高的平衡木时，幼儿容易出现低头，耸肩，身体摇晃，两脚不敢交替向前迈步等现象。

平衡能力按照运动状态（静止状态和匀速直线运动状态）变化，可分为静态平衡和动态平衡。动态平衡能力是指人体在运动状态下或人体所处位置发生变化的状态下，人体自身对于自己身体重心和姿势的调整进而维持身体稳定的能力[1]。静态平衡能力是指人体处于某一特定姿势时，能够维持人体重心相对稳定的一种能力。按照重心与支撑点的关系，平衡又分为上支撑平衡和下支撑平衡。上支撑平衡是指支点在重心上方的平衡，如悬吊；下支撑平衡是指支点在重心下方的平衡，如人体在地上站立、手倒立等[2]。

一、不同年龄段幼儿走平衡木动作特征

（一）3~4岁幼儿走平衡木动作特征

1. 男幼走平衡木的基本特征

3~4岁男幼走平衡木时，两手侧平举以维持身体平衡，身体较为僵硬，步行谨慎，眼睛紧紧盯住平衡木，速度慢。大多数幼儿还需要在教师的陪同下完成，甚至还出现横着走的情况（图3-41）。0.1米高度的平衡木对他们来说，具有较大的挑战性，心理负荷较大。

图3-41　3~4岁男幼走平衡木的动作模式

[1]　袁明珠. 肥胖对青年人群平衡能力的影响[J]. 军事体育进修学院学报，2011（10）：106-108.

[2]　柳倩，等. 学前儿童健康学习与发展核心经验[M]. 南京：南京师范大学出版社，2016：23-26.

2. 女幼平衡木走的基本特征

3~4岁女幼的体态上比男幼稍微轻松，动作较为柔和，两手侧平举以保持身体平衡，但速度慢（图3-42）。相比较这个年龄段的男幼来说，女幼在平衡木上的心理负荷不高，比较容易适应此高度的平衡木，女幼的适应能力优于男幼。

图3–42　3~4岁女幼走平衡木的动作模式

（二）4~5岁幼儿平衡木走动作特征

1. 男幼的基本特征

从体态来看，4~5岁男幼在平衡木上的动作非常自然、轻松，手臂自然下垂放于体侧。从步态来看，迈步自然、流畅，但是行走的速度并不快（图3-43）。在这个高度的平衡木上行走，对他们来说没有任何心理负荷存在。这表明，该阶段的男幼平衡能力发展较快。

图3–43　4~5岁男幼走平衡木的动作模式

2. 女幼平衡木走的基本特征

4~5岁女幼对在此高度平衡木上的行走还是存在一定的恐惧心理，两手侧平举以保持身体的平衡，眼睛紧盯平衡木。从步态来看，这个年龄段女幼的动作没有3~4岁阶段时那么僵硬、拘谨，表现得更为轻松、流畅（图3-44）。

图3-44　4~5岁女幼走平衡木的动作模式

（三）5~6岁幼儿平衡木走动作特征

1. 男幼走平衡木的基本特征

5~6岁男幼在平衡木上的动作轻松、自然，迈大步、速度快。这个高度的平衡木对他们而言没有任何挑战性，仿佛行走于平地之中（图3-45）。

图3-45　5~6岁男幼走平衡木的动作模式

2. 女幼走平衡木的基本特征

5~6岁女幼走平衡木的能力与这个阶段的男幼趋同，没有显著的差异性（图3-46）。

图3-46　5~6岁女幼走平衡木的动作模式

二、平衡素质的教学

（一）平衡练习的内容分布

我国《3~6岁幼儿学习与发展指南》里分别从三个不同年龄段出发，对幼儿提出了相应的身体平衡能力发展趋势（表3-19）。

表3-19　《3~6岁幼儿学习与发展指南》中平衡的内容

3~4岁	4~5岁	5~6岁
1. 在提醒下能自然坐直、站直 2. 能沿着地面直线或在较窄的低矮物体上走一段距离 3. 双脚能灵活交替上下楼梯 4. 身体能平稳地双脚连续向前跳 5. 四散跑时能躲避他人的碰撞 6. 能单脚连续向前跳2米左右 7. 双手能抓杠悬空吊起10秒左右	1. 在提醒下能保持正确的站、坐和行走姿势 2. 能在较窄的低矮物体上平稳地走一段距离 3. 能以匍匐、膝盖悬空等多种方式钻爬 4. 能助跑跨跳过一定距离，或助跑跨跳过一定高度的物体 5. 能与他人玩追逐、躲闪跑游戏 6. 能单脚连续向前跳5米左右 7. 能双手抓杠悬空吊起15秒左右	1. 能经常保持正确的站、坐和行走的姿势 2. 能在斜坡、荡桥和有一定间隔的物体上较平稳地行走 3. 能以手脚并用的方式安全地爬攀登架、网等 4. 能躲避他人滚过来的球或扔过来的沙包 5. 能单脚连续跳向前跳8米左右 6. 能双手抓杠悬空吊起20秒左右

（二）平衡素质的教学方式

练习幼儿平衡素质的方法很多。例如，在地上画宽0.30米的两条线，让幼儿在其中行走。让幼儿在高0.10米的木板或砖上走，他会胆怯，困惑得寸步难行；在平地上练习，很容易使3~4岁幼儿的平衡能力得到锻炼。可以让幼儿单足站稳，单足跳跃。

三、平衡素质的教学建议

（一）设置多样化环境

这里的环境，一包括场地的选取；二包括器材的选取。充分利用现有环境做平衡练习，可以利用地面上的各种标识、线条、走廊、台阶、泥地、草坪等，选取平衡木、平衡板、独轮车、高跷、跳竹竿、滑滑梯、羊角球、跳绳等多种器材进行平衡练习。

（二）营造层次性的环境

层次性是指设置的环境中不但要具有多样化的特点，还必须具备不同难度的场地和器材，使幼儿能够根据自己的水平选择相应难度的场地和器材，以不断地体验到挑战和成功。比如，通过连接高低平台，使用不同长短、宽窄的滑梯和攀爬架来增加其挑战难度。滑梯：直线—曲线—回转；滑道：短—长，平缓—较陡；攀爬架的斜度：小—大—垂直；绳网：网状—梯状—单绳等通过变化器材增加层次性。上下器材可采用楼梯、滑梯、网绳、软梯、单绳等。还可以变化支撑面：大—小，低—高，固定—活动，连续—间隔等逐渐增减挑战难度。

（三）重视晕眩性体验

晕眩体验表现在摇荡、身在高处、身处斜坡、在通道、迷宫里。晕眩是幼儿运动游戏从功能性水平发展到表现性水平中的必要元素[1]。秋千、摇椅、吊桥、旋转椅、悬吊梯和绳或颠簸的动态游戏器材，滑梯、攀爬架等较高或斜的静态游戏器材，或有通道的大型玩具、迷宫等都可以让幼儿体验晕眩感觉。

四、平衡素质游戏活动设计案例

（一）小班平衡素质教学案例

1. 小动物学走路

活动名称	小动物学走路	年级	小班
活动目标	1. 学习各种小动物行走的方式 2. 能够在愉悦的游戏中增强腿部肌肉力量	器材	小鸭子、乌龟等各种动物玩具 自制平衡木和沙包、音乐

[1] 仙田满. 儿童游戏环境设计[M]. 侯锦雄，等译. 台北：田园城市文化公司, 1986：34-42.

续表

	活动/教学内容（幼儿）	教学组织和安排（教师）
开始部分	热身活动：自由探索、激发兴趣，幼儿自由走进操场，尽情探索走的方式：快走、慢走、大步走、小步走、倒着走、横着走、脚尖走、脚跟走等	组织队形：自由走 注意事项：幼儿与幼儿之间保持距离，避免碰撞摔倒 活动引导：各种小动物走的方式，教师给予鼓励和点拨
主题游戏	游戏名称：听声音走 游戏方法：各种小动物都有独特的行走方式，启发幼儿仔细观察后，进行“学着小动物走一走”游戏	组织队形：自由站位 活动引导：学习各种小动物走的方式，教师给予鼓励和点拨
升华游戏	游戏名称：运沙包 介绍沙包游戏规则 游戏方法：将幼儿分两组站好，头顶沙包，双手侧平举，走直线运沙包	组织队形： 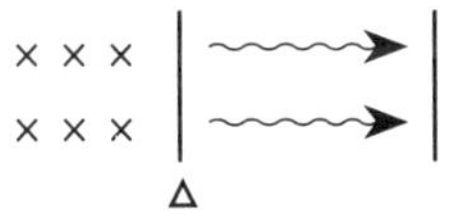 活动引导：在游戏中，教师引导幼儿模仿小动物走路的方式，激发幼儿学习的兴趣
结束部分	游戏名称：听音乐轻轻走 将幼儿分男女两组，一个跟着一个走，双手可叉腰也可平举	组织队形： 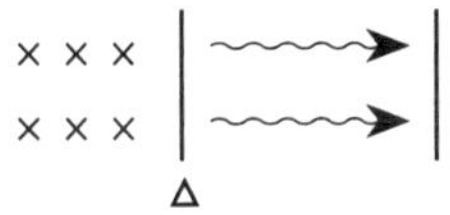 活动引导：教师带领幼儿进行放松运动，让幼儿从紧张和兴奋的活动状态中慢慢恢复平静
安全措施	教师先检查好运动场地，看有无危险物、地面滑不滑等	注意个别平衡能力发展迟缓的幼儿，尽量避免其摔倒擦伤
教学思考		

2. 爱玩的小猫

<table>
<tr><td>活动名称</td><td>爱玩的小猫</td><td>年级</td><td>小班</td></tr>
<tr><td>活动目标</td><td>1. 练习各种平衡走的动作
2. 提高平衡能力，增强下肢力量</td><td>器材</td><td>平衡木2条、平衡碗、过河石、平衡球、小路</td></tr>
<tr><td></td><td colspan="2">活动/教学内容（幼儿）</td><td>教学组织与安排（教师）</td></tr>
<tr><td>开始部分</td><td colspan="2">活动开始，老师扮演猫妈妈，其他小朋友扮演小猫，猫妈妈带领小猫做准备运动“小猫操”</td><td>组织队形：
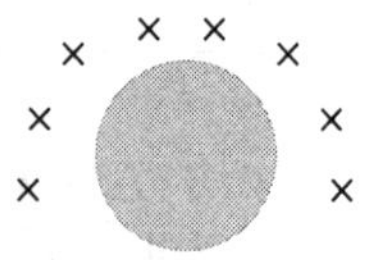</td></tr>
<tr><td>主题活动</td><td colspan="2">游戏名称：走过小桥
游戏方法：幼儿分成两组，按照各自的水平挑选完成用不同器材组合的路程，练习各种平衡动作</td><td>组织队形：
× × × × × × × ×
× × × × × × × ×
△
情境导入：小猫要和妈妈出去玩了，咦，这里真好玩！有小路、小桥、小河，你都可以走上去玩一玩</td></tr>
<tr><td>升华游戏</td><td colspan="2">游戏名称：我帮奶奶送东西
游戏方法：幼儿用学到的平衡动作加上自选手持物走过不同器材组合
注意事项：平稳走过各种器材组合的路线
能遵守游戏规则
注意保持身体平衡，以防跌落</td><td>组织队形：
× × × × × × ×
× × × × × × ×　△
情境导入：猫奶奶年纪大了，想请你们帮她把东西送回家，行吗？一次拿一样或两样都行，只要你能平衡地走过去就行</td></tr>
<tr><td>结束部分</td><td colspan="2">活动内容：放松运动
活动方法：老师和幼儿一起收拾场地器材，并在一起做放松运动，老师和幼儿可以一起课后交流，并做好保教工作</td><td>小猫玩了这么久，高兴吗？猫妈妈更开心的是，你们用刚刚学到的本领帮助了猫奶奶，真棒！我们一起收拾东西吧</td></tr>
<tr><td>安全措施</td><td colspan="2">在活动过程中，万一跌落，知道如何保护自己</td><td>老师站在幼儿容易跌落的位置进行保护</td></tr>
<tr><td>教学反思</td><td colspan="3"></td></tr>
</table>

（二）中班平衡素质教学案例

<table>
<tr><td>活动名称</td><td>小蚂蚁运粮食</td><td>年级</td><td>中班</td></tr>
<tr><td>活动目标</td><td>1. 在游戏活动中体验游戏的喜悦
2. 练习互相配合多人齐步走，努力协作完成游戏
3. 创设情境，提高幼儿负重走的能力</td><td>器材</td><td>垫子4组，平衡木4条，跨栏4个，粮食袋若干（不同大小）</td></tr>
<tr><td></td><td colspan="2">活动/教学内容（幼儿）</td><td>教学组织与安排（教师）</td></tr>
<tr><td>开始部分</td><td colspan="2">热身操：请小朋友们把小手伸出来，跟着教师一起来。这是头（指手指），摇一摇，用力地摇；点点头，仰一仰，转一圈，小手放下
这是肩膀（手搭肩），转转转，转呀转；这是腰（手叉腰），扭一扭，用力地扭；这是脚（指脚），跺一跺，用力地跺；跳一跳，用力地跳</td><td>组织队形：半圆站立
× × ×
× ×
× ×
× △ ×
热身活动：把身体各环节都活动开，使幼儿身体进入最佳状态</td></tr>
<tr><td>主题游戏</td><td colspan="2">游戏名称：我能运粮食（个体活动）
游戏方法：教师示范匍匐向前爬行
幼儿分四队进行练习出发运送粮食
出发运粮食：教师将粮食袋（小）放在场地尾端，小蚂蚁从起点出发，爬过草地，走过独木桥、跨过栏杆，找到粮食，背着粮食返回家中
教师将粮食袋（中）放在场地尾端，小蚂蚁两两合作抬着粮食返回</td><td>组织队形：四列横队
× × × ×
× × × ×
× × × ×
× × × ×
△
故事引导：小蚂蚁们，春天来了，我们要趁着春暖花开的好天气，出去寻找充足的粮食，准备好过冬的粮食。在运送粮食的过程中，我们会遇到很多困难，小蚂蚁要开动脑筋想办法把粮食安全地运回家</td></tr>
<tr><td>升华游戏</td><td colspan="2">游戏名称：团结合作力气大（团体游戏）
游戏方法：教师将粮食袋（大）放在场地尾端，第一位小蚂蚁出发后发现搬不动粮食怎么办？返回报告教师
教师每组又派出两位小蚂蚁出去运粮食，大家一起将粮食运回家
注意事项：每个人必须通过障碍物，才能开始运粮返回过程中，小朋友互相配合，三个人齐步走，努力协作完成任务</td><td>组织队形：四列横队
教师小结：哇，原来小蚂蚁走路的时候每个部分都要方向一致，后面的小朋友要看着前面的小朋友，一起先出左脚，再出右脚，头和身体一起才能走得又快又好</td></tr>
</table>

续表

	活动/教学内容（幼儿）	教学组织与安排（教师）
结束部分	放松律动 方法：拍拍小腿，拍拍肩膀，拍拍胳膊	
教学反思		

（三）大班平衡素质教学案

海底寻宝

目标：

（1）练习由较高处往下跳的动作，能做到落地轻稳。

（2）培养幼儿积极主动学习的态度和守纪律等良好习惯。

（3）乐意参加集体活动，体验平衡木不同的玩法带来的乐趣。

准备：

（1）物质准备：一两块场地、平衡木、粘衣球、伴奏音乐《轻骑兵序曲》《虫儿飞》。

（2）经验准备：具备向上跳的动作经验。

过程：

（1）热身运动。

①教师带领幼儿一路纵队沿着跑道进行走、跑交替练习。速度可由缓慢到加快。

②在热身运动中，教师和幼儿一起一边听音乐，一边活动关节，重点活动膝关节和脚踝部位。

（2）探索体验。

①自主探索平衡木的玩法。

教师将幼儿带至布置好的场地。

教师：小朋友看一看，我们今天要玩的平衡木跟平时有什么不一样吗？

幼儿自由回答，教师引导幼儿发现场地中摆放着高低不同的平衡木。

教师：小朋友真棒，发现了我们今天要玩的平衡木有高有低。

教师：再想一想，平时你是怎么玩平衡木的？

幼儿自由回答。

教师：除了在平衡木上走一走，你还能想出其他什么玩法吗？

幼儿自由回答，教师可请几位幼儿展示自己的玩法。

教师：如果你们站在了平衡木上，可以怎样下来地面上呢？

幼儿自由回答。

教师小结：小朋友可以从平衡木上跳下来，也可以跨步下来。今天我们就来试一试从平衡木上下来。

幼儿自由练习从高度较低的平衡木上往下跳。

②巩固双脚跳的动作要领。

教师：小朋友们刚才都能从平衡木上下来，真厉害。老师发现，有的小朋友下来的时候是两只脚一起往下跳；有的小朋友是一只脚先落地，另一只脚后落地，这是跨跃。

教师：现在要请小朋友试一试从地面上跳到平衡木上。

幼儿尝试在较矮的平衡木上自由练习，教师巡回指导。

动作指导要领：由高处向下跳，落地时一定要注意屈膝，不要腿直直地落下来；同时要注意选择较平的地面，避免落脚在凹凸不平的地面上，以免损伤膝关节。

（3）集体游戏：海底寻宝。

①角色扮演，激发幼儿游戏的兴趣。

教师将高低不同的平衡木围成一片“大海”，平衡木是“海岸线”。教师将场地布置成场地二的样子，带领幼儿来到游戏区。

教师：小朋友们，我们一起来玩海底寻宝的游戏吧。

教师：大海里藏有许多许多的宝藏，我们是勇敢的寻宝人，要把这些宝藏找出来。

②讲解规则，开展游戏。

教师拿出粘球衣和小绒球，请一部分幼儿扮演寻宝人，另一部分幼儿扮演鲨鱼。鲨鱼在海底看护着宝藏，寻宝人的任务是要从鲨鱼那里取出宝藏。

游戏开始时，扮演鲨鱼的幼儿穿着粘好绒球的粘球衣在用平衡木组成的大海中休息，扮演寻宝人的幼儿趁着鲨鱼休息的时候，跳下平衡木，并用自己的粘球衣去粘住鲨鱼身上的宝藏，接着快速游到岸边并上岸。当鲨鱼醒来时，还在海底的幼儿立刻停止运动，并蹲下保持静止状态，鲨鱼在海底穿梭，再次进入休眠状态。找到宝藏的幼儿快速游到岸边并上岸。

游戏一轮结束后，扮演鲨鱼和寻宝人的幼儿进行角色互换。再次进行游戏。

（4）结束活动。

①教师：寻宝人表现得真棒，找到了这么多的宝藏！勇敢的寻宝人，不怕困难，我为你们感到骄傲！鲨鱼们的表现也很棒，保护了这么多的宝藏！我也为你们感到骄傲！

教师：（播放《虫儿飞》音乐）能干的小朋友们，我们一起跟着音乐捏捏腿、甩甩手臂、伸伸腰、扭扭身体、转转头。

②放松活动结束后，教师带领幼儿整理活动材料，并将之放回原处，活动结束。

第六节　跳绳动作发展特征

跳绳不仅对幼儿的灵敏、协调、力量、耐力、速度、柔韧、平衡等体能素质有重要的作用，还对执行功能有较大的影响，并促进幼儿节奏感发展。跳绳易于携带，因其动作的对称性，也是发展幼儿手脚协调、手眼协调的最佳手段。跳绳所需材料简单，对场地要求低，不受场地、器材影响，随时随地都可以进行，容易开展，可个人玩也可合作玩，可双脚跳也可单脚跳，花样繁多。跳绳是一种强化运动模式的有效、高效的练习方式，它不会强化错误的运动模式，技术匮乏的幼儿是无法进行该练习的。幼儿可以通过跳绳进行有效的自我练习。跳绳不但能锻炼身体、消耗能量、提升耐力，还可以强化幼儿的基本运动模式——蹲、跨步和弓步[1]。通过变换跳绳方式可以纠正左右两侧存在的不均衡问题，跳绳可以很容易地加强较弱一侧的练习。跳绳是间歇练习的一种，可以让幼儿掌握呼吸的技巧，以获得快速恢复。跳绳还可以帮助幼儿脊柱保持直立、腹肌收紧。在运动模式正确、肢体放松的情况下，运动就越快越有力。

一、幼儿跳绳学习的各肢段动作特点

5~6岁的幼儿已具有一定的跳跃基础和经验准备，学习跳绳较为适合。因此，本研究主要以5~6岁幼儿的跳绳动作为研究对象，探讨跳绳动作发展特征（表3-20）。

表3–20　5~6岁幼儿跳绳动作的发展特点

各肢段动作	发展系列	显著特征
臂部动作	序列一	肩部发力摇绳，手臂与身体撑开
	序列二	前臂发力摇绳，手臂与身体靠近
	序列三	手腕发力摇绳，手臂贴着身体
腿部动作	序列一	全脚掌蹬地发力起跳，两脚分立，膝关节弯曲较大
	序列二	全脚掌蹬地发力起跳，两脚并拢，膝关节弯曲较小
	序列三	前脚掌点地发力起跳，两脚并拢，微屈膝

（一）臂部动作的发展特点

在学习跳绳的过程中，幼儿的臂部动作会经历三个阶段。第1次教学后基本形成动作序列一，主要的动作特点是摇绳时靠肩部发力，有的幼儿还会出现甩肩动作，动作幅度大，过于用力导致摇一次绳就会停顿休息，整个手臂伸得笔直，僵硬，远离躯干。第6次教学后形成臂部动作序列二，其明显特点在于手臂与身体慢慢靠近，上臂带动前臂发力摇绳，动作稍为自然，能连续摇多次绳后才停顿

[1]　戈瑞·库克. 竞技运动中的身体平衡[M]. 任园春，等译. 国家体育总局科教司，2010：128-135.

休息，手臂不再僵硬，手肘弯曲，前臂和上臂成一定角度。第13次教学后形成动作序列三，显著特点表现在摇绳的发力点不再靠手臂，而是靠手腕转动，此时的发力动作幅度小，相对体力消耗小，又能很好地摇绳，上臂与身体能贴在一起，手肘弯曲，动作协调、连贯。

（二）腿部动作的发展特点

幼儿腿部的动作也经历三个序列，序列一是在第2次教学后形成的，最显著的特点是可以看到双脚在起跳—腾空—落地过程中都是不自主地弯曲，腾空时与地面保持很长距离，以使绳子通过。起跳时靠双脚掌蹬地发力，腾空时两只脚分开，落地时两只脚一前一后落地或分开落地，与地面接触发出重响声，起跳时的位置与落地后的位置不一样，往往都会前进一个身位。腿部动作无法和手部动作协调连贯，先做臂部动作，再开始腿部动作。第4次教学后形成动作序列二，表现在能够控制双脚并拢完成起跳—腾空—落地，落地的位置基本和起跳时相同，全脚掌蹬地，动作幅度稍小，落地时会有节奏地发出响声并再次弹跳，曲膝程度明显减小。第15次教学后形成动作序列三，这时最明显的特点是整个跳绳过程中，脚跟立起来，发力点变成前脚掌轻盈点地，与地面接触时发出悦耳的“嗒、嗒、嗒”声，腾空时脚和地面的距离短到只能绳子通过，微屈膝，与臂部动作配合协调、灵活。

二、5~6岁幼儿跳绳动作发展特征

本研究把5~6岁幼儿跳绳学习分为入门、学习、巩固、提升等四个阶段，幼儿在每个阶段所表现出的显著整体动作特点见表3-21。

表3-21　5~6岁幼儿跳绳整体动作的发展特点

所处阶段	最显著的动作特点
入门阶段	会摇绳，双脚与摇绳不能同步进行
学习阶段	双脚能与摇过的绳同步跳过，动作不连贯
巩固阶段	动作连贯，能连续跳绳多次
提升阶段	出现花样跳绳（反摇、单脚跳、跑跳、双人跳等）

（一）幼儿跳绳入门阶段的动作特点

幼儿刚学跳绳，对绳的长短、发力点掌控很不灵活，摇绳时因大臂或背部发力，绳常常会交叉在一起或缠在身上。经过教学，动作特点表现为：能慢慢把绳子摇成伞状，利用肩或上臂发力，往往发力时用力大，将绳摇向前的同时身体会呈弯曲状而跳起，落地有时会蹲地。由于手脚不协调，掌握不了合适的时间点，脚比绳先落地，双脚一直维持在开立状态，全脚掌发力，落地有重响声。部分幼儿要看到绳摇到眼前才开始起跳，往往起跳太晚导致双脚挡住绳。这个阶段的幼儿因摇绳、跳过绳的失败经历多，在拿起绳的准备阶段，脸上流露出着急、紧张、凝重的表情，双眉紧锁，脸颊流汗，深吸气，停顿时间很久（图3-47）。

图3–47　跳绳入门阶段的动作特点

（二）幼儿跳绳学习阶段的动作特点

该阶段的幼儿经过多次练习后，能比较灵活地控制绳，主要利用前臂发力摇绳，但绳子摇动的幅度大。幼儿对绳摇起后落地时间有一定感知，当绳从后往前摇到正前方最高处时开始双脚起跳，刚好卡在绳到脚底时，双脚腾空，腾空有一定高度，身体弯曲成团，绳子穿过双脚后，双脚开立落地，并伴有落地响声。显著的动作特征是能跳过绳子，但动作不连贯，还需练习，完成整个动作会有明显的停顿后再继续重复动作。双手自如握绳，有的幼儿上臂带动前臂发力，有的幼儿前臂发力，整个跳绳动作中手臂呈笔直状，上臂无法紧贴身体。双脚分开，深屈膝，前脚掌发力，落地有声，起跳与落地位置会发生变化。身体弯曲，动作幅度大。面部表情变化从起跳时紧张，到腾空时凝重，最后落地时放松，微笑（图3-48）。

图3-48　跳绳学习阶段的动作特点

（三）幼儿跳绳巩固阶段的动作特点

该阶段的幼儿跳绳动作基本标准、连贯，能连续不间断跳多次。具体表现在对绳掌控自如，起跳前会调整好绳长度，绳摇动灵活。起跳时，双手举平，把绳拉直。发力摇绳时，有的幼儿用前臂，有的幼儿已经会用手腕。双脚并拢，跳起时也不分开，膝关节微屈，从全脚掌慢慢过渡到脚尖发力起跳，落地声音很小，几乎没有，起跳与落地时位置基本保持不变，手脚配合非常协调、自然。身体笔直，成一条直线，即使跳动过程中有弯曲，幅度也很小。已熟练掌握跳绳动作，能连续跳绳，1分钟内跳绳次数不断增多。这一阶段幼儿的表情轻松、愉快，充满成就感，会和小伙伴比赛跳绳（图3-49）。

图3-49　跳绳巩固阶段的动作特点

（四）幼儿跳绳提升阶段的动作特点

该阶段幼儿跳绳动作已非常完美、标准、连贯，对绳的掌控收放自如，能摇成半圆状，连续快速跳绳时看不清绳的轨迹，只听得见绳与地面接触发出“啪啪”的清脆声。上臂与身体基本靠近，前臂与上臂成一定角度，手腕发力摇绳。双脚并拢同时起跳落地，伸直膝，后脚跟一直腾空，前脚掌点地发力，仅脚尖着地，非常轻盈（图3-50）。跳绳时脚不会变换位置，可以固定在某一处。整个身体成一条笔直的线，有节奏地弹跳，一分钟可跳100次以上。另外，很多幼儿还学会了花样跳绳、反向跳绳、单脚跳绳、双人面对面跳绳、双人各拿绳一端跳绳等。

图3–50　跳绳提升阶段的动作特点

三、跳绳的教学原则

（一）兴趣性原则

进行跳绳教学时，应以培养幼儿的兴趣入手。首先激发幼儿对绳的兴趣，通过一物多玩的方式让幼儿认识绳、了解绳。采用视频、教师示范、大幼儿榜样的作用激发幼儿的跳绳兴趣。前期可以通过奖励大红花、盖印章等外在物质来鼓励幼儿，激发他们的兴趣，然后在每次练习中因人而异地设定目标，让他们充分体验到成功的感觉，当技术掌握了之后再运用多种变化形式让幼儿把外在兴趣真正地变成内在兴趣。

（二）适宜性原则

幼儿生理发展特点决定了他们的肌肉力量差，耐力水平低，容易疲劳，但恢复也快的特点，在跳绳练习过程中，适量的运动负荷有助于幼儿的新陈代谢，刺激骨骼生长，增强关节的灵活性。研究证明，5~6岁大班幼儿在连续跳绳1分钟后，心跳次数会从安静时的94次/分增加到142次/分左右，5分钟后恢复至安静心率。建议每连续跳1分钟后应休息1分钟再继续跳，让幼儿能有兴趣持续地进行练习。除了物质奖励外，幼儿跳绳技能的提高，跳绳方法的多样化，跳绳中的运用自如尤为重要。身体的自由带来身体的自信，自信的身体带来健康的心理。

（三）坚持性原则

通过跳绳促进幼儿的生长发育不是一日之功，它需要长期坚持。

四、不同教学方法下的5~6岁幼儿跳绳学习

如何有效地进行跳绳教学，什么样的教学方法与手段比较适宜幼儿？本研究对5~6岁幼儿分别在教师的集体教学和“小师傅”（技术优先幼儿）个别辅导下的两种教学方式进行对比分析，以探索适宜的跳绳教学方法。

加涅的累积学习理论认为，人类学习是由简单到复杂的，是一个不断获得与积累的过程，由信号、刺激—反应、动作链索、言语联想、辨别学习、概念、规则、问题解决等八个层次的学习组成。学习必须具备内部和外部两种条件。内部条件指学习者的内部状态，包括智力水平、记忆、人格特质、动机、学习能力、已有的知识储备和技能等；外部条件指输入刺激的结果和形式，即学习的环境，包括教学内容、教学方法、教学策略，考验教师的教学水平。每个学习者的内部条件不同，这就要求外部条件要因材施教，重视个体差异。

加涅将整个学习过程分为八个阶段：① 动机阶段：这是学习的预备阶段，先激发学生的学习兴趣，再产生达到学习目标的心理预期，然后用一定的学习情境诱导学习行为的产生。② 领会阶段：这是学习的了解阶段，教学的目的是提供刺激，引起学生的注意。教师采用多种手段来引起学生的注意，使学生感知教学情境的特点。③ 习得阶段：此阶段要进行信息编码和加工，是短时记忆向长时记忆转化的过程。④ 保持阶段：将前面获得的信息复述、强化后，以一定形式（表象或概念）在长时记忆中长久地保存。⑤ 回忆阶段：此阶段为信息检索过程，即寻找储存的知识并使其重现的过程。⑥ 概括阶段：把已经获得的知识和技能运用到新的学习情境之中，即学习的迁移。⑦ 操作阶段：也叫作业阶段，此阶段，教学的大部分时间是提供运用知识的机会，让学生展示自己的学习效果。⑧ 反馈阶段：学生意识到已达到预期目标，完成了新的作业，强化了学习动机。

本研究对跳绳学习也划分为动机、领会、习得、保持、回忆、概括、作业与

反馈等七个阶段（表3-22）。

表3-22 5~6岁幼儿跳绳不同阶段学习特点

编号	不同阶段	学习特点
1	动机阶段	幼儿跳绳学习动机和期望的激发
2	领会阶段	吸引注意力，对跳绳动作形成一定的表象
3	习得阶段	有初步的动作概念，会摇绳
4	保持阶段	对跳绳动作信息的不断强化和加工，使短时记忆变成长时记忆，动作表现不够连贯
5	回忆阶段	对跳绳信息的回忆，动作连贯、协调，学习效果显著
6	概括阶段	动作学习迁移，出现花样跳绳
7	作业与反馈阶段	一分钟跳绳、花样跳绳

以某市某幼儿园5~6岁幼儿为研究对象。从中一班、中二班各随机抽取20名幼儿，共40名幼儿。教师集体教学组：男幼10名，女幼10名；“小师傅”教学组：男幼10名，女幼10名，均未学习过跳绳。实验设计如下：中一班采用以教师为主的集体教学；中二班采用以“小师傅”为主的个别辅导教学。每周三次，每次25分钟的跳绳教学，共八周。实验后孩子进行一分钟跳绳测试，记录次数，以双脚跳过摇过一圈的绳子为准。教师组是一个教师教20个幼儿；“小师傅”组考虑到幼儿年龄小，自控能力差，一对多达不到实验效果，所以采用一对一教学，即20个“小师傅”教20个幼儿。“小师傅”从大班幼儿中挑选20个。“小师傅”的选择条件：熟练掌握跳绳技能，跳绳动作标准、熟练，一分钟能跳120次以上；性格活泼，语言表达能力较强。实验前对“小师傅”进行标准跳绳动作的讲解与示范，如何鼓励他人等培训。实验期间，为了保证实验的有效性，避免无关因素，实验班幼儿其他时间不进行跳绳练习。

对实验录像，每个幼儿半分钟。实验后整理录像，运用百度视频进行动作分析，记录幼儿跳绳的每个动作学习所需时间，各个动作在每个学习时间段出现的人数，观察不同学习时间、不同性别幼儿跳绳学习的动作特征。将数据采用Excel表格进行统计、分析、整理。

（一）以教师为主的集体教学

1. 动机阶段的教与学

（1）教师教的特点。

① 使用媒介激发幼儿学习兴趣。课前给幼儿观看跳绳视频，直观形象、生动有趣，给幼儿带来强烈的刺激，吸引幼儿注意力，对跳绳产生学习好奇心和欲望。

② 运用问题激发幼儿学习兴趣。提问“你们会跳绳吗？怎么跳”，激发幼儿尝试愿望。再次提问“跳绳并不容易，想挑战吗”，进一步激发幼儿学习的兴趣和斗志。接着提醒“我们自己来跳，并不容易，学起来有点辛苦”，为幼儿学习做好心理准备。“视频里的哥哥、姐姐跳起来很容易。我们自己来跳，并不容易，学起来有点辛苦”，提示学习需要坚持。

③ 以鼓励为主的指导方式。语言是此阶段教师的主要指导方式，占据80%，与该阶段着重激发幼儿学习动机和树立学习期望有关。其中，60%的话语为鼓励。

（2）幼儿学的特点。

① 学习积极性高。由表3-23可知，25分钟内，80%的幼儿摇绳练习达到150次，其中200次以上有40%，250次以上有15%，从学习初期面部表情的兴奋，到学习深入的表情开始严肃，额头上冒出了汗，充分地表现出幼儿注意力集中，学习积极性高，学习动机足。除了听教师讲解，看教师示范的时间，幼儿其他大部分时间都在集中练习。

表3-23　5~6岁幼儿跳绳练习情况

摇绳频次	150次以下	150~200次	201~250次	250次以上
幼儿人数	4	8	5	3
所占比例	20%	40%	25%	15%

②幼儿的学习时间管理。研究表明，幼儿用52%的时间练习，用120%的时间观看教师示范，12%的时间观察同伴，模仿学习，16%的时间休息。可见，大部分幼儿能自律地练习，这与学习动机强有关，也证明教师的动机教学策略有效。

2. 领会阶段的教与学

（1）教师教的特点。

① 拟人化的方式打破绳与幼儿的隔阂。“学跳绳最重要的是要和绳做好朋友，让绳听你的话”，将绳比喻成朋友，形象生动，瞬间让幼儿对绳产生好感，消除因多次尝试失败而产生的隔阂。与绳做朋友，幼儿非常乐意，其相处也变得很有信心，也为学习打下良好的心理基础。

② 把抽象的动作变为具体的动作。“你们一起来试试看，跟我一样双手拿着绳的两端，用一只脚去踩着绳，拉直绳子，看绳是不是在胸前，太长就绕手上。”教师讲解、示范将抽象、复杂的动作变成具体、分解的动作，吸引幼儿注意力，幼儿形成初步表象。

（2）幼儿学的特点。

此阶段，幼儿86%的时间用于尝试、练习。由于每个幼儿对刺激的接受能力、对学习的期望值、动作反应程度有明显的个体差异，出现的结果也不同。例如，有的幼儿一试就会；有的幼儿尝试多次才会；有的幼儿怎么努力都不成功，需要教师个别辅导。

3. 习得阶段的教与学

（1）教师教的特点。

① 指导语言侧重对绳的掌控。“把绳子尽量摇成椭圆形，摇绳的时候要用力，双手打开，绳子要握紧。”对习得阶段教师指导语言统计结果表明，此阶段教师的指导语言分为两类：一是动作指导用语，二是鼓励话语。其中，动作指导用语包括对绳的掌控、手部动作的调整、腿部动作的纠正。教师92%的语言是对动作标准的强调，鼓励话语为8%。对绳的强调多于手部和腿部动作，运用语言不断刺激幼儿掌握绳的动作。

② 以集体示范为主。对习得阶段指导时间分配结果表明，该阶段教师采用以集体示范为主，个别辅导和巡回观察为辅的指导方式。教师60%的时间集体示范和讲解，25%的时间巡回观察，15%的时间用于个别辅导。由于幼儿都是零起点，需要得到更多的指导，一名教师的时间和精力有限，集体示范能让幼儿得到

更多指导。“接下来，我们请某某小朋友来试试看，他是怎么摇绳的。”教师通过同伴展示进行教学反馈。“刚刚某某小朋友的绳没有摇成功，主要原因是他用肩膀发力，绳没有打开，可以手臂分开点发力，身体不要动。”展示能力强的幼儿，比教师单独说教，呈现的刺激更丰富、多元，利于幼儿吸收和掌握。

（2）幼儿学的特点。

① 习得阶段动作特点。如图3-51所示，此阶段幼儿动作的特点为：会摇绳，掌握了摇绳要点，能将绳摇起来，打开呈伞状；常常会利用肩或上臂猛烈发力，摇绳时能把绳撑大顺利摇起，绳向前的同时身体弯曲而跳起，落地时蹲地跳不过绳，脚比绳子先落地，全脚掌发力，落地伴有重响声。脸上流露出着急、紧张的表情。动作僵硬，不灵活。

图3-51　幼儿跳绳的动作模式

② 动作形成时间。由表3-24可知，55%的幼儿在第2次教学时形成了“会摇绳，但双脚不会过绳”的特征，70%的幼儿在第3次教学时形成。男幼掌握得要比女幼快。影响幼儿动作形成时间的因素是多方面的：一个教师指导20个幼儿，每个幼儿得到的指导不够，导致动作形成时间长；幼儿内部条件的差异性：有的学习能力强，有的学习能力弱，导致动作形成时间长短不定。

表3-24　习得阶段幼儿动作形成的人数统计

教学次数	“教师教”组能摇绳人数和比例					
	男幼数	比例（%）	女幼数	比例（%）	合计	比例（%）
第1次	4	40	3	30	7	35
第2次	7	70	4	40	11	55
第3次	8	80	6	60	14	70
第4次	9	90	8	80	17	85

4. 保持阶段的教与学

（1）教师教的特点。

① 指导语言侧重双脚跳过绳。对保持阶段教师指导语言统计结果表明，教师的指导语言中腿部动作占51%，臂部动作占20%，绳占14%，鼓励话语占15%。与习得阶段相比，这阶段的主要任务是双脚与绳的配合，能跳过绳是学会跳绳的一个关键转折点，跳过绳代表学会跳绳。

② 集体示范和个别辅导并重的指导方式。对保持阶段教师指导方式研究表明，此阶段指导方式中集体示范和个别辅导并重。动作学习仍然是关键，需要集体示范，个别辅导与之前相比有所增加，这与幼儿学习出现个别差异明显有关。当幼儿之间的差距变大，教师需要停下教学步伐，为幼儿提供单独指导，提高幼儿自信。

③ 运用表扬肯定学习效果。幼儿的学习需要教师的评价和反馈。此阶段，教师采用巡回观察，表扬、评价和鼓励幼儿。对不同幼儿的表现，教师评价有所区别。幼儿1跳过绳，教师笑容和语言直接肯定行为；幼儿2没有跳过绳，教师先表扬再指出待改进的地方；幼儿3能跳几次，教师除了表扬还提出更高的要求。话语虽简单，但对幼儿来说，这是学习的动力。

（2）幼儿学的特点。

① 保持阶段的动作特点。如图3-52所示，该阶段的幼儿能灵活地控制绳，前臂发力大幅度摇绳，能预判绳落地时间，当绳从后往前摇到正前方最高处时双脚起跳，绳在脚下时，双脚较高腾空，身体弯曲成团，双脚分开落地有声，起跳与落地位置变化，完成整个动作会有明显的停顿后再继续重复动作。面部表情变化从起跳时紧张，到腾空时凝重，落地时放松，微笑。

图3-52　跳绳保持阶段的动作特点

② 动作特点形成时间。由表3-25可知，55%的幼儿在第4次教学后形成动作特征，65%的幼儿在第5次教学后形成。男幼的动作形成比女幼要早，男幼在第4次教学后形成，女幼在第5次教学后形成。其原因在于该阶段动作需要手、眼、脚、绳四者的相互配合，对幼儿的协调性挑战较大，协调能力好的幼儿其动作形成也快，男幼在大肌肉动作方面学习表现比女幼好。

表3-25　保持阶段幼儿动作形成的人数

教学次数	“教师教”组能跳过绳人数和比例					
	男幼数	比例（%）	女幼数	比例（%）	合计	比例（%）
第3次	4	40	4	40	8	40
第4次	7	70	4	40	11	55
第5次	7	70	6	60	13	65
第6次	8	80	8	80	16	80

5. 回忆阶段的教与学

（1）教师教的特点。

① 指导语言侧重动作细节。此阶段，教师指导语言对臂部动作和腿部动作均为30%，绳为12%，鼓励话语为28%。幼儿的跳绳动作基本形成，教学目标在于动作的完善，因此，教师侧重对动作细节的指导。此时幼儿能自如控制绳，但手部动作与腿部动作需要指导。如握绳姿势、绳的发力点、上臂与身体的位置，脚的姿势、脚的发力点等都需要完善。同时，教师的鼓励话语增多，幼儿的动作完善需要更多的鼓励和肯定。

② 指导方式以个别辅导为主。此阶段教师的主要任务在于巡回观察，提供个别辅导。66%的个别辅导，29%的巡回观察，集体示范较少。此时，幼儿的动作表现差异非常大，对跳绳动作信息的回忆情况各不相同。表现在：有的幼儿动作不连贯，有的幼儿动作娴熟。教师的个别辅导犹如治疗疑难杂症，根据不同行为对症下药，个别辅导最能直接帮助幼儿改善跳绳动作。

③ 利用比赛增强学习动力。跳绳学习从开始到现在，幼儿到了学习的疲倦期，出现了学习瓶颈。加之，跳绳对体力消耗特别大，很多幼儿丧失了学习兴

趣，学习积极性减弱。教师采用同伴赛、团体赛、一分钟跳绳次数等比赛方式增强幼儿学习动机，帮助幼儿找回积极性。通过比赛，提升了幼儿积极性。比赛的引入不仅增加了幼儿学习的乐趣，也更好地检验幼儿的学习效果，与同伴之间的差距，找到努力的方向，还能继续沉下心来练习。

（2）幼儿学的特点。

① 动作特点。该阶段的幼儿已熟练掌握跳绳动作，能连续跳绳，起跳前会调整好绳长度，双手举平，把绳拉直，发力摇绳时有的幼儿用前臂，有的幼儿已经会用手腕。双脚并拢，膝关节微屈，从全脚掌慢慢过渡到前脚掌发力起跳，落地声小，起跳与落地的位置不变，手脚配合协调自然。身体直立，即使过程中有弯曲，幅度也很小。一分钟跳绳次数不断增多。表情轻松、愉快，充满成就感，会和小伙伴比赛跳绳。

② 动作特点形成时间。此阶段，65%的幼儿在第9次教学后动作连贯、协调、流畅（表3-26）。这与幼儿的练习、教师的指导分不开，更重要的是教师的各种指导策略的运用。在每个不同的学习阶段，教师都根据不同阶段幼儿的内部条件的特点，选择适宜的指导策略和教学事件，为幼儿提供良好的外部条件。该阶段，75%的幼儿一分钟跳绳次数达到了两位数，15%幼儿是个位数，10%的幼儿是三位数。对幼儿来说这个成绩是一种肯定，是学习的一个检验。幼儿知道自己的跳绳次数后非常兴奋，四处与人分享成绩。每一次比赛后次数的增加，比“你跳得真好，你跳得真棒”言语更直观地强化了幼儿的学习动机。

表3–26　回忆阶段幼儿动作特点形成的人数统计

教学次数	“教师教”组能跳过绳人数和比例					
	男幼数	比例（%）	女幼数	比例（%）	合计	比例（%）
第8次	4	40	6	60	10	50
第9次	6	60	7	70	13	65
第10次	7	70	8	80	15	75
第11次	8	80	8	80	16	80

6. 概括阶段的教与学

（1）教师教的特点。

① 指导语言侧重启发尝试。此阶段，教师的指导语言又发生了变化， 45%为启发尝试语言，32%为鼓励语言，指导动作语言仅为15%，8%为其他语言。幼儿已经能熟练掌握跳绳技术，动作协调、标准。教师的启发尝试和鼓励语言是为了让幼儿对跳绳尝试学习迁移，启发跳绳的不同花样。从不会到会，从会到花样，这是一个逐渐提高的过程。教师语言拓展了幼儿思维，开启了新的探索，增加学习趣味性，带给学习新动力。

② 利用多媒体启发学习新思路。这个环节，幼儿已经学会了跳绳，学习的动力减弱，少数幼儿出现了单脚跳绳、双人跳绳，但花样比较少。教师利用多媒体设备，给幼儿介绍并观看各种花样跳绳的类型，打开幼儿思路，又一次激发幼儿学习的新动力，打开探索跳绳玩法的新起点。

（2）幼儿学的特点。

① 动作特点。该阶段幼儿动作协调、流畅，上臂与身体贴近，手腕发力摇绳。双脚并拢跳落地，伸直膝，腾空，前脚掌立起发力，前脚掌固定着地，身体直立，有节奏地弹跳，对绳的掌控自如，能摇成半圆状，连续快速跳过绳，绳子发出“啪、啪”的清脆声。轻盈省力，一分钟跳绳成绩可达100次以上，出现反向跳绳、单脚跳绳、双人面对面跳绳、双人各拿绳子一端跳绳等花样。

② 动作特点形成时间。由表3-27可知，此阶段幼儿逐渐能够花样跳绳。60%的女幼在第19次教学后能够花样跳绳；男幼在第20次教学后逐渐能够花样跳绳。当学习达到一定高度后，就会出现瓶颈。跳绳学习也一样，经历前面那些阶段的刻苦练习，终于学会跳绳，且动作标准，跳绳次数不断增加，此时幼儿学习动力削减。教师引导幼儿观看花样跳绳的视频，为幼儿开启新的学习大门，重新找到学习的新动力，转向了花样跳绳的学习。在第19次教学后，大部分幼儿都会一种或两种花样跳绳的玩法。女幼比男幼形成动作特点早，可能是在这个阶段，女幼比男幼心静，更沉得下心来继续学习。

表3-27　概括阶段幼儿动作特点形成的人数

教学次数	"教师教"组能跳过绳人数和比例					
	男幼数	比例（%）	女幼数	比例（%）	合计	比例（%）
第18次	5	50	5	50	10	50
第19次	5	50	7	70	12	60
第20次	6	60	7	70	13	65
第21次	6	60	8	80	14	70

7. 作业反馈阶段的教与学特点

（1）教师教的特点——通过评价强化幼儿的学习动机。此阶段，教学目标基本达成。教师需要对幼儿学习效果进行点评及展示，以强化幼儿学习动机。

（2）幼儿学的特点。比较幼儿三次跳绳的次数后发现，一分钟跳绳，6名幼儿为60~70次，2名幼儿为80~100次，11名幼儿为120~170次，1名幼儿为180次。

（二）以"小师傅"为主的个别辅导教学

1. 动机阶段的教与学

（1）"小师傅"教的特点。

① 榜样激发学习兴趣。"师徒"结对的教学形式，对幼儿来说既新奇，又好玩。"小师傅"和幼儿年龄差异不大，思维方式接近，容易沟通交流。"小师傅"跳绳水平虽然高，但在幼儿心里这个榜样还是有能力超越的，跳绳学习成了可能。幼儿将"小师傅"当成学习的榜样，产生自己跳绳能达到"小师傅"水平的信念，激发了学习期望和兴趣。

② 自身表演增强幼儿学习动机。"小师傅"解释"跳绳是什么"问题时，90%的"小师傅"选择自身表演来说明这个问题，还有10%的"小师傅"采用语言来描述。"小师傅"的自身表演不仅回答了问题，还激发了幼儿的学习兴趣。在"小师傅"表演结束后，有的幼儿露出开心的笑容；有的幼儿为"小师傅"鼓掌；有的幼儿赞美"小师傅"。幼儿产生要和"小师傅"一样"厉害"的学习期望。

（2）幼儿学的特点。

①学习兴趣浓厚。摇绳次数表示幼儿在动机阶段跳绳的练习情况。由表3-28

可知，25分钟的时间内，摇绳练习少于150次的幼儿占10%，150~190次的幼儿占90%，200~220次的幼儿占60%，250~270次的幼儿占20%。“小师傅”的跳绳展示，给幼儿树立榜样，致使幼儿学习兴趣高涨，练习次数增多。幼儿练习跳绳的次数表明，“小师傅”能激发幼儿跳绳学习动机。

表3-28　幼儿跳绳练习情况表

摇绳次数	150次以下	150~200次	201~250次	250次以上
幼儿人数	2	6	8	4
所占比例	10%	30%	40%	20%

②学习时间管理。幼儿的学习时间分为三块：10%休息时间, 35%观看“小师傅”示范时间，55%自我练习时间。自我练习占主要，表明幼儿学习积极性高，练习多。同时观看“小师傅”示范比例大，一对一的教学，示范随时随地，是该教学模式的优势。

2. 领会阶段的教与学

“小师傅”教的特点。

① 一对一指导吸引幼儿注意力。“小师傅”一对一指导，其注意力只需关注一名幼儿，“徒弟”动作做得不好，“小师傅”及时纠正，没有理解会想方法解释。这样的一对一关注，时时有指导，时时有任务要完成，幼儿容易集中注意力。

② 容易接受和领会教学内容。“小师傅”与幼儿年龄差异不大，处于平等的关系，交往比较放松，其心理特点、思维方式、对事物的看法等都有较多相似之处，容易产生心理认同感和内聚力。因此，“小师傅”的教学，幼儿也容易接受和领会。“小师傅”虽然对动作要求和标准不能用精准语言描述，但动作的示范、手势的指引，幼儿都能领会到。

3. 习得阶段的教与学

（1）“小师傅”教的特点。

① 动作指导较多。“小师傅”对跳绳动作的专业术语储备不多，这与“小师傅”的年龄特点有关，很多指导反映到动作上，语言上却表达不出来。因此，

常常可以看到“小师傅”拿过绳来示范，或用手脚比划，而不是语言指导。“小师傅”多鼓励语言，少有跳绳动作。此阶段的主要任务是让幼儿会摇绳，“小师傅”不停地展示摇绳。对幼儿来说，这种教学方式是能理解，也是能接受的。幼儿对语言的理解能力没有对动作的理解能力好，因此，动作指导更直观形象，简单明了。

② 注重语言鼓励肯定。表3-29展示了此阶段“小师傅”语言特征，主要包含三类：动作的语言、鼓励肯定的语言、其他的语言。鼓励肯定语很多，“小师傅”非常喜欢鼓励“徒弟”，这给“徒弟”极大的学习动力和信心。动作语言不多，与“小师傅”喜欢直接动作演示的教学特点有关。另外，其他语言中还带着不耐烦，因多次教学“徒弟”没有领会，没有达到“小师傅”的要求，“小师傅”不会掩饰自己的情绪，直接表达，如“哎呀，不是这样的”“你怎么还是不会”。

表3-29　习得阶段“小师傅”语言集锦

动作	鼓励、肯定			其他
双手拿着绳子	加油	你可以的	有进步	哎呀，不是这样的
脚合拢	对了，就是这样	一、二、三，跳	我的“徒弟”会了	你怎么还是不会
把绳子甩起来	真棒	来，你试试	再来一次	看我怎么跳的

（2）幼儿学的特点。

① 动作特点。此阶段，幼儿掌握动作较快，会摇绳，但细节粗糙，找不准摇绳的发力点。摇绳时整个身体都在发力，有的幼儿摇绳时上身弯曲，像甩绳；有的幼儿靠甩手臂发力摇绳；也有的幼儿用上臂发力，动作幅度大。摇起的绳子与跳起的双脚找不到配合的时间点，绳子往往被双脚挡住。幼儿双眉紧锁，脸颊流汗，深吸气，开始摇绳前停顿较长时间。该阶段的幼儿通过“小师傅”的示范，对跳绳形成一个粗略的表象。由于“小师傅”自身对动作细节的把握不够，不能准确地告诉幼儿，只给粗略动作示范，幼儿动作达不到期待，拿着绳子犹豫较长时间才会有动作，表情紧张、着急、严肃、易出汗。

② 动作特点形成时间。由表3-30可知，60%的幼儿在第1次教学后就已经会

摇绳，男女幼儿掌握程度上无差异。可能的原因：①一对一教学让“小师傅”关注在一个“徒弟”上，能及时发现问题及时改正，指导时间充裕，动作指导，直观形象。②刚开始跳绳学习，幼儿学习动机和激情高，“小师傅”指导有方，幼儿动作掌握较快。

表3-30　习得阶段幼儿动作形成的人数

教学次数	“小师傅”教组能摇绳人数和比例					
	男幼数	比例（%）	女幼数	比例（%）	合计	比例（%）
第1次	6	60	6	60	12	60
第2次	8	80	6	60	14	70
第3次	9	90	8	80	17	85
第4次	10	100	9	90	19	95

4. 保持阶段的教与学

（1）“小师傅”教的特点。

① 及时反馈和纠正来强化幼儿动作。幼儿动作学习中的每一个过程都呈现在“小师傅”面前，“小师傅”一看到错误能及时反馈和纠正。例如，“脚不是这样跳的，要等绳子到前面再跳”“你的手要这样拿绳子”“对了，就像刚才一样跳”。错误动作还未在学习者脑中形成长时记忆就得到改正和强化，减少幼儿探索时间，加快正确动作形成。但“小师傅”自身的能力有限，大的动作错误能发现，而小的动作细节却难以说明，往往使得幼儿动作粗糙，不标准。

② 指导语言很有感染力。“小师傅”虽然不擅长用语言指导动作，但其很会鼓励、激励自己的“徒弟”，增强其学习斗志，语言很有感染力，如“加油、加油、加油……”“真棒，再来一个”“一、二、三，跳、跳、跳”“一个、两个、三个……”听到这些话语，幼儿很容易变得更带劲，愿意再跳一个。对于正在学习的幼儿来说，本身对自己的动作不肯定，整个人也容易不自信，感染力的语言能唤起他们的学习斗志。

（2）幼儿学的特点。

① 动作特点。此阶段的动作特点是双脚能跳过绳子，但动作不协调、不自

然，手臂较直、僵硬握绳，摇绳速度很慢，双脚跳很高，脚掌落地时改变位置。

② 动作特点形成时间。表3-31所示，60%的幼儿在第4次教学后双脚能与摇过的绳同步跳过，但动作不连贯，60%的女幼在第3次教学后达到，70%的男幼在第5次教学后达到，女幼比男幼形成动作特点要早。影响幼儿动作特点形成的可能原因：①女幼比男幼学习更加刻苦，男幼练习不够认真；②“小师傅”及时反馈和纠正，加之有感染力的语言指导有助于幼儿学习。

表3-31 保持阶段幼儿动作形成的人数

教学次数	“小师傅”教组能跳过绳人数和比例					
	男幼数	比例（%）	女幼数	比例（%）	合计	比例（%）
第3次	4	40	6	60	10	50
第4次	5	50	7	70	12	60
第5次	7	70	8	80	15	75
第6次	8	80	8	80	16	80

5. 回忆阶段的教与学

（1）“小师傅”教的特点。

① “师徒”比赛增加学习乐趣。此阶段，教学重点是对动作细节的追求，使动作精益求精，以及跳绳次数不断增加。而追求动作细节是“小师傅”的弱项，因自身对这些细节的感知不够，甚至有的即使感知到也难以表达出来。因此，“小师傅”在这个阶段的教学方法回避了这个问题，改成师徒跳绳比赛，来增强幼儿的学习乐趣。经过前面的学习，幼儿基本学会跳绳动作，学习动机也会慢慢下降，这时的师徒比赛，无疑是非常有趣的学习方式。在竞争比赛中不知不觉增加跳绳次数，而且动作的协调、连贯、完善性也会得到提高。

② 指导出现倦怠现象。“小师傅”毕竟也是幼儿，当幼儿的学习达到一定程度后，其责任感不会一直都保持，自律性和约束能力还不够，也会出现倦怠现象，表现为：容易被其他事物吸引而离开“工作岗位”；和别的“小师傅”聊天忘记“徒弟”在等他；“我的‘徒弟’已经学会了”而不知道怎么教学等。针对这些现象要采取一些奖励措施，帮助“小师傅”找到教学动力，如零食、小礼物奖励。

（2）幼儿学的特点。

① 动作特点。此阶段动作特点：手脚配合比较协调，能连续跳绳，自如控制绳，手臂与身体逐渐靠近，上臂带动前臂发力摇绳，动作较为流畅，能连续摇多个后才停顿休息，手臂不再伸得笔直，手肘弯曲，上臂和前臂成一定角度。双脚并拢完成起跳—腾空—落地，落地和起跳在一个点，前脚掌踩地发力，动作幅度稍小，落地时会有节奏发出响声并再次弹跳，微屈膝（图3-53）。

图3–53　回忆阶段跳绳的动作特点

② 动作特点形成时间。由表3-32可知，65%的幼儿在第11次教学后形成动作特点。女幼在第10次，男幼在第11次教学后形成。幼儿跟前一阶段相比，前一阶段是在第4次教学后就能跳过绳，此阶段，中间有7次教学时间，可见此阶段形成动作时间较为漫长。可能的原因：一是“小师傅”对动作细节指导不足。这个阶段还有很多细节方面的学习，才能达到连贯、流畅，很多细节需要幼儿自我领悟，学习时间自然增长。二是“小师傅”自身的倦怠，导致教学进度赶不上，学习时间被延长。

表3–32　回忆阶段幼儿动作特点形成的人数

教学次数	“小师傅”教组能跳过绳人数和比例					
	男幼数	比例（%）	女幼数	比例（%）	合计	比例（%）
第8次	4	40	4	40	8	40
第9次	5	50	5	50	10	50
第10次	5	50	6	60	11	55
第11次	6	60	7	70	13	65

6. 概括阶段的教与学

（1）“小师傅”教的特点。

① 重拾教学热情。通过责任教育和奖励，帮助“小师傅”度过倦怠期，重新找回了教学热情。

② “师徒”共同学习花样跳绳。“小师傅”对跳绳技术的迁移也处于初级阶段。此阶段，“师徒”关系变回同伴关系，一起学习迁移，将所学的跳绳技能迁移到新动作，出现花样跳绳。“小师傅”变成学习同伴后，关系变得更加亲切、融洽，有商有量，一起尝试新玩法，学会以后到处展示自己的成果，表演给其他幼儿看。当看到别人的玩法和自己不一样时，就又开始新尝试，学习兴趣浓厚。该阶段的学习变得轻松，无任务意识，变成游戏，不仅幼儿得到学习，“小师傅”也学到很多新玩法。

（2）幼儿学的特点。

① 动作特点。幼儿的跳绳动作有了很大的进步，标准、协调，对绳收放自如，前臂发力摇绳，动作幅度小，上臂与身体靠近，手肘弯曲。脚跟立起来，前脚掌轻盈点地，与地面接触时发出悦耳的“嗒、嗒、嗒”声，腾空时脚和地面的距离短到只能绳通过，微屈膝，双腿基本伸直，与手臂动作配合协调、灵活。出现了双人的花样跳绳，如一人一端握绳双人跳、一人拿绳面对面双人双脚跳、面对面单脚跳、面对面转圈跳等。

② 动作特点形成时间。由表3-33可知，65%的幼儿在第21次教学后跳绳动作迁移，出现花样跳绳，且女幼比男幼快。其原因在于：“小师傅”在上个阶段完成后还经历较长时间的自我改善期，“师徒”共同尝试新玩法，因此，在第21次教学后形成动作特点。但奇怪的是，虽然“小师傅”对幼儿动作细节完善的把握不够，但是经过较长时间的教学后，幼儿的跳绳动作标准了。

表3-33　概括阶段幼儿动作特点形成的人数

教学次数	“小师傅”教组能跳过绳人数和比例					
	男幼数	比例（%）	女幼数	比例（%）	合计	比例（%）
第18次	4	40	5	50	9	45
第19次	5	50	5	50	10	50

续表

教学次数	“小师傅”教组能跳过绳人数和比例					
	男幼数	比例（%）	女幼数	比例（%）	合计	比例（%）
第20次	5	50	6	60	11	55
第21次	6	60	7	70	13	65

7. 作业反馈阶段的教与学——“小师傅”教的特点

（1）奖励强化幼儿学习动机。根据加涅理论，作业阶段和反馈阶段都是学习的最后阶段，对学习起总结、评价的作用，也是不可或缺的一个阶段。在这个阶段，“小师傅”不善点评、反馈，取而代之的是奖励。有的“小师傅”拥抱“徒弟”，有的“小师傅”给“徒弟”大拇指点赞，有的“小师傅”和“徒弟”握手祝贺，还有的“小师傅”送“徒弟”小礼物，不管是精神的还是物质的，都表现了“小师傅”对“徒弟”学习的肯定，是精神上的评价。对幼儿来说收获的不仅是本次学习的肯定，也坚定以后学习的动力，只要努力就会有收获。

（2）比赛展示学习效果。比赛展示表明，“小师傅”的一分钟跳绳次数都在140次以上，而一分钟跳绳次数100次以下的有3名幼儿，100~140次的幼儿有17名，140次以上的幼儿有8名，两名幼儿次数已经超过各自的“小师傅”。“小师傅”的教学出成效。虽然“小师傅”的教学有自身的缺点，但也有它的优点，只要对幼儿学习有帮助，其教学方法还是有效的。

五、不同教学方法的教学特点

（一）教师集体教学的教学特点

教师的教学特点：①动机阶段。通过生动有趣的媒介、引人思考的问题、活泼的语言来激发幼儿学习兴趣。②领会阶段。通过拟人化的方式打破幼儿与绳的隔阂，把抽象动作变成具体动作帮助幼儿形成表象。③习得阶段。指导语言侧重对绳的掌控，指导方式以集体示范为主，通过同伴展示来教学反馈。④保持阶段。指导语言侧重双脚跳过绳，指导方式以集体示范和个别辅导并重，通过单独表扬来肯定幼儿学习效果。⑤回忆阶段。指导语言侧重动作细节，指导方式以个别辅导为主，利用比赛增强学习动力。⑥概括阶段。指导语言侧重启发尝试，利用多媒体启发学习新思路。⑦作业反馈阶段。通过评价强化幼儿学习动机。

幼儿的学习特点：①动机阶段，学习积极性普遍较高，以练习为主；②领会阶段，自我练习占绝大多数时间，学习领会有个体差异；③习得阶段，幼儿的动作特点形成在第3次教学后；④保持阶段，幼儿的动作特点形成在第5次教学后；⑤回忆阶段，幼儿的动作特点形成在第9次教学后；⑥概括阶段，幼儿的动作特点形成在第19次教学后；⑦幼儿通过一分钟跳绳展示学习效果。

（二）“小师傅”个别辅导的教学特点

“小师傅”的教学特点：①动机阶段，通过榜样激发幼儿学习兴趣；②领会阶段，一对一指导吸引幼儿注意力；③习得阶段，常用动作指导代替语言指导，指导语言注重鼓励肯定；④保持阶段，通过及时反馈和纠正来强化幼儿动作；⑤回忆阶段，通过“师徒”比赛来增加学习乐趣，指导出现倦怠现象；⑥概括阶段，重拾教学热情，“师徒”共同学习花样跳绳；⑦“小师傅”通过奖励强化幼儿学习动机。

幼儿的学习特点：①动机阶段，幼儿的学习兴趣浓厚，主要以练习为主；②领会阶段，幼儿对同龄教学容易接受和领会；③习得阶段，幼儿的动作特点形成在第1次教学后；④保持阶段，幼儿的动作特点形成在第4次教学后；⑤回忆阶段，幼儿的动作特点形成在第11次教学后；⑥概括阶段，幼儿的动作特点形成在第21次教学后；⑦幼儿和“小师傅”比赛展示学习效果。

六、教学建议

（一）多种方式激发幼儿兴趣

本研究在实验前通过投放跳绳在体育区，观察到幼儿对各种跳绳产生兴趣，经常拿起跳绳摆弄，又相互问：“这怎么跳？”“你会跳吗？”“我不会跳”，尝试蹦两下不会后又无奈放下。5~6岁是幼儿跳绳学习的关键期，在日常教学活动中播放跳绳视频，介绍跳绳历史，讲解跳绳的动作，分享跳绳故事；在环境布置和材料投放上也有意识地投放跳绳，丰富幼儿大脑中对跳绳的表象，激发幼儿学习兴趣，教学时幼儿会从容很多，学得也更快。

（二）不同学习阶段采取不同指导策略

不管跳绳学习还是其他动作学习都有自身的发展阶段和特点，在教学时要心中有数，在不同的动作学习阶段侧重不同的指导策略。在动作学习初期，幼儿意识无法控制动作，容易紧张，动作呆板。指导需多鼓励和示范，多肯定幼儿，创造轻松的学习氛围。动作学习中期，幼儿在不断练习，指导要对幼儿的动作反应及时反馈，要有耐心帮助幼儿纠正错误，使动作不断完善。到了学习后期，动作基本走向自动化，指导需关注个别差异，尤其多帮助动作不标准的幼儿。

（三）教师集体教学与“小师傅”教学相结合

以大带小的教学方式，既可增强“小师傅”的责任感、语言表达能力、指导能力等，也能让幼儿减少学习的紧张情绪。由于与“小师傅”年龄相差不大，容易交流，一对一的教学给予幼儿更多的指导与学习机会。但也存在一些问题，如“小师傅”对动作标准、细节强调不够，因年龄小、自制力不够，时间久了容易倦怠、偷懒，需要一些奖励措施。而教师的教学能让幼儿动作更为细腻，从而弥补“小师傅”教学的不足。因此，在动机、领会阶段可采用“小师傅”教学，习得、保持、回忆阶段采用教师教学，随后概括、作用反馈阶段可采用教师和“小师傅”同时教学的方式进行。

七、游戏活动设计案例——跳绳前奏曲（大班）[1]

目标：

（1）感知并学习双脚跳绳的动作要领，发展协调能力、平衡能力及下肢力量。

（2）在游戏中锻炼平衡感与节奏感。

准备：跳绳人手2根，飞盘人手2个，音乐《小鸡、小鸡》。

[1] 吴海云. 跳绳前奏曲[J]. 幼儿教育（教育教学），2017，7（8）：17-19.

过程：

1. 开始部分

（1）绳操。

（2）跳晃动的绳。

2. 基本部分

（1）游戏一：跳蹦床。

①原地双脚向上跳。

②边拍手边向上跳。

③听哨声有节奏地蹦跳，哨声响一下跳一次。

教师：听着哨声有节奏地蹦跳，哨声响一下就跳一次。

教师：大家跳得很棒，下面听着音乐，跟随音乐的节奏跳。

（2）游戏二：青蛙和蛇。

①变蛇。

教师：孩子们，咱们用绳子来变蛇，手拿绳棒，用手腕抖动绳子，绳子就像在爬动的蛇。

②青蛙和蛇。

教师：你们知道青蛙怕蛇吗？下面我们来玩“青蛙和蛇”的游戏，一人扮演青蛙，另一人扮演蛇。蛇手里握绳棒，在原地不动用手腕抖绳，而青蛙则跳着躲避蛇，蛇咬到青蛙后，就要交换角色。

③蛇追赶青蛙。

教师：聪明的蛇会追赶青蛙，并想办法抓到青蛙。蛇要拿绳边走边抖腕去碰青蛙，青蛙跳到哪里，蛇就要跟到哪里，青蛙要跳着躲闪，蛇咬到青蛙后交换角色。

3. 结束部分

（1）收拾绳。

（2）放松活动。

（3）小结。

第四章 学龄前儿童身体动作的发展取向

【本章目标】

阅读完本章之后，你应该可以：

◆ 掌握中国学龄前儿童动作的学习与发展内容。

◆ 了解美国学龄前儿童动作的学习与发展内容。

第一节　中国学龄前儿童动作的学习与发展内容

一、大陆地区学龄前儿童动作的学习与发展内容

2012年，教育部颁布《3~6岁幼儿学习与发展指南》（以下简称《指南》），并第一次提出了中国学龄前幼儿动作发展的目标[1]（表4-1，表4-2）。它把幼儿动作发展目标与幼儿的年龄和发展阶段结合起来，具有里程碑式的意义。

[1]　中华人民共和国教育部. 3~6岁儿童学习与发展指南[M]. 北京：首都师范大学出版社，2017.

表4-1　3~6岁幼儿平衡、灵敏、协调发展目标

3~4岁	4~5岁	5~6岁
1. 能沿地面直线或在较窄的低矮物体上走一段距离 2. 能双脚灵活交替上下楼梯 3. 能身体平稳地双脚连续向前跳 4. 分散跑时能躲避他人的碰撞 5. 能双手向上抛球	1. 能在较窄的低矮物体上平稳地走一段距离 2. 能以匍匐、膝盖悬空等多种方式钻爬 3. 能借助跑跨跳过一定距离，或助跑跨跳过一定高度的物体 4. 能与他人玩追逐、躲闪跑的游戏 5.能连续自抛自接球	1.能在斜坡、荡桥和有一定间隔的物体上较平稳地行走 2. 能以手脚并用的方式安全地爬攀登架、网等 3. 能连续跳绳 4. 能躲避他人滚过来的球或扔过来的沙包 5. 能连续拍球

表4-2　3~6岁幼儿力量和耐力的发展目标

3~4岁	4~5岁	5~6岁
1. 能双手抓杠悬吊起10秒左右 2. 能单手将沙包向前投掷2米左右 3. 能单脚连续向前跳2米左右 4. 能快跑15米左右 5. 能行走1千米左右（途中可适当停歇）	1. 能双手抓杠悬空吊起15秒左右 2. 能单手将沙包向前投掷4米左右 3. 能单脚连续向前跳20米左右 4. 能连续行走1.5千米左右（途中可适当停歇）	1. 能双手抓杠悬空吊起20秒左右 2. 能单手将沙包向前投掷5米左右 3. 能单脚连续向前跳25米左右 4. 能快跑15米左右 5. 能连续行走1.5千米以上（途中可适当停歇）

（一）对于发展平衡、灵敏、协调素质的教育建议

（1）利用多种活动发展身体平衡和协调能力。

①走平衡木，或沿着地面直线、田埂行走。

②跳房子、踢毽子、蒙眼走路、踩小高跷等游戏活动。

（2）发展幼儿动作的协调性和灵活性。

①鼓励幼儿进行跑跳、钻爬、攀登、投掷、拍球等活动。

②跳竹竿、滚铁环。

（3）对于拍球、跳绳等技能性活动，不要过于要求数量，更不能机械训练。

（4）结合活动内容对幼儿进行安全教育，注重在活动中培养幼儿的自我保护

能力。

（二）对于发展力量和耐力素质的教育建议

（1）开展丰富多样、适合幼儿年龄特点的各种身体活动，如走、跑、跳、攀、爬等，鼓励幼儿坚持下来、不怕累。

（2）日常生活中鼓励幼儿多走路、少坐车，自己上下楼梯、自己背包。

《指南》的颁布有助于幼儿园教师和家长了解3~6岁幼儿学习与发展的基本规律和特点，建立对幼儿发展的合理期望，实施科学的保育和教育。虽然目标分别对3~4岁、4~5岁、5~6岁不同年龄段幼儿应该知道什么、能够做什么、大致可以达到什么发展水平提出了合理期望，指明了幼儿动作学习与发展的具体方向，并提出了一些能够有效帮助和促进幼儿学习与发展的教育途径与方法，但是缺乏教师在落实《指南》目标的过程中，迫切需要的、具体的教学内容、方法与途径。教育建议较为简单、粗略，从指向到具体实施缺乏一条通道。2016年，柳倩等主编的《学前幼儿健康学习与发展核心经验》一书，分别从身体控制和平衡能力、身体移动能力和器械操控能力等方面为3~6岁幼儿学习提出了相应的教学内容、教学方法与途径[1]。

身体控制和平衡能力是维持身体姿势、运动的基本前提。人们通过身体姿势控制的感知活动调节以适应不同的任务和环境的要求。在完成身体移动和器械操控之前，首先要发展身体控制和平衡能力。身体移动能力是指独立和安全地将自己从一处移动到另一处，是身体在空间上移动的技能。身体移动需要调整步态来避开障碍物并在必要时改变速度和方向。身体移动具有3个必要特征：行进、姿势控制和适应。器械操控能力是指个体用拍、投、抛、接、踢、击、顶、踩、踏等各种方式主动作用于各种目标物体，并有意识地使之在位置、方向、速度、状态等方面发生改变的能力。对器械的操控发展了人类的头、眼、躯干以及四肢活动的协调性、灵敏性和力量性。

[1] 柳倩，等. 学前儿童健康学习与发展核心经验[M]. 南京：南京师范大学出版社，2016.

二、香港学龄前儿童动作的学习与发展内容

2013年，香港协康会颁布的《幼儿学习纲要》和《幼儿发展评估表》中的大肌肉动作，主要是针对0~6岁幼儿的移动性动作（Locomotor Skills）和操作性动作技能（Manipulative Skills）两个方面的学习与发展评估。关于3~6岁幼儿的相关学习内容主要包括以下几个部分。

（一）移动性动作的学习内容

1. 地上活动能力

地上活动能力概括了3~6岁的幼儿在地上进行的各种动作：仰卧、俯卧、侧坐、滚动、四点跪、爬行、直跪、腿伸直坐、单膝跪、坐凳子。

2. 基础移动能力

基础移动能力包括攀爬、站立和走路等动作的变化：蹲、单脚站、前脚掌站立、前脚掌走路、脚跟走路。

3. 进阶移动能力

进阶移动能力包括了幼儿在学会走路后，其他难度较高的组合动作的发展：跨步、上下楼梯、双脚跳、单脚跳、马跃步、踏跳、跨跳、侧滑步、跑（表4-3，表4-4）。

表4–3 部分动作的定义

动作	定义
直跪	双膝着地，大腿和躯干成为一条直线
单膝跪	一只膝着地，负重一边的大腿和躯干成为一条直线，另一边的膝关节呈90度
跑	当前脚跨出时，后脚也跟着离地，双脚有同时离地的时间
跨步	跑步的伸展，每一步尽量向前跨，日常动作中可以左右腿轮流跨或者一条腿跨
马跃步	踏步和跃的配合，由始至终用一条腿保持向前带领，另一条腿跟随其后
侧滑步	动作如同向侧面进行的马跃步
跳	双脚同时起跳，同时着地

续表

动作	定义
单脚跳	起跳和落地都用同一条腿
踏跳	踏步和单脚跳的配合，幼儿动作的发展初期用一条腿跳，之后可以左右腿轮流跳

表4-4　3~6岁幼儿移动性动作学习内容

学习重点	项目	目标	参考年龄
地上活动能力	滚动	从仰卧向一边连续侧滚3.6米	3~4岁
		从仰卧转换到侧滚，滚向不同方向的目标	4~5岁
基础移动能力	攀爬	爬上直立攀架，一步一格	3~4岁
	站立	摆动身体躲闪抛过来的球	3~4岁
	单脚站	单脚站3秒	3~4岁
		单脚站5秒	4~5岁
		一只脚站6秒，一只脚站3秒 单脚站10秒 闭眼，单脚站8秒	5~6岁
	前脚掌站	双手垂下，用前脚掌站立	3~4岁
		双手举起，高过头，用前脚掌站立不动，保持2秒	4~5岁
		双手举起，高过头，用前脚掌站立不动，保持8秒	5~6岁
	走	在平地上向后走3.05米	3~4岁
	前脚掌走	前脚掌走3.05米 前脚掌向后走3米 前脚掌直线走9~15步	3~4岁
		前脚掌直线走12~15步 前脚掌直线走15步	4~5岁
	脚跟走	一只手扶持下用脚跟走5~10步	3~4岁
		脚跟走3.05米	4~5岁

续表

学习重点	项目	目标	参考年龄
进阶移动能力	跨步	跨过0.3米宽的空隙 跨过与膝盖同高的横栏 向后跨过0.05米高的横栏 向左或向右跨过0.1米高的横栏	3~4岁
	上楼梯	一步一级上楼梯	3~4岁
		跑上楼梯	4~5岁
	下楼梯	一只手扶着栏杆，一步一级下楼梯 一步一级下楼梯 自己做扶手电梯	4~5岁
		跑下楼梯	5~6岁
	双脚跳	原地连续跳10次 跳上0.05米高的台阶 站在楼梯或向长上跳下来，双脚落地	3~4岁
		能保持在弹床中央位置跳10次 双脚跳起离地时，双手同时拍一下 跳过与膝盖一样高的横栏 向前跳0.6~0.9米 向左或向右，横着跳过地上一条0.6米长的直线1次 连续横着跳10次 横着跳过地上的画线，连续左右轮流跳3次 模仿青蛙跳或者兔子跳10次 自己拿绳，把绳子从后面向前摇动，然后跳过脚前面的绳子1次	4~5岁
		向前跳0.3~0.6米 向后跳过地上的横线	3~4岁
		连续向后跳10次 连续跳过自己摇动的绳子3次 连续跳过慢慢摇动的绳子3次 身体一侧跳高离地0.075~0.1米	5~6岁

续表

学习重点	项目	目标	参考年龄
进阶移动能力	单脚跳	双手扶持下用一只脚在地上做弹跳动作 一条腿跳1~4次	3~4岁
		用一条腿跳5次，另一条腿跳3次 单腿跳3次 单腿前跳0.15米 单腿跳自转1圈 单腿跳向左向右跳5次	4~5岁
		单腿跳8次 单腿前跳0.4米，另一腿跳0.3米 3秒内单腿跳3米 双腿跳2次，单腿跳2次 单腿跳2次，双腿跳2次	5~6岁
	马跃步	马跃步1步	3~4岁
		连续马跃步10步	4~5岁
		轮流两侧马跃步	5~6岁
	踏跳	踏跳1次	3~4岁
		单腿踏跳10次	4~5岁
		双腿轮流踏跳3.05米	5~6岁
	跨跳	向前跨跳1步 左右轮流跨跳	4~5岁
	侧滑步	3秒内横着走3米 连续侧滑步3.05米	4~5岁
	跑	急步退后能有效地停下来 开始向前跑	3~4岁
		跑时能避开障碍物 5秒内在3.05米远的距离来回跑	4~5岁

注：本书中均把“英寸”换算为“米”。

遵循以下7个方面的原则，可以把移动性动作配合动作意识和稳定性动作元素延展出各种不同的动作。

（1）配合稳定性动作延展：如移动性动作技能中的走路，配合稳定性动作中的弯曲，延展为弯腰走路的动作。

（2）动作的方向性：如走路配合活动的方向性，延展为横、前、后、侧、曲线等动作。

（3）动作的力度：如双脚跳中，跳出的距离从近到远地改变。

（4）平衡的能力：如前脚掌走路中，从双手扶物走到沿着直线走，逐渐增加平衡要求。

（5）重复动作的协调能力：如马跃步，从一到十连续重复动作次数。随着幼儿的肌肉耐力和动作协调能力的增加，重复的次数也会增加。

（6）动作的时间性：如侧滑步和跑，动作要求从慢到快。

（7）动作在空间的控制：如滚动，侧滚向不同的目标，以及跑时能避开障碍物，都要求动作与空间的配合。

（二）操作性活动技能的学习内容

操作性活动技能的学习以基础操作技能，包括推、拿、拉、抛、敲、踢、接、拍和驾驶为学习重点。每个技能的目标是根据幼儿在不同年龄的能力编写的（表4-5），活动的变化均是根据以下7个方向：

（1）配合年龄的操作性玩具、物品或体育教材：如推中的椅子、门、球等。

（2）操作的方向性：如敲中，改变挥动球拍的方向，包括垂直、横向、向前等。

（3）操作的力度：如抛中，抛球距离从近到远。

（4）重复操作的能力：如拍中，连续拍球次数从少开始，随着幼儿耐力、动作协调能力和专注力的增强，重复的次数也逐渐增加。

（5）技能的动态变化：如接中，操作动作从比较粗略的动作开始，到逐渐增加难度、精细的动作。

（6）手部操作和移动性活动的协调：如拿中，动作配合走、跨、上下楼梯等变化。

（7）操作的准确度和速度：如踢中，从要求踢固定的球变成踢滚动的球。

表4-5　3~6岁幼儿操作性动作学习内容

<table>
<tr><th>学习重点</th><th>项目</th><th>目标</th><th>参考年龄</th></tr>
<tr><td rowspan="20">操作性活动技能</td><td rowspan="3">推</td><td>一只手把网球推到1.8米远、0.4米宽的目标处
站稳把塑料球推向不同的方向</td><td>3~4岁</td></tr>
<tr><td>推着直径0.6米的球转弯绕过障碍物
10秒内在桌子上互推塑料球10次
站稳、双手用力把大圆柱筒向前推4.5米</td><td>4~5岁</td></tr>
<tr><td>推动购物车在场地里走动
用网球滚中10个定点目标</td><td>5~6岁</td></tr>
<tr><td rowspan="3">拿</td><td>双手拿着放着物品的托盘走3米
双手拿着物品跑3米
双手拿着大型物品一步一级地上下楼梯
跟幼儿合作拿着大型物品一起向前走3米</td><td>3~4岁</td></tr>
<tr><td>双手拿着重物走3米</td><td>4~5岁</td></tr>
<tr><td>双手拿着两只放着乒乓球的勺子连续跨过3个0.1米高的横栏</td><td>5~6岁</td></tr>
<tr><td rowspan="3">拉</td><td>拉动幼儿车</td><td>3~4岁</td></tr>
<tr><td>双手轮流把一条3米长的绳子拉回身边</td><td>4~5岁</td></tr>
<tr><td>拉动绑着0.9米长绳子的滑板绕过障碍物3次</td><td>5~6岁</td></tr>
<tr><td>下手抛</td><td>双手下手抛塑料球到1.5米远、0.3米宽的目标处
双手下手抛塑料球到2.7米远处
一只手下手抛网球到2.7米远处
一只手下手抛网球到1.2米远、0.6米×0.6米大的目标处
跟幼儿合作用大毛巾把洋娃娃抛到1.5米远的位置</td><td>4~5岁</td></tr>
<tr><td rowspan="5">上手抛</td><td>一只手上手抛网球向前，抛到0.9米远的位置。</td><td>3~4岁</td></tr>
<tr><td>一只手上手抛豆袋到2米远、1.5米宽的目标处
一只手上手抛豆袋到3米远、2米宽的目标处</td><td>4~5岁</td></tr>
<tr><td>双手上手抛塑料球向前，抛到0.9米远的位置</td><td>3~4岁</td></tr>
<tr><td>双手上手抛塑料球到1.5米远、 0.6米×0.6米大的目标处
双手上手抛塑料球到2米远×1.4米大的目标处</td><td>4~5岁</td></tr>
<tr><td>双手上手抛塑料球到2米远、0.6米×0.6米大的目标处
上手双手把塑料球抛进1.5米远的篮球架</td><td>5~6岁</td></tr>
<tr><td rowspan="2">敲</td><td>垂直挥动球拍，敲中垂吊着的网球
横着挥动球拍，敲中垂吊着的网球</td><td>3~4岁</td></tr>
<tr><td>用球拍发海绵球到前方1.5米远的位置
用球拍敲中从1.8米远处抛过来的海绵球</td><td>5~6岁</td></tr>
</table>

续表

学习重点	项目	目标	参考年龄
操作性活动技能	踢	踢塑料球到1.8米远×0.8米宽的目标处 站稳，踢中从1.5米远处滚过来的塑料球	3~4岁
		跑向并踢动固定的塑料球 用脚踩停快速从1.5米远的位置滚过来的塑料球	4~5岁
		踢固定的塑料球，使其离地4米 双手放下塑料球，并在它没有落地前踢出去	5~6岁
	接	用双臂接住从1.5米远的位置抛到胸前的沙滩球	3~4岁
		用双臂和胸部接住从1.5米远的位置抛到双手位置的塑料球 用双手接住从1.5米远的位置扔出，并从地上反弹起的塑料球 用双手接住从1.8米远的位置抛到双手位置的塑料球	4~5岁
		用双臂和胸部接住从1.5米远的位置抛到双手位置的网球 向上抛塑料球，高过头顶，再用双手接住 一只手向地面扔网球，然后用双手接住	5~6岁
	拍	一只手练习向下拍球2次	3~4岁
		一只手连续向上拍气球	4~5岁
		双手练习向下拍小篮球 左右手轮流向上拍气球 左右手轮流向下拍塑料球	5~6岁
	驾驶玩具车	骑三轮车并控制方向盘转小弯 向前踏滑板车	3~4岁
		骑有辅助轮子的自行车	4~5岁
		骑自行车	5~6岁

第二节 美国学龄前儿童动作的学习与发展内容

一、美国高宽课程中的学龄前儿童动作的学习与发展内容

诞生于20世纪60年代美国密歇根州的高宽课程提出了让幼儿“主动学习”“在活动中学习”“在获取关键经验中学习”。经过40多年的不断探索、论证，其提出了支撑5个领域（学习方式；语言、读写能力和交流；社会性和情

感发展；身体发展和身心健康；艺术与科学）课程内容体系的58条关键发展性指标。高宽课程的关键发展性指标，旨在帮助成人了解幼儿发展，进而为幼儿创设主动学习环境，从而发展适宜性的学习活动。“关键”是指这些经验是幼儿应该学习和了解的有意义的观点；“发展性”是指学习是循序渐进、不断发展的过程；“指标”则是指用来强调教育者需要证据来证实幼儿正在学习和发展哪些被认为是为入学或人生做准备的知识和技能[1]。

（一）学龄前儿童需要学习与发展的运动技能

高宽课程认为幼儿需要发展和提高的身体运动技能包括以下三类[2][3]。

（1）移动性技能：使身体位置发生水平或垂直方向的变化的动作技能，这是幼儿最先要发展的运动技能，包括走、跑、快跑、单脚跳、双脚跳、滑步、跨跳、攀登、爬、追赶和逃跑等。

（2）平衡性技能：身体在原地做水平或垂直方向的转动或在重力下保持平衡，这是幼儿第二步要发展的技能，包括转身、扭动、弯腰、急停、翻身、平衡、重心转移、跳起/下落、拉伸/延展、蜷缩、旋转、插摆和躲闪等。

（3）操作性技能：运动身体以接受或传递物体，此技能发展最迟，包括投掷、抓握、踢球、运球、用球拍击球、用长柄击球。

（二）学龄前儿童运动学习的关键发展性指标

高宽课程在身体发展和身心健康领域提出了8个关键发展性指标。

（1）非移动性运动（或原地运动）是指身体的某一部分运动而其他部分保持不动的动作，如屈体、伸展、踢腿等。

（2）移动性运动（或非原地运动）是指在运动时转移自己的重心。多数移

---

[1] ANN S. EPSTEIN. 学前教育中的主动学习精要——认识高宽课程模式[M]. 霍力岩，等译. 北京：教育科学出版社，2013.

[2] GALLAHUE D L. Transforming physical education curriculum, In Reaching potentials. Vol.2: Transforming early childhood curriculum and assessment[M]. Washington, DC: NAEYC, 1995: 125-144.

[3] SANDERS S W. Active for life: Developmentally appropriate movement programs for young children[Z].Washington, DC: Association for the Education of Young Children,2002:127-137.

动性运动包含通过如翻滚、爬行、走、跑、飞奔等方式从一个地方转移到另一个地方。

（3）携物运动。

（4）在运动中表现创造力。

（5）用语言描述运动状态。

（6）按指令运动。

（7）感受和表达稳定的节拍。

（8）按统一的节拍连续运动。

其中，非移动性运动、移动性运动、携物运动和在运动中表现创造力主要集中于体验运动，用语言描述运动状态和按指令运动集中于观察和描述运动，感受和表达稳定的节拍与按统一的节拍连续运动则主要集中于基本节奏或节拍能力。2010年以后，高宽课程把运动学习的关键发展性指标由8个改为3个，即大肌肉运动技能、小肌肉运动技能及身体意识等，更关注运动的本质与特点。

（三）高宽课程中运动学习环境的设备与材料

1. 早期体育课程方案的基本设备和材料

（1）平衡设备：离地面不超过0.7米的0.1~0.15米宽的平衡木，有支撑的悬空木板或平台，以不同结构排列的铁道、砖块、木板或石头小径等。

（2）各种球类：轻的泡沫球、橡胶漆、塑料球、乒乓球、纱线球、布球、表面光滑和有花纹的球、沙滩排球、网球和足球等，各种球直径不超过0.2米。

（3）各种大小和重量的气球：建议有时在室内使用，以避免潜在的环境危害。

（4）其他材料：各种高度和宽度的篮子、筐和盒子，以作投篮之用；符合幼儿尺寸的篮球架的铁环，或用其他固定的球网；塑料或泡沫质地的球拍，直径0.05 ~0.1米，长0.7米。塑料球拍面宽，更易接球。

（5）布袋：方形的小布袋，边长0.1米，里面装上豆子、细沙等。

（6）保龄球瓶：泡沫质地，直径0.07~0.1米。

（7）方形地毯：用来练习蹦、跳。

（8）攀爬设备：攀爬架、梯子、树桩、大石块和雪堆等。

（9）钻爬设备：厚实的、能承重的泡沫，或者把不同形状和颜色的硬纸剪成想要的形状（0.07米×0.05米）。

（10）圆盘：飞盘、纸盘、颜料瓶盖等。

（11）滚圈：塑料的，直径0.6米、0.7米或0.9米。

（12）跳绳：2.1米长，有塑料小珠子装饰的跳绳更好。

（13）发射板：布袋放在一端，幼儿站到另一端来发射，然后快速来接布袋。

（14）垫子：教幼儿练习滚翻时必须用垫子。

（15）音乐磁带、CD、简单的音乐设备：打击乐器、管乐器。

（16）滑板：泡沫质地，有着不同长度的把手。

（17）跳伞：直径1.8~3.6米。

（18）推拉玩具：玩具马车、购物车、手推车等。

（19）指挥棒：木质或塑料的，直径0.1 ~0.2米，长0.3米。

（20）丝带、丝带魔杖。

（21）丝带指挥棒：展示节奏运动。指挥棒0.4米长，丝带1.8 ~3.6米长。

（22）扔铁环。

（23）摇动玩具：木马或塑料小马、小船。

（24）丝巾：用于投掷、抓握和律动的丝巾。

（25）铲子：塑料的，或用空的牛奶瓶制作。

（26）滑行设备：滑梯。

（27）高跷：离地0.2米。

（28）秋千：轮胎秋千、绳子秋千等。

（29）目标牌：用结实材料制作，上面画上目标靶子，练习投掷。

（30）路障：用来标志边界，或者用来练习撞击目标。

（31）带轮的交通工具：三轮车、玩具车和踏板车等。

2. 户外运动区域的材料

（1）固定的建筑： 攀爬物、高出的地面（平台、小山、大石块、树桩、雪堆和土堆）、秋千、滑道、平衡物（平衡木、铁路枕木、按不同规律排列的砖）。

（2）带轮子的器材：三轮车、滑板车、玩具货车、独轮手推车、带方向盘的动力车、婴儿车和马车。

（3）零散材料：蹦跳设备（车内胎、树叶堆、跳绳）、扔踢设备（球类、豆袋、低篮球架和球网、提桶、靶心或其他目标）、建筑材料（木板、纸板盒、麻线、旧床单被套、小锯木架、轮胎和内胎、手工工具和工作台）、玩沙的材料、玩水的材料、园艺工具、角色扮演的道具、乐器、艺术材料（注意：许多区域的材料，如艺术区、娃娃家、沙水区及运动和音乐区的材料都可以在户外使用）。

（四）运动技能的学习方式

高宽课程认为，幼儿运动技能的掌握既需要相对独立的学习，也需要在成人帮助下的学习。一些基本的初步技能，可以由幼儿探究和发现来学习；而一些难度大的、复杂的，需要协调肌肉、感知觉和神经回路的运动就需要一定的指导。在成人直接的干预下，幼儿更容易学到正确的运动技能。因此，根据动作的难易程度，学习内容可分为由幼儿主导的和由教师主导的两类。

1. 由幼儿主导的学习内容

（1）移动性技能：爬行、走、跑、攀爬。

（2）平衡性技能：转身、扭动、弯曲、拉伸、蜷缩、伸展、摆动、摇动、推、拉、起立、蹲下、躲闪、停止。

（3）操作性技能：投掷、踢。

2. 由教师主导的学习内容

（1）移动性技能：正步走、踏步走、单脚跳、快速跑、滑步、爬行、追赶、躲避、双脚连续跳。

（2）平衡性技能：转移重心、保持平衡、立定跳远、着地、翻滚。

（3）操作性技能：抓/接、踢凌空球、运球、在球落地前击球、用球拍击球、用长柄击球。

二、美国各州3~5岁幼儿动作的学习与发展指南

美国50个州都有自己的早期幼儿学习指南（表4-6）。本研究主要选取比较有代表性的几个州的3~5岁年龄段的幼儿动作发展指南进行阐述。

表4–6　美国各州0~6岁幼儿动作发展指南基本概况[1]

序号	州名	年龄段	颁布日期
1	Alabama 亚拉巴马州	0~5岁	2009年
2	Alaska 阿拉斯加州	0~5岁	2007年
3	Arizona 亚利桑那州	3~5岁	2013年
4	Arkansas 阿肯色州	3~5岁	2004年
5	California 加利福尼亚州	3~5岁	2008年
6	Colorado 科罗拉多州	0~5岁	2013年
7	Connecticut 康涅狄格州	0~5岁	2014年
8	Delaware 特拉华州	3~5岁	2003年
9	District of Columbia 哥伦比亚特区	0~5岁	2008年
10	Florida 佛罗里达州	0~4岁	2010年
11	Georgia 佐治亚州	0~5岁	2013年
12	Hawaii 夏威夷岛	0~6岁	2013年
13	Idaho 爱达荷州	0~3年级	2008年

[1]　本表取自0~5岁幼儿相关概况，根据本书主要的研究对象（3~5岁幼儿）年龄状况参考相应数据。

续表

序号	州名	年龄段	颁布日期
14	Illinois 伊利诺伊州	3~5岁	2013年
15	Indiana 印第安纳州	0~5岁	2006年
16	Iowa 艾奥瓦州	0~5岁	2012年
17	Kansas 堪萨斯州	0~5岁	2014年
18	Kentucky 肯塔基州	0~5岁	2013年
19	Louisiana 路易斯安那州	0~4岁	2003年
20	Maine 缅因州	3~5岁	2005年
21	Maryland 马里兰州	3~5岁	2009年
22	Massachusetts 马萨诸塞州	3~5岁	2003年
23	Michigan 密歇根州	3~5岁	2005年
24	Minnesota 明尼苏达州	3~5岁	2005年
25	Mississippi 密西西比州	3~4岁	2010年
26	Missouri 密苏里州	3~5岁	2009年
27	Montana 蒙大拿州	3~5岁	2014年
28	Nebraska 内布拉斯加州	3~5岁	2013年
29	Nevada 内华达州	3~5岁	2010年
30	New Hampshire 新罕布什尔州	0~5岁	2008年
31	New Jersey 新泽西州	3~5岁	2014年

续表

序号	州名	年龄段	颁布日期
32	New Mexico 新墨西哥州	0~6岁	2011年
33	New York 纽约州	0~5岁	2012年
34	North Carolina 北卡罗来纳州	3~5岁	2005年
35	North Dakota 北达科他州	3~5岁	2012年
36	Ohio 俄亥俄州	0~5岁	2012年
37	Oklahoma 俄克拉何马州	3~5岁	2003年
38	Oregon 俄勒冈州	3~5岁	2006年
39	Pennsylvania 宾夕法尼亚州	0~5岁	2009年
40	Rhode Island 罗得岛州	9个月~5岁	2013年
41	South Carolina 南卡罗来纳州	3~5岁	2009年
42	South Dakota 南达科他州	3~5岁	2007年
43	Tennessee 田纳西州	0~5岁	2011年
44	Texas 得克萨斯州	3~5岁	2008年
45	Utah 犹他州	4岁	2013年
46	Vermont 佛蒙特州	3~5岁	2015年
47	Virginia 弗吉尼亚州	0~5岁	2008年
48	Washington 华盛顿	0~3年级	2012年
49	West Virginia 西弗吉尼亚州	3~5岁	2009年

续表

序号	州名	年龄段	颁布日期
50	Wisconsin 威斯康星州	0~1年级	2011年
51	Wyoming 怀俄明州	3~5岁	2002年

（一）阿肯色州早期幼儿身体发展指南

阿肯色州早期幼儿运动技能、稳定与平衡技能、粗大运动技能分别见表4-7至表4-9。

表4-7　运动技能

<table>
<tr><th>0~8个月的婴儿</th><th>9~18个月的婴儿</th><th>19~36个月的幼儿</th><th>37~48个月的幼儿</th><th>49~60个月的幼儿</th></tr>
<tr><td rowspan="3">能够抬起头部和胸部，会在地上滚</td><td>躺着能够随意转动，能自己坐起，并保持平衡</td><td colspan="3">保持平衡行走，学会控制速度和方向（如在移动时会躲避障碍，奔跑时会躲避急转弯的人，会停在预定位置以及会将轮椅推到狭小空间内）</td></tr>
<tr><td rowspan="2">爬行巡视到行走技能次数增加</td><td colspan="3">不需要成人及扶手的帮助，能够上下爬楼梯和游乐场设备</td></tr>
<tr><td colspan="3">尝试运动不同的方式移动（如小心翼翼踮着脚走、散步、用脚推动骑行玩具），协调能力增强，能够轻松自如地飞奔、滑动、跳跃</td></tr>
</table>

表4-8　稳定与平衡技能

0~8个月的婴儿	9~18个月的婴儿	19~36个月的幼儿	37~48个月的幼儿	49~60个月的幼儿
—	独立性和平衡能力提高（由躺到爬行再到坐，手持玩具不掉落，由坐到慢慢站立）	保持平衡能力增强，在运动时会从一个位置到另一个位置，会改变方向以及停止（如携带玩具行走，会踩在椅子上以及从椅子上下来，会蹲着收拾玩具，在奔跑时能停下）	保持平衡能力增强，在运动时会从一个位置到另一个位置，会改变方向以及停止（如携带玩具行走，会踩在椅子上以及从椅子上下来，会蹲着收拾玩具，在奔跑时能停下）	能进行较复杂的运动，同时保持重心稳定（如保持身体直立，推动轮椅前进，坐、骑三轮车或其他骑行玩具）

续表

0~8个月的婴儿	9~18个月的婴儿	19~36个月的幼儿	37~48个月的幼儿	49~60个月的幼儿
—	保持平衡能力增强，在运动时会从一个位置到另一个位置，会改变方向以及停止（如携带玩具行走，会踩在椅子上以及从椅子上下来，会蹲着收拾玩具，在奔跑时能停下）	能进行较复杂的运动，同时保持重心稳定（如保持身体直立，推动轮椅前进，坐、骑三轮车或其他骑行玩具）	能进行较复杂的运动，同时保持重心稳定（如保持身体直立，推动轮椅前进，坐、骑三轮车或其他骑行玩具）	跳跃能力提高（如上下跳跃，跳低台阶），距离上也有明显提升（如跳过物体，双脚向前跳）；手臂能力也逐渐增强，手臂能够举起放下，摆动等
—	—	跳跃能力提高（如上下跳跃，跳低台阶），距离上也有明显提升（如跳过物体，双脚向前跳）；手臂能力也逐渐增强，手臂能够举起放下，摆动等	跳跃能力提高（如上下跳跃，跳低台阶），距离上也有明显提升（如跳过物体，双脚向前跳）；手臂能力也逐渐增强，手臂能够举起放下，摆动等	平衡能力逐渐增强，能够保持稳定和独立（如能在梁、沙地边缘行走以及能够单脚站立）
—	—	平衡能力逐渐增强，能够保持稳定和独立（如能在梁、沙地边缘行走以及能够单脚站立）	平衡能力逐渐增强，能够保持稳定和独立（如能在梁、沙地边缘行走以及能够单脚站立）	跳跃技巧不断提升（如单脚起跳能平稳落地，一只脚起跳，另一只脚落地，跨过一条由绳索组成的“河”）

续表

0~8个月的婴儿	9~18个月的婴儿	19~36个月的幼儿	37~48个月的幼儿	49~60个月的幼儿
—	—	—	跳跃技巧不断提升（如单脚起跳能平稳落地，一只脚起跳，另一只脚落地，跨过一条由两根绳索组成的“河”）	—

表4-9　粗大运动技能

0~8个月的婴儿	9~18个月婴儿	19~36个月的幼儿	37~48个月的幼儿	49~60个月的幼儿
伸手去接下落的物体，能够用两手抓住滚动的球或其他物体		随着技能的提升，能够抓各种大小和重量的球或物体。从直臂抓握到弯曲抓握		
—	—	能够扔、投球或其他物体（如幼儿用作玩具的豆袋）来提高手臂的力量和准确度。腿向前迈出一步，向前举臂投掷		
—	—	踢球的移动控制能力和移动的范围扩大，可以带球行走或跑踢	在跑步时带着球移动，手腿摆动协调一致	
—	—	—	平稳击球（如沙滩排球、棒球等），能够向准确目标射入	

（二）阿拉斯加州早期幼儿身体健康及动作发展指南

1. 3~5岁年龄段幼儿的一些指标

（1）能在圆形的路上走、跑（如绕障碍和角落）。

（2）穿过一个游戏隧道或者在桌子底下进行爬行。

（3）攀爬游戏设备。

（4）扔大的沙包或球。

（5）用两只手接住大的球。

（6）向前踢球。

（7）保持一只脚平衡。

（8）一只脚向前跳时没有失去平衡。

（9）能够平衡和控制两只脚跳并跳过小物体。

（10）技能迅速提升。

（11）当骑三轮车时能够交替踩踏板。

（12）在帮助下能够交替脚上下楼梯。

照料者的一些策略如下。

（1）基于不同的技能水平提供安全的设备和环境（如三轮车、轮胎、篮筐、球、平衡木、攀登设备）。

（2）教给幼儿新技能（如双脚交替跳或跨、举手过肩的投掷、跳绳、呼啦圈、游泳）。

（3）每次只能使用身体的一侧活动（如单脚跳、一只脚站立）。

（4）提供舞蹈和其他需要身体两侧运动的机会（如弯曲、扭动、拉伸、平衡）。

2. 5~6岁年龄段幼儿的一些指标

（1）跑步时步态均匀。

（2）在没有其他物体支持的情况下，能分别用每一只脚进行跳跃。

（3）在弯曲、扭动或拉伸的同时保持平衡。

（4）能用一只手或两只手举起一件物体上下楼梯。

（5）将身体移动到能够接住球的位置，然后将球扔向正确的方向。

（6）给一个定点带有准确性的踢球。

（7）双脚能够交替跳、跨。

（8）能准确投掷一个中等大小的球。

照料者的一些策略如下。

（1）提供幼儿参与发展大肌肉活动的机会（如足球、舞蹈、篮球、自由玩球、骑自行车）。

（2）包括幼儿简单、小强度的体力劳动（如倒垃圾、扫落叶）。

（三）佛罗里达州4岁幼儿身体发展与动作学习指南

1. 大肌肉动作的控制与平衡

4岁是获得越来越多的控制大肌肉运动技能和更多复杂的运动（如散步、跑步、跳跃、舞蹈和攀爬）的年龄。练习时，4岁孩子的身体变得更加协调和自信。他们通过自由发挥的活动提高自己的技能。他们可以移动，因为他们希望能在成人的指导和帮助下接受挑战获得更多新的技能。

标准包括：

（1）跳，飞奔或跃过。

（2）交替脚步爬上游戏设备，信心增强。

（3）跑步，迅速停止，躲避障碍。

（4）骑有轮子的玩具或三轮车，会交替踩脚踏板。

支持教学策略：

（1）提供每日的结构化的体育活动（如障碍物跑、跳练习、舞蹈、音乐律动类）。

（2）提供每日的非结构化时间的体育活动（如自由发挥时间），包括进行户外游戏。

（3）确保所有幼儿都参与日常适当的大肌肉运动。

2. 展示结合大肌肉动作技能的能力

随着4岁幼儿的发展，他们的手臂和腿的肌肉能力增强，能够掌握更加困难的体育活动。活动时使用身体的一侧（一只脚跳）和大肌肉动作要求协调双侧（如跳舞）帮助提高协调和平衡能力。在成人的参与下，幼儿通过自我实践来提高这些新技能。

标准包括：

（1）骑三轮车。

（2）飞奔和跳跃。

（3）扔、接和踢球。

支持教学策略：

（1）提供各种户外材料（如自行车、球、降落伞、珠、布袋、呼啦圈）。

（2）活动计划（如教师指导体育活动：追随领导者，鸭子，鹅；头，肩膀，膝盖，脚趾），关注活动时间而不是活动的胜利和失败。

（3）提供各种音乐流派（风格）和用身体动作自由表达的机会。

（4）每日提供户外大肌肉动作活动。

（四）纽约州早期幼儿身体发展与学习指南

纽约州早期幼儿身体发展与学习指南见表4-10至表4-13。

表4-10　0~5岁幼儿大肌肉动作技能学习与发展内容

0~18个月	18~36个月	36~60个月
幼儿指标		
1.俯卧抬起头、挺胸部 2.俯卧支撑上身与胳膊 3.控制手臂和腿部运动 4.翻转（从前到后，从后到前） 5.用手和腿做练习 6.在帮助下坐立 7.用手和膝盖来回摇摆，然后爬行 8.没有帮助坐立 9.握住某物或某人站立 10.独立站立 11.扶着家具走 12.走路 13.停止或蹲在地面上探索物体 14.在帮助下爬楼梯	1.能携带玩具或物品步行 2.改变速度和方向走跑 3.向后走 4.爬上和爬出床或放在一个稳定的成人椅子上 5.跳到位 6.具有踢和投掷的基本能力 7.一只脚能保持短暂平衡（单脚站立） 8.能弯曲身体，并不会摔倒 9.沿直线行走 10.能依靠扶手栏杆双脚交替上下楼梯 11.骑乘玩具时用脚向前和向后推 12.能很好地跑，用脚交替地走楼梯 13.脚能踏骑适宜的三轮车	1.步行、奔跑、绕过障碍和角落 2.通过游戏隧道或在桌子下爬行 3.爬上游戏设备 4.以一定的角度抛出球 5.两只手抓住大球 6.向前踢球 7.一只脚向前踢，而不失去平衡 8.两只脚在小物体上跳跃而能保持平衡 9.有技巧地跑 10.踏板连续骑三轮车，并绕过障碍和角落 11.双脚能在没有支持的情况下交替上下楼梯 12.向后走，并有足够的控制，突然停止

续表

0~18个月	18~36个月	36~60个月
幼儿指标		
促进发展和学习的示范策略		
1.提供幼儿自由行动的机会 2.提供可以拉、推、握的物品 3.互动游戏	1.为孩子提供移动、投掷、跳跃和爬的机会 2.提供促进平衡的身体活动（如摇摆、滚动、旋转） 3.修改活动以确保有特殊需要的幼儿的参与（如提供斜坡以确保爬上攀登设备）	1.给动作技能水平不同的幼儿提供不同的安全设备和环境（如三轮车、轮胎、篮圈、球、平衡木、攀登设备） 2.教授幼儿新技能（如跳跃、投掷、跳绳、呼啦圈、游泳） 3.提供使用身体两侧的舞蹈和其他运动的机会（如弯曲、扭曲、拉伸、平衡）

表4-11　感觉运动技巧

0~18个月	18~36个月	36~60个月
幼儿指标		
1.从乳头（乳房或瓶子）顺利地吮吸 2.通过转向声音和触摸来响应 3.将眼睛聚焦在近物体和远物体上 4.用嘴和手探索环境 5.将物品从一只手移动到另一只手 6.协调眼睛和手的运动（如将物体放入大容器中） 7.探索不同的纹理材料（如硬物、软垫） 8.开始吃食物	1.执行基本的创意运动（如跳舞、跟随音乐或节奏） 2.吃需要更多咀嚼的食物 3.展示对自己身体在空间的意识（如走到桌子边上，不碰撞它） 4.展示手眼协调（如用块构建，完成简单的拼图，或串大珠） 5.喜欢攀爬、爬坡、滑动和摆动 6.使用不同纹理的材料（如沙子、水、叶子）	1.适当地对环境做出反应（如弯曲膝盖轻缓着地，快速移动以避开障碍物） 2.通过运动演示概念（如通过身体、声音、衣服和戏剧来模仿动物） 3.改善手眼协调（如捕捉反弹球） 4.喜欢推动物品，爬上短梯，在秋千上摇摆和滑动

续表

0~18个月	18~36个月	36~60个月
促进发展和学习的示范策略		
1.监管幼儿的环境噪声水平（如不要把电子玩具放在婴儿床，将大声的噪声远离婴儿的耳朵） 2.每天提供时间让幼儿在安全的环境中，在地板上自由移动 3.在日常活动中与幼儿谈论颜色、声音、温度、口味和气味	1.提供整合幼儿运动与所有感官的体验经验（如阴影游戏、用脚绘画、操场设备） 2.机械运动并邀请孩子参与（如一起跳舞或打鼓） 3.提供捕捉和投掷的物品（如大、软球，豆袋）	1.进行使用身体的文字游戏和唱歌活动（如跟随领导；Che Che Cole） 2.设置椅子、棍子、盒子的障碍物路线并给出指示（如“走过箱子，在椅子下面，并且在杆子旁边”） 3.为孩子提供上下山和蜿蜒的通道的机会

表4-12　体能练习：日常活动

0~18个月	18~36个月	36~60个月
幼儿指标		
1.在醒来期间显示警觉性 2.保持结构化的身体活动，每次至少3~5分钟 3.发起积极的游戏，探索和与环境互动	1.积极参与游戏、户外游戏和其他形式的运动 2.在房间或院子里自主奔跑 3.参与非结构化身体活动至少60分钟（累积），每天长达几个小时 4.每天维持中度至剧烈的身体活动，每次至少10分钟，每天至少30分钟 5.睡眠良好，醒来休息，准备日常活动	1.短距离携带轻物体或背包 2.重复练习新技能 3.每天进行非结构化身体活动至少60分钟，最多几小时 4.有组织的身体活动每天总共进行至少60分钟，每次至少保持15分钟的身体活动 5.保持清醒，除了在午睡时间
促进发展和学习的示范策略		
1.每天为幼儿提供几小时的非结构性运动，包括俯卧 2.每日体力活动模型（如步行、跑步） 3.为幼儿提供常规睡眠和睡前例程	1.每天为幼儿提供至少60分钟的身体活动 2.为结构化身体活动（如符合幼儿大小的设备、乐器，主动跟随歌曲和基本节奏）提供共同的对象 3.限制幼儿看屏幕的时间（看电视和视频，玩电脑游戏），每天不超过半小时的幼儿节目（2岁以上的幼儿）	1.每天提供各种的机会，让幼儿从事体育活动 2.每天为幼儿提供至少60分钟有组织的体育活动 3.让身体活动变得有趣（如在幼儿爬上下方和通过东西的地方或内部建立一个简单而安全的障碍路线，结合音乐的运动）

表4–13　体能素质：多样性和健康

0~18个月	19~36个月	37~60个月
幼儿指标		
1.经常尝试新的大肌肉和精细肌肉运动 2.幼儿用身体探索环境 3.幼儿在户外舒适地运动 4.幼儿对环境的反应舒适	1.在没有成人帮助下，尝试新的身体活动 2.积极参与游戏、舞蹈、户外运动和其他形式的运动 3.进行具有适当的身体冒险活动 4.在部分时间内选择主动活动与被动活动相结合的运动形式 5.协助进行适当的家务（如清理自己吃饭的空间，清理玩具，定期洗碟子）	1.积极参与不同的身体活动（如步行、攀登、投掷、跳舞） 2.在从一个地方过渡到另一个地方（如厨房和浴室之间的漫步）时结合各种身体活动 3.参加涉及身体活动的团体活动（如在地板上用粗绳制作一封大信）
促进发展和学习的示范策略		
1.当幼儿尝试新的运动时，显示出热情和鼓励 2.每天为幼儿提供室内、室外的运动时间 3.禁止2岁以下的幼儿观看电视	1.提供一个有挑战性的支持幼儿尝试的活动 2.积极性游戏活动（如跑到字母A、B等，或简单和安全的障碍跑道） 3.音乐伴奏下进行移动	1.让幼儿参加小组运动时间/活动（如骑自行车、社区散步） 2.让幼儿参与不同种类的体育活动（如投掷球、攀登游乐设备、跳舞和帮助做家务） 3.为幼儿提供在不同环境中玩的机会（如附近公园、户外游乐设备）

（五）佛蒙特州早期幼儿身体发展指南

表4–14　3~6岁年龄段幼儿的力量、协调性和控制大肌肉的能力要求

3~4岁	4~5岁	6岁
1.在复杂的运动中保持平衡（如单脚站立、沿着直线行走、跳过障碍物时双脚落地） 2.协调手臂和腿来完成复杂的任务（如踏三轮车） 3.空间移动时有良好的协调性，能在起止动作时显示身体控制意识 4.用灵活的身体动作来操纵球或类似的物体（如通过身体抓住球，通过跑步或向上攀爬来击打固定球，投掷球）	1.在全身移动时展示控制和平衡能力（如双脚交替上下楼梯，推动轮椅或移动装置，跳绳，跑步，攀爬和跳跃） 2.展示使用某一事物时的运动控制能力和协调性（如拉、抛、接球、踢球、跳跃、击球、蹬三轮车） 3.通过空间移动来显示自己与其他人或物体相关的身体意识 4.用灵活的身体动作操纵球或类似物体（如弹跳和接球）	1.单独面对涉及身体部位或自身空间的简单运动挑战 2.识别大、小身体部位 3.对选定的运动和操作技能能以成熟形式来发展，并有识别停止和开始信号的能力 4.识别和展示个人空间 5.在各种平衡活动中，能保持短暂的静止状态

（六）犹他州早期幼儿身体发展指南

1. 学前标准

（1）具有精细运动协调能力（小肌肉）——操纵和探索对象。

①开发多种模块。

②操纵小块物品（如拼图、魔方、流行珠、花边、拼图等）。

③用勺子或者小推车在沙里挖。

④把纸撕成碎片。

（2）展现粗大动作的协调能力（大肌肉）。

①参加发展控制和平衡动作的活动，从一个地方移动到另一个地方（如在一条直线上向前走、跳、跑，跳过低矮的物体）。

②参加协调和平衡运动的活动，从一个地方移动到另一个地方（如在高0.3米的平衡上移动身体某一部位）。

③参与开发、控制大肌肉操纵物体的活动（如投掷、捕捉和踢球，骑轮式玩具）。

④参与通过空间来控制身体运动的活动（如奔跑和停止，在运动中改变方向，听提示做动作，跳舞）。

（3）策略与活动A。

①包括整个手和手指的活动，如玩橡皮泥、手指画和手指戏。

②鼓励幼儿使用角色服装和道具。

③鼓励幼儿用彩色户外粉笔在人行道或车道上画画。

④从杂志上拿出一页彩色的纸，撕成两片或三片，并鼓励幼儿把它们拼在一起。

（4）策略与活动B。

①在楼梯上放置脚印，以帮助使用交替的脚走上或下楼梯。

②提供一个中型的充气球玩接球和投掷游戏。

③玩一个“镜像游戏”，当领导者慢慢地移动一个身体部位，另一个跟着运动。

④将运动游戏融入户外时间（如红灯停、绿灯行，绕着花园跑，跟着领导者，贴标签）。

⑤让幼儿在不同的地方静止，然后动起来（如像一只熊，像一座塔，像一座桥）。

⑥模仿动物或物体，演示动作（如像袋鼠一样跳跃，像马一样飞奔，像兔子一样跳跃，像飞机一样飞行，像汽车一样驾驶）。

⑦示范如何行进和幼儿一起行走。

⑧障碍的创建和模拟使用（如攀爬架上，跳毯子，跳过草地，向后走，或向下滑动）。让幼儿轮流接受障碍课程。

⑨幼儿游戏。用一个大软球，从近距离把球抛给幼儿开始，然后在距离4米的地方让他们拿回来。

2. 6岁幼儿的标准

（1）具有精细动作技能（小肌肉）。

①使用日常物品演示一个更精确的控制；可以使用手腕或者手指转动物体如螺丝盖；可以使用手指按按钮和拉拉链；协调手指和手腕的运动控制剪刀；可以使用一个手指按按钮；拿铅笔等书写工具练习熟练的抓捏动作。

②示范手眼协调。可以协调双手把一个物体倒入另一个物体；可以打击一个固定的物体；协调手臂和手的动作创造艺术。

（2）展现粗大动作的协调能力（大肌肉）。

①演示动作的控制和平衡，让幼儿从一个地方到另一个地方（自发的，如向前走在一条直线上，跑，跳过低物体）。

②演示动作的协调与平衡，不要让幼儿从一个地方到另一个地方（非自发的，如一只脚平衡，动身体单独的部位）。

③控制大肌肉操纵物体（如投掷、捕捉和踢球，骑轮式玩具）。

④通过空间控制身体运动（如奔跑和停止，在运动中改变方向，在一个提示下移动，舞蹈）。

（3）策略及活动A。

①配备一个数学中心以拼图、几何板和卡片。

②提供书写工具，如蜡笔、标记笔和各种尺寸和厚度的铅笔。

③为幼儿提供一个用来倒水的小水罐。

④给幼儿提供架上画画的机会。

⑤使用湿或干的媒介（如油漆、剃须膏、发胶、沙）来练习书写。

⑥使用纸链或串珠。

（4）策略及活动B。

①接力赛跑，幼儿在一条线上向前跑，完成一个动作，如触墙或捡起物体。

②通过拉伸、弯曲和扭曲身体来热身。

③让幼儿使用地面目标（画圆）为目标练习。幼儿在目标上落下一个球，接住球，然后移动到另一个目标。

④幼儿探索游戏（如运行和停止，侧身，跳）。

⑤打开音乐，让幼儿用围巾或毛巾跳舞。尝试不同种类的音乐，鼓励幼儿倾听节奏。

⑥从杂志上剪下动物的图片。把它们面朝下，轮流选择动物与幼儿。幼儿必须表演他们画的动物，其他幼儿必须猜出它们是什么。

（七）爱达荷州早期幼儿身体动作发展与学习指南

爱达荷州早期幼儿身体动作发展与学习指南把身体动作目标渗透生活中的每一个环节，在每个具体的领域中发展相关的身体动作，见表4-15至表4-21。

表4-15　体质、健康和动作发展

领域：身体发展			
子域：体育 目标：幼儿参与日常活动中表现出的耐力和精力			
年龄	发展任务	指标	指导策略
0~8个月	随着年龄的增长获得身体活动的力量	抬头，做面部表情，延长俯卧时间	每天为幼儿提供几段非结构性运动 定期将幼儿俯卧放在地板上，以加强腹部肌肉练习 用声音和面部表情刺激幼儿，在幼儿的能力范围内寻求反应
6~18个月	随着年龄的增长保持力量增加	发起积极的游戏，探索，并与环境互动，跑步、攀爬、跳跃、爬蹲和到处滚动一天	响应幼儿的暗示，表明需要安静或活动时间 与幼儿玩耍，鼓励运动和发展身体的耐力
16~32个月	随着年龄的增长保持力量增加	积极参与游戏，户外游戏和其他形式的身体运动 在房间和院子里自由地跑步	为孩子每天至少提供60分钟的身体活动，提供一个安全和好玩的游乐区，鼓励平衡和攀爬等运动

表4–16　艺术区

领域2：体质、健康、动作发展			
目标	**发展目标**	**幼儿指标**	**照顾者/教师策略**
目标18：幼儿精细肌肉的协调运动	使用手指和手进行有目的的任务	1.使用各种绘图和艺术材料（蜡笔、画笔、手指画） 2.用一只手打开和关闭剪刀 3.在一张纸上剪直线和曲线，幼儿需要锋利的剪刀才能准确剪 4.写一些可识别的字母或数字	1.让幼儿参与加强手握的活动（制作成型面团，使用手持打孔器） 2.鼓励幼儿强化拇指/食指的抓握（剥离/粘贴纸，用手拿起小物体） 3.鼓励使用精确执握的物品（使用书写工具，如蜡笔、铅笔、标记、绘画） 4.展示并提供幼儿安全使用剪刀的机会 5.修改活动以确保每个幼儿的参与（将橡胶手柄附着到铅笔和其他笔上）
目标19：幼儿使用他们的感觉（视觉、听觉、味觉、嗅觉和触觉）来指导和整合他们的互动	基于感觉输入的协调运动	1.根据视觉输入来协调运动 2.以适当的距离保存材料 3.移动眼睛而不是前往跟踪对象 4.通过运动演示概念（通过运动、声音、衣服、戏剧、舞蹈模仿动物） 5.改善手眼协调以精确移动	1.为幼儿提供通过感官探索自然环境的机会 2.为幼儿提供融合节奏、声音和音乐的活动机会，就像打鼓一样鼓掌或用节奏行进 3.提供使用触摸、推、拉或提起的机会

表4–17　积木区

领域2：体质、健康、动作发展			
目标	**发展目标**	**幼儿指标**	**照顾者/教师策略**
目标18：幼儿的大肌肉和精细肌肉的协调运动	使用手指和手进行有目的的任务	1.轻松操作小物体（将小物体嵌入孔中） 2.构建越来越复杂的物品 3.将木块放回货架，匹配形状	1.让幼儿参与加强手握的活动 2.鼓励幼儿加强抓住拇指/食指（用手指拾起小物体） 3.修改活动以确保每个幼儿的参与

表4–18 木工区

领域2：体质、健康、动作发展			
目标	**发展目标**	**幼儿指标**	**照顾者/教师策略**
目标20：幼儿参与每日的身体活动	保持持续力量的时间	1.短距离携带轻物品，袋子或背包 2.重复练习新技能 3.每天从事持续的非结构化身体活动	1.每天为幼儿提供各种从事非竞争性身体活动的机会 2.每天至少为幼儿提供60分钟的非结构化身体活动的机会 3.使体育活动有趣和具有挑战性（在外面或内部建立一个简单和安全的障碍物，可以让幼儿攀爬）
目标26：幼儿安全意识和对安全规则的理解	有无帮助的情况下，遵守安全规则	1.了解不遵守规则的后果 2.识别在室内和室外张贴的安全标志 3.有意识遵守基本安全规则（公共汽车、自行车、船、飞机、游乐场、穿越街道、陌生人意识、在人行道上行走） 4.表示有兴趣参与在室内和室外游戏中设置规则	1.与幼儿讨论个人安全规则 2.为所有幼儿的活动提供基本的安全设备 3.模拟安全实践（个人漂浮、头盔、消防安全） 4.为幼儿提供学习和实践水安全的机会 5.鼓励参与为教室制定规则

表4–19 角色游戏区

领域2：体质、健康、动作发展			
目标	**发展目标**	**幼儿指标**	**照顾者/教师策略**
目标22：幼儿的基本个人护理实践	启动和进行个人护理程序	1.用叉子和勺子喂自己，并无需帮助可独自使用钝刀 2.在没有帮助的情况下，从适当的水龙头接饮用水 3.在最少的帮助下穿衣或脱衣 4.选择穿自己的衣服 5.无须帮助就可将鞋子穿上	1.为幼儿提供大量的指导和机会，让其照顾自己（放置自己的外套，清理溢出和凌乱的项目） 2.给幼儿足够的时间来照顾个人需要，如拉拉链和解开外套，穿上装扮 3.帮助幼儿识别疲劳和休息需要的个人迹象 4.为幼儿提供帮助年轻的兄弟姐妹和其他幼儿进行适当个人护理的机会

表4–20　操作区

领域2：体质、健康、动作发展			
目标	**发展目标**	**幼儿指标**	**照顾者/教师策略**
目标18：幼儿的大肌肉和精细肌肉的协调运动	使用手指和手进行有目的的任务	1.复制形状和几何设计 2.轻松操作小物体（串珠，将小物体装入孔中） 3.紧固大按钮 4.使用大拉链 5.完成越来越复杂的迷宫（拼出数字到10件拼图）	1.鼓励幼儿加强对拇指/食指的抓握（用手指拾取小物品） 2.鼓励使用精确抓握 3.修改活动以确保每个幼儿的参与（将橡胶手柄附着到铅笔和其他笔上） 4.为幼儿提供练习绑扎的机会
目标19：幼儿使用他们的感觉（视觉、听觉、味觉、嗅觉和触觉）来指导和整合他们的互动	基于感觉输入的协调运动活动	1.根据视觉输入来协调运动活动 2.以适当的距离保存材料 3.移动眼睛而不是前往跟踪对象 4.改善手眼协调以精确移动	1.为幼儿提供通过感官探索自然环境的机会 2.为幼儿提供使用触摸、压力和纹理学习推、拉或提起的机会 3.给幼儿口头或感官提示，旋转拼图或图案 4.给幼儿口头提示下一个顺序

表4-21 户外游乐区

领域2：体质、健康、动作发展			
目标	**发展目标**	**幼儿指标**	**照顾者/教师策略**
目标17：幼儿大肌肉协调运动	协调全身，以快速、灵活和平衡的复杂方式移动	1.沿着圆形路径（围绕障碍物和拐角）行走和行驶 2.跑步、扭转以更改方向，并适当停止 3.通过游戏隧道或在桌子下爬行 4.爬上游戏设备 5.以一定的精度投掷大型豆袋或球 6.用两只手抓住大球 7.向前踢球 8.一只脚的平衡，向前跳1米 9.两只脚跳跃，跳过具有高度和有安全控制的小物体 10.从高处向下跳跃 11.驰骋 12.骑自行车 13.有意开始和停止骑三轮车	1.为技能水平不同的幼儿提供不同的安全设备和环境（如三轮车、轮胎、篮圈、球、平衡木、攀登设备） 2.教幼儿新的技能（跳跃、投掷、跳绳、呼啦圈、游泳） 3.提供一次只使用身体一侧的活动（单脚跳） 4.提供使用身体两侧（弯曲、扭曲、拉伸、平衡）的舞蹈和其他运动的机会
目标20：幼儿在参与每日活动中的耐力和体力	保持力量增加的时间	1.短距离携带轻物品，袋子或背包 2.重复练习新技能 3.每天从事持续的非结构化身体活动	1.每天为幼儿提供各种从事非竞争性身体活动的机会 2.每天至少为幼儿提供60分钟的非结构化身体活动的机会 3.使体育活动有趣和具有挑战性（在外面或内部建立一个简单和安全的障碍活动，可以让孩子攀爬、通过物体；音乐中运动）

续表

领域2：体质、健康、动作发展			
目标	发展目标	幼儿指标	照顾者/教师策略
目标21：幼儿参与一系列体育活动	参加各种适合年龄的运动和身体日常活动	1.参与不同身体活动（步行、攀登、投掷、跳舞） 2.全天开展结构化和非结构化的身体活动 3.从一个地方过渡到另一个地方（在厨房和浴室之间转换）时，结合各种身体活动 4.参与同伴的合作游戏	1.让幼儿参加团体运动（自行车骑行、家庭散步） 2.让幼儿参与不同类型的体育活动（投掷球、攀登游乐设备、帮助家人做家务、跳舞） 3.为幼儿提供在不同环境中玩耍的机会（附近有游乐设备的公园，与其他幼儿玩耍）
目标25：幼儿知道关于避免有害物品和情况的知识	展示对有害物体和情况的认识和理解，并在无援助的情况下做出反应	1.当看到危险行为（在操场上掷石头）时能与同龄人和成人沟通 2.在穿过街道或道路之前，要左右看看，并且知道要请成人帮助 3.识别危险和毒物符号，并能避开这些区域或物体 4.识别适合各种天气条件的衣服，使用皮肤防护物品	1.提供持续的、密切的成人监督和指导 2.保持适当的衣物和皮肤防护 3.为幼儿提供角色扮演的场所，以确保人身安全 4.展示有关有害物体和正确情况（幼儿坐在汽车的安全座椅上，骑自行车时戴头盔）

领域2：体质、健康、动作发展 子域：运动发展	
总运动技能：平衡、力量和协调	目标17：幼儿表现出大肌肉运动的力量和协调
精细运动技能：抓握、延伸和操纵	目标18：幼儿表现出小肌肉运动的力量和协调
感觉运动技能	目标19：幼儿使用他们的感官（视觉、听觉、嗅觉、味觉和触觉）来指导和整合他们的互动

领域2：体质、健康、动作发展 子域：身体发展	
身体素质	目标20：幼儿参与每天的耐力和身体活动 目标21：幼儿从事各种身体活动

续表

领域2：体质、健康、动作发展 子域：健康和个人护理	
日常生活技巧	目标22：幼儿实行基本的个人护理程序 目标23：幼儿表现出个人健康和卫生技能
营养	目标24：幼儿吃多种营养食物

领域2：体质、健康、动作发展 子域：安全	
安全实践	目标25：幼儿知道关于和避免有害物体和情况的知识
规则制度	目标26：幼儿表现出对安全规则的认识和理解

第五章 学龄前儿童身体动作的基本内容与练习方法

【本章目标】

阅读完本章之后，你应该可以：

- 掌握学龄前儿童稳定性动作的练习内容与方法。
- 掌握学龄前儿童移动性动作的练习内容与方法。
- 掌握学龄前儿童控制性动作的练习内容与方法。
- 明确学龄前儿童身体动作的练习禁区，并掌握学龄前儿童在运动中的注意事项。

身体动作是幼儿进行体育游戏的重要内容。这个年龄段幼儿该练习什么，该学习什么内容都有其科学性，并不是所有动作都适合幼儿的学习。

不同年龄段幼儿具有不同的学习特点。3岁幼儿具备了一些动作经验，会听讲解，模仿示范动作，能正确地重复做，可以进行多样化练习，增加运动量，同时可以适度地要求动作的准确性。4岁幼儿已经具备了相当稳定的注意，能理解动作要求，渴望独立完成动作，对自己动作的结果很感兴趣。基于此，可以让活动更为复杂，具有挑战性，增加运动量，要求动作的准确性。可以采用直观和讲解的教学方法，运用空间术语，在选定的活动内容上赋予更大的主动性。5岁幼儿可以在动作的准确性、协调性和自信心方面进行系统的培养了。此时的幼儿对教学任务的理解，高质量地完成动作的愿望，都有利于促进他们对姿势、动作的精确性、目的性、主动性等方面的高要求。增大运动量、提高对精确重复动作的要求和提高利用空间的能力，并能按照指令进行相关练习。6岁儿童具备了正确的姿势，较多的动作技能，并且具有较强的自我控制和正确评价动作质量的能力。他们对于语言指令会及时地做出准确的反应，具备较强的模仿能力与自信心，会恰当地运用空间术语去解释完成动作的过程，能富有情感地进行创造性活动。

第一节　稳定性动作的内容与练习方法

掌握基本动作是运动中创意的一个重要基石。现实中，幼儿的创意动作并不常见，究其原因，可以说让幼儿了解自己身体动作的机会太少，给予幼儿动作练习的内容过于单一。量的积累才能促成质的变化，能用身体动作随时应对复杂环境，是幼儿健康成长的一个重要标志。稳定性动作是移动性动作和控制性动作的基础，稳定性动作的完成状况将直接影响幼儿的运动能力，促进幼儿稳定性动作发展，尤为重要。本研究中的身体动作主要包括头部动作、上肢动作、下肢动作、跳跃动作和躯干动作。

头部动作

屈：前、后、侧屈。转：左、右转头。绕环：向左、右绕环。

上肢动作

举、摆、屈、伸：前、后、上、侧、斜上、两臂同侧。绕环：向前、后、内、外、同侧绕环与前臂绕环等。侧开：前举侧开扩胸、前平屈侧开扩胸、前举交叉侧开扩胸。

下肢动作

腿的举、摆：前、后、侧、向异侧举、踢等。腿屈伸：半蹲起立、全蹲起立、前后侧压腿、半劈腿、纵横叉。腿移动：先后侧点地、前后与左右开立、前后侧弓步。

跳跃动作

单腿跳：交换跳、点地跳、转身跳、移动跳、踢腿跳。双腿跳：原地纵跳、前后与左右开合跳、前后交换跳、左右交叉跳、转身跳、移动跳、向上跳、蹲跳。

躯干动作

上体屈伸：体前后屈、左右侧屈。转体：身体向左右转体。体绕环：上体向左绕环、向右绕环。体倾倒：向前后侧倒、俯卧侧撑、侧平衡、燕式平衡等。

人体的脊柱有4个生理弯曲，颈椎、腰椎为前凸，胸椎、骶椎为后凸，构成脊柱的椎骨之间都有软骨，使脊柱有负重、减震、保护和运动等功能。幼儿椎骨之间的软骨特别发达，所以体位不正确或身体长时间一侧紧张都容易引起脊柱弯曲变形，影响幼儿的正常发育。为此，要重视培养幼儿正确的坐姿、站姿、行走、跑步等姿势。本书将分别从基本姿势、躯干基本动作、柔韧素质练习内容等3个方面阐述稳定性动作的练习内容，练习难度可见表5-1。

表5-1 不同年龄段幼儿稳定性动作的练习内容

年龄段	基本姿势	躯干基本动作	柔韧素质练习内容
3~4岁	1. 站姿 2. 坐姿 3. 手形和臂形 4. 腿的摆动	1. 躯干弯曲 2. 躯干摆动	1. 体前屈 2. 体后屈 3. 坐位体前屈
4~5岁	1. 手臂位置 2. 腿的弹动 3. 腿的绕环 4. 扳腿与控腿 5. 立蹲撑	1. 躯干摆动 2. 躯干绕环	肩、胸的拉伸
5~6岁	1. 手臂绕环 2. 仰卧举腿 3. 卧踢腿 4. 腿部力量练习	躯干波浪	胯、腿练习

一、基本姿势

基本姿势是最基础的练习，可提高幼儿在各种情况下保持良好身体形态的能力。

（一）站　姿

两脚在任一位置上以全脚掌或前脚掌、脚尖、脚跟等不同部位支撑地面，两腿伸直或弯曲形成各种姿势。①直立：两脚伸直并拢，全脚掌着地，重心在两脚间。②起踵立：以前脚掌支撑地面，脚趾用力向下踩地，内踝顶直，脚跟向上抬起，使脚面与小腿在一条垂线上。③点地立：一腿直立或稍屈膝，另一腿脚面绷直以脚尖在前（侧、后）方点地，重心在支撑腿上。④蹲立：膝部和臀部肌肉收紧，屈而不懈，具有弹性。屈膝站立，稍屈膝为半蹲，屈膝角度小于90° 为全蹲。⑤弓步：重心在两腿间偏屈膝腿一侧，保持一腿屈膝，另一腿伸展。分为前弓步、侧弓步、后弓步等动作。颈部和躯干自然挺直，身体重心在两脚之间，头、颈、躯干和腿在同一垂直线上。身体各部位尽量舒展，头部正直，双脚略分开或成丁字步，两脚均匀着地，双臂自然下垂或双手在体前交叉。

脚的基本位置。①并步（正步）：两脚并拢，脚尖向前。②自然站立：两脚跟靠拢，两脚尖向斜前方成八字形。③开立：两脚左右或前后分开与肩同宽站立。④丁字步：前脚跟在后脚弓处站立，两脚尖向斜前方成丁字形。

动作要领：脊背挺直、立腰、收腹、收臀、提气，身体重心向上。

锻炼价值：保持良好的身体形态。

教学步骤：

靠墙站立练习：在立正姿势的基础上，双腿夹紧，收腹，挺胸，立腰，立背，收臀，双肩后张下沉，下颌略微收回，头向上顶，脚跟、腿、臀、肩胛骨和头紧靠墙。

分腿站立练习：两腿在小八字立的基础上分开与肩同宽，双手叉腰，双肘微向前扣，收腹，挺胸，立腰，立背，双肩后张下沉。

单腿站立练习：在正确的站立姿势上，一腿支撑，另一腿屈膝上抬至膝部，贴于支撑腿，双手叉腰，注意加强腿部的挺直和控制力练习。

（二）坐　姿

入座后，上体保持自然挺直，肩部放松，两臂自然下垂，高度相同，随后两臂弯曲，放在桌面或者放在座椅两侧的扶手上，也可轻轻放在两膝上，或两手相握放在两膝上，两腿自然弯曲，大腿保持在水平部位，两脚掌均匀着地，臀部坐在椅子的中后部，腰部保持直立姿势。

动作要领：胸、腰、腿及上体控制。

锻炼价值：促进形态美。

教学步骤：

正坐：两脚靠拢，脚尖正对前方，两膝稍微分开，两手自然扶于大腿上，上体正直，微向前倾，肩放松下沉，立腰、头、肩、臀在一条直线上。

侧坐：一脚前掌轻点于地面，另一脚在其后交叉，保持前脚掌着地，双膝并拢。

（三）手臂基本姿态

通过上肢对称性的徒手动作练习，帮助幼儿建立横平竖直的概念，培养节奏感。先学习上肢对称性的前平举、上举、侧平举和下落成体侧下垂动作，增加抱头动作，按节奏交替进行两肘关节的外展与内收。进行手臂的摆动与绕环练习，提高手臂的美感，以及与身体动作协调配合的能力。将前后摆臂、双臂左右绕环、含胸、展胸、后引双臂、跪立后伸、后踢等一系列基本动作予以分解、整合、连接。练习时，重视手眼配合。

1. 手形和臂形

手臂保持伸展、弧形或屈臂的形状。

2. 手臂位置

①两臂正方向的举；②两臂中间方向和斜方向的举；③两臂不同方向的举。

3. 手臂绕环

两臂以肩、肘、腕为轴，同方向或不同方向，同时或依次进行大、中、小绕环。

教学步骤：

练习手臂向各种方向的举起、落下，体会正确位置和用力方法，达到动作部位准确、幅度大；

进行简单的手臂位置组合练习，变换两臂的配合方式；

结合不同身体姿态变换手臂，进行组合练习。

（四）腿部基本姿态

1. 腿的摆动

腿以髋关节为轴，向前、后、侧各方向摆起，有自然摆动（钟摆式）和快速有力的踢腿。①腿伸直或屈膝向前、后摆动；②腿伸直或屈膝向左、右摆动。要求：每次交换中，开始起动的脚始终领先，另一脚快速追赶，但不能超越，重心在两脚上交换。

动作要领：摆动腿髋关节放松，保持绷直或屈膝向远摆，支撑腿脚掌扒地，向上顶直，固定髋部，保持稳定的重心。腿上摆时同侧腰腹部肌肉用力（前摆腹肌收紧，侧摆腰侧肌群收紧，后摆背部肌肉收紧）。摆腿动作要做到上摆快、落下轻、方向正。

教学步骤：

扶物练习摆腿动作，体会正确技术；

行进间踢腿，走3步踢1次或上1步踢1次；

练习踢腿的同时进行腿的柔韧性练习，做压腿、扳腿、耗腿等动作，提高腿的柔韧性，增加踢腿高度。

2. 腿的弹动

主要包括屈膝弹动、起踵弹动和弹腿动作。①屈膝弹动：由站立开始，有节奏地做膝部的屈伸连续动作，节奏可快可慢。②起踵弹动：由起踵开始，有节奏地做脚跟下压和起踵的连续动作，节奏可快可慢。③弹腿：一腿站立，另一腿经屈膝举起，向前、侧、后伸腿的连续动作。

动作要领：弹腿时保持稳定的重心，腿被动弯曲、主动伸展，屈伸动作连贯。

教学步骤：

由扶物练习过渡到两手叉腰练习屈膝弹动和起踵弹动；

在坐、卧条件下练习弹腿；

单腿站立，练习起踵弹动和屈膝弹动。

3. 腿的绕环

以髋、膝、踝为轴，配合脚、腿的内外旋转做绕环动作。①单脚站立，另一腿伸直，脚尖在地上或空中由前（后）经侧向后（前）画圆或半圆。②坐、仰卧或站立，一腿屈膝前举或侧举，大腿固定，以膝关节为轴，脚尖在空中画圆，配合腿向内外的旋转。③坐、卧或站立，一腿举起，以踝关节为轴，脚尖画小圆。

动作要领：腿绕环时支撑部位固定，为轴的关节放松，绕环中配合腿向内外的转动，脚尖尽量画大圆。

教学步骤：

进行腿的柔韧性练习以及摆腿动作练习，增加关节的灵活性；

由坐、卧开始练习腿的绕和绕环，先做单腿绕，再做双腿绕，逐步改变支撑条件，增加动作幅度和难度。

4. 扳腿与控腿

扳腿与控腿是提高腿部柔韧性与控制力量的动作。基本要领：两腿吸腿收成团身坐，膝关节并拢，脚面绷直，两手将两腿扳起成高举腿坐。保持高举腿姿势，静止不动10秒，然后两手松开，保持10秒，两手再握两脚踝，将两腿向两侧分开成大分腿侧举坐，静止不动10秒，然后做小幅度弹动性撕腿动作4次，两手仍握脚踝，扳回到并腿高举腿坐，从旁腿变前腿，轻轻放下。

5. 立蹲撑

立蹲撑是腰腹力量与下肢力量的综合练习。基本要领：直立，两臂经前上举，掌心向前，五指并拢与肩同宽，屈膝下蹲，两手撑地，两脚蹬地后伸成俯撑，然后两脚蹬地收回成蹲撑，接着迅速起立，重复前面动作。

6. 仰卧举腿

仰卧举腿是腰腹力量与下肢力量的综合练习。

7. 卧踢腿

踢腿是增强腿部速度力量、控制力量和柔韧性的有效手段，卧踢比站立踢腿更容易。基本要领：踢腿时，直膝、绷脚尖，快速有力地向上踢，回落时有控制地慢下来。仰卧左右腿各踢3次；侧卧左右腿各踢3次；俯卧左右腿各踢3次。

8. 腿部力量练习

通过双脚连续跳、深蹲起、连续跪跳、双臂俯卧撑等练习，发展幼儿腿部肌肉力量，协调运动能力和身体的灵活性。指导幼儿模仿小白兔的蹦跳动作，可围绕圆圈进行，可自由发挥，找有空隙的地方练习，只要不发生碰撞就可以。还可以加大腿部和踝关节力量练习，让幼儿先进行双脚连续跳16次，然后深蹲跳2次，双脚连续跳8次，比谁跳得远。

二、躯干基本动作

（一）躯干弯曲

在站立、坐、卧、跪立等支撑条件下，躯干各关节协同一致地向前、后、侧弯曲，形成上体前屈、后屈、侧屈动作。

动作要领：下肢保持稳定的支撑，头部牵引躯干各关节先拉长再弯曲，同侧的躯干肌肉强力收缩增加弯曲幅度，异侧肌肉放松拉长。

教学步骤：

在坐、卧、撑条件下练习躯干弯曲；

扶物练习躯干弯曲，幅度由小到大，速度由慢到快；

分腿站立练习躯干弯曲；

改变支撑条件或结合其他类型的身体动作练习躯干弯曲。

（二）躯干摆动

以腰为轴，上体向前、后或左、右摆动。①躯干前后摆动：两脚开立，两臂后下举。上体挺胸向前下摆至体前屈，两臂下摆，接着上体含胸弓背向上起至直立，两臂经前至上举。上体向后下方摆至体后屈，两臂经上向侧后下方打开，接着立腰还原成直立。②躯干左右摆动：两脚开立，两臂右侧举。上体向右下经体前屈摆至左侧，上体还原成直立，同时两臂随上体摆至左侧举，接着由左向右摆动，还原成开始姿势。

动作要领：两腿保持稳定的重心，上体放松拉长向远伸，快速向下摆，借助反弹动能上摆。整个动作放松、协调、幅度大。

教学步骤：

练习上体前、后、侧屈动作，增加躯干灵活性；

练习小幅度、慢速的躯干摆动；

加快摆动速度，加大摆动幅度；

改变支撑条件和手臂动作练习躯干摆动。

（三）躯干绕环

躯干绕环是上体弯曲的联合动作，如上体水平绕环。两脚开立，两臂右侧举。上体向前下由上体前屈向左经左侧屈、后屈、右侧屈向前屈绕环一周，还原成直立。

动作要领：上体在一个水平面绕环，下肢有力地支撑。两臂在绕摆中向远伸牵引上体绕动，肩部保持在同一个高度，躯干肌肉随各方向的屈体动作紧张与放松协调配合，绕环中保持挺胸、抬头、肩充分伸展。

教学步骤：

练习躯干向各方向的摆动和弯曲动作。

依次练习头部绕环、胸以上部位绕环、躯干绕环，幅度逐渐增大，速度由慢逐步加快。左右方向交替进行。

改变支撑条件练习躯干绕环。

改变绕环的面，练习立圆绕环。

（四）躯干波浪

由跪坐开始，腰、胸、颈各关节依次前后屈，上体前倾使胸贴大腿，接着腰、胸、颈依次后移前屈，经弓背、含胸、低头的过程依次还原成上体正直。躯干波浪还可以在跪立、坐、卧，以及站立的条件下进行。

动作要领：躯干部位腰、胸、颈关节依次后屈、前屈和侧屈，随之依次伸展，各关节依次动作要连贯、充分，以形成波浪的推移运动。

教学步骤：

慢动作分解练习，体会躯干反向弯曲的姿态和依次用力的感觉；

由慢到快练习完整动作；

改变支撑条件练习躯干波浪。

三、柔韧素质练习内容

柔韧素质是人体美的基础，动作的幅度、力度、表现力和自信心都有赖于柔韧素质的发展水平。柔韧素质的改善可以提高肌肉、韧带的弹性，扩大关节活动范围，提高关节活动幅度，增加动作美感，预防运动损伤，促进血液循环，减少疲劳。幼儿时期是发展柔韧素质的敏感期，从小练习有事半功倍的效果。应将柔韧素质的练习贯穿于幼儿体能练习的始终，运用多种时机激发幼儿的主动性，使身体各部位（肩、胸、腰、胯、腿、脚）关节的柔韧素质与力量、速度、耐力等体能素质协调发展。柔韧素质练习中，将调动幼儿的积极性放在首位，不要轻易地使用外力，更不要硬压，避免加剧疼痛感；避免引起幼儿的对抗情绪，应在鼓励、表扬的氛围中，培养幼儿战胜困难的意志。柔韧素质是以力量为基础的，不能只压腿，不踢腿和控腿，要将压、踢、控腿组合起来练习。

（一）体前屈与体后屈

体前屈与体后屈练习主要是促进腰部柔韧素质发展。腰部是联系上、下肢的纽带，因此，腰部的柔韧素质练习应放在主导地位。

（1）两手撑地的体前屈：地上站立，保持直膝向前弯腰，两手撑地。

（2）地上结环的体后屈：地上结环、腹部贴地的俯撑，上体和头尽量向后弯曲，用两脚触碰头部，成结环状。

（3）两手抱小腿的体前屈：地上站立，保持直膝向前弯腰，两手抱紧小腿，头部与腿部相贴。

（4）站在高处的体前屈：椅子上站立，体前屈，直膝向前弯腰，两手指触地。

（5）跪姿的体后屈：双腿跪立，向后弯腰，两手撑地，或两人背向体后屈拉手。

上述动作由幼儿独立完成为好，尽量不用助力，以鼓励为主，可以提示要领，如告诉幼儿头和脚、手和地的距离等。

（二）坐位体前屈

坐位体前屈是拉伸大腿后部肌肉的方式。幼儿直膝并腿坐，脚面绷直，屈髋，上体挺直，防止低头弓背，有上体伸长的感觉，当前屈至极限时手应超过脚尖，超过得越远越好。

双人练习时可采用“拉大锯”等形式进行，即两幼儿双腿开立、直膝、勾脚尖，面对面坐在地上，手拉手做前屈练习。

（三）肩、胸的拉伸

站立位，两臂上举向后伸，两腿直膝开立，体前屈，两臂放在把杆或桌上，弹动性地向下压；双膝跪地，上体前趴，臀部保持高位，两臂前伸，将胸和双臂都贴在地面，使肩、胸柔软；持绳转肩。

（四）胯、腿练习

大分腿做前屈动作，向后倒，成分腿屈体仰卧，两手弹动性地做压腿练习。

四、稳定性动作游戏的设计案例

（一）小班体育游戏：能干的小刺猬[1]

目标：

（1）体验自主游戏的乐趣。

（2）运用不同的方法做各种屈体动作。

（3）提高身体的柔韧素质和表现力。

准备：

（1）物质准备：果子卡片若干、筐若干、纸蝴蝶1只。场地布置如图5-1所示。

[1] 王淑琴,等. 幼儿体育教学活动创新设计[M]. 杭州：浙江大学出版社，2005.

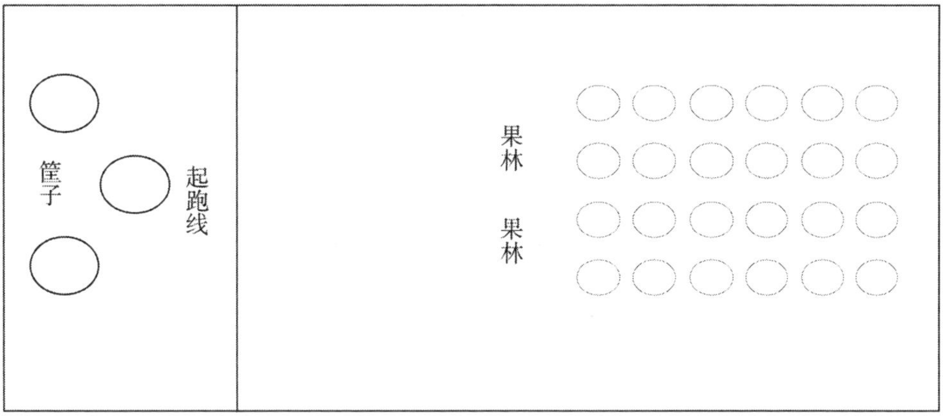

图5-1 游戏场地布置图

（2）经验准备：已经掌握了小刺猬运果子的游戏。

过程：

1. 开始部分

教师带领幼儿随音乐节奏做运动。

2. 基本部分

（1）导入语："小刺猬遇到敌人时，会把身体卷起来保护自己。想一想，它是怎样卷的？"

（2）幼儿自由探索，教师启发幼儿运用不同方法做出屈体动作。

（3）交流分享学习：站着屈体、蹲着屈体、侧躺屈体、趴着屈体等。

（4）游戏：小刺猬运果子。

方法：幼儿在起跑线后准备，听口令集体出发，手膝着地向前爬，听到大灰狼的音乐就做出各种动作保护自己，爬到果子前运一颗果子爬回起跑线，将果子放入筐中。如此反复，直至运完。

3. 结束部分

活动身体，一边扑蝴蝶一边离开场地。

（二）大班体育游戏：可爱的蚕宝宝[1]

目标：

（1）培养幼儿团结合作的精神。

（2）引导幼儿练习身体向前蠕动及侧身翻滚。

（3）促进身体协调性和柔韧性的发展。

准备：

（1）物质准备：小桑叶卡片若干，布袋每人一个。

（2）经验准备：具备向前爬的经验。

过程：

1. 开始部分

（1）引出故事：出示布袋，这是什么？它有什么作用？今天，我们用布袋扮成蚕宝宝来做游戏。

（2）幼儿学套布袋，钻进袋里扮成蚕宝宝。

2. 基本部分

（1）学习蚕宝宝的各种生活姿势。

蚕宝宝睡觉：以各种姿势躺在桑叶上，一动也不动，看谁坚持的时间长。

蚕宝宝翻身：全身俯卧在桑叶上，双手提着布袋，不能松开，向左向右翻滚。

蚕宝宝蠕动：全身俯卧在桑叶上，双手提着布袋，用手臂、腿部、腹部等身体各部位的合力使身体向前蠕动。

蚕宝宝钻爬：一个蚕宝宝两膝跪撑，收腹翘臀，另一个蚕宝宝向前蠕动，从其腹部钻爬过去，然后两人轮流做。

（2）游戏：可爱的蚕宝宝

玩法：把蚕宝宝分成3组，蚕妈妈打电话，请蚕宝宝过来吃早餐，每组一个蚕宝宝起床翻身（侧身翻滚），用手拿到桑叶后，爬回去（身体向前蠕动，拍第二个蚕宝宝的手，比一比哪队的蚕宝宝获胜）。

---

[1] 王淑琴，等. 幼儿体育教学活动创新设计[M]. 杭州：浙江大学出版社，2005：257-258.

3. 结束部分

蚕宝宝吃了这么多桑叶，现在要跟妈妈去休息了。听着音乐做放松动作离开场地。

第二节　移动性动作的内容与练习方法

移动性动作内容（表5-2）是否适合幼儿，将直接影响幼儿是否愿意并有兴趣地参与活动。

表5-2　不同年龄段幼儿移动性动作的练习内容

年龄段	队列练习	基本移动	全身的基本动作
3~4岁	1. 基本术语 2. 原地队列动作	1. 走 2. 跑 3. 跳 4. 攀爬 5. 钻 6. 急停 7. 转身 8. 足尖走	1. 转动 2. 前后滚动 3. 侧滚动 4. 前后滚翻 5. 侧滚翻
4~5岁	1. 原地转法 2. 原地队列变换	1. 跑 2. 跳 3. 攀爬 4. 钻 5. 急停 6. 转身 7. 足尖走 8. 滑步 9. 跑跳步	1. 前后滚翻 2. 侧滚翻 3. 双脚转动 4. 旋转动作

续表

年龄段	队列练习	基本移动	全身的基本动作
5~6岁	行进间队列动作	1. 跑 2. 跳 3. 攀爬 4. 钻 5. 急停 6. 转身 7. 足尖走 8. 滑步 9. 跑跳步 10. 变换步 11. 弹动步 12. 侧交叉步	1. 肩肘倒立 2. 燕式平衡 3. 手倒立

一、队列练习

在体育活动中，队列练习必不可少，是幼儿进行各种身体活动时都必须采用的。队列练习可以养成正确的姿势，培养幼儿的空间定位和协同一致做动作的能力，以及集体主义精神等。

（一）队列练习的主要内容

队列练习的内容非常丰富，根据学前幼儿身心发展特点，本章选取以下内容进行教学活动，为顺利组织各类集体活动打下基础（表5-3）。

表5-3　儿童队列练习常用内容

原地队列练习	原地队列动作	立正、稍息、报数、集合、解散
	原地转法	向左转、向右转、向后转、向右看——齐
	原地队列变换	原地一列横队变二列横队及还原 原地一路纵队变二路纵队及还原

续表

行进间队列动作	步法与立定	齐步、正步、踏步、跑步、立定
	行进间转法	跑步向右转、跑步向左转、跑步向后转
	行进间转弯	横队转弯、纵队转弯

1. 基本术语

（1）队列练习：队列是组成队伍的行列。队列练习是指幼儿按照一定的队形，协同一致地做各种队列动作。队形是队列的形式。队形练习是指幼儿根据相应的任务和要求，在队列练习的基础上进行的各种队形变化。队列练习是在一定的队形下完成的，进行队形练习，必须运用队列动作来完成。

（2）横队：幼儿左右并排站立所组成的队形。一般横队的宽度大于纵深（图5-2）。横队的量词为“列”，如一列横队、三列横队等。

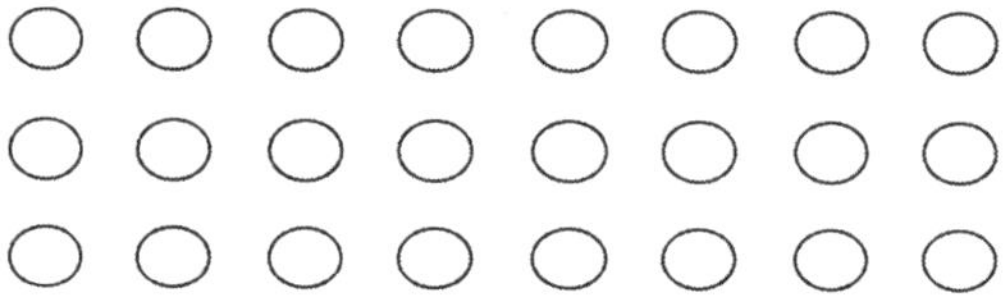

图5–2　横队案例

（3）纵队：幼儿前后重叠站立所组成的队形。一般纵队的纵深大于宽度（图5-3）。纵队的量词为“路”，如一路纵队、二路纵队等。

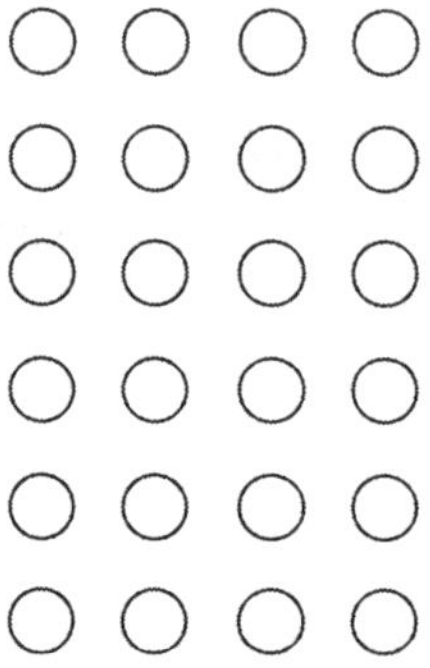

图5–3　纵队案例

（4）口令：进行队列练习时，教师所下达的语言指令。一般由预令和动令组成。预令说明动作的性质，如动作的做法和方向，一般要求咬字清晰，并拖一定尾音，以便给幼儿一个反应时间。动令是命令动作开始，一般要求短促、有力。有的口令是既有预令也有动令，如“向右转——走”“跑步——走”；而有的口令只有动令，既决定独自的性质，同时又命令动作的开始，如“立正”“稍息”“报数”等。这种口令通常只有两个字，这两个字需要一拍喊完，长音放在第二个字上。在幼儿园，为了让幼儿能听懂并理解“立正”口令，通常把“立正”喊成“立——正”，幼儿则回应“1—2”站好。

2. 原地队列动作

（1）立正。

口令：立正！

要领：两脚跟靠拢并齐，两脚尖向外分开约60°，两腿挺直，小腹微收，自然挺胸，上体正直，微向前倾，两肩要平，稍向后张，两臂自然下垂，手指并拢自然微屈，拇指贴于食指第二指节，中指贴于裤缝，头要正，颈要直，口要闭，下颌微收，两眼向前平视。

（2）稍息。

口令：稍息！

要领：左脚顺脚尖方向伸出约全脚的2/3，两腿自然伸直，上体保持立正姿势，身体重心大部分落于右脚。

（3）集合。

口令：成×列横队——集合！

要领：教师先发出“全体注意”的预令或信号，然后站在预定队形的中央成立正姿势下达口令。幼儿听到预告后，原地面向教师成立正姿势，听到口令后，迅速跑向集合地点站成要求队形，自行对正、看齐。

（4）散开。

口令：以××为基准，两手侧平举（叉腰、一臂距离等）散开。

要领：教师发出“以××为基准，两手侧平举（叉腰、一臂距离等）散开”口令后，基准幼儿不动，其他幼儿则两手侧平举左右散开。

（5）解散。

口令：解散！

要领：听到口令后，迅速离开原队列位置。

3. 原地转法

（1）向右（左）转。

口令：向右（左）——转！

要领：以右（左）脚跟为轴，右（左）脚跟和左（右）脚掌前部同时用力，使身体和脚一致向右（左）转90°，身体重心落在右（左）脚，左（右）脚取捷径迅速靠拢右（左）脚，成立正姿势，转动和靠脚时，两腿挺直，上体保持立正姿势。

（2）向后转。

口令：向后——转！

要领：按照向右转的要领，向后转180°。

4. 原地队列变换

（1）原地一列横队变二列横队及还原。

口令：成二列横队——走！

要领：变化前先报数，听到口令后，单数幼儿保持立正姿势，双数幼儿左脚向后退一步，右脚向右跨一步，左脚向右脚靠拢，站到单数幼儿身后，自行对正、看齐。

还原口令：成一列横队——走！

要领：听到口令后，单数幼儿保持立正姿势不动，双数幼儿左脚向左跨一步，右脚向前上一步，左脚向右脚靠拢，站到单数幼儿左侧，自行看齐。

（2）原地一路纵队变二路纵队及还原。

口令：成二路纵队——走！

要领：变换前先报数，听到口令后，单数幼儿保持立正姿势不动，双数幼儿右脚向右跨一步，左脚向前上一步，右脚向左脚靠拢，站到单数幼儿右侧，自行看齐。

还原口令：成一路纵队——走！

要领：听到口令后，单数幼儿保持立正姿势不动，双数幼儿右脚向后退一步，左脚向左跨一步，右脚向左脚靠拢，站到单数幼儿之后，自行对正。

5. 行进间队列动作

（1）齐步。

口令：齐步——走！

要领：左脚向正前方迈出约0.75米着地，身体重心前移，右脚照此法动作。上体正直，微向前倾，手指轻轻握拢，拇指贴于食指第二节，两臂前后自然摆动，向前摆臂时，肘部弯曲，前臂自然向里合，手心向内稍向下，拇指根部对正衣扣线，并与最下方衣扣同高，离身体约0.25米，向后摆臂时，手臂自然伸直，手腕前侧距裤缝线约0.3米。

（2）踏步。

口令：踏步——走！

要领：两脚在原地上下起落，上体保持正直，两臂按齐步摆臂的要领摆动。踏步时，听到“前进”的口令，继续踏步走。

（3）立定。

口令：立——定！

要领：齐步走时，听到口令，左脚再向前大半步着地，两腿挺直，右脚取捷径迅速靠拢左脚，成立正姿势。

（二）各年龄段幼儿队列练习的特点

队列练习的具体内容，应根据不同年龄段幼儿的特点和实际水平来确定。不同年龄段幼儿其队列练习的特点也不同。

1. 3~4岁年龄段幼儿

小班幼儿入园时间短，还不习惯集体生活，不懂排队，空间概念较差，不能清楚地记住自己排队的位置，都需要在教师的帮助下进行不断的练习和实践，才能逐渐学会简单的排队动作，养成基本常规。这个年龄段幼儿能够领会带有目标定位的空间术语。例如，“面向大门——向后转”。

2. 4~5岁年龄段幼儿

此时的幼儿已经适应集体生活，空间知觉能力也得到了相应的发展，能较好地控制自己的行为，按照要求进行排队，掌握了基本的队列队形变化，能较为准确地理解上下、左右、前后等空间术语。

3. 5~6岁年龄段幼儿

经过两年的集体生活，幼儿已经具备较强的集体观念和意识，空间知觉得到了很大的发展，能较好地掌握一些较为复杂的队形变化。实验证明，此年龄段幼儿无须定向，能接受和独自运用空间术语，可以直接下达指令。例如，“左转弯——齐步走”“向后转——立定”。

（三）队列练习的注意事项

（1）不可过分强调幼儿排队和队形变换上动作的步调一致。过分强调步调一致会导致幼儿动作拘谨，精神紧张，影响练习的兴趣。

（2）幼儿空间知觉的发展水平有限，不可过分要求他们掌握复杂的队形变换。

（3）不可进行枯燥、单调、重复的队形练习，会使幼儿产生厌烦的情绪。针对不同年龄段幼儿采用不同的语言策略。例如，面对3~4岁小班的幼儿，教师可说“让我们把红旗举起来，高一点，再高一点，让所有的小朋友都能看见”；面对4~5岁中班的幼儿可说“让我们举起右手，然后弯曲右膝”；对5~6岁大班的幼儿可以说“两臂侧举，掌心向下，然后经前成下举”。

（4）练习时，教师要告诉幼儿必要的空间定位（上下、左右、前后等）和时间定位（开始、以后、接着、依次、轮流等）等基础知识，使他们明确有关自己身体各部位的知识。

（5）教师要联系实际，传授和帮助幼儿掌握基本术语，使幼儿关于周围环境的表象更精确，活跃思维，发展想象。例如，“面向老师，排成一列横队”，当幼儿站好后及时评价“好”。

（四）队列活动的游戏设计范例

小班健康活动：立正、稍息

（杭州红缨幼儿园　张玲玲）

一、活动目标

（1）听到口令后，能较为正确地做出立正和稍息动作；

（2）体验小小解放军的角色游戏带来的快乐。

活动重点：建立口令“立正”“稍息”与动作之间的联系，并能做出相应的动作。

活动难点：有效引导幼儿做出正确的立正、稍息动作。

二、活动准备

进行曲音乐，柳树帽人手一个，蓝、黄线各三对。

三、活动过程

（一）律动入场

教师以挺拔的姿态带领幼儿进入活动室，幼儿听音乐随意模仿教师的动作。

（二）小小解放军操练

1.教师通过语言情境的创设，激发幼儿学做解放军的欲望

教师：老师看看，谁站得最像解放军叔叔？

2.教师示范动作立正、稍息

（1）动作示范：教师以饱满的语气说“立正”“稍息”，并配合动作，形象地向幼儿完整展示立正、稍息2个动作，反复3次。

（2）请一名幼儿喊口令，教师与幼儿做出相应的动作，建立幼儿口令与动作之间的对应关系，理解立正、稍息2个口令。

（3）请一名幼儿来示范动作——立正、稍息。

3.师幼共同练习立正、稍息

（1）教师喊口令，幼儿站在线上，集体跟随教师做出相应的动作，教师进行点评，练习4次。

（2）师幼完整、连续练习动作（钢琴配节奏）。

（三）游戏：我是解放军

（1）讲解游戏规则：幼儿复习歌表演，教师在乐曲中反复时出去打敌人，一听到警报声立马回到线上，加入立正、稍息动作，幼儿模仿，游戏进行2遍。

（2）在音乐声中，幼儿精神地走出活动场地。

二、基本移动练习

人体相对于地面所做的任何移动，都取决于人体对地面的作用力以及地面对人体的反作用力。人体对地面施加力的时间、大小、方向不同，地面对人体的反作用力的时间、大小、方向也不同。正是不同的时间、大小、方向的作用力和反作用力的合力，产生不同的移动效果。移动技术的核心是对身体重心的控制和身体平衡的维持。因此，移动中对身体重心的控制和转移是非常重要的。快速有力的腿部蹬跨能力和维持身体平衡的能力，是掌握移动技术的根本因素。这两种能力发挥得如何，决定着移动的动作速度、稳定和变化的程度。移动的动作主要是由身体不同部位的动作协调完成的。

（一）起动类动作

起动是幼儿在体育过程中由静止状态变为运动状态的一种动作，是获得位移速度的方法。起动既是很多体育游戏活动（如老鹰抓小鸡、木头人、狡猾的狐狸在哪里等游戏）的一个基本内容，也是篮球、排球、足球、橄榄球等项目中必不可少的基本技术。比如，老鹰抓小鸡游戏中，老鹰突然快速地起动，是摆脱母鸡的有效手段之一。木头人游戏中，小动物的突然快速起动，可以抢占有利位置，保护自己。

基本做法：站立，向前起动时以后脚，向侧起动时以异侧脚的前脚掌短促有力地蹬地，同时上体迅速前倾或侧转向跑的方向移动重心，手臂协调地摆动，充分利用蹬地的反作用力，迅速向跑的方向迈出。

动作要领：移重心，猛蹬地，快跨步，快频率。

教学步骤：

站立开始，速度由慢到快；

蹲位开始，速度由慢到快。

1. 急　停

急停是指幼儿在快速移动中突然制动速度的一种方法，是各种脚步动作衔接和变化的过渡动作。体育活动中，急停经常与其他技术结合在一起使用。急停分跳步急停（一步急停）和跨步急停（两步急停）。

（1）跳步急停：跑动中用单脚或双脚起跳，使双脚稍有腾空，上体稍后仰，重心置后，两脚脚跟着地过渡到脚全掌着地，落地时两脚平行站立。

动作要领：落地时动作轻盈，以缓和前冲速度；落地后迅速降低重心，保持身体平衡。

（2）跨步急停：急停时，向前跨出一大步，用脚跟先着地迅速过渡到全脚抵住地面，降低重心，身体稍后仰。第二步落地的同时，两膝深屈并内扣，身体稍侧转，两脚尖自然转向前方，前脚掌内侧用力抵住地面制动向前的冲力，上体稍后仰，两臂屈肘自然张开，然后上体迅速自然前倾帮助控制身体平衡。

动作要领：第一步用脚跟着地过渡到前脚掌，膝微屈。第二步落地时，用前脚掌内侧蹬地制动前冲速度，屈膝降低重心，腰胯用力。

教学步骤：

原地站立开始，先进行跳步急停练习，速度由慢到快；

慢跑开始，进行跳步急停练习，速度由慢到快；

快跑中进行跳步急停练习；

原地站立，进行跨步急停练习，速度由慢到快；

慢跑中进行跨步急停练习，速度由慢到快；

快跑中进行跨步急停练习，速度由慢到快；

跑动中交替进行跳步急停与跨步急停练习，速度由慢到快。

2. 转　身

转身是指幼儿以一脚为中枢脚进行旋转，另一脚蹬地向前后跨出，改变原来身体方向的一种动作方法。转身可与快跑、急停、跨步等技术结合运用。转身可分为前转身和后转身。

（1）前转身：移动脚向中枢脚脚尖方向跨出，改变身体方向为前转身。转身时，中枢脚前掌用力碾地，同时转头转腰间，移动脚蹬地并迅速跨步，保持身体平衡。

动作要领：转体蹬跨有力，重心迅速平稳转移，不要起伏。

（2）后转身：移动脚向中枢脚脚跟方向跨出，改变身体方向为后转身。转身时，中枢脚碾地旋转，同时转头转腰间，移动脚蹬地并向左脚身后撤步，腰胯主动用力旋转，重心随着转移，保持平衡。

动作要领：腰胯带动躯干旋转，蹬跨有力，保持身体平衡，重心平稳不起伏。

教学步骤：

原地进行前转身练习，速度由慢到快；

行进间练习前转身，速度由慢到快；

原地练习后转身，速度由慢到快；

行进间练习后转身，速度由慢到快；

行进间前后转身交替进行。

3. 滑　步

滑步是很多运动项目里的一项基本技术。例如，篮球中，滑步是防守移动的主要方法之一。它易于保持身体平衡，可向侧、前、后等方向滑动。

基本做法：两脚平行站立，两膝弯曲，上体正直，身体重心的投影置于两脚之间，两臂自然侧伸成半伸展状态。向左侧滑步时，左脚向左迈出后，右脚蹬地滑动，向左脚靠近，两脚保持一定距离，左脚继续跨出，右脚跟上。向后滑步时，一脚向后撤步着地的同时，前脚紧随着向后滑动，保持前后开立姿势。

动作要领：滑步时，屈膝，降重心，重心投影在两脚之间，身体保持平稳，两脚不要交叉，两臂自然伸开。

教学步骤：

练习左、右侧滑步，速度由慢到快；

练习向前、后滑步，速度由慢到快；

结合简单的手臂动作练习前后、左右滑步。

4. 撤　步

撤步是前脚向后撤回的一种移动方法。

基本方法：撤步时，两脚的前脚掌内侧蹬地，同时腰部用力向后转动，后脚碾蹬地面，前脚快速后撤，接着滑步调整位置。

动作要领：前脚蹬地向后撤要快，后脚碾地，快速扭腰转髋，后撤角度不宜过大，身体重心平稳。

教学步骤：

原地练习，速度由慢到快；

行进间练习，速度由慢到快；

结合滑步进行练习。

（二）移动类动作

1. 走

走是人类从爬到直立后发展上最重要的一次飞跃。行走能力的发展拓展了个体与外界环境的交流，使人进入一个较为自由和独立地探析外面世界的时期。走是人类最基本的自然移动方式，是锻炼身体的重要手段之一，是幼儿园一项重要的体育活动内容。

基本做法：上体正直，自然挺胸，头正，眼看前方。摆臂方式以肩为轴前后自然摆动，幅度随步幅而定。步幅大而均匀，抬腿方向要向正前方，落地轻而柔，脚尖向前。

动作要领：上体正直，动作有节奏，落地轻而柔，脚尖向前。

锻炼价值：促进良好的动态姿势。

教学步骤：

听信号、节奏的自然走；

听信号和节奏变化方向的走；

集体整齐走。

（1）齐步：左脚向正前方迈出着地，身体重心前移，右脚照此法动作。上体正直，微向前倾，手指轻轻握拢，两臂前后自然摆动，向前摆臂时肘部弯曲，前臂自然向里合，向后摆臂时手臂自然伸直，行进速度可自由调节。

（2）正步走：左脚绷直腿，脚尖下压，脚掌与地面平行，向正方踢出，全脚掌落地，同时身体重心前移，右脚同左脚动作。上体正直，微向前倾，手指轻轻握拢；向前摆臂时，肘部弯曲，前臂略成水平状，手心向内稍内下，行进速度可自由调节。

（3）踏步：两脚在原地上下起落，抬起时脚尖自然下垂，落下时前脚掌着地，上体正直，两臂自然前后摆臂。

教学步骤：

听信号、节奏的各种走的练习；

听信号和节奏变化方向的各种走的练习；

集体整齐各种走的练习。

2. 跑

向后蹬地用力，向前摆腿方向正、幅度大，膝放松。前脚掌先着地，脚尖朝前，落地轻而柔和。上体稍前倾，两手轻握拳，屈肘前后自然摆动，眼往前看，有节奏地用鼻或口鼻自然呼吸。圆圈跑时，整个身体自然向圆心方向倾斜。

动作要领：摆动腿主动前摆，支撑腿用力蹬地，手臂弯曲前后自然摆动，前脚掌着地过渡到全脚掌。

锻炼价值：同一形式的跑，如果运动量不同，其锻炼身体的效果也不同。20米快跑发展速度素质；短距离的接力跑和圆圈跑发展速度素质，培养集体荣誉感和协同活动能力，圆圈跑还能发展平衡素质；短时间的四散追逐跑可以发展速度耐力、灵敏素质；慢跑和跑走交替发展耐力素质。

教学步骤：

学习鼻子呼吸，或口鼻混合呼吸；

腿的迈步练习，步子大些，落地轻些；

高抬腿走、摆腿练习发展腿部力量；

窄道跑练习，控制方向；

圆圈跑练习。

3. 跳

跳是指幼儿在身体活动中争取高度或远度的一种移动方法。跳跃是一种非周期型动作，跳跃的过程是一种完整的动作，包括双脚跳、单脚跳。跳跃动作对增强下肢力量、发展弹跳力、增强下肢的灵活性有重要作用。

动作要领：跳跃由4个阶段组成：预备、起跳、腾空和落地。预备阶段有原地和助跑两种方式。

原地预备动作是屈腿、体前屈、臂后摆，以降低身体总重心；两手后伸，以便蹬地时摆动更有力；拉长双腿肌肉，便于在下一阶段更好地收缩肌肉；助跑对幼儿的要求是中速、短距、自然放松。

起跳有单脚起跳和双脚起跳两种。双脚起跳，腿蹬直、臂摆起；单脚起跳，起跳腿要有力蹬直，摆动腿要快摆起，幅度大。起跳给身体在跃起时创造一种需要的姿势和做好落地准备。

腾空阶段有越过障碍和不越障碍两种。障碍有垂直障碍和水平障碍两种。腾空不低头，不过早收起起跳腿。

落地有单脚落地和双脚落地两种方式，均由脚跟逐渐过渡到脚尖。单脚落地要求继续向前跑动几步以缓冲不停顿；双脚落地要领：屈腿缓冲，保持平衡。

锻炼价值：短时间跳绳练习可以发展弹跳力、动作速度；长时间跳绳和单脚连续跳可以发展下肢力量、耐力；侧跳、跳皮筋可以发展弹跳力、灵敏性；跨过皮筋和从高处向下跳可以培养幼儿的勇敢精神。

（1）双脚跳：起跳时两膝弯曲降低重心，两脚用力蹬地，同时提腰摆臂向上起跳，跳在空中时身体自然伸展控制平衡，落地时前脚掌先落地，屈膝缓冲重力，保持身体平衡。

动作要领：两膝弯曲降重心，用力蹬地向上摆，充分伸展屈膝落，控制身体保平衡。

教学步骤：

原地双脚跳练习，体会动作要领及用力蹬地方式；

上步接双脚跳，注重双臂摆动与下肢蹬地的协调用力；

助跑接双脚跳摸高，注意全身协调用力。

（2）单脚跳：起跳时踏跳脚脚跟先着地，迅速过渡到脚前掌用力蹬地，同时提腰摆臂，另一腿快速屈膝上提，当上提达到最高点时，摆动腿自然伸直与起跳腿合并，落地时双脚稍开立，屈膝缓冲。

动作要领：踏跳用力蹬地，起跳腿上摆，身体充分向前上方伸展，控制身体平衡。

教学步骤：

原地单脚跳练习，体会动作要领及用力蹬地方式；

上步接单脚跳摸高，注重双臂摆动与下肢蹬地的协调用力；

助跑接单脚跳摸高，注意全身协调用力。

4. 攀　爬

攀爬属于周期性动作。爬是个体最早掌握的身体移动的技能，8~9个月的婴儿就可以初步掌握手膝着地的爬行动作，学会直立行走后，幼儿就较少运用爬作为身体移动的方式，但爬却仍然是他们喜欢的动作。爬上爬下的过程具有某种与走相似的短暂重复因素，手和脚随着每条腿在梯子上的支撑点交替动作和双腿在横木上停留。攀爬的特征是肌肉的交替收缩和放松，这样有助于恢复用于动作的能量消耗，并使体力更为持久。

爬分为手膝着地爬和手脚着地爬两种。手脚着地的速度较快，但比较费力。攀登动作要根据器械的特点而定。

攀登肋木：两手先握上一格横木，然后两脚先后登上上格横木，两手两脚交替向上攀登，攀登时两手应用扣握方法（拇指与食指相对）握住器械，用脚蹬实横木。

攀绳：双手与双脚的攀登，手脚交替向上爬。

锻炼价值：增强四肢和躯干的肌肉力量，发展身体控制与平衡能力，促进灵敏、协调素质。

教学步骤：

掌握手握横木的基本动作；

手脚交替进行攀登肋木练习；

攀爬晃动的物体练习；

攀爬绳练习。

5. 钻

钻是人在生活中重要的动作技能之一，也是幼儿喜欢的体育活动内容。钻主要是要求幼儿的身体通过有规定面积和形状的障碍物。钻的动作要求根据障碍物的面积和形状改变身体姿势，以通过规定的障碍物。幼儿园常用正面钻和侧面钻。

（1）正面钻：低头、弯腰、屈腿；

（2）侧面钻：侧对障碍，下蹲，一腿向障碍下伸出，低头弯腰，前后屈伸出腿，前移重心同时转体过障碍。

动作要领：低头、弯腰、屈腿。

锻炼价值：促进四肢和躯干的肌肉力量和灵敏、协调性。在教学中宜与跑跳等活动结合起来，既可提高活动兴趣，也可调整运动负荷。

教学步骤：

学会低头正面过障碍；

低头弯腰正面过障碍；

低头弯腰屈腿正面过障碍；

从绳下钻；

圆圈内钻；

侧面钻较低的障碍；

幼儿手拉手进行钻障碍物的练习。

（三）基本步法

1. 足尖走

起踵立，两手叉腰，摆动腿向前伸出，由脚尖过渡到前脚掌着地，同时重心前移，两腿交替行进。足尖步可向前、向后、向侧行进。注意保持始终高起踵，摆动腿充分绷直，步幅小，重心平稳。

教学步骤：

练习起踵立，掌握支撑技术；

两手叉腰练习向前、后的足尖步；

结合简单的手臂动作练习足尖步；

练习向侧的足尖步以及足尖步转体180度。

2. 跑跳步

自然站立，两手叉腰。右脚原地轻跳，同时左腿屈膝抬起，脚面绷直，脚尖向下。左脚落地，随之原地轻跳，同时右腿屈膝抬起。

要求：前屈膝向下落地要快，小跳短促，其节奏为“一、二”。跳与落节奏准确、轻松、活泼、自然。

教学步骤：

先掌握节前小跳，然后完整练习；

熟练掌握向前跑跳步之后，可练习向后、侧及转体的跑跳步；

结合不同的手臂动作进行练习；

进行跑跳步的组合练习。

3. 变换步

两脚交替支撑的追赶式步法。以左脚开始为例，左脚向前一步，右脚在左脚后上步起踵立，重心在右脚，同时左脚离地稍抬起，左臂后摆，右臂前摆。

教学步骤：

两手叉腰练习脚步移动的方法，节奏先慢后快；

结合手臂摆动或方向变化练习交换步。

4. 弹动步

弹动步是表现弹性的步法。自然站立，两手叉腰。两腿屈膝，左脚稍离地，两腿伸直，同时左脚向前（侧、后）一步，重心移至左脚。

要求：在两腿的屈膝弹动中移动，经过屈膝再迈步，动作起伏，富有弹性。

教学步骤：

练习双腿屈膝弹动；

两手叉腰练习脚步移动；

结合不同的手臂动作练习弹动步；

可在原地或行进间边走边转动，4步或8步转一周。

5. 侧交叉步

以左侧交叉步为例。自然站立，两手叉腰。右脚向左脚前交叉一步稍屈膝，同时上体稍向左转，重心移至右脚。右腿伸展，同时左脚向左侧一步前脚掌着地，上体正直。

要求：做交叉步时，身体随脚步移动拧转，步幅大，两腿交叉时屈膝，侧步时直膝起踵，充分表现弹性和曲线。

教学步骤：

分解练习向前交叉步和向后交叉步；

由慢到快练习向侧行进的前后交叉步；

配合手臂动作练习侧交叉步。

（四）游戏活动设计案例

1. 侧步走

活动名称	可爱的小螃蟹	**年级**	大班
活动目标	1. 尝试练习侧步行走，发展动作的协调性以及快速反应能力 2. 能合作摆放器械，积极主动参与游戏	**器材**	1块柔软、宽敞的场地，球，筐，垫子，沙包，背篓
	活动/教学内容（幼儿）		**教学组织与安排（教师）**
开始部分（5分钟）	韵律活动：腿部运动		教师：请小朋友们自由站队和教师一起做韵律活动

续表

	活动/教学内容（幼儿）	教学组织与安排（教师）
主题游戏 （7分钟）	通过玩游戏尝试练习侧步行走 幼儿听信号快速反应走 幼儿提议，模仿游戏一次 幼儿自选小动物模仿游戏一次 幼儿练习侧步行走 教师：请一个小朋友示范一下他刚才学的动物 请模仿螃蟹侧行的幼儿示范一下动作，其他幼儿观察 请大家尝试螃蟹侧行的动作，体验动作。谈谈侧步行走的要领 幼儿再次尝试侧步行走的动作，再次体验动作 教师带领幼儿模仿大、小螃蟹练习动作 集体玩螃蟹1、2、3游戏	组织队形： × × × × × × 教师：我们再来玩一个螃蟹1、2、3游戏怎么样？看谁反应快。幼儿正面向教师进行游戏，幼儿模仿小动物听信号快速反应走 教师：我们换一个方法来玩这个游戏好吗？刚才是小朋友在玩游戏，我们还可以请谁来玩游戏？你们说怎么玩？（学小动物走）你们说说学什么小动物
升华游戏 （8分钟）	分组游戏：螃蟹运粮、夹球进筐、抛球进筐 介绍新游戏螃蟹运粮：每次螃蟹背一包粮食，运到对面的地方然后投进框里 幼儿布置游戏场地 幼儿进行游戏	组织队形：  游戏准备和组织： 教师：现在螃蟹宝宝要到森林里运粮食啦，我们分成4组排队进行游戏，看看哪队小螃蟹动作最快、最能干
结束部分 （5分钟）	放松活动：教师带幼儿做胳膊、腰部、肩部的放松活动	组织队形：分散 活动引导：宝贝们今天学到本领非常棒，现在休息一下吧
教学反思		

2. 小猴运粮食

<table>
<tr><td>活动名称</td><td>小猴运粮食</td><td>年级</td><td>大班</td></tr>
<tr><td>活动目标</td><td>1. 学会背着篮子、膝盖不着地平稳爬行的动作
2. 能自主创设游戏场地，有创造性地搭建“过河”的垫脚石
3. 提高身体的协调性和灵敏性，体验游戏的快乐</td><td>器材</td><td>音箱、背篮、各类大小的瓶子、竹梯、轮胎、梅花桩</td></tr>
<tr><td></td><td colspan="2">活动/教学内容（幼儿）</td><td>教学组织与安排（教师）</td></tr>
<tr><td>开始部分（5分钟）</td><td colspan="2">热身操：瓶子操
随着欢快的音乐进行身体各部位的运动，复习双手双脚着地、膝盖不着地的爬行动作</td><td>组织队形：
× × × ×
× × × ×
× × × ×
×</td></tr>
<tr><td>基本部分（8分钟）</td><td colspan="2">游戏名称：小猴背篮爬
游戏方法：
1.教师创设游戏情境，请小朋友帮山里的小动物送粮食（引起幼儿兴趣）
2.出示背篮，学习背着篮子、双手双脚着地、膝盖不着地平稳的爬法（学习基本动作）
3.请小朋友们在场地上自由背篮练习膝盖不着地前进的方法
在软垫上爬→在平衡木上爬→在架高的竹梯上爬
注意事项：爬平衡木和架高的竹梯要握紧</td><td>组织队形：
× × × × × ×
× × × × × ×

活动引导：
创设情境：猴儿们，猴王想请你们帮山里的小动物运粮食，用什么来运送粮食呢
动作指导：先将篮子两边的背带背好，双手双脚着地，膝盖离开地板，屁股要撅起来，向前爬时手脚并用，脚要踩着地板向前蹬</td></tr>
</table>

续表

	活动/教学内容（幼儿）	教学组织与安排（教师）
游戏部分（10分钟）	游戏名称：小猴运粮食 游戏方法： 1.猴子们通过小桥（平衡木），来到河中的小岛上，取一份粮食背在背上，爬过很高的竹桥，将粮食送给小动物，再从瓶子小路绕回来 2.运送一份粮食后，教师将平衡木抽调，将孩子分成3组，把各种材料（梅花桩、奶粉罐、跷跷板等）放在河里做垫脚石 注意事项：爬竹桥的同时要保护好背篓里的粮食 放垫脚石要和同伴合作完成	组织队形： ×××× ×××× 游戏方式： 游戏准备和组织：每人准备4份粮食，1个背篮，在场地中摆2条平衡木做“河里的小桥”，两边各3个轮胎将竹梯架做高桥 将幼儿分成人数相等的两队，在背篮里放上食物后，站在“小河边”准备出发，到达对岸后引导幼儿将粮食送给小动物
结束部分（5分钟）	活动内容：放松操与活动后整理 活动方法：孩子一起来做做放松动作并擦汗、穿衣	组织队形： ×××× ×××× ×××× × 活动引导：孩子们一起来放松放松身体吧
安全措施	在架高的竹梯下垫软垫，避免受伤	
教学反思		

3. 跳轮胎

活动名称	小兔跳轮胎	年级	大班
活动目标	1.增强下肢力量，双脚能灵敏与协调地跳过障碍物 2.能遵守活动规则，听口令游戏 3.培养大胆、勇敢的精神，体验体育活动的乐趣	器材	废旧轮胎、录音机

续表

	活动/教学内容（幼儿）	教学组织与安排（教师）
开始部分	热身操：螃蟹体操 活动方法：情境再现法	组织队形：横排站立
主题游戏	游戏名称：小兔子学本领 游戏方法：要求双脚并拢向前下方跳落在轮胎圈中，依次跳过顺序轮胎 设置两组轮胎，每组6个 要自己完成跳轮胎的任务，不允许他人帮助	组织队形： ×××××× ×××××× 情境导入：这里的小朋友大部分都是属兔的宝宝，兔子最爱蹦蹦跳跳了，但我们的本领还不够让我们去任何地方，所有小兔子今天来学跳轮胎这个本领
升华游戏	游戏名称：快快跳过去（团体游戏） 游戏方法：教师发令后，排头开始向前跳入轮胎中，依次向前跳完后，折返跳接力下一位；然后排至排尾，依次类推，再按顺序排队，等待游戏重新开始	组织队形： ×××××× ×××××× 游戏准备和组织：在场地一端画一条起跑线，幼儿6人一组，各组按顺序站在起点线后，每组幼儿前设置6个轮胎
结束部分	活动内容：放松操 活动方法：教师带领幼儿进行放松运动，让幼儿紧张和兴奋的活动慢慢恢复到平静，最后要对幼儿进行简单的评价，以起到鼓励和引导作用	组织队形： ×××××× ×××××× ×
安全措施	排除场地周围的安全隐患，最好在塑胶场地进行 提醒幼儿起跳时双臂摆动，脚尖用力向前方跳起，两脚落地后屈膝缓冲，保持平衡 注意接力赛时不要相互碰撞	
教学反思		

三、躯干的基本动作

（一）平　衡

平衡是指以身体某部位（脚、膝、臀）支撑地面，配合手臂、躯干和腿构成平衡姿态，保持一定的时间。一般为单脚支撑，另一腿举起。通过平衡练习，发展肌肉力量，增强控制重心稳定性的能力。

动作要领：支撑腿充分伸直，脚掌及踝部用力使重心控制在支撑面之内。

教学步骤：

扶物练习单腿站立，另一腿屈膝前、后举，保持2~3秒不掉，左右腿交替进行；

单脚站立；

交换手臂位置进行练习；

在屈膝举腿的基础上练习直腿前、侧、后举的平衡动作。

1. 肩肘倒立

由直角坐开始，上体稍前倾，接着向后滚动，顺势收腹举腿翻臀，两臂压垫帮助翻臀，当膝盖到头上方时向上伸髋，同时两臂屈肘内夹，两手掌心向内、虎口向上撑于腰背两侧，形成肩肘倒立造型。

动作要领：前倾后倒要连贯，顺势收腹举腿翻臀，伸髋撑手须配合，两肘内夹是关键。

教学步骤：

教师讲解示范，帮助抓紧练习者大腿与膝盖连接处，助其撑背伸髋成肩肘倒立；

练习前倾后倒，两脚上举、后伸，脚尖触垫；

两手撑背后，两腿依次向上伸展，屈膝练习。

2. 燕式平衡

直立，两臂侧平举，掌心向下，上体缓慢前倾同时右（左）腿后举，抬头挺胸成燕式平衡姿势。

动作要领：前倾举腿要同步，支撑脚要伸直，抬头挺胸要充分，后腿上举要伸展。

教学步骤：

直立后举腿，幅度小，体会肌肉感觉，交换腿练习；

直立后举腿，逐渐增大幅度，交换腿练习；

直立后举腿，控制动作10秒，交换腿练习。

3. 手倒立

由直立开始，两臂前上举，前跨一步，上体前倾，两手前伸撑地，接着摆腿、蹬地、顶肩成手倒立。

动作要领：前倾撑地要连贯，摆腿蹬地要充分，直臂顶肩要含胸，两眼始终要看手，收腹紧腰控双腿，十指扣地停倒立。

教学步骤：

靠墙蹬摆手倒立练习。教师站侧面，幼儿摆腿，蹬地时向上托摆动腿至倒立位置。

练习扶持手倒立。教师正面站立，扶其大腿两侧，助其维持手倒立。

靠墙练习手倒立，报数练习。

（二）转动或转体动作

身体某部分绕自身的纵轴向左、右或内、外做转动。整个身体以一脚或两脚为支撑点，绕垂直轴做各种转体动作。

1. 转　动

头部或躯干绕身体纵轴向左右转动，转动时，相邻的部位固定，以形成稳定的支点，肢体平行拧动。

动作要领：转动时相邻的部位固定，相邻的关节放松，转动的肢体要平行拧动。

教学步骤：

幅度由小到大，节奏由慢到快练习转动；

在上体弯曲的同时转头或转胸。

2. 双脚转体

双脚转体180度：由自然站立开始，左脚向前一小步，双脚起踵向右转体90度，同时两臂经侧上举。双脚转体180度：由自然站立开始，右脚向左脚左侧交叉一步，双脚起踵向左转体180度，同时两臂经侧至上举。

动作要领：转体时高起踵，两腿夹紧，挺胸立腰，以领肩、转髋带动整个身体转动，头随之迅速转动。

教学步骤：

练习双脚起踵立；

练习上步起踵转体180度，退步起踵转体180度；

练习两脚交叉转体180度。

（三）旋转动作

旋转动作在日常生活与体育运动中比较普及，是舞蹈、体操等多种运动项目的一项基本技术。旋转练习有助于提高幼儿的前庭功能、身体控制和平衡能力。旋转可分为自身身体旋转（转体360度）和利用器械旋转（旋转马车、旋转板）。幼儿的旋转练习以利用器械旋转为主，身体旋转为辅。

动作要领：上体正直，头直，两臂自然伸开或双手叉腰、上举，转动轴的脚稍提踵，重心在转动轴脚上，用另一腿摆动旋转。

教学步骤：

教师讲解示范，幼儿模仿；

幼儿在圆圈内练习，不出圈；

练习速度由慢到快，旋转幅度由小到大；

可由单脚旋转变为双脚交替旋转练习，速度由慢到快，幅度由小到大。

（四）滚动与滚翻动作

1. 前、后滚动

由直角坐或下蹲开始，低头圆背后倒，腰、背依次着垫，同时屈膝举腿，两臂上举或放体侧。倒至极限时，向前上伸髋、伸膝，顺势前倒，同时紧腰、收腹、梗头起上体，两臂维持原状，恢复至开始姿势。

动作要领：后倒时低头圆背，向前上伸髋、伸膝时紧腰梗头；后倒向后滚动时，可直腿完成。

教学步骤：

由直角坐开始练习；

由下蹲后倒过渡到直立后倒；

在软垫上连续前后滚动，体会动作的节奏与肢体的感觉。

2. 左、右滚动

由直体仰卧开始，手臂屈曲胸前，右肩向左拧动，带动上体向左滚动，右肩发力同时紧腰并腿。到达极限时，左肩向右拧动，带动身体向右滚动，也可以抱腿练习左、右滚动。

动作要领：肩拧动时头部要配合向同侧转动，腰髋要配合肩的动作主动扭动。

教学步骤：

自然滚动，体会身体顺势滚动的协调性；

由抱膝过渡到直体左、右滚动，由慢到快。

3. 前滚翻

蹲撑开始，重心前移，提臀同时屈臂、低头、顺前倒之势经后脑、背、腰、臀部依次着垫向前滚翻，当臀部移动到头前上方时，迅速屈膝、梗头、抱腿成蹲立。

动作要领：提臀屈臂前翻连贯。头、背、腰、臀部的依次滚动要圆顺，屈膝、梗头、抱膝要迅速。

教学步骤：

蹲立原地练习向后滚动，后倒时吸腿翻臀；

蹲立开始，前滚翻成坐位，体会滚动的圆顺，慢速体会滚翻时的时空和肢体感觉；

由高到低练习前滚翻（下蹲、前翻、起立），逐渐加快前翻和屈膝、梗头、抱腿速度；

改变滚翻后的起立姿势，如单腿起、交叉腿起、直腿起等。

4. 后滚翻

由蹲撑开始，低头圆背后倒，依次经臀、腰、背向后滚动，两手主动至两耳侧指标撑垫时，顺势翻臀屈髋推手成蹲立。

动作要领：低头圆背后倒迅速，顺势翻臀屈髋不停顿，两手推撑不抬头。

教学步骤：

由低到高快速后倒，体会低头圆背动作，以及后倒时快速的提膝翻臀感觉；

在帮助下练习后滚翻成跪立，重点体会顺后倒之势，帮助者站于练习者侧后，当练习者翻臀时两手扶其髋两侧，顺势向后上方提拉，助其完成后翻；

在帮助下完成完整动作，过渡到独立完成，速度由慢到快，体会低头推手的感觉。

（五）游戏活动设计案例

1. 翻滚超人

<table>
<tr><td>活动名称</td><td>翻滚超人</td><td>年级</td><td>中班</td></tr>
<tr><td>活动目标</td><td>发展幼儿的协调能力和滚爬能力
培养幼儿不怕困难、勇敢大胆的意志品质</td><td>器材</td><td>体操场地1块、标志桶、哨子</td></tr>
<tr><td></td><td colspan="2">活动/教学内容（幼儿）</td><td>教学组织与安排（教师）</td></tr>
<tr><td>开始部分（5分钟）</td><td colspan="2">热身操：动起来
活动方法：教师带领幼儿转转脖子、肩，做上肢的拉伸练习和下肢的拉伸练习，做一些髋关节的灵活性练习
跑的整合练习：
活动方法：幼儿成两列横队，教师带着幼儿围着体操场地跑起来，然后进行蛇形跑，再变两列，最后对角线交叉跑</td><td>组织队形：
× × × × × × ×
× × × × × × ×
× × × × × × ×
× × × × × × ×
×</td></tr>
</table>

续表

	活动/教学内容（幼儿）	教学组织与安排（教师）
主题游戏（7分钟）	游戏名称：摸爬滚打 活动方法： 1.将幼儿分成两队，教师进行前滚翻的示范，讲解动作要领，并找一位幼儿进行演示，教师在一旁保护并纠正其动作 2.从起点拉一个5米的距离找一个幼儿站在那里，再接着拉一个5米的距离找一个标志桶放在那里，要求幼儿在第一个5米内进行翻滚，身体平躺在垫子上，胳膊、腿都伸直合并，向前滚，滚到第一个幼儿处和幼儿击掌，让站在5米处的幼儿向第二个5米区域爬行，只能四肢着地，滚的那个幼儿站在第一个5米处等下一个幼儿过来和他击掌，以此类推，爬行进入第三个5米区域时，进行前滚翻练习，由教师进行保护和纠正	组织队形： ×××××××× × ××××××× ××××× × @ @ ××××× × @ @ ××× × @ @
升华游戏（8分钟）	游戏名称：熊猫走 活动方法：将幼儿分成两队，要求幼儿模仿大熊猫走，在不能直立的情况下用四肢进行行走，设置行走距离为8米，在终点处放置一个小型的蹦床，幼儿走完8米后跳十下跑回队伍，下一个幼儿继续，哪队先完成为胜利	组织队形： ××××× @ ××××× @ 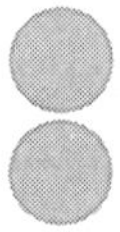
结束部分（5分钟）	放松操 活动方法：带领幼儿进行放松练习，主要为手臂和腿部放松	幼儿成两列横队
教学反思		

2. 前翻滚

活动名称	前滚翻	年级	大班
活动目标	发展幼儿灵敏和协调能力 培养幼儿想象力和创新能力	器材	篮球1个、正方体1个、海绵垫3张、音响1台

续表

	活动/教学内容（幼儿）	教学组织与安排（教师）
开始部分 （5分钟）	热身操：啦啦啦啦，大家一起来（放音乐） 活动方法：教师带领幼儿跟着音乐节奏一起做	组织队形： 
基础部分 （15分钟）	1. 活动名称：谁最像球宝宝 老师滚动篮球和正方体让小朋友观察哪个滚得最快最远 老师问小朋友滚得又快又远的篮球是什么形状的 小朋友模仿球宝宝，低头、团身看谁最像 注意事项：小朋友们模仿时要做出正确的团身抱膝动作 2.动作学习：前滚翻 让小朋友在海绵垫子上用自己的方法通过垫子，发挥想象、鼓励小朋友们开动脑筋（让小朋友做出与别人不同的方法），请个别小朋友介绍自己在垫子上的玩法，并示范动作 教师示范并讲解前滚翻动作要领（蹲、撑、低头、团身滚动像圆球），组织小朋友们练习 将小朋友分成两组，让小朋友大胆尝试模仿学习前滚翻，教师在旁指导和鼓励小朋友，并对小朋友进行保护，并加强安全教育和学会自我保护 注意事项：运动过程中要低头、团身，身体依次着垫，滚动圆滑 必须前一个过完垫后，后一个才能跟上	组织队形： ×　　× ×　　× ×　×　× ×　　× ×　　× 教法：小朋友们，篮球宝宝会滚得那么顺畅是因为它圆滑的身体，所以我们模仿它的时候，很关键一点就是“团紧身”，一会老师给你们评比一下，谁模仿得最像篮球宝宝，小朋友们加油 组织队形： ×　×　× ×　×　× ×　×　× 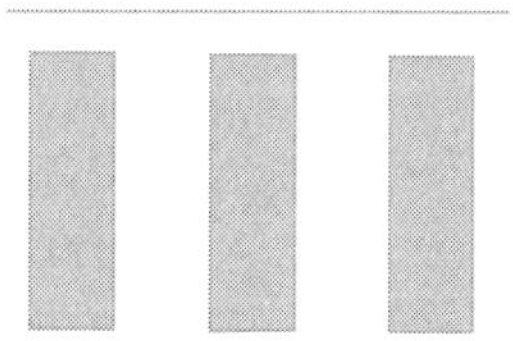 准备： 在场地上画一条直线，直线前方1米左右的地方竖放3张海绵垫，将小朋友分成人数相等的3组，各成一路纵队站在直线后方面向海绵垫

续表

结束部分	放松活动：自编放松操（放音乐） 总结 再见	××××× × ××××× ×××××
教学反思		

3. 小鸡找食物

活动名称	小鸡找食物	年级	中班
活动目标	理解游戏规则，规范单脚站立的动作 能够单脚站立保持平衡，锻炼与同伴之间合作的能力 乐于参加民间体育游戏——编花篮，初步萌发对民间体育游戏的喜爱之情	器材	大蜜蜂播放器
	活动/教学内容（幼儿）		教学组织与安排（教师）
开始部分	热身操——唱唱跳跳健康操 活动方法：教师在前面带，幼儿跟随活动，每个小朋友把握一臂之间的距离		队形安排： × ××××× ×××××
主题游戏	游戏名称：金鸡独立 游戏方法：教师扮演鸡妈妈，小朋友扮演小鸡，一起爬过草地，钻过岩穴，跳过小石阶，绕过小树林，来到小石林，寻找食物 小石林里有可怕的狐狸，小鸡要和鸡妈妈做出“金鸡独立”的动作，保持脚不落地，保护自己 注意事项：注意检查活动场地的安全 强调动作的规范性，单脚站立保持平衡 小朋友在狐狸的视线内要保持单脚站立		组织队形：随意站立 游戏准备和组织： 1.角色扮演，引发爱好 教师扮演鸡妈妈，小朋友扮演小鸡学本领 2.游戏：狐狸捉小鸡 教师：鸡妈妈要带领小鸡们爬过草地，钻过岩穴，跳过小石阶，绕过小树林，来到小石林，找一找有没有好吃的小虫子 小石林里有可怕的狐狸，小鸡要和鸡妈妈做出“金鸡独立”的动作，保持脚不落地，保护自己，狐狸就不敢靠近我们了 幼儿游戏（2次）

续表

	活动/教学内容（幼儿）	教学组织与安排（教师）
升华游戏	游戏名称：小鸡编花篮 游戏方法：师幼自由组合，围成圈 同一个圈里的幼儿手拉手站好，第一个幼儿将自己的腿放在旁边两个幼儿的手上，其他幼儿依次将自己的腿搭在前一个幼儿的腿上，保持单脚站立，直至将腿全部搭好 注意事项：参与游戏的人数在三人以上 若有一个小孩的腿掉下来，游戏重新开始	组织队形：一个圆圈 游戏准备和组织： 情境导入： 鸡妈妈：我们捉了很多的小虫，快拿不完了，怎么办？一起编几个花篮，把小虫都装进去吧。 鸡妈妈带领小鸡手拉手站好，其中一只小鸡将自己的腿放在旁边两个幼儿的手上，单腿站立 同一组的小鸡依次将自己的腿放在另一只小鸡的腿上，所有小鸡将腿搭好后，最先那只小鸡的腿放在最后一只小鸡的腿上。 开始游戏，边单脚跳边唱儿歌：编，编，编花篮，花篮里面有小虫。编，编，编花篮，花篮里面有小虫
结束部分	活动内容：送小虫回家 教师带领幼儿原路返回 放松活动：捶捶大腿，捶捶小腿 活动方法：集体放松	组织队形：横排站立 活动引导：鸡妈妈带领小鸡回家，要静悄悄地原路返回！真开心，劳动了一天好累呀，我们一起来做一下放松运动吧
安全措施	注意搭腿时保持距离，提醒幼儿注意平衡	
教学反思		

第三节 控制性动作的内容与练习方法

器械有助于幼儿更正确和大幅度地完成动作；器材能保证有目的地完成动作，提高幼儿对活动的兴趣，使其自觉地进行练习（表5-4）。

表5-4 不同年龄段幼儿控制性动作的练习内容

难度等级	体操基本动作	球类活动基本动作	游泳基本动作	跳绳基本动作
3~4岁	1. 悬垂摆动 2. 平衡木上双脚起踵站立 3. 平衡木上单脚站立 4. 平衡木上向前走 5. 平衡木上侧立走 6. 平衡木上顶物走	1. 篮球低运球 2. 篮球高运球	1. 玩水上漂浮的玩具 2. 吹泡泡	1. 摇绳 2. 徒手跳
4~5岁	1. 支撑移动 2. 支撑摆动 3. 支撑双臂屈伸 4. 支撑摆动前摆下 5. 悬垂慢翻上 6. 直角摆动屈伸上 7. 平衡木上半蹲走 8. 平衡木上倒挂爬	1. 篮球行进间运球 2. 双手胸前传球 3. 双手胸前接球 4. 足球基本动作	1. 水中探宝 2. 水中舞蹈	1. 双脚跳 2. 单脚跳
5~6岁	1. 侧手翻 2. 跳山羊 3. 杠端跳起分腿骑坐前进 4. 分腿坐前滚翻成分腿坐 5. 单脚蹬地翻上成支撑 6. 支撑前翻下 7. 背后正握跳起成屈体悬垂 8. 引体向上 9. 平衡木上后退走 10. 平衡木上爬行 11. 平衡木上向前跑 12. 平衡木上原地小跳	1. 运球急停急起 2. 体前换手运球 3. 双手胸前投篮 4. 足球基本动作	1. 水中移动 2. 水中接力	1. 左右脚交替跳 2. 向前摇绳变花跳 3. 双人跳短绳 4. 跳长绳

一、体操基本动作

（一）侧手翻

站立开始，两臂上举，上体前倾时左脚向前迈一大步成弓箭步，左手向前撑地，并带动身体扭转90度，同时，两腿积极蹬摆，右手紧接着向前撑垫，顺腿的蹬摆之势，经分腿手倒立，通过左、右手依次顶肩，右脚落垫屈膝，待左脚落垫后蹬直，同时两臂侧举分腿站立。

动作要领：左手向前撑垫要与两脚的蹬摆协调，摆腿要持续，蹬腿要充分，有一摆到底的感觉，经头部翻转时要梗头、立腰、大分腿。

教学步骤：

在教师的帮助下反复练习蹬摆成手倒立；

面向软垫，加大腿的蹬摆幅度，屈膝落垫，体会侧手翻的完整感觉；

加大蹬摆腿的幅度与力度完成侧手翻，体会依次顶肩和立腰的感觉；

练习上体前倾，左脚前迈，左手撑稍高的垫子，体会顶肩带动身体扭转90度同时稍用力蹬摆腿的综合感觉；

反复练习两手依次支撑，并带动身体扭转90度、蹬摆成分腿手倒立。帮助者在练习者左或右前侧两手扶持其髋两侧。

（二）跳山羊

跳山羊是在很短时间里集中很大的肌肉力量，以特定的身体姿势，通过助跑、踏跳、推手飞越器械的一种身体练习。支撑跳跃需要幼儿具有较强的身体控制能力，经常练习可提高速度、力量和身体各部分的协调配合能力、肩带和两臂肌群的爆发力、空间方位和平衡能力。另外，支撑跳跃对于幼儿的心理品质有着较高的要求，经常练习对消除恐惧心理、增强信心有积极作用，对培养幼儿勇敢、顽强、果断、勇于战胜困难的品质具有积极意义。

跳山羊动作要领

做法：直立，快速助跑，积极起跳，起跳快速有力，充分蹬直踝关节、膝关节。同时，紧腰提臀，上体稍前倾，向前上腾起，两臂前伸撑山羊。两腿稍后摆，空中紧腰、固髋，两臂向前下方顶肩推手，推手同时，两腿侧分，稍提臀屈髋，立即制动腿，同时上体急振上抬，展髋挺身落地。

动作要领：积极摆臂前伸，推手顶肩，推离山羊瞬间，两腿制动侧分，同时上体急振上抬。

教学步骤：

（1）起跳练习。

①原地起跳：两膝微屈，两脚蹬地，配合两臂弧形上摆，向上跳起，跳起后含胸、梗头、立腰。上体正直。

动作要领：前脚掌有力蹬地，髋、膝关节发力快速，紧腰紧臀，两臂积极上摆。

②一步起跳：一腿前摆，另一腿蹬地约0.5米，两腿并拢，用前脚掌蹬地，同时两臂上摆，含胸、梗头、立腰向上跳起。

动作要领：蹬地腿与摆动腿快速并拢，两臂积极上摆，立腰、紧身、跳起。

③三步起跳：走两步，第一步做一腿前摆，另一腿蹬地，蹬地腿迅速与摆动腿并拢，用前脚掌蹬地，同时两臂上摆，含胸、梗头、立腰向上跳起。

动作要领：蹬地腿与摆动腿快速并拢，髋、膝关节快速发力，上体稍后倾，两臂积极上摆。

（2）助跑跳跃练习。

①助跑垂直跳：助跑，一腿前摆，另一腿蹬地，两臂后引，蹬地腿迅速与摆动腿并拢，身体稍后倾，前脚掌用力向前下方蹬地，同时两臂前摆至上举，含胸、梗头、立腰向上跳起。

动作要领：蹬地快速有力，身体稍后倾，两臂快速上摆，身体伸直。

保护与帮助：保护者站在落地点的侧方，幼儿落地时可扶其腰腹部。

教学步骤：

连续并腿跳前进；

原地手臂上举并起跳；

在起跳点上方放置标志物，让幼儿起跳后手触标志物；

起跳后幼儿手臂上举击掌或多次击掌。

②助跑分腿跳：助跑，一腿前摆，另一腿蹬地，两臂后引，蹬地腿迅速与摆动腿并拢，身体稍后倾，前脚掌用力向前下方蹬地，同时两臂前摆至上举，含胸、梗头、立腰向上腾起。接近最高点时迅速屈髋分腿，同时两手触脚背，然后并腿伸展落地。

动作要领：迈步蹬地快速有力，身体稍后倾，屈髋分腿有幅度、及时，两腿要直，腿下压落地。

教学步骤：

连续分腿跳前进；

由高处向低处跳。

③助跑屈腿跳：助跑，一腿前摆，另一腿蹬地，两臂后引，蹬地腿迅速与摆动腿并拢，身体稍后倾，前脚掌用力向前迈步起跳，同时两臂前摆至上举，含胸、梗头、立腰向上跳起，接近最高点时迅速屈膝抱腿，然后伸展落地。

动作要领：蹬地快速有力，身体稍后倾，屈膝、抱腿要及时、充分，身体伸展落地。

教学步骤：

连续团身跳前进；

由高处向低处跳下练习屈腿跳。

（3）顶肩推手练习。

①面对墙，双肩伸直顶肩推手落地；

②面对山羊，双肩伸直顶肩推手落地；

③俯撑后摆腿，稍屈髋分腿，推手，紧腰紧髋，双腿快速并拢，原地落地。

保护与帮助：教师站在山羊侧前方，双手扶住幼儿双臂，以帮助其支撑。

（4）分腿腾越练习。幼儿在教师的保护下上体前倾撑山羊，做板上分腿腾越。

保护与帮助：教师站在山羊侧前方，一手拉幼儿上臂，一手扶其腰部，助力完成。

2. 跳山羊在各阶段指导表

跳山羊	3~4岁	4~5岁	5~6岁
1. 跳上练习		○	
2. 跨越山羊		○	○
3. 向前跳下	○	○	○
4. 扶羊跳下	○	○	○
5. 脚碰脚跳下	○	○	○
6. 拍膝跳下	○	○	○
7. 跳上山羊（单手、双手）		○	○
8. 拍手跳下（1~3次）		○	○
9. 助跑跳上接跳下	○	○	○
10. 撑手侧跳	○	○	○
11. 撑手开脚跳成骑乘			○
12. 原地分腿跳跃山羊		○	○

（三）双杠动作练习

双杠的动作多种多样，可在杠端、杠中、杠上、杠下或在一根杠或两根杠上做各种支撑、悬垂、摆动、摆越、屈伸、滚翻、转体、回环、腾越、倒立等动力性和静力性动作。双杠练习主要是在承受自身体重的情况下通过支撑、悬垂及其变化的形式来进行，能有效地促进上肢、肩带、躯干肌肉群的力量，特别是对肱三头肌、腕屈肌群、三角肌、胸大肌及腹背肌群的发展有显著效果。经常练习还能使肩、肘、腕、腰等关节的柔韧性和灵活性得到增强。

双杠有助于身体机能的改善，双杠练习中的滚翻、转体、倒立等动作，有助于提高前庭分析器官机能，使幼儿的平衡、定向能力得到改善。双杠练习对人体运动的准确性、协调性具有一定要求，长期练习可以促进神经系统的调节水平。

双杠练习对于幼儿养成良好的意志品质有积极的促进作用。双杠器械具有一定的高度，幼儿在上面做练习有一定的心理压力；在摆动、转体等练习时，时常会出现碰杆、擦杆等现象，这就要求幼儿必须勇于克服困难和恐惧心理，表现出勇敢、顽强、果断的意志品质。

双杠还有助于培养合作能力和团队精神，促进幼儿社会适应能力的提高。双杠练习中稍有难度的动作较多，常常需要幼儿之间的保护与帮助，常用小组合作方式，需要对同伴的动作成功与安全负责，幼儿责任感得到极大的提升。

1. 支撑移行

从面向杠端跳上成支撑开始，右手顶肩推杠，重心移向左臂，身体稍向左转，右手向前移动一步握杠支撑，然后左手顶肩推杠，重心移向右臂，身体稍向右转，左手向前移动一步握杠支撑，以此交替行进。此项练习可以增强上肢及肩带肌肉的力量和身体控制能力。

动作要领：直臂顶肩推杠，移动重心与推离杠同时进行，每步移行的距离不要太大。

保护与帮助：教师站在幼儿的身前或体后，两手扶其腰，助其向前、后移动。

教学步骤：

杠上原地支撑练习，体会顶肩的肌肉感觉；

杠上支撑原地左右倒肩练习，体会转移重心的肌肉感觉；

杠上支撑原地左右倒肩、右左摆腿移重心动作，体会顶肩推手移重心的感觉；

支撑前行，距离逐渐增大；

动作熟练后，可做支撑向后移行或支撑向前、后跳跃移行。

2. 支撑摆动

前摆动作：从支撑后摆最高点的姿势开始，肩稍前移，含胸顶肩，身体伸直自然下摆。当过握点垂直部位后加速向前上方摆腿，髋部前送，尽量拉开肩角，直臂顶肩，梗头含胸前摆至极点。

后摆动作：从前摆最高点的姿势开始，身体伸直自然下摆，当摆过握点垂线后加速向后上方摆腿，含胸顶肩、紧腰，伸直身体，拉开肩角后摆至极点。

3. 杠端跳起分腿骑坐前进

面对杠端站立，两手前握杠，跳起成直臂支撑，两腿顺势前摆，出杠面后迅速前伸分腿，以大腿内侧触杠成分腿坐，然后，立髋、身体挺直、两腿骑杠，上体前移，两臂经侧上举至体前稍远处撑杠，同时两腿伸直压杠，顺势后摆并腿进杠，接着支撑前摆成分腿坐。

动作要领：杠端跳起成支撑时，两臂要伸直，前摆成分腿坐时，适当靠近两手，推手时，提腰立髋，挺身稍远撑，后摆进杠并腿时，两腿要伸直压杠。

锻炼价值：有助于提高上肢的支撑力量及腰髋、下肢肌肉的控制能力。

教学步骤：

练习小幅度支撑前摆成分腿坐；

练习由分腿坐开始，顶肩、推手、提腰、立髋，两腿伸直夹杠再还原动作，体会升重心、立髋、两腿伸直夹杠的感觉；

教师站在练习者侧面，一手扶其上臂，另一手托其腰部，帮助其控制平衡；

在帮助下完整练习，教师站在练习者侧面，一手扶其上臂，另一手托送膝部，助其并腿进杠；

掌握后，可与支撑摆动等动作组合练习。

4. 分腿坐前滚翻成分腿坐

由分腿坐开始，两手靠近大腿体前握杠，两肘内收夹腰，低头含胸，屈髋提臀，上体前翻，当肩触杠时，两肘外展，经屈体并腿挂臂支撑，重心过垂直部位后，两手迅速向前换握杠。两腿侧分下压，同时两臂用力压杠，顺势跟上体成分腿坐。

动作要领：两手靠近大腿握杠，低头含胸、提臀张肘，屈体要充分，臀部前翻过垂直部位后，两手迅速向前换握杠，及时分腿下压，跟上体。

锻炼价值：此练习有利于增强上肢、肩带及腰腹部的肌肉力量，提高身体的空间定向和平衡控制能力以及下肢的柔韧性，并能增强自信心。

教学步骤：

在低杠上练习收腹提臀和肩触杠张肘动作；

在垫上练习前滚翻成分腿坐；

在低双杠上放一垫子，做前滚翻成垫上分腿坐；

在帮助下练习，教师站在杠侧，一手托大腿，一手从杠下托肩，帮助收腹提臀，提高重心，当臀部前翻至垂直部位时，两手换至杠下托起背和腰部，帮助其前滚成分腿坐。

5. 支撑双臂屈伸

由支撑开始，两臂缓慢屈肘至最大限度，肩稍前倾，接着两臂快速撑直，同时伸直身体，反复练习。

动作要领：屈臂缓慢，伸臂快速。

锻炼价值：可增强上肢、腰背部肌肉力量。

教学步骤：

静态支撑练习；

支撑摆动练习；

小幅度屈肘练习；

小幅度屈伸肘练习；

逐渐加大屈肘角度练习；

教师站在练习者的身后，两手托扶其腰侧或腿部帮助其屈伸，以进行完整练习。

6. 支撑摆动前摆下

由支撑后摆开始（以左侧下为例），前摆过垂直部位后，两腿迅速向前上方摆起并主动屈髋，重心顺势左移，前臂接近极点时，腿立即制动下压展髋，两手用力顶肩推杠，上体急振立起，右手换握左杠，左臂侧上举，挺身落下成杠外侧立。

动作要领：向前上方摆腿同时左移重心，制腿展髋、顶肩推手立上体要果断、协调。

锻炼价值：此动作有利于增强上肢、肩带及腰腹部的肌肉力量和支撑能力。

教学步骤：

支撑摆动练习；

支撑前摆屈髋举腿练习；

在低双杠杠端做跳起支撑前摆下练习；

在帮助下练习，教师站在落地一侧，一手握上臂，另一手托送腰背或臀帮助出杠；

运用标志物提示支撑前摆动作高度和展体方向。

（四）单杠动作练习

单杆源于人类在丛林中的攀登、爬越、摆动、摆荡等生存技能，随着社会进步，逐步发展成为一种锻炼身体的方法。单杠动作主要是以身体绕杠为轴，依靠双臂、肩带、腰背和髋的协调配合，在悬垂和摆动中完成，经常锻炼有助于增强上肢、肩带、腹背肌群的肌肉力量，同时能较好地发展肩关节、髋关节的柔韧性和身体的灵敏性、协调性。通过练习，幼儿的握力、悬垂和支撑能力得以增强，从而对日常劳动、生活和娱乐中翻上、翻下及利用物体爬上、爬下等实用技能的形成和提高有着积极的促进作用。

单杠练习的悬垂、回环、转体和摆动类动作，对幼儿在空间的三维定向及平衡能力具有较高要求，经常练习有助于提高幼儿前庭器官机能的稳定性。同时，还对幼儿的协调性、准确性具有较高要求，利于提高神经系统的调节功能。此外，摆动、回环等动作还能有效地促进心血管系统的调节机能。

1. 单脚蹬地翻上成支撑

面向杠站立，屈臂双手正握杠开始，一腿向头上方摆起，另一腿用力蹬地，同时屈臂引体、倒肩，使腹部靠杠，并腿后伸，当双腿翻至杠后水平部位时，制动腿、抬头、挺身、屈髋、翻腕成直臂支撑。

动作要领：充分摆腿蹬地，屈臂引体，使腹部靠杠，当双腿翻至杠后水平部位时，及时制动腿、抬头、挺身、展髋、翻腕成支撑。

锻炼价值：有利于增强上肢、肩带、腰腹部肌肉力量，提高幼儿的空间定位和平衡控制能力。

教学步骤：

翻上对上肢的拉引力量和腰腹力量具有一定的要求，练习前可先发展这类素质；

低杠上练习屈臂引体；

低杠上练习摆腿蹬地；

低杠上摆腿蹬地时踢头顶上方标志物；

在蹬地处放置助跳板或跳箱盖练习，摆蹬腿有力，屈臂引体、倒肩要及时；

在帮助下练习，教师站在杠前侧方，一手托幼儿的腰，另一手托其肩，每当腹部靠杠时，换成一手托其肩，另一手托其腿。

2. 支撑前翻下

由支撑开始，上体前倒，两臂微屈。低头、屈髋、扣腕，腹部贴杠，当上体前翻接近杠下垂面时，用力屈臂拉杠，大腿沿杠缓慢下落，同时伸髋，两脚落地成杠后站立。

动作要领：上体前倒时，小腹贴杠、扣腕，控制两腿下落速度，不要太快。

锻炼价值：增强上肢、肩带、腰腹部的肌肉力量，提高人体的空间定向和平衡控制能力。

教学步骤：

由屈体卧杠姿势开始的前翻下练习；

支撑前翻屈腿下练习；

在帮助下练习，教师站在杠前一侧，前翻时一手托其肩，另一手托其腰，帮助其缓慢下落。

3. 背后正握跳起成屈体悬垂

由低杠后正立、两手体后正握开始，两腿屈膝下蹲，两脚蹬地跳起，同时提臀收腹，低头含胸，上体前屈。当臀部提摆过杠下垂直部位后，两臂夹紧成屈体悬垂。

动作要领：沉肩下蹲轻轻跳起，屈体悬垂时臀部高于肩，两腿伸直。

锻炼价值：增强上肢、肩带、腰腹部的肌肉力量和空中定向及控制能力。

教学步骤：

在低杠上进行蹲悬垂练习；

由蹲悬垂开始，练习两脚蹬地；

由蹲悬垂开始，进行一腿上举，另一脚蹬地练习；

由蹲悬垂开始，进行一腿上举，另一脚蹬地，向后倒肩成屈体悬垂练习；

在帮助下练习，教师站在杠前侧方，一手托幼儿肩，另一手托其大腿前部，当成屈体悬垂时，换成托腰背。

4. 引体向上

由高杠正握悬垂开始，两臂同时用力屈臂引体，上拉到下颌超过横杠上缘后落下，落下时两臂伸直，身体保持不动，重复进行。

动作要领：上拉时下颌过杠，落下时两臂伸直。

锻炼价值：增强上肢、肩带、腹背部的肌肉力量。

教学步骤：

低杠斜身引体练习；

低杠脚置高凳上的仰卧悬垂引体向上；

在帮助下练习，教师站在杠下，两手扶幼儿腿部助其练习。

5. 悬垂慢翻上

正握悬垂开始，屈臂引体向上至头部过杠时，上体后倒，收腹举腿，并向杠后伸腿，使腹部贴杠翻转，当两腿至杠后水平部位时，两腿制动、翻腕、抬头，挺身成支撑。

动作要领：屈臂引体，倒肩、收腹举腿，使腹部贴杠，当两腿至杠后水平部位时，及时制动、翻腕、抬头，挺身成支撑。动作连贯、速度均匀，成支撑时挺身充分。

锻炼价值：增强上肢、肩带、腹背部的肌肉力量。

教学步骤：

进行腹肌、股四头肌和上肢引体力量练习；

引体向上练习；

悬垂举腿练习；

做双脚蹬地屈腿翻上练习，体会倒肩、收腹举腿动作；

低杠下做慢翻上练习；

在帮助下练习，教师站在杠下一侧，引体时两手扶其大腿向上托送，收腹举腿时，换成一手托肩，一手托腰，帮助其翻上成支撑。

6. 悬垂摆动

后摆动作：由悬垂起摆，前摆至极点开始，身体伸直后摆，接近杠下垂直面时，沉肩，稍屈髋，摆过杠下垂直面后，迅速向后甩腿，接近极点时，两臂压杠，向前转腕。

前摆动作：由后摆极点开始，含胸顶肩，脚尖远伸，身体伸直前摆，接近杠下垂直面时，沉肩，稍展髋，摆过杠下垂直面后，迅速向前上方兜腿，扣腕，并带动整个身体摆至最高点。

动作要领：后摆近杠下垂面时，沉肩，稍屈髋，过垂面后，迅速向后甩腿，接近极点时，两臂压杠，向前转腕；前摆近杠下垂面时，沉肩，稍展髋，过垂面后，迅速向前上方兜腿，扣腕；前、后摆从极点下摆时，均应尽量伸直身体，增大摆幅。

锻炼价值：增强上肢、肩带、腹背部肌肉力量和身体的协调性。

教学步骤：

悬垂大幅度摆动练习；

悬垂摆动，沉肩、屈髋、加速摆腿动作；

在帮助下练习，教师站在杠下幼儿体侧，前摆时托幼儿的腰背部，后摆时托其腹部，助其摆动，观察其握点，防止脱手。

7. 直角摆动屈伸上

由站立悬垂开始，屈膝半蹲向后上方跳起，含胸、提臀、屈髋，两脚沿地面经直角悬垂前摆，逐渐展髋拉开肩角；当前摆接近极点时，迅速收腹举腿，翻臀，使两脚靠近杠面成屈体悬垂回摆；当肩过杠下垂面时，两腿迅速沿杠面向前上方伸髋，同时直臂压杠、翻腕，跟上体成支撑。

动作要领：当前摆接近极点时，迅速收腹举腿、翻臀，使两脚靠近杠面；当后摆肩过杠下垂面时，两腿迅速沿杠面向前上方伸髋，同时直臂压杠、翻腕，跟上体成支撑。

锻炼价值：增强上肢、肩带、腰腹部的肌肉力量和身体的控制能力。

教学步骤：

站立悬垂开始，练习直角悬垂前摆；

直角悬垂前摆，收腹举腿练习；

直角悬垂前摆，收腹举腿成两脚靠近杠面的屈体悬垂练习；

仰卧于垫上，两手握体操棍前上举，做收腹举腿，屈伸前滚成坐练习，体会伸髋与直臂压杠动作；

在帮助下练习，教师站在杠前侧方，一手托肩背部，一手托大腿或臀部，帮助其屈体、伸髋，压杠上成支撑；

杠上悬垂摆动屈伸上。

（五）平衡木练习

平衡是人体为了保持某种稳定状态而做出的一种身体努力，通常是通过内耳系统、本体感觉系统和视觉系统来实现的。内耳使身体保持水平；本体感觉是保持平衡的协调性，本体感觉器负责传递神经信号给中枢神经系统；视觉系统是通过眼睛捕获信息给大脑，告知大脑身体处于相关环境的空间位置。平衡练习，可以提高幼儿的本体感觉、肌肉的控制能力以及协调能力，能有效地避免运动损伤的发生。

1. 双脚起踵站立

站立时眼睛平视前方，两手叉腰或侧平举，当达到一定稳定性时，可采用闭眼的形式进行。

动作要领：体验在狭窄物体上维持平衡的感觉，提高脚踝的力量和控制能力。

锻炼价值：提高幼儿的本体感觉、肌肉的控制能力。

教学步骤：

地上进行起踵站立练习；

逐渐过渡到一定高度的器械上进行；

平衡木上双臂侧平举，身体正直，目视前方站稳；

平衡木上两腿伸直、夹紧，前后脚交换进行站立练习；

平衡木上闭眼站立进行，确保器械四周没有危险品。

2. 单脚站立

单脚站立，眼睛平视前方，两手叉腰或侧平举，当达到一定稳定性时，可采用闭眼的形式进行。

动作要领：初步训练在重心偏离常态时的身体平衡感，提高踝关节、膝关节以及髋关节肌肉的控制力。

锻炼价值：提高幼儿的本体感觉、肌肉的控制能力。

教学步骤：

地上练习单脚站立；

地上练习双臂侧平举，身体正直，目视前方站稳；

地上练习，一脚站立，另一脚抬起，上身保持不动；

逐渐过渡到较高的平衡木上进行单脚站立练习；

平衡木上单脚站立，换脚练习，逐渐延长站立时间。

3. 向前走

预备姿势，两手叉腰或侧平举，两腿前后站立，摆动腿自然向前迈出，前脚掌落地过渡到全脚掌落地，重心前移，两腿依次交替前行。

动作要领：掌握移动身体的方法和身体重心的控制。

锻炼价值：提高幼儿的本体感觉、肌肉的控制能力。

教学步骤：

地上练习向前走，保持上体正直；

逐渐过渡到较高的平衡木上练习，行走时，两眼平视前方，保持身体平稳；

前脚掌先着地，逐渐过渡到全脚掌落地。

4. 后退走

两臂侧平举，两腿前后站立，一腿向后伸出，脚尖先落木过渡到全脚掌，同时移动重心，两腿交替进行，两臂保持侧平举，两眼平视前方。

动作要领：发展平衡知觉能力，从二维平衡感发展到立体平衡感。

锻炼价值：提高幼儿的本体感觉、肌肉的控制能力。

教学步骤：

在地上画一条直线，沿直线倒走；

在平稳的基础上，逐步过渡到器材上练习；

后退到木端时，教师及时提醒幼儿停止练习。

5. 侧立走

预备姿势，双手叉腰，两脚提踵侧立。动力腿向侧伸出，脚尖触木然后重心侧移，主力腿迅速靠紧并拢成开始姿势，两眼平视前方，随后进行下一步练习，至木端。

动作要领：提高身体控制能力。

锻炼价值：提高幼儿的本体感觉、肌肉的控制能力。

教学步骤：

在地上画一条直线，侧立走练习；

在平稳的基础上，逐步过渡到器材上练习；

侧立走，速度由慢到快。

6. 顶物走

同“向前走”基本要领，但头上顶物不能下掉，可以用手扶头上的物品。

动作要领：通过在动态中的平衡感觉，发展前庭器官功能。

锻炼价值：发展动态平衡，促进前庭器官功能，提高幼儿注意力。

教学步骤：

在地上画一条直线，头顶一本书练习；

当能够控制头上物品不下掉时，可将慢走变为快走；

在平稳的基础上，逐步过渡到器材上练习。

7. 半蹲走

从两手叉腰、两脚前后站立成半蹲姿势开始，一腿向前自然伸出，由脚尖过渡到全脚掌落木，同时移动重心，另一腿交替做相同动作，依次前进至木端。全蹲走，基本动作同上。

动作要领：提高踝、膝、髋关节以及身体的平衡控制能力。

锻炼价值：发展动态平衡，促进前庭器官功能，提高幼儿注意力。

教学步骤：

在地面练习半蹲动作，提高膝关节的控制能力；

在地面上练习半蹲走；

在器材上练习半蹲动作；

在器材上练习半蹲走。

8. 爬　行

两脚前后站立，体前屈，两手于两腿前0.1米处扶木，同手同脚行进，左手左脚同时抬起向前移，然后右手右脚重复左边的动作前行。

动作要领：保持身体的稳定与协调，爬行时，重心移动不宜过快。

锻炼价值：促进身体的平衡与控制能力，及手脚协调能力。

教学步骤：

在地上练习爬行动作；

在较宽的器材上练习爬行动作；

在较窄的器材上练习爬行动作。

9. 向前跑

预备姿势，两臂侧平举，两脚前后自然站立，摆动腿脚面绷直自然向前伸出，前脚掌先着地，重心随之前移后换另一腿继续进行。

动作要领：在快速移动中，主要保持身体平衡与控制能力，跑动时两眼平视前方。

锻炼价值：促进幼儿动态平衡和控制能力。

教学步骤：

在地上跑步练习，跑步的速度由慢到快，步幅由小到大；

在器材上跑步练习，两臂控制重心，跑动时收腹、立腰。

10. 原地小跳

两脚前后站立，脚尖稍向外展，两臂侧平举，经半蹲后向上跳起，空中两腿伸直，上体正直，接着落木成半蹲。

动作要领：向上跳时，保持身体正直，踝、膝、髋关节在落地过程中需要有效缓冲。

锻炼价值：促进身体控制和平衡能力。

教学步骤：

在地上练习小跳动作，身体正直、夹紧；

在地上练习小跳动作，落地时由前脚掌落地过渡到全脚掌，两膝弯曲缓冲；

当踝、膝具有一定的力量，并具备一定控制力后，可在器械上练习原地小跳。

11. 倒挂爬

两臂抱木悬垂开始，两腿夹木，两臂、两腿及腰腹协调配合，从木头挂爬至木端。

动作要领：上下肢及腰腹协调配合。

锻炼价值：促进上下肢及腰腹协调配合能力。

教学步骤：

先进行两臂悬垂、两腿夹木练习；

在前一练习的基础上，逐渐进行原地挂爬动作练习；

原地挂爬动作协调后，进行行进间的挂爬练习；

在教师的保护下进行行进间挂爬练习。

（六）游戏活动设计案例

1. 勇敢的小山羊

活动名称	勇敢的小山羊（支撑跳跃）	年级	大班
活动目标	通过支撑跳跃动作的练习，发展幼儿腿部和手部力量 培养幼儿勇敢、灵活的开朗性格以及遵守规则的优良品德 让幼儿在体育活动中学会如何保护自己和帮助他人	器材	圆形拱门4个、U形拱门4个、平衡板4个、平衡木2条、跨栏架2个
	活动/教学内容（幼儿）		教学组织与安排（教师）
开始部分（5分钟）	热身操：小羊外出旅游 游戏玩法：幼儿跟着教师的节奏进行由慢到快再变慢的跑步热身运动		组织队形： 情境引导：小山羊跟着羊爸爸外出旅游，心情很好，慢慢走去，看着时间，有点晚了，走快点，再看看时间，哎，可能赶不上车，跑起来，快到了，休息一下，慢慢走

续表

	活动/教学内容（幼儿）	教学组织与安排（教师）
主题游戏（10分钟）	游戏名称：小山羊上山 游戏玩法：模仿小山羊向前跳的动作——学习双脚向前跳 克服上山路上的困难——跳过不同难度的障碍物 小朋友要做出双脚向前跳的动作，体会前跳屈膝蹬地摆手的动作 跳过跨栏架、平衡板等不同难度的障碍	组织队形： 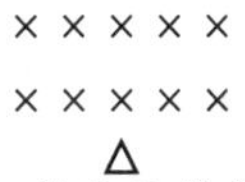 情境引导：羊爸爸带着小羊来到了郊外，一起上山看美丽的风景。途中可能出现一些障碍，我们都是勇敢的小山羊，会想办法克服一切的困难。要听羊爸爸的要求，跟着羊爸爸一起挑战困难，最后爬上山顶，看美丽的风景，我们一起出发吧
升华游戏（10分钟）	游戏名称：勇敢的小山羊 游戏玩法：双手支撑跳过障碍——支撑跳跃 勇敢小山羊的大胆挑战——支撑跳跃各种难度的障碍物 小朋友在游戏过程中学会自我保护和帮助	组织队形： 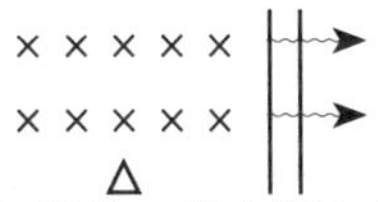 游戏准备和组织：将小朋友分成两组出发，先进行低难度的多次练习，小朋友熟悉后加大难度 难度一：两边的支撑物加高 难度二：跳过的障碍物加高或者加长
结束部分（5分钟）	分享成功的喜悦 跟着教师的音乐开心地跳起放松操	组织队形：  活动结束的引导
安全措施	由于拱门是活动器材，教师在幼儿支撑跳跃的时候，要注意提醒幼儿不能推拱门，并且教师在游戏过程中要在拱门旁边进行保护	
教学反思		

2. 小猴子撑竿跳

活动名称	小猴子撑竿跳	年级	大班
活动目标	尝试双臂支撑跳跃，增强上肢力量和持久力 感受游戏乐趣，勇于挑战难度 提升运动安全行为与意识	器材	录音机、双杠、轮胎、小垫子、鞋盒
	活动/教学内容（幼儿）		教学组织与安排（教师）
开始部分 （5分钟）	热身阶段：小猴子会变身 慢跑热身：绕圈慢跑、跑跳步、变飞机、变老鹰、变大猩猩等 关节活动：与猴哥做趣味相反动作，向左手拍，向右脚踢，跳一跳等		分散队形：慢跑、跑跳步、钻爬等 热身游戏：扮演小猴子，能找好舒服的位置玩相反动作游戏，注意力集中，情绪愉悦
主题游戏 （10分钟）	自主探索：探索支撑跳 分成三个小队，孩子们开始熟悉双杠支撑跳的方法 示范练习：支撑跳小山 引导小猴子支撑跳过垫子堆砌的小山，分成三队，孩子们开始尝试双臂支撑跳得高，高度大约0.3米 注意事项：小朋友们要做出正确规范的双臂支撑跳跃动作，协调而有力地支撑跳跃		组织队形：三路纵队进行体验，利用双杠来支撑跳跃 故事引导： 第一个游戏：小猴子要经过双杠小路，为了不掉到小河里，要支撑跳跃到间隔的草地上，随着垫子间隔越来越大，小猴子要用力支撑向前跳跃 第二个游戏：小猴子要经过垫子堆砌的小山，要用力支撑跳过一定高度的小山
升华游戏 （10分钟）	巩固提升：撑杆跳过陷阱 分三组体验跳过陷阱的游戏，轮胎之间距离约0.5米。当熟练后，将鞋盒垒高，放在轮胎之间，鼓励小朋友坚持一下，安全通过 支撑跳跃时，判断准确落点，保持平衡 在轮胎上跳跃时，要保持身体重心		游戏准备和组织： 第三个游戏：小猴子见到路上有大轮胎建构的陷阱，小猴子要支撑跳跃，保证不掉到陷阱里 第四个游戏：小猴子为了获得圣诞礼物，进行了闯关比赛，每组放上一些鞋盒，增加高度，小猴子用力支撑挑战难度，取得挑战的胜利，获得礼物

续表

	活动/教学内容（幼儿）	教学组织与安排（教师）
结束部分 （5分钟）	活动内容：放松整理、回收器材 活动方法：你拍拍、我拍拍，放松身体，回收器材	组织队形 活动引导
安全措施	注意支撑跳跃时，双臂用力支撑，注意力集中	
教学反思		

3. 攀爬小勇士

活动名称	攀爬小勇士	年级	大班
活动目标	通过寻找和利用不同的材料、不同难度的物体或器械进行攀爬练习，提高协调能力 能积极主动地参与体育游戏活动，体验攀爬运动的乐趣，培养吃苦耐劳的精神	器材	录音机、哨子、布条、硬纸箱、木梯、攀爬网、攀爬墙
	活动/教学内容（幼儿）		教学组织与安排（教师）
准备部分 （2分钟）	常规活动：整理队伍，进行原地间的各种运动 活动方法：组织幼儿成四列横队集合 安全教育：安全提示并对幼儿提出要求		组织队形： × △
导入部分 （3分钟）	热身操《小苹果》 活动方法：幼儿成体操队形散开，在音乐伴奏下和教师一起做操，活动全身关节 导入：《小动物爬爬爬》激发幼儿兴趣		组织队形： × △

续表

	活动/教学内容（幼儿）	教学组织与安排（教师）
主题游戏 （20分钟）	游戏名称：攀爬小勇士 游戏方法：组织幼儿成四列横队集合，教师对游戏中的爬布、爬箱、爬梯、爬网、爬墙五个环节进行集中讲解与示范，提示每一环节的重难点 爬布：幼儿双手双脚着地，爬过一条彩色布带，到达布带另一头方可站立 爬箱：幼儿手脚并用，爬越不同高度的箱子，到达另一端 爬梯：幼儿双手双脚交替网上爬梯，摸到最后一级后，用同样的方法相反往下爬，返回进行下一环节 爬网：幼儿双手双脚踩好网格线，想方设法往上爬，摸到网顶铃铛为过关 爬墙：幼儿用双手抓紧墙上辅助物，双脚踩好辅助物，双手双脚交替往上爬，高度力所能及 对幼儿提出要求：组织幼儿分成五个小组有序进行练习，器械一定要稳、牢固。爬网的幼儿应注意脚不能勾在绳子里，木梯一定要稳。爬网爬墙时，身体不能过于后仰。教师要注意巡回指导，重点关注能力弱的幼儿、选择难度较大的器械进行攀爬尝试的幼儿，爬墙练习时集中指导 安全提示：队员们勇敢顽强，团结协作，努力完成任务，攀爬时要注意自己和同伴的安全 教师的激励、鼓励贯穿整个活动	组织队形： × △ 游戏组织： × △ 层层递进
放松部分	放松操：摇啊摇 活动方法：在教师的带领下跟着音乐节拍进行放松律动	组织队形： × × × × △ × × × × × 幼儿站两排，教师站中间
整理总结 （2分钟）	活动内容：总结学习情况，表扬以及提出期望 活动方法：组织幼儿成两列横队集合	组织队形
安全措施	运动前进行充分热身 提醒幼儿各个环节的注意事项 提醒幼儿有序等待	
教学反思		

二、球类活动基本动作

球类活动，主要是指由各类球组成的球类运动项目的总称。各种大小不一的橡皮球、塑料球、木制球、布球、气球、乒乓球、跳跳球、瑜伽球、趣味球等均可供幼儿使用。运用球，幼儿可以进行滚、踢、拍、击打、吹、托、顶等多种身体活动，球类活动是促进幼儿操作性动作技能发展的重要途径，同时也是促进幼儿精细肌肉和大肌肉发展的方法。赵伟、张莹等研究发现，球类活动还是引发或增加幼儿中高强度体力活动的重要因素[1]。

球类活动中，能感知不同球类的特性，以及人与球之间的关系；培养对球类活动的兴趣，激发探索愿望，掌握简单的篮球、足球、排球等基本知识与动作技能，发展体能素质；简单了解球类运动的规则，初步形成开展球类活动的良好常规；培养幼儿大胆、果断、合作、遵守规则等良好品质。

不同年龄段幼儿身心发展特点也不同，球类活动的目标也不一样（表5-5）。

表5–5　不同年龄段幼儿球类活动的目标[2]

年龄段	目标
3~4岁	1. 喜欢玩各种球，并初步尝试用语言述说各种球的玩法（情感态度） 2. 喜欢尝试参与各种球类活动，初步掌握滚球、抛接球、拍球等基本动作（动作技能） 3. 能在各种球类活动中持续进行20分钟左右，初步熟悉球性并掌握基本动作，发展速度、耐力、灵敏、协调等体能素质（体能素质） 4. 乐于参加集体活动，初步形成良好的取放器械、进行球类活动的常规（个性品质）

[1]　赵伟，张莹. 体育游戏背景下音乐速度对幼儿体力活动的影响研究[D]. 杭州：浙江师范大学杭州幼儿师范学院，2017：67-70.

[2]　洪静翔. 幼儿园球类活动理论及设计集锦[M]. 南京：南京师范大学出版社，2013.

续表

年龄段	目标
4~5岁	1. 初步了解与球类相关的启蒙知识，尝试用简洁的语言与同伴交流相关信息，对球类活动感兴趣（情感态度） 2. 知道并掌握各种球的基本玩法，有良好的玩球常规，学习运用各种辅助材料进行球类游戏（动作技能） 3. 能在各种球类活动中持续进行25分钟左右，动作的流畅性、舒展性、灵敏性、协调性以及观察、判断能力有一定提高，能适应室内外不同的气候环境（体能素质） 4. 养成乐观向上的积极心态，培养坚持性及合作精神、群体意识，勇敢品质，促进非智力因素发展（个性品质）
5~6岁	1. 能积极主动地与同伴一起参与到球类活动中，感知与分享球类活动的知识与技能，主动探究不同球的特性，对球类活动产生浓厚的兴趣（情感态度） 2. 积极探索与同伴合作玩球的各种方法，形成良好的球类运动常规，学习、体验坚定的比赛知识与方法，积累幼儿球类比赛的经验（运动技能） 3. 能持续30分钟以上的球类运动，具备较好的灵敏、协调、耐力、速度、柔韧等体能素质（体能素质） 4. 养成团队意识、合作意识，遵守规则，勇于竞争，能正确地对待输赢结果，形成活泼开朗的良好个性品质（个性品质）

（一）篮球基本动作

篮球活动内容（表5-6）是否适合幼儿，将直接影响幼儿是否愿意并有兴趣参与活动。

表5–6　不同年龄段幼儿篮球活动的课程内容[1]

年龄段	目标	内容
3~4岁	1. 培养对篮球运动的兴趣，增强自信心 2. 学习篮球运动的简单知识和基本动作	1. 简单了解篮球运动 2. 学习多种滚球方法，双手拍球、单手拍球、抛球等技术

[1]　洪静翔. 幼儿园球类活动理论及设计集锦[M]. 南京：南京师范大学出版社，2013.

续表

年龄段	目标	内容
4~5岁	1. 培养对篮球运动的探究兴趣 2. 丰富篮球运动的动作技能 3. 提高运用手臂、手腕控制球的能力以及手眼协调能力 4. 具备一定的合作意识	1. 学习左右手交替拍球、单手拍球动作连贯、有节奏，能连续拍球30次以上，掌握胸前接球动作 2. 学习站在辅助物上单双手拍球 3. 学习相互抛接球、传球 4. 学习投篮（篮筐高度175厘米） 5. 向前运球 6. 双手上下拨球
5~6岁	1. 进一步丰富有关篮球的动作技能，增加玩球的多样性 2. 了解篮球比赛规则，学习篮球比赛方法 3. 树立正确的竞争意识	1. 学习花样拍球（圆圈内拍球、胯下拍球、背后拍球） 2. 学习投篮（篮筐高度175厘米） 3. 运球绕直线、曲线前进 4. 移动中传接球 5. 简单了解篮球运动规则，学习进行篮球比赛

根据篮球运动本身的特点和规律，遵循幼儿身心发展规律和幼儿动作发展规律，把篮球教学内容按照由易到难、由简单到复杂、由非对抗到对抗的原则进行难度分级，以利于幼儿教学活动开展（表5-7）。

表5-7　篮球教学内容难度分级表

难度等级	运球技术	传接球技术	投篮技术	防守技术
3~4岁	1. 持球 2. 原地拍球	1. 向上抛接球 2. 地滚球	原地双手胸前投篮	1. 正确的防守站位 2. 防守动作：滑步、上步、撤步、攻击步
4~5岁	1. 高运球 2. 低运球	1. 接反弹球 2. 双手头上传球	原地单手肩上投篮	防守无球队员（防摆脱、防横切）
5~6岁	1. 行进间运球 2. 绕障碍物运球 3. 体前变向换手运球 4. 急停急起运球 5. 体前变向不换手运球 6. 运球转身	1. 双手胸前传球 2. 单手肩上传接球	1.行进间单手肩上投篮 2. 双手补篮	防守有球队员（防投篮、突破、运球、传球）

1. 运　球

运球按照动作位置变化，分为原地运球和行进间运球（图5-4）。

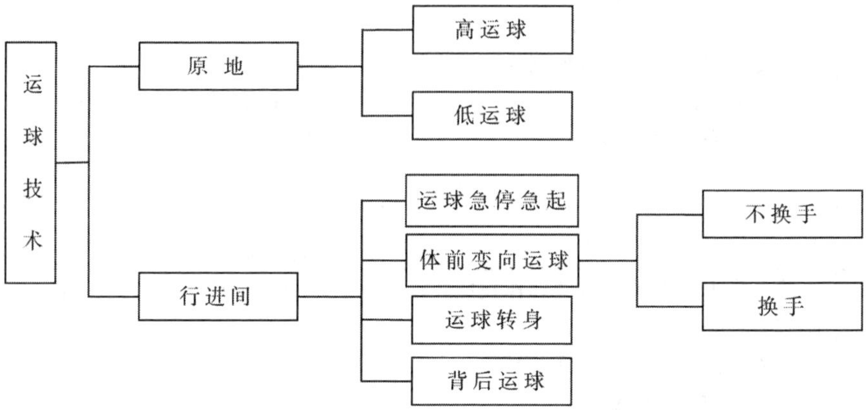

图5-4　运球技术分类

运球技术由身体姿势、手臂动作、球的落地和手脚协调配合等4个环节组成。

身体姿势：两脚前后开立，与肩同宽，两膝微屈，上体稍向前倾，抬头平视，非运球手臂屈肘平抬，肩向前以保护球。

手臂动作：手臂动作包括球接触手的部位、运球时的动作、按拍球的部位和力量的运用。运球时，五指自然张开，扩大控制球面积，用手指和指根以上部位控球，掌心空出，手指、手腕放松。

球的落地：一般情况下，球的落点在运球手的同侧前外方，速度越快，落点越靠前，离自身越远，反之越近；在有防守的情况下，球的落点在体侧或后方，以保护球。

手脚协调配合：运球时，既要使移动速度和运球速度协调一致，又要保持合理的运动节奏，注意身体重心的开展。在移动速度不变的情况下，按拍球的部位、落点选择和力量大小的运用直接决定手脚的协调动作。移动越快，按拍球的部位越是靠后下方，落点越远，反弹的力量越大，反之亦然。

（1）低运球。两腿弯曲，重心下降，上体前倾，球的落点在体侧，用上体和腿保护球，同时，用手腕和手指短促地按拍球的后上方，使球控制在膝关节的高度，两腿用力后蹬，继续快速前进。

动作要领：重心降低，上体前倾，以腕关节为轴，用手指和手腕的力量短促有力地按拍球。

（2）高运球。运球时，两腿微屈，上体前倾，双目平视，以肘关节为轴，前臂自然屈起，用手腕、手指柔和而有力地按拍球的后上方，球的落点控制在运球手臂的同侧脚的外侧，球的反弹高度在腰与胸之间。其特点是按拍球的力量大，反弹高度高，便于控制，行进速度快。

动作要领：手按拍球的部位要合理，手脚配合协调。

（3）运球急停急起。在快速运球的过程中突然停止。一般采用两步急停和跳步急停两种方式。

两步急停：重心降低，手按拍球的前上方运行，运球时突然急起，两脚用力后蹬，上体急剧前倾，侧身一脚迅速前移，前脚掌内侧着地制动，同时按拍球的后上方，人、球同步快速停止。

跳步急停：快速运球时两脚突然发作发力后蹬，向前跳一步急停，重心降低，上体前倾，手按拍球的前上方，人、球同步快速停止。

动作要领：重心快速转移，脚蹬地用力，按拍球的部位要正确，手、脚、躯干协调一致。

教学步骤：

徒手的急停急起练习，速度由慢到快，掌握急停步法；

听口令进行原地运球与停止运球练习；

听口令进行慢速的运球与停止运球练习；

听口令进行快速的运球与突然停止运球练习；

听音乐进行运球与急停练习；

行进间运球急停急起练习，速度由慢到快。

（4）体前换手运球。以右手运球为例。当球在体前时，按拍球的右后上方把球从身体右侧反弹至左侧前方，左手按拍球的左后上方，两手依次交替进行按拍球。

动作要领：降低重心，按拍球位置正确，用力适度，反弹球快速有力。

教学步骤：

原地高运球练习；

原地低运球练习；

体前换手运球练习，速度由慢到快；

听不同节奏变换运球速度。

运球的教学顺序：原地运球—行进间直线高、低运球—运球急停急起—体前变换手运球。

运球技术练习方法：

①熟悉球性。

原地拍起静止不动的球；

固定手臂运球；

直臂对墙运球；

坐位运球；

单臂支撑运球；

双手运球练习。

②原地运球。

原地高、低运球；

原地体侧前后推拉运球；

原地胯下左右运球。

③行进间运球。

全场直线运球；

弧线运球；

运球急停急起；

领跑运球练习。

④运球对抗练习。

一攻一守练习；

二防一练习。

2. 传接球

传接球技术由传球技术（图5-5）和接球技术（图5-6）组成。传接球技术又分双手与单手传接球技术，双手传接球是基础动作，单手传接球技术要求比双手更具难度。因此，对于幼儿来说，传接球的重点在于双手传接球技术的掌握。

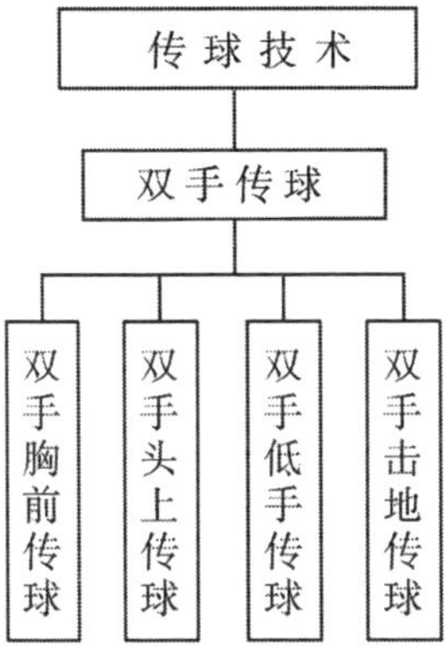

图5-5　传球技术分类

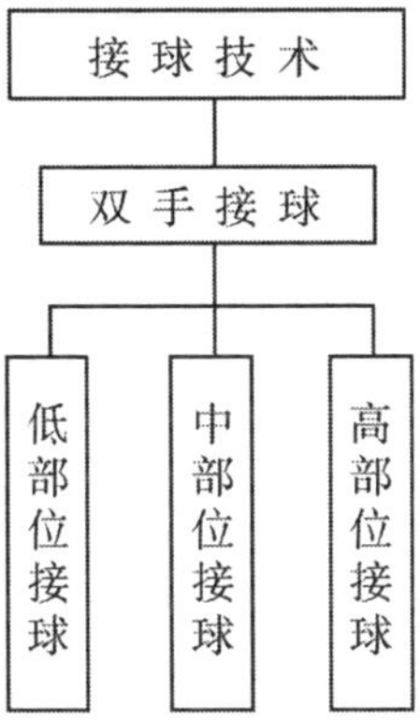

图5-6　接球技术分类

（1）双手胸前传球。两手手指自然分开，拇指相对成“八”字形，用指根以上部位持球的两侧后下方，掌心空出，两臂屈肘，自然下垂，置球于胸腹之间，两肘自然弯曲于体侧，身体成基本站立姿势，眼平视传球目标。传球时，后脚蹬地发力，身体重心前移，两臂前伸，两手腕随之旋内，拇指用力下压，食、中指用力拨球将球传出，球出手后，两手略向外翻。

动作要领：正确持球，用力协调连贯，食指、中指拨球传出。

（2）双手接球。

①双手接中部位的球：两眼注视来球，两臂迎球伸出，双手手指自然张开，拇指成“八”字形，其他手指向前上方伸出，两手成一个半圆形。当手指触球时，双手将球握住，两臂顺势屈肘后引缓冲来球的力量，两手持球于胸腹之间，成基本站立姿势。

动作要领：伸臂迎球，在手接触球时收臂后引缓冲，握球于胸腹之间，动作连贯。

②双手接高部位的球。这种接球方法与双手接中部位的球相同，要求两臂必须向前上方迎球伸出。

③双手接低部位的球。接球时，及时迎球跨步，上体前倾，眼睛注视来球方向，两臂迎球向前下方伸出，掌心斜对来球的反弹方向，五指放松，自然张开，手指触球后，两手握球顺势将球引至胸腹之间，保持身体平衡，成基本站立姿势。

动作要领：跨步迎球要及时，手臂下伸要快速。

3. 双手胸前投篮

持球方法：以原地双手胸前投篮为例。两手手指自然分开，拇指相对成"八"字形，用指根以上部位握球的两侧后下方，手心空出，两臂自然屈肘，肘关节下垂，置球于胸与下巴之间。

基本动作：双手持球于胸前，肘关节自然下垂，两脚左右或前后开立，两膝微屈，重心落在两脚之间，目视篮筐。投篮时，两脚蹬地，上肢随着脚蹬地向前上方伸展，两手腕同时外翻，拇指下压，手腕前屈，食指、中指用力拨球，使球通过拇指、食指、中指指端投出，球出手后，两手自然向下向外翻，脚跟提起，身体随投篮出手方向自然伸展。

动作要领：自然屈肘下垂，投篮时两臂用力均衡，前臂内旋，手指拨球用力与下肢动作要协调一致。

教学步骤：

徒手模拟投篮练习；

正面定点投篮练习；

不同角度投篮练习；

近距离投篮练习。

（二）足球基本动作

玩球是幼儿与生俱来的天性，由于幼儿年龄小，动作的协调性与精确性还未完全发展，这在一定程度上限制了他们对于足球的特性及其所需要的基本动作与技能的掌握。教学活动只能处于足球活动的启蒙阶段（表5-8）。

表5-8　不同年龄段幼儿足球活动的课程内容[1]

年龄段	目标	内容
3~4岁	1. 初步培养对足球运动的兴趣，增强自信心 2. 学习足球运动的简单知识和基本动作	1. 简单了解足球运动的基本知识 2. 了解足球的球性及常规游戏 3. 学习踢球、停球等技术
4~5岁	1. 进一步培养对足球运动的探究兴趣 2. 丰富足球运动的动作技能 3. 提高运用脚控制球的能力以及脚眼协调能力	1. 踢球（正脚背、脚内侧、脚外侧） 2. 学习听信号运球，听信号停球 3. 学习定点射门 4. 学习运球（左右脚交替运球、绕障碍物运球） 5. 原地跳碰球，向前、向后跳碰球
5~6岁	1. 进一步丰富足球的动作技能 2. 了解足球比赛规则，学习足球比赛方法 3. 树立正确的竞争意识	1. 学习抢球 2. 学习跑动射门 3. 简单了解足球运动规则，开展小组足球赛 4. 用脚尖把球挑起

1. 脚内侧踢球

脚内侧踢球又称脚弓踢球，是幼儿用脚的内侧将球击向预定目标的技术动作。脚内侧是踢球时最常使用的部位，它接触球的面积比脚的其他部位都大，容易控制球。脚内侧踢球是短距离传球和射门的理想方法，但出球力量较小。

动作要领：支撑脚踏在球侧旁边，膝关节微屈，脚趾指向出球方向。踢球腿以髋关节为轴由后向前摆动，膝关节、踝关节外展，脚尖稍翘，以脚内侧对准来球，当膝关节摆至接近球体上方时，小腿加速前摆，击球瞬间，脚跟前顶，脚型固定，用脚内侧击球的后中部。

教学步骤：

脚内侧踢定位球；

脚内侧踢地滚球；

[1] 洪静翔. 幼儿园球类活动理论及设计集锦[M]. 南京：南京师范大学出版社，2013：4-8.

脚内侧踢弧线球；

脚内侧踢空中球；

脚内侧踢反弹球。

2. 脚背正面踢球

脚背正面踢球是用脚背正面将球击向预定目标的技术动作。脚背正面踢球，其摆动幅度相对较大，摆踢动作顺畅快速，便于发力，适用于远距离的发球和大力射门，但出球路线缺乏变化。

（1）踢定位球。

动作要领：直线助跑，最后一步稍大并要积极着地，支撑脚在球的侧方约0.10~0.12米处，脚尖正对出球方向，膝关节微屈，踢球腿在支撑前跨和助跑的最后一步蹬离地面时，顺势向右摆起，小腿屈曲。脚背绷直，脚趾扣紧，以脚背的正面击球的后中部，踢球后，踢球腿顺势前摆落地。

（2）踢地滚球。

动作要领：踢两侧滚动来球，脚趾应对准出球的方向，击球部位应准确，以保证击球能发力，同时对准速度较快的来球，通过调整摆踢力量和方向以消除其初速度对出球方向的影响。

3. 停　球

停球是指有意识地将球停接下来，控制在自己的活动范围以内，以便更好地处理球。停球的方法，以身体部位划分为7类：脚掌停球、脚弓停球、外脚背停球、正脚背停球、胸前停球、头停球、肩部停球，根据幼儿的身心发展特点，重点介绍脚掌停球、脚背外侧停球和脚内侧停球。根据球的活动状态可分为停地滚球、停反弹球和停空中球。

动作要领：接触球的部位越宽越好，减小缓冲难度，顺着来球方向，做出缓冲动作。

（1）脚掌停球。支撑脚站在球的侧后方，膝关节微屈，脚尖正对球，同时停球脚提起，膝关节自然弯曲，脚尖翘起高过脚跟，踝关节放松，用脚前掌触球的中上部。

（2）脚背外侧停地滚球。停球脚稍提起，膝关节和脚内转，以脚外侧正对来球，在支撑脚的前侧接触球的侧后方，接触球时，要向停球脚外侧轻拨，把球停在侧前方或侧方。

（3）脚内侧停地滚球。支撑脚正对来球，膝关节微屈，停球腿屈膝外转并前迎。脚尖稍翘起，当脚与球接触前的瞬间开始后撤，在后撤过程中用脚内侧接触球，把球控制在衔接下一个动作需要的位置上。

脚内侧停球还可以用挡压法。当球运行到支撑脚的侧方或侧前方时，停球脚以脚内侧挡压球的后上部，同时稍下膝。挡压球的力量大小要随来球力量大小而有所增减。来球力量大，挡压力量要小些；来球缓慢，挡压力量要大些。

教学步骤：

原地停球练习；

行进间停球练习；

两人一组练习。

4. 运　球

运球技术包括跑动与触球两种要素。

（1）脚背正面运球。直线推拨、速度快，但路线单一。

动作要领：运球跑动时身体自然放松，上体稍前倾，步幅稍小一点，手臂屈肘自然摆动，膝关节微屈，脚跟提起，脚背绷紧，脚尖向下，迈步前伸，着地前用脚背正面推拨球前进。

（2）脚背内侧运球。运球动作的幅度大，控球稳，左右转换方向容易，比赛中使用最多的运球方法。

动作要领： 跑步时身体放松，支撑脚落在球的侧方，身体稍向支撑脚一侧倾斜，运球时脚屈膝，脚尖稍外转，用脚背内侧部位推拨球的后中部，拨球后运球脚及时落地支撑。

（3）脚背外侧运球。容易变化运球方向和发挥奔跑速度，还具有掩护球的作用，灵活性、可变性强。

动作要领： 跑动时身体放松，上体稍前倾，两臂屈肘自然摆动，步幅稍小，运球脚提起，膝关节微屈，脚跟提起，脚尖稍内转，迈步前伸着地用脚背外侧推拨球前进。

5. 射　门

足球比赛的最终目的就是射门得分。在幼儿阶段，主要介绍以下三种射门方法。

（1）正脚背射门。触球部位为脚尖到系鞋带的正脚背区域，击球的中部。

动作要领：踢球时，斜线助跑，支撑脚一大步前跨到球的一侧，击球腿大腿向后微摆，小腿大幅度后摆，脚面向下绷紧，而后，支撑脚膝盖微屈站立，顺势摆动击球腿发力，使绷紧的正脚面充分接触到球，将球击出。

（2）脚内侧弧线射门。触球部位为脚内侧足弓中心之上的那块斜面区域，踢球中下部位。

动作要领：踢球时，斜线助跑，支撑脚大步跨上，微屈，脚掌摆向击球方向，同时使向后摆的击球腿发力，让触球位置与球充分接触，斜向作用，将球搓出。

（3）脚内侧推射。

触球部位为脚内侧脚弓之上的那块区域，击球中或中下部，这种射门易于开展方向，但力量不足。

动作要领：斜线助跑，支撑脚站立在球旁或球后，微屈，击球腿发力，同时控制击球脚脚内侧，将球较准确地射向目标。

（三）球类游戏活动设计范例

1. 中班足球游戏：小猪运果子

（杭州翠苑第二机关幼儿园　王晶）

游戏目标：

（1）练习脚背运球，掌握软垫运球的基本技巧。

（2）愿意大胆尝试，喜欢挑战不同场地的足球游戏。

游戏准备：

软垫、足球、音乐；

场地布置：小路、泥坑、绿地，成一条挑战线。

游戏过程：

（1）听音乐入场。

——小猪们，今天妈妈要带你们去玩，来，我们一起带上足球活动下身体吧！

（2）过泥坑。

① 第一次尝试过泥坑。

——小猪们，前面是一块大泥坑，我们该怎么把足球运过去？

注意：只能用脚，怎么过去？

② 第二次集体过泥坑。

——刚才我们的小猪想出了好多的办法，我也发现用脚背运球最快了。（边说边示范）那我们再试一次，用脚背把球运过去。

（3）穿过障碍。

——瞧，前面还有窄的小路，怎么过？

——妈妈最喜欢敢于尝试的小猪了，谁愿意来试试？

——那么问题来了，这么多小猪，怎么过？

——我们一起出发吧！（多走几次）

（4）结束。

——哇，我们终于到了绿草坪了，快展示下自己球技吧！

2. 小兔运球

活动名称	小兔运球	**年级**	大班
活动目标	感受高、低拍球，提高幼儿的运球能力 锻炼了幼儿判断能力和独立自主能力 体验篮球游戏的玩法并感受游戏的快乐	**器材**	篮球（每人1个） 呼啦圈（若干） 游戏背景音乐

续表

	活动/教学内容（幼儿）	教学组织与安排（教师）
开始部分（5分钟）	热身准备：小朋友跟着教师做头部、上肢、腰部、下肢等准备活动	队形组织： × × × × × × × × × × × × × × × 情境引导： 师：小兔子们，今天大灰狼要来跟我们玩游戏，大家一定要听指挥，不然很容易被大灰狼捉走，在游戏之前，先锻炼我们的身体
主题游戏（7分钟）	游戏名称：草地上的小兔（小朋友扮演小兔子，教师扮演大灰狼） 游戏方法：小兔子在草地上拍球，当听到大灰狼来了，立刻一边拍着球一边跑回自己的圆圈内蹲下继续拍球，大灰狼走了，又继续出来拍球	队形组织：  × 游戏准备和组织：在操场上成半圆形摆好若干呼啦圈 故事引导：小兔子们，我是大灰狼，要把你们的篮球抢走，大灰狼来了
升华游戏（8分钟）	游戏名称：草地上抓小兔 游戏方法：小兔站在自己的圆圈内拍球，当大灰狼手指着要抓的这只小兔时，这只小兔立即运球，跑到另一个圆圈内 游戏名称：勇敢的小兔 游戏方法：所有的小兔在草地上拍球，大灰狼来了，小兔运球走开	队形组织：  × 情境引导： 大灰狼：小兔子们，你们都在圆圈里，现在我手指到哪只小兔我就过去捉它，跑得慢，又掉球的，肯定会被我捉走的
结束部分（5分钟）	放松活动： 全体幼儿跟着音乐做头部、上肢、腰部、下肢的放松律动	队形组织： × × × × × × × × × × × × × × × × 师：在今天的游戏中，我们的小兔子太厉害了，虽然大灰狼不断地威胁我们，但我们都能躲过他，现在我们跟着音乐一起放松吧

续表

	活动/教学内容（幼儿）	教学组织与安排（教师）
安全措施	距离适当 游戏前讲清楚规则	运球的过程中，幼儿的间隔距离要适当，在运球跑的时候要注意周围的小朋友，避免互相碰撞
教学反思		

3. 双手传接球

<table>
<tr><td>活动名称</td><td>双手传接球</td><td>年级</td><td>大班</td></tr>
<tr><td>活动目标</td><td>通过双手传接球操作技能练习，促进上肢肌肉力量以及手脚协调能力发展；改善并发展幼儿肢体协调能力、控球能力，增强互相协作能力</td><td>器材</td><td>音箱、篮球、标志杆</td></tr>
<tr><td></td><td colspan="2">活动/教学内容（幼儿）</td><td>教学组织与安排（教师）</td></tr>
<tr><td>开始部分（6分钟）</td><td colspan="2">健脑热身操（四肢）
球操热身（球性）</td><td>组织队形：早操队形两队变六队</td></tr>
<tr><td>主题游戏（10分钟）</td><td colspan="2">游戏名称：绕杆接力传球
游戏方法：胸前抱球向前跑，绕过标志杆返回传给第二名幼儿</td><td>组织队形：
× × × × × │
× × × × × │
× × × × × │
× × × × × │
× × × × × │
× × × × × │</td></tr>
<tr><td>升华游戏（10分钟）</td><td colspan="2">游戏名称：接力双人传接球
游戏方法：结合接力游戏加入双人传接球技术，胸前抱球向前跑，绕过标志杆返回（利用双人传接球）继续传给第二名幼儿</td><td>组织队形：
× × × × × × ×
× × × × × × ×
△</td></tr>
</table>

续表

	活动/教学内容（幼儿）	教学组织与安排（教师）
结束部分（4分钟）	活动内容：整队集合，放松练习 教师与幼儿语言交流，分享练习感受，观察练习负荷预期效果 活动方法：集合，引导提问，总结课堂 能通过出汗、面色、呼吸、言语等判断预期运动负荷的完成情况 拉伸放松，缓解肌肉疲劳	组织队形： ×××× ×× ×× ×××× ××
教学反思		

三、游泳基本动作

游泳是幼儿喜爱的一项体育活动。幼儿身体比重小，易于浮于水面，同时，身体柔韧性好，动作可塑性大，是学习游泳技术的关键时期。人在水中胸部要承受12~15千克的压力，非常利于锻炼平时很难练习到的呼吸肌。经常进行游泳活动有助于促进呼吸肌的发育，增加呼吸肌的力量和弹性，扩大胸廓活动范围，使肺容量增大，改善呼吸功能。游泳对心血管系统也有良好影响，促进血液中血红蛋白含量增多。水有浮力作用，游泳有助于减轻骨骼系统的负担，利于软骨发育。研究表明，经过两年系统游泳练习的幼儿在耐力、速度、灵敏、柔韧等体能素质方面都优于其他幼儿。系统的游泳练习可以提高幼儿的免疫力，增加对疾病的抵抗能力，促进幼儿对寒冷、日晒、气候骤变的适应能力。同时，经常游泳还能提高皮肤触觉、温度觉和运动觉的灵敏度，增强前庭器官的稳定性，以及更容易培养幼儿的勇敢精神和不怕寒冷、日晒的吃苦精神。

玩水游戏

1. 玩浮在水面上的玩具

（1）在可以站立的水面上放置一些漂浮的塑料玩具，让幼儿在水里自由地玩耍。

（2）在水面上放置一些漂浮的塑料玩具，让穿着救生衣或套着救生圈的幼儿在水里自由地玩耍。

（3）教师把那些漂浮的玩具从不同方向扔出，让幼儿捡回来。

2. 吹泡泡

（1）幼儿站在水里，深吸一口气，然后把脸放在水里，慢慢向外吐气，吹出水泡泡。

（2）幼儿深吸一口气，憋气蹲在水里，完全埋没于水中，然后慢慢向外吐气，吹出水泡泡。

3. 水中探宝

（1）把玩具投放于水底，让幼儿可以站立弯腰捡起来。

（2）把玩具投放于水底，让幼儿潜水捡起来。

4. 水中舞蹈

（1）听着音乐跳圆圈舞。

（2）听着音乐跳机器人舞。

（3）听着音乐跳兔子舞。

5. 水中移动

（1）水中不同方向的走动。

（2）水中不同方向的跑动。

（3）水中不同方向的跳跃。

6. 水中接力

（1）蹬池底做滑行练习，比比谁滑得远。

（2）蹬池壁做滑行练习，比比谁滑得远。

（3）击鼓传花。

四、跳绳基本动作

（一）跳短绳的基本动作

1. 握绳方法

握有把柄的绳，手自然握住；握无把柄的绳，要把绳的两端绕在手心或手背上，用拇指与食指第一、二关节握住跳绳。

2. 量绳方法

可用双脚开立与肩同宽，或一脚踏在绳中间部位，两手握绳两端，两臂屈肘与体侧成直角，拉直绳即为适宜的跳绳长度。

3. 摇绳方法

（1）正摇绳：两手握绳，两臂自然弯曲，将绳置于体后，两手腕、手臂协调用力将绳向上、向前抡起，当绳抡至头上位置时，两臂不停顿继续向下、向后抡绳，使绳绕身体不停顿地抡动。开始时，以两肩为轴，双臂、双手腕同时用力，手臂抡绳动作比较大，技术熟练后，手臂抡绳动作可逐渐减小幅度，以两肘为轴，用两前臂和手腕配合摇绳。技术非常熟练后，可仅以两手腕的动作来摇绳。

（2）反摇绳：动作与正摇绳相同，只是方向相反。

4. 停绳方法

当跳绳由后向前摇转时，一脚向前伸，脚跟着地，脚尖抬起，使跳绳中段停在脚掌下。

5. 双脚跳

两手握绳的两端，向前摇一次绳，两脚原地同时跳过绳，两臂不停顿继续向下、向后抡绳，当绳落地前一瞬间双脚随即再跳一次，绳从两脚下抡转过去，连续做数次。

6. 单脚跳

两手握绳的两端，向前摇一次绳，一脚原地跳过绳，两臂不停顿继续向下、向后抡绳，当绳落地前一瞬间单脚随即再跳一次，绳从两脚下抡转过去，连续做数次。

7. 左右脚交替跳

两手握绳的两端，向前摇一次绳，两脚原地依次跳过绳，两臂不停顿继续向下、向后抡绳，当绳落地前一瞬间双脚随即依次跳过，绳从两脚下依次抡转过去，连续做数次。

8. 向前摇绳变花跳

把绳摇到前上方时，两臂迅速体前交叉，同时经下向后快速抖腕，两脚立刻起跳。

9. 双人跳短绳

被带人与摇绳人面对或同向站立。摇绳人两手各握绳的一端，将绳放于体后。摇绳人发出“预备——跳”后，向前摇绳，两人同时并脚跳起，绳从两人脚下依次摇过，连续跳数次。

双人同摇一条绳向前跳。两人并肩站立，各用外侧手握绳的一端，将绳放于体后，其中一人喊“预备跳——跳”后，两人立即同时向前摇绳，同时并脚跳起，连续跳数次。

（二）跳长绳的基本动作

1. 握绳方法

两人可以单手或双手握绳，各握绳的一端，如绳长，可在拇指与其他四指间适当绕几圈。

2. 摇绳方法

两位摇绳人面对面而立，两人的身高接近为宜。两人向同一方向摇绳，动作要协调一致。

3. 原地并脚和单脚交换跳长绳

站在绳中间，由静止的侧立姿势开始。当绳摇过头顶接触地面的一瞬间，原地并脚向上起跳，绳从脚下穿过后轻巧落地，连续数次。单脚交换跳要求靠近绳一侧腿向绳侧跨跳，另一腿上提依次越过，轻巧落地。

4. 正面、斜面（侧面）跑入跳长绳

面对或侧对绳圈来的方向，把绳打地声音当作“跑”的启动信号，一打地就跑入，当摇转的绳着地瞬间及时跳起。连续跳一至三次，可并脚跳、单脚交换跳或并脚加垫跳，从反面跑出。

5. 跳双绳（短绳套长绳）

长短绳交叉，短绳跳长绳，两人摇长绳，跳绳人在长绳下摇短绳，短绳随长绳同时摇转，一摇一跳长短绳。

（三）跳绳的教学设计范例

大班体育游戏：好玩的单脚跳绳

一、活动目标

（一）培养幼儿对跳绳的兴趣；

（二）掌握单腿跳绳的方法；

（三）通过单腿跳绳，发展幼儿下肢力量、灵敏协调素质。

活动重点：跳绳时的手脚配合。

活动难点：手脚的协调配合。

二、活动准备

跳绳若干，音乐。

三、活动过程

律动入场《健康歌》

幼儿手拿跳绳开着飞机进入活动场地。

（一）自由探索跳绳的玩法

教师鼓励幼儿向后探索跳绳的玩法。教师加以引导。

师：请你们大声告诉我手里拿的是什么。是跳绳，我们刚才用跳绳开飞机。跳绳还能怎么玩？今天，我们一起来玩绳，老师想看看哪个小朋友玩法最多。你也可以把你的玩法介绍给其他小朋友，也可以两个人合作玩绳。不过，当你们听到口哨声时就要立刻回到原来的位置站好啊。

师：好，现在我们开始玩手中的绳吧。

请幼儿展示探索结果。

（二）教师示范动作，幼儿挑战。

师：刚才小朋友都展示了玩绳的方法，现在我们一起来做一做。老师还有其他玩法介绍给小朋友，大家一起来玩一玩，看看我们的小朋友能不能顺利地完成每个玩法。

（1）双脚跳过横放在地上的绳。

师：下面让我们把绳放在我们面前，像老师一样跳过去。

（2）单脚跳圈。

师：好样的，现在请小朋友把跳绳围成一个圈，怎么跳？

看老师跳一圈，请小朋友单脚站立，准备好了吗？

（3）跳绳

每人一根一米长的短绳，两手拉紧跳绳的两端，双脚踩在跳绳的中间，两手拉紧跳绳，双脚用力向前跳。

师：现在我们来比一比谁跳得多。

（4）走“蛇形”，幼儿分成两路纵队。

师：看来我们的小朋友都跳得非常棒，那么接下来我要看看小朋友走得怎么样，能不能走稳。来跟老师一样把跳绳弯弯曲曲地摆放在地上，像条小蛇一样。如何脚踩在跳绳上走过去？听口令，准备开始。

（5）走“小路”，幼儿分成两路纵队。

将两条绳拉成相距一定距离的平行线做小路，幼儿在小路中走，踩绳，出线为犯规。

师：当我们走这条小路的时候一定要小心，千万不要踩到跳绳或者走出线，只能在里面走。好，下面就让我们来看看谁走得最好。

（三）游戏：过障碍

组成两路纵队，教师用跳绳设置障碍。

要求：速度快、方法对者获胜。

师：下面我们要玩一个游戏叫“过障碍”。当老师发出口令后，小朋友要双脚跳过前面这些跳绳，然后看到全后就单脚跳，接着走过“钢丝”，一定要走稳。再接着走过“小路”，拿起地上的跳绳双脚跳一个后迅速跑回来和下一个小朋友击掌，跑到队伍的后面，第二个幼儿按同样方法过障碍，速度快、方法对者获胜。

四、游戏结束

幼儿坐在原地敲敲腿、抖抖脚，带上绳回教室。

第四节　学龄前儿童身体动作的练习禁区

一、幼儿的生理特点

临床医学根据生理学的特征，将3~7岁划分为幼儿期。这一时期，幼儿语言发育迅速，身体活动增加，因此，这一时期也被称为活动期。

（一）骨　骼

随着年龄的变化，骨骼中有机物与无机物的比例关系也发生改变。幼儿的骨骼有机物多，可达1 /2，骨骼弹性强但硬度较低，可塑性大。

运动中的注意事项：

（1）养成正确的身体姿势。无论是走、坐还是站，均不宜做长时间的反复、重复练习。形体健康不仅影响一个人的外在形象，更直接关系到幼儿正常的身体发育，特别是骨骼、内脏的发育。研究表明，养成正确坐立、握笔姿势的幼儿，患有近视的比例约为10%。握笔姿势不良的幼儿近视率超过42%，远远高于握笔姿势正确的幼儿。

（2）注重身体的全面发展。少从事非对称性项目、长时间固定姿势项目和负重性项目。由于不同的体育项目具有不同的靶器官，其练习的目标不一样，因此，需要练习的多样性，并使之交叉进行，全面锻炼，切不可对幼儿进行过高的专业水平要求，要以培养兴趣和打基础为主。10岁以前尽量不进行静力性负重练习。力量练习可以动力性练习为主，避免在坚硬的场地上奔跑、跳跃。同时加强柔韧性练习，以动力性主动拉伸练习为主。

（3）重视撞击性练习。撞击性练习有利于刺激骨骼的生长发育，促进骨密度增长。撞击性运动主要包括跑、跳等对外界施加力量的运动项目。

（二）肌　肉

幼儿肌肉中水分多，蛋白质、脂肪和无机盐类较少，肌肉细嫩而富有弹性，能量储备稍少，收缩力量和耐力较差，易疲劳但也容易恢复。身体各部分肌肉发育不均衡，大肌肉、上肢肌发育优于小肌肉、下肢肌。肌力的增长不均匀。

运动中的注意事项：

（1）少进行大强度的肌肉练习，多进行动力性和技巧性的练习，运动项目安排要注意均衡发展，发展大肌肉力量的同时，也要发展小肌肉力量，同时还要注重下肢肌肉和躯干核心区的肌肉练习。

（2）可以通过选择走、跑、跳、投、攀爬等动作发展幼儿的大肌肉群力量。通过手指活动、翻绳、手工、剪纸等多种形式的运动发展幼儿小肌肉群的力量。

（三）关　节

幼儿的关节囊及韧带伸展性大，活动范围大，但是，关节稳定性和牢固性差，容易脱位。柔韧素质在3~6岁发展最快，随后逐渐下降。

运动中的注意事项：

柔韧性素质练习适宜早期进行。尤其是肩关节、腕关节、肘关节和踝关节等活动范围大、稳定性差的关节附近的肌肉群要多进行相关练习，以达到提高关节稳定性的作用，但练习方式应以主动拉伸为主，不要过分施加外力，要做到循序渐进。

（四）心血管系统

幼儿的血液量相对比成人多，血流速度比成人快，血液循环时间也比成人短：3岁为15秒，14岁为18秒，成人为22.1秒。但是，单位体积血液中幼儿的血红蛋白含量与成人相比则较低。此外，幼儿的神经调节发育不够完善，心肌纤维收缩能力弱，心脏泵血能力弱，脉搏输出量小。然而，幼儿的新陈代谢旺盛，心率较快，尤其是大强度运动中，最高心率比成人最高心率高，血压比成人低。

运动中的注意事项：

（1）尽量减少憋气、紧张性和静力性练习，运动练习的负荷不宜过大，要动静结合，避免心脏负担过重。

（2）不宜过早进行专项耐力练习和竞技体育比赛。适宜的远足等耐力项目有利于幼儿心肺功能提高。

（五）呼吸系统

幼儿的新陈代谢旺盛，耗氧量大，呼吸频率快。但是，呼吸阻力较大，肺通气的动力呼吸肌力量弱，肺活量小。同时，幼儿氧运输系统功能差，最大通气量和摄氧量较小，运动时幼儿通气量的增加主要依靠呼吸频率的增加来实现。

运动中的注意事项：

（1）运动中应以速度练习为主，以耐力练习为辅。动作与呼吸协调配合，凡是使胸廓扩张的动作吸气，使胸廓缩小的动作呼气，避免憋气或屏气动作。体育活动的时间与强度的安排要适宜，一般为3~5分钟。运动强度大时，教师需要应用指导、讲解、示范、改变规则、讲述故事、评价幼儿等多种方法调整运动强度。

（2）注意幼儿呼吸道卫生，养成用鼻呼吸的习惯。雾霾天气不要在户外运动，室内运动时要注意清洁地面，尽量减少尘土飞扬，因为运动中呼吸量大大增加，肺换气量也大大增加，大量的污染物质将停留在肺泡内表面，带来的危害远比运动带来的益处更多。

（六）神经系统

幼儿的神经系统抑制过程不完善，兴奋过程占优势，表现为好动、注意力不集中、学习和掌握动作较快，但多余、错误的动作较多。神经细胞工作能力低，易疲劳，但恢复较快。

运动中的注意事项：

（1）体育活动中做到内容多样化，同一内容的安排可以由简到繁逐渐调动幼儿的练习兴趣，激发他们的挑战欲望。把短暂的休息设置到练习环节中去，以免疲劳。

（2）多采用直观形象的教学方法。采用动作示范，看录像、图片等教学方法；采用简单易懂、形象生动的儿歌帮助幼儿理解。以模仿性的动作为主，促进幼儿全面发展。

二、学龄前儿童身体动作的练习禁忌

（一）不宜长期进行某种动作练习

人体的骨骼中含有有机物和无机物，幼儿骨骼中有机物较多，而无机盐较少，骨较软，弹性大，可塑性强，但容易弯曲变形，如果经常单一地使用某些骨骼，会造成骨骼的畸形。

（二）不宜过度牵拉或猛烈运动

幼儿的关节窝比较浅，关节附近的韧带较松，肌肉纤维细长，因此关节的伸展性及活动范围比成人大。但幼儿关节的牢固性较差，在过度牵拉或猛烈活动时，关节头易从关节窝中脱出，引起脱臼。

（三）不宜提重物或做长时间的支撑和撞击性动作

腕骨由8块软骨组成，幼儿到7岁左右，腕骨出现比较明显的骨化点，10~13岁腕骨的骨化才能完成。幼儿腕部的力量不足，不宜提重物，不宜做长时间的支撑和撞击性动作。

（四）不宜从高处跳到坚硬的地上

人体的骨盆是由髋骨、骶骨和尾骨围起来组成的，其中髋骨由髂骨、坐骨和耻骨构成，幼儿的这三块骨之间依靠软骨相连接，直到成年，软骨才能完全骨化，故而幼儿不宜从高处跳到坚硬的地面上，以防骨盆经常受压而错位变形。

（五）不宜运动负荷过度

幼儿肌肉柔软，年龄越小，肌肉中水分越多，而蛋白质、无机盐等固体成分较少，能量储备差，因此，力量和耐力较差，容易疲劳和受伤。幼儿新陈代谢旺盛，供氧充足，只要控制运动量，恢复体力较快。

（六）不宜长期做单侧运动

格赛尔认为，人的身体结构建立在左右两侧均等的基础之上。大脑有两半球，眼有左右双目，手分左右，腿分左右。正是这种对称的解剖结构，保证了机体平衡的活动。对称的两边需要均衡发展，才能发挥有效的机能作用[1]。

[1] 王振宇. 儿童心理发展理论[M]. 上海：华东师范大学出版社，2016：21-23.

第六章　体育游戏及游戏干预的基本含义

【本章目标】

阅读完本章之后，你应该可以：

- 了解游戏特征、结构等基本理论，以及游戏与儿童发展的内在关系。
- 掌握体育游戏的基本理论、价值。
- 掌握各年龄段儿童的体育游戏特点。
- 了解体育游戏干预的基本概念及动作发展与游戏发展的关系。
- 明确游戏干预的目的，并掌握游戏干预的理论基础。
- 了解游戏干预的形式及基本过程。
- 掌握游戏干预的基本策略。

第一节　游戏的基本概述

一、游戏及其基本特征

（一）游戏概念

游戏是一种古老的社会文化现象，有人类就有游戏。游戏的定义历来是游戏研究中的一个难点，其困难性源于游戏活动性质的复杂性[1]。人们往往把游戏看

[1]　刘焱. 儿童游戏通论[M]. 北京：北京师范大学出版社，2008：8.

作与工作不同的活动，把它归入“闲暇生活”的范畴。作为“闲暇生活”，游戏意味着从以获取物质生活资料为目的的工作中脱身出来的自由，游戏不存在强迫，是一种人人都可以自由加入、离去的活动。游戏的本质是自由，无拘无束是游戏活动独特的“性格”。游戏不是一种与生俱来的、不学而能的本能，游戏本身也是一种经由学习而逐渐发展、成熟的行为[1]。

目前为止，学者们对于游戏的定义仍有不同看法，尚未有定论。综合学者的研究成果，游戏具有以下特征[2]（Rubin Fein, Vandenberg,1983；林惠雅，2003）：

（1）游戏是出自内心的动机：游戏是来自个体本身的动机，其活动也是个体本身所激发的，并非外在所导致。

（2）游戏是一种自由选择：对年幼孩子来说，自己选择玩耍的才是游戏，如果被别人分派或指定的则为非游戏。

（3）游戏具有正向情感：游戏通常被认为是欢乐和愉悦的，对年长的幼儿来说，快乐与否是区别工作和游戏的关键因素之一。当然，并非所有的游戏都是快乐的，有时游戏也会伴随着忧郁和紧张不安（如从高处向下跳、走狭窄的平衡木）等，但是他们仍然喜欢玩这样的游戏。

（4）游戏注重过程：游戏时，幼儿比较在意活动本身或尝试各种方法，活动目的是否达成并不重要。

（5）游戏并没有固定模式：幼儿在游戏时，其内在现实超越了外在现实，对物体可能随时有新的定义出现，如把梯子当成桥，或用木板做成滑梯，对幼儿来说，游戏可使他们尝试想尝试的动作或行为。

（二）游戏的特性

游戏的特性主要包括正向的影响、非现实性、内在动机、过程取向和自由选

[1] 江孝男，等. 文化人类学事典[M]. 乔继堂，等译. 西安：陕西人民出版社，1992：277.

[2] 林惠雅. 儿童游戏课程——动作技能与社会能力发展[M].台北：心理出版社，2015：39-44.

择等方面[1][2]。

1. 正向的影响

正向影响表明游戏通常是有趣和好玩的，经常伴随着欢笑声，即使是比较严肃和紧张的游戏，很多幼儿对于其评价依旧很高。有时候，游戏会伴随着焦虑和一些恐惧，例如，当幼儿准备从高处往下跳的时候，这个焦虑仍然掺杂着愉快的体验，因此幼儿会不断地重复从高处往下跳的动作。

2. 非现实性

游戏的非现实性是将游戏从日常生活经验分割出的游戏架构，这个重要特征应用在所有种类的游戏中。在这个架构里，内部现实接替外部现实。物体、行动和情节的一般定义被忽视，取而代之地赋予新的意义。幼儿采用假装好像的姿态去面对现实，允许他们从此时此刻的约束中脱离和实验各种新的可能性。

3. 内在动机

游戏的动机来源于游戏者本身，游戏活动都是为了自己的缘故而追求。游戏本身不需要外部刺激或得到权利等外在目标。

4. 过程取向

当幼儿进行游戏时，他们的注意集中于活动本身而非活动的目标，对他们而言，过程比目标更重要。缺少达到活动目标的压力让幼儿有更多自由去尝试活动的许多不同变化，而且是游戏比结果取向行为更加有弹性的主要原因。

5. 自由选择

自由选择是幼儿认识游戏概念中的一项重要元素。幼儿经常认为像堆积木的游戏，如果是被教师指定的就是工作，如果是他们自己选择的就是游戏。当幼儿长大后自由选择与否会越来越不重要。对于大年龄段幼儿来说，欢乐与否是区分游戏和工作的主要因素。

---

[1]　GARVEY C. Play[M]． Cambridge,MA: Harvard University Press, 1977.

[2]　JENVEY V, JENVEY H. Criteria used to categorize children’s play : Preliminary findings[J]. Social Behavior and Personality, 2002（30）：733-740.

（三）游戏结构

游戏结构是指游戏是由哪些要素所构成，以及各要素之间的相互关系与影响。幼儿游戏由游戏任务、游戏内容、活动方式、活动条件、游戏情节、游戏规则、游戏结果等要素所构成[1]。

1. 游戏任务

游戏任务在游戏中具有定向的作用。它是确定游戏内容、活动方式、游戏规则等成分的主要依据。游戏任务是在不断发展变化的，促进其变化的有教育理论，体育理论，生理、心理等学科和幼儿身心发展水平等外部因素，也有游戏内容、活动方式、游戏情节等内部因素，还与人们对游戏的认知发展有很大关系，另外，也与游戏所处的环境紧密相连。例如，大渔网游戏在小场地里主要以发展幼儿的灵敏协调能力为主；在大场地里幼儿跑动距离较多，以发展幼儿的耐力、速度等体能素质为主。

2. 游戏内容

游戏内容包括动作、知识、品德和智力教育等内容，它是游戏的主要成分，游戏任务也主要是通过内容来实现的。

（1）动作是游戏内容的主要成分。动作是游戏内容的关键部分，其他内容对它都有一定的从属性。不同的动作都有相应的活动方式和规则，情节也不能脱离动作的特点。游戏动作具有很大的可变性，它是一个最活跃的结构成分，具有多种多样的变化。以小伞兵跳伞游戏为例分析，这个动作由预备、起跳、腾空、落地四个部分组成，这四个部分都是可变的。预备动作可分为动态和静态的，静态的可分直立的、蹲立的、坐姿的，身体方向可分为正面、侧面和背面；起跳动作有单双脚之分，起跳角度和速度也因跳跃目的不同而各异；腾空阶段可以只是维持身体平衡不做其他动作，也可造型、触摸物体、越过障碍，还可做起跳附加动作；落地方式也是多种多样的，可静止也可继续做其他动作，静止的姿势可以是简单的屈膝站立，也可全蹲或做一定的造型，如继续做其他动作，则与其组合

[1] 王占春. 幼儿体育教学法[M]. 北京：人民教育出版社，1996：13-19.

的动作也是丰富多彩的。另外，跳跃器械的高度、形状，落地点的远近、范围也是可变的，而动作的变化会从不同的方面给幼儿的身心带来不同的游戏体验。游戏动作要从幼儿身心发展水平出发，随其变化而变化。游戏动作有的来源于其他运动项目，有的取自生产和社会活动，游戏根据自身的规律和特点，进行分解使之成为游戏动作。生活中的动作丰富多样，游戏动作自然也是变化无穷的。游戏动作也受活动方式、活动条件和游戏规则、游戏情节等内部成分所制约。例如，从高处向下跳的落地点是高弹的垫子，则跳跃器械高度可增加，并为腾空动作的变化提供更有利的条件。

（2）知识在游戏中具有指导作用。知识能指导幼儿怎样合理做动作，怎样获得，并且使幼儿懂得一些为什么这样做的道理。知识内容是根据游戏任务而定的，从属于游戏动作、活动方式、游戏情节、游戏规则等成分。儿歌学习可以丰富幼儿的语汇，发展语言。拟人化的游戏，以及涉及动植物的习性、特点等创编的游戏，在游戏过程中可以使幼儿增长有关的知识，认识客观事物。

（3）品德教育在游戏中具有保证作用。品德教育能保证游戏的顺利进行，保证游戏任务的全面完成。它从属于游戏动作、活动方式、游戏规则及游戏情节。小伞兵跳伞游戏中，品德教育内容包括爱国、爱航空事业、勇敢、守纪律等，这些都是由动作、活动方式、情节、儿歌等成分所决定的，这些成分变化了，品德教育内容也要变化。

（4）智力教育在游戏中具有调节作用。智力教育是游戏所固有的，在游戏中起着调节作用，它影响着活动质量的高低，对游戏动作和活动方式有较大的从属性。小伞兵跳伞对幼儿空间知觉、运动知觉、想象力的发展都有良好的作用。

3. 活动方式

活动方式是指活动的组织形式和练习方法，它是游戏的主要成分之一，是实现游戏任务的基本途径。

（1）游戏的组织形式。游戏的组织形式主要包括队形、分组、分配角色、起动信号、结束方式等。活动方式是根据任务、内容、幼儿特点、人数、条件等因素而定的，也随其变化而变化。活动方式的变化也会引起任务、内容的变化。

例如，摘星星与狡猾的狐狸两个游戏都是以发展四散跑为内容，所变化的主要是后者有寻找“狐狸”的观察活动，就此两者在智力教育内容上就有了差异。当然，活动方式的各个成分的变化是有章可循的，具有一定的规律性。以分组和分配角色的方法来说，可以分为四类：民主决定法、个人决定法、斗智法、随机决定法。不同的环境下可以变化这四种基本方法。同样，不同年龄段幼儿进行游戏时，分组和分配角色的方法也不同。对于3岁左右的幼儿来说，教师采用个人决定法比较适宜；而对较大年龄段的幼儿来说，采用民主决定法尊重幼儿；而对于自信、活泼的幼儿来说，采用斗智法更能激发他们的游戏兴趣。起动信号也是组织形式的一个重要环节，它是由发起人或物体、信号性质、接受信号组成的，这三个方面都是可变的，有规律可循。就信号性质来说，可分为听觉信号、视觉信号、触觉信号和综合信号等方面。听觉信号有哨子声、口令、儿歌、鼓声、歌声、乐曲声等内容；视觉信号包括肢体动作、面部表情、颜色、形状、物体状态、图示、视频等内容；触觉信号主要包括器材的材质、器材的温度、肌肉的感觉等方面；综合信号则主要是听觉、视觉和触觉等信号的综合应用，如带声音的视频、带声音的玩具等等。

（2）练习方法。练习方法是游戏中的关键环节，它对全面完成游戏任务影响最大。练习方法可分为模拟法、竞赛法、变化条件法、循环练习法等。各种方法均按照一定的规律发展、变化。以竞赛法为例说明，竞赛法包括竞赛内容、竞赛方式、竞赛人数、竞赛参与方式、竞赛结束方式、竞赛的组织等结构成分，每个结构成分都有其变化规律。竞赛内容可包括赛速度、赛高度、赛远度、赛力量、赛耐力、赛柔韧性等体能素质的竞赛，也有赛技术如跳绳比赛，还有赛体力与智力相结合的人、枪、虎等游戏，以及赛集体配合能力的两人三足等游戏，具体游戏所用的方法多是综合的。奖胜罚负是竞赛方法的一个环节，在幼儿游戏中，其方法也是多样、富有变化的。奖胜的方法既有精神方面，也有物质方面，还有游戏权利方面。例如，狡猾的狐狸在哪里游戏中，胜利者可以自由挑选任命“狐狸”人选。当然，获得游戏权利方面也是多种多样的，如当下一次游戏角色的权利，分组游戏挑选队员、处罚负者的权利，等等。另外，结束方式也是组织形式一个不可或缺的环节，它具有多种变化，有的游戏完成任务即为结束，如贴人游戏；有的游戏则是由组织者发出信号结束，如老鹰抓小鸡游戏；而有的游戏结束活动是游戏情节的一个部分，如老狼老狼几点钟游戏，幼儿跑回家即为游戏结束。

最后，还必须注意竞赛法中的竞赛对象的选择。对幼儿来说，每一次活动的成功体验是支持他们进行下一次活动的基础，也是他们获取自信心的一个重要途径。不同心理素质的幼儿，其竞赛的对象也要因人而异，不可一视同仁。对于自信、活泼、开朗的幼儿来说，与同伴或高年龄的幼儿竞赛，将有助于促进他们的成长，他们会把每一次的竞赛当成自己进步的动力；而对于自卑、内向、胆怯的幼儿，与同伴竞赛，只能消磨他们的意志，让他们更自卑，甚至拒绝参与相关的体育活动，与自己竞赛是一个比较适宜的方法，这可以让幼儿体验到自己的不断进步与成功。

4. 活动条件

活动条件主要包括场地和器械等。它是游戏活动的物质基础。

（1）场地。场地会影响练习的性质与游戏任务，比如在宽阔的场地进行“大渔网”游戏，其游戏任务主要是通过四散追捉跑发展幼儿奔跑能力和灵敏素质；在小场地里进行“大渔网”游戏，其游戏任务则主要是发展灵敏素质。游戏场地是可以变化的，它的形状、面积可根据教育需要来变化，没有固定的模式。

（2）器械。器械变化也是丰富多彩的，比如追捉跑，可以用手捉，也可以用“网”捕，用“绳”拦，用包击；投掷工具可用沙包、小球、塑料手榴弹、短棍、纸标、竹镖、降落伞、飞圈、带球等，各种器械的颜色、形状、大小、轻重、制作材料等都是可以变化的。

5. 游戏情节

游戏情节是激发兴趣的动力作用和教育作用的重要成分，它是游戏中活跃的成分。它可以根据教育各种需要做多种多样的变化。以四散追捉跑为例，虽然玩法大同小异，情节却完全不同，有的反映自然现象，有的反映社会现象，有的以幼儿生活为题材，有的则以成人的军事活动为题材。这些现象与游戏动作或活动方式有形似之处。由于现实生活的事物丰富多彩，给游戏情节的变化提供了永不枯竭的源泉。获取信息的途径增多了，幼儿知识比过去丰富了，视野开阔了，这给游戏情节变化提供有利的条件，也是情节发展的推动力。

游戏情节是由角色的活动组成的，有情节则必有角色，情节变化，角色必然也变。角色有性质、关系、数量和稳定性等因素，角色的性质由情节而定。简单的游戏只有一种角色，复杂的游戏有两种或三种角色。角色关系基本可分一致的和对抗的两类。前者是同一角色共同去完成一个任务或不同角色协同去完成一个任务，后者是不同角色相互对抗。具体游戏的角色数量是可以变化的，这要根据教学任务、幼儿活动能力、场地和游戏人数而定。在对抗性游戏中，对抗双方的人数是可以变化的，比如大渔网游戏中的追捉跑可以是一人追多人，也可以是多人追多人或多人追一人。有的游戏角色是稳定的，在一次游戏活动中不变；有的游戏，如贴人游戏追者和逃者不时地对换，如小伞兵跳伞游戏人相继扮演螺旋桨、飞机和伞兵三个角色。

6. 游戏规则

游戏规则是游戏的重要成分，具有组织、教育和保证作用。游戏规则从属于游戏内容、活动方式和游戏情节等成分，随上述成分的变化而变化，也随幼儿年龄的变化而变化。游戏规则有很大的灵活性，具体游戏规则可根据任务和幼儿情况灵活变化。

7. 游戏结果

游戏结果反映游戏任务完成情况。要从幼儿在游戏过程中其机体运动负荷、动作发展、品德表现、智力是否得到发挥、是否受到启迪等方面来评价游戏结果。分成胜负是游戏的结果，但它仅仅是竞赛性游戏结果的一个部分。不同游戏，不同教育方法，其结果有很大差别。

总之，幼儿游戏结构是由多种成分组成的，它们彼此紧密联系、相互影响，各个成分都是可变的，而且有一定规律可循，每个成分的变化都会引起其他成分甚至整个游戏结构的变化。游戏结构并不是固定不变的，它也是不断变化、不断发展、日臻完善的。同时，游戏是存在于一定环境之中的，它与外部环境保持着密切联系。外部因素的变化对游戏结构影响最大。因此，游戏内容、活动方式、游戏规则、游戏情节等都应以幼儿身心发展水平为依据，以促进幼儿身心发展为目的，两者紧密相连。幼儿身心发展水平变化了，游戏也要变化，否则游戏就不能有效促进幼儿身心发展，有时甚至会限制和束缚幼儿身心发展。幼儿身心是不断发展的，它的每一变化都必然带来新的需要，从而推动游戏结构的变化。

下面以游戏狡猾的狐狸在哪里为例加以说明。

狡猾的狐狸在哪里

游戏任务：练习在一定范围内四散追逐跑。

游戏内容：全体幼儿闭眼，背手站成一个大圆圈，教师在圈外沿逆时针走一圈，并用手指随意触摸一个幼儿，以示请他扮演狡猾的狐狸，然后大家睁开眼睛，幼儿连续问三次："狡猾的狐狸在哪里"之后，"狐狸"迅速跑到圈中央，举起手说"我在这里"，然后，狐狸开始追捉，其余幼儿四散跑开，被捉到的幼儿站到场外，捉到几个幼儿后，更换"狐狸"，游戏重新开始。

活动方式：各种跑的基本技能。

活动条件：①幼儿具备跑的基本技能；②空荡、平坦的地面。

游戏情节：狐狸追捉小动物。

游戏规则：①教师点"狐狸"时，幼儿必须闭眼。②被"狐狸"拍到，或跑出指定范围的幼儿算被捉到。③在三次问话前，"狐狸"不得暴露自己，否则，需重新选择幼儿做"狐狸"。

游戏结果：被捉到的幼儿站到场外，捉到几个幼儿后，更换"狐狸"，游戏重新开始。

由上述案例可见，游戏的结构基本是固定的，但是游戏结构又是不断变化和发展的，它是由简单到复杂，由不完善向比较完善发展的。比如，为了趣味性，可以增加"狐狸"的人数；为了让幼儿有休息时间，可以设置一个"山洞"为休息区；等等。游戏的变化具有一定的规律性，只有掌握了游戏结构及其变化的规律，才能更好地创编出适宜幼儿身心发展特点的体育游戏。

（四）游戏的相关行为

1. 探　索

游戏和探索是相似的行为，相似在于它们都是自发性的行为，而非由外部目标所驱使，但仍可发现这两种行为模式的重要不同性（Hutt，1971；Weisler，Mclall，1976）。探索是一个刺激主导的行为，着重于获得讯息，探索物的刺激特性控制探索。游戏是一个有机主导的行为，由游戏者的需求和欲望管理。游戏关注的是阐述刺激感而非获得知识。Hutt（1971）认为在游戏中，强调的焦点问题是"这个物体有什么作用"，游戏和探索之间的主要差异见表6-1。

表6-1　游戏和探索的差异（Hutt,1971; Hughes，Hutt, 1979）

项目	游戏	探索
发生时间点	跟随探索	在游戏之前
背景	熟悉的物体	新奇的物体
目标	制造刺激感	获得讯息
行为	多变	固定刺激
心境	高兴	严肃
心跳程度	高	低

2. 模　仿

游戏和模仿具有一定的差异性。当适应比同化更重要时，模仿就发生了。模仿时，幼儿会调整自己去符合内在真实。Piaget认为，游戏和模仿是人在努力适应环境的互补过程。当适应趋势抑制住同化趋势，两个过程间相互配合时，适应质量的平衡状态便达到了。真正的游戏是充满活力的，并在新的观念、想法和表达行为中不断转换。模仿却缺乏这种活力和转换的本质。只有真正地游戏时，幼儿才会获得游戏中的认知和情绪功能。

在游戏活动中，幼儿认知和社会性水平常常关系选取何种游戏和采用何种方式进行等问题。Piaget（1962）和Smilansky（1968）认为，幼儿游戏的发生、发展反映着幼儿认知发展水平的变化。有什么样的认知发展水平，就有什么类型的游戏出现。

表6-2表明，在感觉动作时期，婴儿的游戏类型属于练习游戏或功能游戏，婴儿会不断重复他们正在学习或熟练的行为模式。2岁后期，幼儿的游戏类型进入了象征性游戏，这种类型的游戏包含一种不存在的表象，如幼儿会假装木板为汽车。戏剧游戏则是比较高层次的象征性游戏，幼儿假装或扮演某种角色，并模仿在某些情境中的语言或多种角色。若两个或以上的幼儿一起玩戏剧游戏，戏剧游戏则成为社会戏剧游戏。具体运算时期，幼儿游戏出现了规则游戏。建构游戏是指幼儿用一些材料来做成一些东西。Piaget认为，建构游戏没有明确的阶段划分；Smilansky认为，建构游戏有其明确的阶段，大约在22~24个月开始发生。

表6-2　幼儿认知游戏的发展

<table>
<tr><th>年龄</th><th>Piaget的认知发展阶段</th><th>Piaget（1962）</th><th>Smilansky（1968）</th></tr>
<tr><td>0~2岁</td><td>感觉动作期</td><td>练习游戏</td><td>功能游戏</td></tr>
<tr><td>2~7岁</td><td>前运算时期</td><td rowspan="2">象征性游戏（建构游戏）
规则游戏（建构游戏）</td><td>建构游戏
戏剧游戏</td></tr>
<tr><td>7~12岁</td><td>具体运算时期</td><td>规则游戏</td></tr>
</table>

对于社会游戏发展方面，Mildred Parten（1932）提出其发展路径如下：

（1）独自游戏：幼儿一人玩耍，在2岁至2岁半左右；

（2）平行游戏：在2岁半至3岁半，幼儿基本上各玩各的，没有互动与合作；

（3）联合游戏：发生在3岁半至4岁半，幼儿一起玩，有交谈等互动，但幼儿没有共同参与的游戏主题；

（4）合作游戏：大约发生在4岁半以后，幼儿共同参与游戏，游戏有组织、有目标，角色分明。

二、游戏与发展

游戏是童年时期学习的媒介[1]。游戏与幼儿发展的关系可以从两个方面表现

[1]　JAMES E JOHSON. 幼儿游戏[M]. 吴燕仪，等译. 台北：华腾文化股份有限公司，2011：5-11.

出来：一是幼儿必须先具备某些能力，才能够进行某些游戏，这是以游戏发展为导向；二是通过游戏活动可以促进幼儿哪些能力的发展，这就是从游戏对发展的影响的角度出发。

游戏与发展之间至少可以用三种方法来验证其关系：

游戏反映发展：游戏行为可被视为幼儿发展的一扇窗，显示幼儿在目前不同发展领域的状况。

游戏强化发展：游戏是表现及整合发展的场域及管道，提供新的学习机会。

游戏促进发展：游戏可称为发展改变的工具，可对个人组织功能与结构性组织产生质性的改变。

以上三种观点在某种程度上都是正确的，有关游戏与发展的论点，三者也并不相互冲突。有时候游戏可促成发展，有时候游戏强化发展与学习，还有些时候游戏成为检视发展状况的镜子，这三者常在游戏中同时发生。此外，游戏对幼儿的作用有短期、延滞及长期之分。有些游戏的正向作用是短暂的，在游戏结束之后，立即显现，这些益处可持续一段时间，但大多都很快消失；反之，游戏的长期益处可持续许多年。Manujlenko（1978）认为，在游戏中，幼儿有比其他时间更多自我约束的行为。

（一）大脑发展与游戏

从一出生，婴儿的头脑即准备好接受处理新的感官刺激，并准备好理解这些经验。

孩子已准备好可以用身体的每个感官去探究不可计数的人与物。一个孩子无约束的游戏经验能帮助大脑去构建大量的神经联结。幼儿需要游戏并进行探究，以建构最丰富的突触组合，形成未来大脑发展之基础[1]。游戏在孩子最初三年的功能可以协助大脑发挥其潜能，形成大量突触的产生，以储存更多潜在的变化性于大脑及行为中，若没有游戏就不可能储存这么大的潜能，之后，帮助童年时期所产生的这些更复杂的脑神经结构完成建构。但是，要让这些事件发生的必然就

[1] JAMES E JOHSON. 幼儿游戏[M]. 吴燕仪，等译. 台北：华腾文化股份有限公司，2011: 5-11.

是游戏必须对孩子有意义、帮助他们了解这个世界，并让他们有能力去适应这个世界。游戏便可以极尽所能刺激大脑活动与成长，并对大脑结构产生正向的改变。由于幼儿在游戏时是相当活跃的，游戏可增进感官知觉、社会、情绪与认知系统的发展。游戏的根本就在于想要感受游戏本身带来的愉悦感这个内在动机。游戏中，幼儿可以学习、与他人建立关系，并发展未来生活所需具备的技巧[1]。当幼儿在进行游戏时，他们在情绪—认知领域的自我激发行为似乎也受到强化，而他们的压力程度则减低。游戏对发展影响的相关研究主要集中在认识、语言和社会等方面。

（二）游戏与认知发展

研究表明，游戏有助于幼儿智力发展，尤其是象征性游戏和建构游戏类型（Christie,1983; Johnson, Ershler,1982; Smith,Dalglesh,1981; Johnson, 1977）。例如，拼图游戏有助于注意力练习；而象征性游戏允许幼儿自由、自主地玩玩具，则有助于发展幼儿的创造性思维。因此，林惠雅（2015）认为，这类游戏可以帮助幼儿增进思考能力或熟练新的心智能力。

（三）游戏与语言发展

Lazden认为，游戏帮助幼儿表现新获得的语言技巧，并增加他们潜意识对语言规则的察觉。游戏与语言的交互作用已经被很多研究所证明，语言在游戏中扮演着重要角色，游戏也能促进语言的发展。Levy（1984）认为，游戏中呈现的新的字与概念能激发语言使用与练习的动机，在游戏发展中语言的使用有助于语言思考。

（四）游戏与社会能力

Creasey、Jarvis及Berk指出，游戏与幼儿的社会发展存在着双向的关系，即社会环境影响幼儿的游戏，而游戏也是幼儿获得社会技巧及社会知识重要的脉络。幼儿必须具备某种能力才能进行社会游戏，而社会游戏也会提升幼儿社会能

[1] POWER T G. Play and exploration in children and animals[M]. Mahwah, NG: Erllbaum, 2000.

力水平。进行社会游戏有助于幼儿了解一些社会技巧的运用。常进行社会游戏的幼儿具备一定的社会交往技巧，容易互动和合作[1]。

第二节　体育游戏及其含义

一、体育游戏的概念

体育游戏，是以各种基本动作、发展体能以及运动技术的练习为目的，以具有一定的情节、角色、规则、娱乐性和竞赛性的游戏元素为基本形式的运动游戏或活动性游戏。动作是幼儿游戏活动中最重要的部分，体育游戏则主要是运用身体动作发展幼儿的运动技能、促进身心健康发展的游戏活动。刘焱等把体育游戏称为身体运动游戏或练习性游戏[2]。他认为身体的练习性游戏不仅可以使幼儿掌握运动技能，增强对于自己身体的控制，而且可以使幼儿体验到自己的力量和技巧，增强自信心与自主感。体育游戏是集模仿游戏、探索游戏、检验游戏、造型游戏等多种游戏于一体的游戏方式。体育游戏是幼儿园体育中一项重要的内容和教材，也是完成体育任务的基本方法。学龄前儿童体育游戏的概念包括三层含义[3]：

（1）以各种身体动作的练习为基本内容，主要包括各种基本动作的练习，提高身体素质的练习以及运动技术的练习；

（2）以游戏活动为基本形式，一般具有一定的情节、角色、规则、娱乐性和竞赛性；

（3）以发展幼儿的身体素质和基本活动能力为主要目的。

---

[1]　CONNOLY J A, Doyle A. Relation of social fantasy play to social competence in preschoolers[J]. Developmental Psychology, 1984：797-806.

[2]　GARVEY C. Play[M]．Cambridge,MA：Harvard University Press, 1977：289.

[3]　刘馨. 学前儿童体育[M]. 北京：北京师范大学出版社，2009: 90-95.

二、体育游戏的价值

在游戏中学习和发展身体动作，是幼儿体育教育的重要途径。实践表明，幼儿身体动作发展水平与游戏设计紧密相关，良好的游戏设计有助于幼儿动作发展。然而，现有的研究主要关注游戏干预结果与作用，既缺乏游戏设计理论的相关分析，也不重视游戏效果评估的必要研究。游戏效果的评估内容与方法是游戏设计导向。因此，从动作发展的视角，探讨游戏设计与效果评估的研究势在必行。

（一）发展身体动作

体育游戏主要是以基本动作练习为主，通过一定运动量的身体练习，使得幼儿的体能素质和运动能力得到提高，达到增强体质健康的目的。幼儿在游戏中不停地移动，如幼儿在轮胎、攀爬架、平衡木和操场上不断地移动身体。老狼老狼几点钟等游戏会引起大量的奔跑、追逐、转弯和跳跃，而幼儿在搬动器材、操控器材等活动中发展他们的精细动作。

（二）促进认知发展

幼儿在体育游戏过程中思考，他们在脑海中创造关于故事或行动的画面，然后用行动表现出来。他们学习如何用一个物体表示另一个物体；他们用身体动作来替代或表现他们的想象；他们基于观察和经验来扩展自己的经验，比如学小兔跳和大象走、跳绳等。游戏中，不但要求幼儿集中注意力，还注重培养幼儿的观察能力、记忆力、想象力，以及积极思维的能力，这些都有助于促进幼儿智力发展。

（三）促进社会性发展

幼儿在游戏中了解、体验情绪。当他们发现他们喜欢或不喜欢的，他们体验感受，并开始对玩伴产生移情。幼儿有时是在游戏情境中，有时是在游戏情境外，根据游戏经验来学习表达自己的感情。当幼儿经历过失败，他们可以在游戏中释放焦虑和挫折感，并能学习如何应对。幼儿在游戏中学习调节他们的反应，从而使游戏得以继续。幼儿在体育游戏过程中，不仅学习如何与人友好相处，也在学习如何看待自己、对待他人，不断发展适应社会生活的能力。游戏中创造了大量的幼儿交往、合作、协商、交换、倾听和接受的机会，他们愿意和小朋友一起游戏，并且得到了经常一起玩的同伴，学会了有问题一起讨论、相互请教。他们能充分感受到与人交往的快乐，在积极健康的人际关系中获得了安全感和信任感，发展了自信和自尊，形成了基本的认同感和归属感。

体育游戏一般都具有相应的规则，要顺利地进行游戏必须要遵守相应的规则。接力赛中，必须要一个接着一个进行，这时幼儿就学会了轮流、排队、等候等规则，要玩游戏就必须要了解规则并遵守规则。同时，幼儿也知道了如果失败了就必须要接受相应的惩罚，不能以耍赖的方式参与游戏。

（四）语言和交流发展

幼儿在游戏中交流会促进幼儿的语言发展，积累交流经验。语言是幼儿在游戏中分享理解经验的工具。他们和伙伴一起，探究听到的、读到的、创编的、看到的环境与身体之间的关系，他们用语言商量活动的方式、情境和角色。当他们在游戏中运用身体动作进行某种活动的时候，他们会体验到它的功能和用途。

（五）自我调节发展

自我调节就是幼儿调节自己行为的方式。幼儿在游戏中组织他们自己，以此促进自我调节能力的发展。因为在表现游戏主题时，幼儿有着强烈加入小组游戏的动机，他们需要组织调节自己的行为来跟随小组节奏。幼儿在调整情绪反应和计划游戏情境的过程中学习自我调节[1]。

三、体育游戏的分类

体育游戏种类繁多，依据不同，其分类也有所不同。按照运动负荷大小，可分为小负荷游戏、中负荷游戏及大负荷游戏；按照有无规则，可分为规则游戏、非规则游戏等；按照体能素质，可分为力量素质游戏、耐力素质游戏、速

[1] BODROVA , ELENA, DEBORAH J LEONG. Tools of the mind: The Vygotskian approach to early childhood education[M]. Upper Saddle River, NJ: Pearson Education, 2007.

度素质游戏、平衡素质游戏、柔韧素质游戏，以及灵敏协调素质游戏等；按照活动场所，可分为室内游戏、室外游戏等；按照不同项目，可分为排球游戏、篮球游戏、体操游戏、田径游戏等；按照有无器械，分为徒手游戏和器械游戏；按照动作类型，可分为移动性游戏、稳定性游戏和操作性游戏；按照基本动作，可分为走的游戏、跑的游戏、跳的游戏、攀爬的游戏、平衡的游戏、投掷的游戏等。

四、各年龄段幼儿体育游戏特点

（一）3~4岁年龄段幼儿体育游戏特点

1. 游戏能力的发展

3~4岁年龄段幼儿游戏活动的目的性、独立性较差，活动能力、学习能力、活动中调节支配行为等能力都还比较低。他们掌握的基本动作还不够准确熟练，学习新动作比较困难。他们的基本活动能力和身体素质水平低。他们对游戏中的动作、角色、情节、儿歌等本身感兴趣，而对游戏结果不大注意，喜欢戴头饰等角色的标志，有玩具的活动更容易吸引他们。现在幼儿接受知识的途径较多，视野开阔，认识的事物也比较多，对游戏题材的兴趣比过去更广泛。他们的比赛意识还没有形成，对比赛结果不感兴趣，后期对简单的追捉活动开始感兴趣。游戏任务具体、简单时，他们能记住并认真完成。游戏中幼儿的行动受情境影响较大，容易受外界无关事物的吸引而分散注意力，甚至忘记游戏任务。分散活动时，常被别人兴高采烈的活动或新的活动内容所吸引而放弃了原来的活动。在完成具体任务需要他们独立做出选择时，带有较大的盲目性和偶然性。学习新的甚至很简单的活动方式时，常常需要教师细致地教，并反复多次练习才能掌握。活动中还常常忘记遵守规则。分散活动时，可以独立玩玩具，或者几个人做同样的活动，但难以组织集体活动，活动的持久性差。

2. 体育游戏特点

3~4岁幼儿游戏动作内容少，如跳跃游戏主要是双脚向下跳和双脚向前跳，平衡游戏主要是窄道走和原地旋转。每个具体游戏动作一般为1~2个，动作简单。根据幼儿身体发展，宜多选一些以跑、跳为主要内容的游戏，活动方式主要是同时做相同的动作，这既便于相互模仿，又便于组织指导。以模仿性、故事性游戏为主，游戏情节简单，角色一般为1~2种，角色关系基本一致，大家共同完成一个任务。像捉老鼠、吹泡泡等游戏，一般都是以教师为一方，起着主导作用，幼儿为另一方。游戏规则简单，很多规则都是游戏情节的组成部分。如老猫睡觉醒不了游戏中，规则规定“老猫”睡觉时，“小猫”才能跑出去玩，“老猫”叫唤后，“小猫”才能跑回家。规则是情节的组成部分。此外，3~4岁年龄段幼儿游戏规则的限制性小，一般不出现退出游戏或停止游戏等惩罚性规则。

（二）4~5岁年龄段幼儿体育游戏特点

1. 游戏能力的发展

4~5岁年龄段幼儿正处于中班阶段，掌握的基本动作增多了，协调性有明显的提高，基本活动能力和身体素质有较快的发展，游戏目的性有明显增强，对游戏结果比较关心，已有竞赛意识，喜欢竞赛，关心胜负。他们已经积累了一定的活动经验，在游戏中逐渐能够主动地想办法克服困难去完成规定的任务。例如，中班后期做捕鱼游戏时，“小鱼”不仅能注意观察“渔翁”的活动，有目的地奔跑、躲闪，有的幼儿甚至能根据渔网杆长，不好捕捉贴近的“小鱼”的特点，有意识贴近“渔翁”跑。这反映了幼儿智力和活动能力的发展，并有一定的创造性。他们学习新游戏的能力明显提高了，像老狼老狼几点钟这样对注意力、反应力、意志力和灵活性要求较高的游戏，中班后期的幼儿能很快地学会。只要教师能注意教育，这个年龄段的幼儿能认真地遵守规则和游戏常规。这期间幼儿已初步具有集体的观念，开始注意同伴之间协同动作，能独立选择和做2~3个人配合的小组游戏，像烙饼、猜拳跳远、夹包等游戏他们都爱玩，并能自觉地遵守规则和处理游戏中发生的一些问题，坚持一个游戏的时间也较长。

2. 体育游戏特点

4~5岁年龄段幼儿游戏动作内容比3~4岁年龄段幼儿更丰富了，如跳跃游戏中除了有双脚向下、双脚向前跳外，还有双脚向不同方向的跳跃，单脚起跳的跳跃和夹包跳等内容。平衡游戏出现了多种移动方式的窄道移动、急停急起、单脚站立等静力性平衡游戏，还出现了平衡板、平衡球、走绳等动态平衡游戏。为了促进幼儿的全面发展，投掷、球类等以上肢活动为主的游戏适当增加，游戏队形变化多样，练习方法既有同时练习、依次练习，还有轮流、巡回、循环等练习方法。大多数游戏都采用了竞赛。情节游戏的题材内容有明显变化，反映社会现象的题材增多，角色的种类逐渐增加到3个以上，角色关系变得复杂，像石头、剪刀、布游戏就有了三种角色，而“石头”“剪刀”“布”之间的关系是对抗的、相互制约的。此外，规则的限制性加强了，有了惩罚性规则，像夹包跳、烙饼等小组类游戏出现了，以适应培养幼儿独立性、主动性和创造性的需求。

（三）5~6岁年龄段幼儿体育游戏特点

1. 游戏能力的发展

大班幼儿体能的发展是很显著的。他们能掌握较多的、较复杂的跳绳、跳房子等动作，并能较好地把已经掌握的技能应用于复杂变化的环境中，学习新的技能和游戏比较快。部分幼儿还会模仿着进行游戏改编，能对原有的游戏情节或玩法做些变化或创编新游戏。他们对游戏的兴趣有非常明显的变化，竞赛意识强烈，无论是对个人比赛还是对集体比赛都很有兴趣，特别喜欢贴人、狡猾的狐狸在哪里和人、枪、虎等智力型竞赛的游戏。在进行老狼老狼几点钟等情境性游戏中，他们更喜欢追逐等具有竞赛因素的部分。他们对游戏题材的兴趣更广泛了，喜欢模仿军事活动、成人活动。此时，幼儿对游戏内容的性别差异也逐渐凸显出来。关心游戏结果，具有强烈的个人责任感，能积极主动认真并具有创造性地完成任务，行动目的性明确，具有一定的分析和选择能力，具备了一定的协同能力和合作意识。游戏中能积极主动地观察位置和对手情况以选择跑动方式，能较为敏锐地寻找防守的空隙，果断地进行动作。当他们被对手盯住时，能采用突然起动和变化方向来摆脱对手，同时还会鼓励同伴努力。在分散的游戏时间里，他们能独立地选择个人或集体游戏，自己分配角色，自觉地遵守规则，能独立处理游戏中出现的问题。此外，他们想象力丰富，能独立塑造出多种角色，有一定的表现力，兴趣的稳定性提高了，体力增强了，游戏持续时间加长了。

2. 体育游戏特点

5~6岁年龄段幼儿游戏除动作增多和加难、活动方式复杂多样外，对智力活动要求提高了，除像人、枪、虎这样明显的智力竞赛性质的游戏外，其他像老狼老狼几点钟等游戏都需要幼儿积极动脑筋，想办法，发挥主动性、创造性。另外，对协同活动能力要求高的游戏增多了，像两人三足、大渔网、老鹰捉小鸡等游戏都要求幼儿很好地协调配合才能做好。球类游戏增多，像跳房子、踢瓦片等游戏出现了。社会现象游戏明显增多，动物题材的游戏减少，游戏的角色变得不稳定，角色变化快速。例如，贴人游戏中的追者和被追者是不断发生变化的，人、枪、虎游戏中的角色也在不断变化，这对幼儿的注意力、反应力要求提高了。小组游戏更多了。

第三节　体育游戏中干预的本质

游戏干预是幼儿园长期以来一个颇多争议的问题。到底要不要干预，如何进行有效的干预不但与教师的教学素养关系很大，还与教师对幼儿的了解程度紧密相连。对于教师来说，游戏的干预过程在本质上就是一个连续的决策和反思的过程，干预的必要性、干预的方式方法、干预的时机等都是教师需要决策的基本问题。正如刘焱在《儿童游戏通论》一书中所言，游戏干预的关键在于把握“既要—又要”的辩证法，用辩证的观点去处理幼儿园游戏活动中复杂的矛盾关系。

一、体育游戏干预的基本概念

体育游戏中的游戏干预是指成人通过直接介入幼儿的体育游戏从而对幼儿的体育游戏施加影响的行为[1]。在体育游戏中，为了促进幼儿动作的获得，提高幼

[1]　刘焱. 儿童游戏通论[M]. 北京：北京师范大学出版社，2008：372.

儿运动能力，培养幼儿的合作能力及良好的个性，我们常常会对幼儿的活动进行干预。由于幼儿身心发展特点，干预常常采用游戏的方式进行。了解幼儿游戏干预的不同理论和方式，探讨游戏干预的本质、方法和过程对于幼教工作者来说，是设计体育活动中的游戏干预方案的重要条件。忽视游戏作为教育中介的作用就是否定幼儿对环境和真实生活的真实反应[1]。

运动性是体育游戏的根本特点。体育游戏的运动性，是以本体感受性为心理机制，以人体运动技能学习过程中的动态的运动性条件反射为基础，以深刻的本体性、内刺激作用于幼儿，促进其身心发展，是一种内源性教育因素。

游戏的干预问题不仅在于为幼儿创设一个良好的游戏环境，更重要的是它要求教师了解幼儿的游戏，了解幼儿在游戏的过程中发生了什么，并且知道什么时候和如何去干预幼儿的游戏以及什么时候不去干预他们的游戏。深思熟虑和不断反思是游戏干预过程所要求的基本特征[2]。

二、游戏干预的目的

（一）幼儿的发展水平制约着游戏的发展水平

虽然，游戏创造了“最近发展区”，游戏在幼儿的发展中具有建构与生成的作用，新的发展可能性孕育在游戏活动中，幼儿在游戏中的表现也高于实际生活中的表现，但是，从游戏的发生、发展的历程来看，游戏并不是与生俱来的本能行为，而是个体后天在与环境的相互作用过程中，当发展到一定的水平时才出现的。游戏的发展是从属于个体发展的。游戏与发展之间，游戏是被决定的。幼儿的发展水平决定着他们游戏的方式方法，制约着游戏活动的发展水平。某幼儿园5~6岁幼儿一个月的玩油桶实验结果证明，如果缺乏成人的指导，幼儿的游戏水平仅仅停留在反复重复阶段，创新匮乏。发展作为一种功能系统制约着幼儿所能学习的范围。因此，对幼儿的游戏进行相应的干预是必要与必须的。通过干预，

---

[1]　珍妮特·莫伊蕾斯. 游戏的卓越性[M]. 刘峰峰，宋芳，译. 北京：北京师范大学出版社，2013：79.

[2]　刘焱. 儿童游戏通论[M]. 北京：北京师范大学出版社，2008：382-383.

教师能够为幼儿提供巨大的学习潜力[1]，教师有技巧地参与能够起到催化剂的作用[2]，有助于集中幼儿的注意力和提出挑战[3]，创设适合幼儿学习需要的空间。有选择地干预可以创造“最近发展区”，使相应的学习变得更加精确。幼儿需要教师的鼓励去挑战身体动作、观点和理念。

当然，游戏并不是发展的消极、被动的附属物，作为学习活动，在游戏中也孕育着新发展的可能性，可以为新发展准备必要的经验与基础。幼儿能力的提高可以提高游戏的质量和复杂性；而游戏质量和复杂性的提高则有助于幼儿的学习和发展[4]。

（二）体育游戏本身的发展特点要求动作技能需要成人的干预

美国第一批幼儿园运动课程的发起者Stephen Sanders认为，运动项目能够增进游戏，游戏为幼儿提供了在不同的环境下练习运动技能的机会。然而，游戏本身并不是帮助幼儿发展身体技能的替代物，有必要组织一些结构性的身体活动来帮助幼儿最大化他们的运动经验[5]。Manross通过让幼儿独自听音乐做动作的实验表明，幼儿是不会伴随音乐做出各种动作的。Stellaccio与McCarthy对不同年龄段幼儿听音乐做动作的实验结果显示，3岁的幼儿一般只听不做动作，4~5岁幼儿听的时候动作要多一点，但他们的动作只是局限于重复几个模式。这说明了幼儿仅仅通过游戏是不可能习得基本的运动技能的。要使幼儿获得基本的运动技能，教师需要提供动作练习以及结构性的体育游戏。这些体育游戏可以引入各种不同的身体动作。同时，教师还要提供充足的时间、恰当的场地和运动器材[6]，以及有效的指导与鼓励。要让幼儿在学前期的动作技能得到发展，必须既通过专

---

[1] 珍妮特·莫伊蕾斯. 游戏的卓越性[M]. 刘峰峰，宋芳，译. 北京：北京师范大学出版社，2013：100-102.

[2] MOYLES J R. Just Playing? The Role and Status of Play in Early Childhood Education[M]. Milton Keynes: Open University Press, 1989:456.

[3] HEATHCOTE, D. Collected Writings[M]. London: Hutchinson, 1984: 134-139.

[4] BENNETT N, WOOD L, ROGERS S. Teaching through play: Teachers’ thinking and classroom practice[M]. Milton Keynes: Open University Press,1997: 56-89.

[5] SANDERS S W. Active for life: Developmentally appropriate movement programs for young children[Z]. Washington, DC: Association for the Education of Young Children，2002 : 31.

[6] ANN S EPSTEIN. 有准备的教师[M]. 李敏谊，等译. 北京：教育科学出版社，2013：138.

门的体育游戏练习，又通过自主游戏以及其他活动形式（Mullen，1984）。

三、动作发展与游戏发展的关系

幼儿动作发展模式的研究表明，学龄前期是运动能力发展的关键期。动作发展与游戏发展之间存在着一致性关系。游戏在幼儿动作发展过程中起着重要的作用，是适合幼儿年龄特点的、影响与干预幼儿运动能力发展的途径与方法。游戏与运动能力发展具有相互作用、相互促进的关系。游戏发展的探索期、掌握期与完成期与动作发展的初始运动阶段、基础运动阶段以及专门化运动时期在时间上是一致的（图6-1）。初步运动时期，婴儿以一种好奇的态度与方式接触物体，此时游戏的特点是探索；基础运动时期，幼儿表现为对外部世界的掌握，这个阶段是游戏发展的高峰期；7岁以后，游戏数量逐渐下降，逐步走出高峰期，进入完成期，各种体育游戏如足球等成为幼儿喜欢的运动[1]。幼儿游戏的过程正是幼儿主动积极地学习与掌握动作技能的过程。重视通过幼儿游戏促进幼儿基础运动能力发展。但是，如果幼儿园只是组织一些大部分幼儿主要以静坐等待为主的如丢手绢等规则游戏的话，对于促进幼儿基础运动能力的成熟是远远不够的（格拉胡，1995）。在基础运动时期，成人应当更多关注幼儿运动的结果而不是过程。教师应当逐渐向幼儿介绍运动技能的质量标准，充分利用幼儿自发的运动性游戏，为他们创造丰富的游戏环境，使幼儿能够在自由游戏中进行积极主动的身体运动。此外，教师还应当组织幼儿进行有结构的体育游戏，对幼儿的身体活动加以有计划、有目的的指导。充分的练习机会、成人的鼓励与指导以及学习的动机等因素构成的良好的学习环境，是幼儿掌握基础运动能力的保证。只有使自由游戏和结构性体育游戏保持平衡，才能促进幼儿基础运动能力充分发展。本研究的游戏干预就是以结构性游戏为主的活动方式进行的。

与一般的以模仿—练习为基础的动作技能的练习过程不同的是，幼儿在游戏中学习与掌握动作技能是一个积极主动的过程，是愉快的练习性游戏过程。动作学习特点表明，幼儿动作技能的学习与掌握不是被动消极的肌肉训练的简

[1]　刘焱. 儿童游戏通论[M]. 北京：北京师范大学出版社，2008: 194-201.

单产物，而是一个积极主动的学习过程，它要求学习者积极主动地投入身心，通过尝试错误不断进行重新建构。这与痛苦、不愉快的训练有着显著的区别。

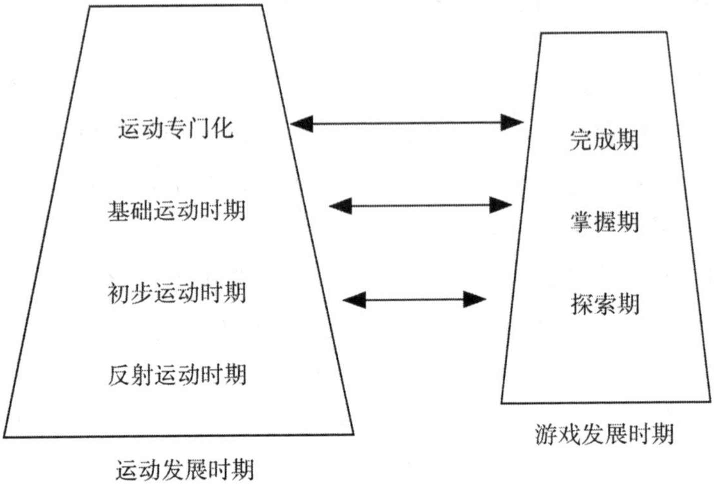

图6-1　运动发展时期与游戏发展时期的对应关系（Mullen,1984）

四、游戏干预的理论基础

（一）动作技能学习理论

人的动作是由一系列具体动作组成的，能否顺利完成一项活动，大都以人对实现这些动作的方式掌握到何种程度为转移。人在特定的客观环境中实现的特定行动，都是由一系列特定的动作方式构成的动作系统，它们都需要身体不同部位一连串动作的相互配合与协调。当某人掌握了某种特定的动作方式，并根据这种特定的动作方式形成动作系统时，他就形成了某种技能。技能是人们在活动中运用知识经验，经过练习而获得的完成某种任务的动作方式或心智活动方式[1]。动作技能是一种习得的能力，表现于迅速、精确、流畅和娴熟的身体运动之中[2]。

---

[1]　黄希庭. 运动心理学[M]. 上海：华东师范大学出版社，2003：211.
[2]　邵瑞珍. 教育心理学[M]. 上海：上海教育出版社，1988：175.

任何一种新的动作，初学者都不能很完美地把它实现，在寻求实现新的动作方式时，初学者往往依靠从前的经验，依靠从前经验中与新动作相类似的东西。动作技能学习过程表明，动作技能的学习与掌握不是被动消极的肌肉训练的简单产物，而是一个积极主动的学习过程，它要求学习者积极主动地投入身心，通过尝试错误不断进行重新建构。

从运动心理学的视角来看，动作技能的形成分为三个阶段，不同的阶段具有不同的特点：

1. 动作的认知阶段

在学习初期，学习者的神经过程处于泛化阶段，内抑制过程尚未精确建立，注意范围狭窄，知觉的准确性较低，动作之间的联系不协调，特别是肌肉的紧张与放松配合不好，多余动作较多，整个动作显得紧张僵硬。

2. 动作的联系阶段

经过一定的练习后，学习者初步掌握了一系列局部动作，并开始把个别动作联系起来。学习者的神经过程逐渐形成了分化性抑制，兴奋和抑制过程在空间和时间上更加准确，内抑制过程加强，分化、延缓及消退抑制都得到发展。注意的范围有所扩大，紧张程度减少，动作之间的干扰降低，多余动作逐渐消除，动作的准确性提高，初步形成技能，但在动作之间的衔接处常出现间断、停顿和不协调，视知觉虽然起一定作用，但已不是主要作用，肌肉运动感觉逐渐清晰明确，可以根据肌肉运动感觉分析判断。

3. 动作的完善阶段

此时，学习者的动作已在大脑中建立巩固的动力定型，神经过程的兴奋与抑制更加集中与精确，掌握的动作已经形成了完整的有机系统，各动作都能以连锁的形式表现出来，自动化程度扩大，注意范围扩大，主要用于对环境变化信息的加工上，对动作本身的注意很少，视觉抑制作用减弱，动觉控制作用加强。

按照在游戏中幼儿与环境相互作用的方式方法的特点，把游戏过程中动作技能的学习过程分为特殊性探索、多样性探索和重新定向三个阶段。同时，特殊性探索阶段又分为认知—尝试、联系形成、熟练/自动化三个小阶段。当幼儿经过特殊性探索后，习得了一般的动作方式，动作熟练化，新颖性消失，开始进入多样性探索阶段，尝试新的动作技能。新的动作技能往往是已经习得的动作技能的联合，从而构成了更复杂的动作技能。多样性探索仍然需要经过认知—尝试、联合形成和熟练/自动化三个阶段。当多样性探索阶段获得的动作技能完全熟练，新颖性消失以后，幼儿又会开始探索动作新的可能性——这就是动作学习的重新定向阶段[1]。观察发现，幼儿动作学习的过程可以分为以下阶段：普遍性探索阶段—多样性探索阶段—特殊性探索阶段。观察幼儿普遍性的玩法，当掌握了一般基本玩法后，他又开始进行多样性的探索；当多样性的探索完成后，他会根据自己的能力形成自己特有的玩法。幼儿在活动中不断地挑战自我，重新建构，表现出对运动的极大兴趣，无须催促和强迫。幼儿在游戏中自定练习的步调与速度，按照自己的能力寻找与环境相互作用的最佳动作，反复练习而不厌烦。多样性与特殊性探索的循环往复，使幼儿不断地学习新的动作技能，积累身体运动的经验。每一次新动作技能的掌握，不仅丰富了幼儿的动作经验，也使其了解了自己的身体能做什么，如何使用自己的身体，而且还让幼儿了解了自己的能力，体验到成功，萌发对体育运动的兴趣，有益于幼儿自信心的提高和将来专门化体育运动的兴趣与能力的形成。

不同类型的游戏可以帮助幼儿积累和丰富不同性质的运动经验。如果要提高幼儿预计和判断物体运动的速度与方向的能力，以及判断物体的空间位置，那么可以选择球类游戏；如果要求幼儿学会与他人的合作或自我运动与他人运动协调，或运用策略的能力，则可以选择如躲避球、贴人和人、枪、虎等追逐打闹类的游戏。

动作发展过程中最基本的问题就是如何控制运动。幼儿必须要解决两个控制问题：①运动的一致性：有一套熟练掌握的动作技能；②运动的一贯性：在各种不同的情境中灵活运用这些技能的能力。一致性是一贯性的基础。Keogh认为，自身运动的协调和自我运动与他人运动的协调是形成运动有效性的关键因素。游戏中，幼儿会多次重复一种运动（一致性），而且他们又总是运用各种不同的、非同寻常的方法来玩这种运动（一贯性）。他们正是这样进行多样性探索，向自己提出新的挑

[1] 刘焱. 儿童游戏通论[M]. 北京：北京师范大学出版社，2008：198-200.

战。这是对环境的可能性与自己运动能力的探索与发现，不仅有益于运动经验的建构，也有益于认知与情感的发展，对于幼儿身心健康具有积极意义。

游戏的特征是游戏者对过程的注意与兴趣超过了对结果的注意。游戏降低了游戏者对于成功的期望或对失败的担忧的压力，这是游戏有利于幼儿解决问题的一个重要的心理因素。以过程为定向的游戏者不怕失败，承受挫折的能力更强，更有耐心与坚持性，能够以渐进的方式发现答案而不半途而废[1]。幼儿在游戏过程中会遇到各种各样的问题，游戏活动本身要求游戏者积极地动脑筋想办法去解决问题，为幼儿学习解决问题提供了大量的机会。没有努力的游戏不是好游戏，发现问题和解决问题是游戏的组成部分，游戏的魅力在于它对于幼儿构成的挑战性。通过游戏，幼儿可以学会运用线索与策略，动手、动脑解决问题，又可以学习克服困难，锻炼意志。问题的解决还可以使他们发现与体验自己的能力，产生胜任感与成就感，有利于自信心与进取心的培养。

（二）“最近发展区”理论

苏联著名心理学家维果斯基依据一系列实验的结果，指出了学龄前期的教学与发展问题具有重要价值的观念——“最近发展区”。他把“最近发展区”界定在幼儿现有的独立解决问题的水平和通过成人或更有经验的同伴的帮助而能达到的潜在的发展水平之间的区域。他指出，幼儿发展任何时候都不仅仅是由成熟的部分决定的，至少可以确定幼儿有两个发展的水平，第一个是现有的发展水平，表现为幼儿能够独立地、自如地完成教师提出的智力任务；第二个是潜在的发展水平，即幼儿还不能独立地完成任务，而必须在教师的帮助下，在任何活动中，通过模仿和自己努力才能完成的智力任务。这两个水平之间的幅度则为“最近发展区”。他认为，如果幼儿在“最近发展区”接受新的学习，其发展会更有成果。在这个区内，如能得到成人帮助，幼儿比较容易吸收单靠自己无法吸收的东西。此外，维果斯基认为，教学要想对幼儿的发展发挥主导和促进作用，就必须走在幼儿发展的前面。为此，教师必须首先确立：一

[1] 刘焱. 儿童游戏通论[M]. 北京：北京师范大学出版社，2008：212.

是幼儿已经达到的发展水平，二是幼儿可能达到的发展水平。如果教学能够按照幼儿的“最近发展区”来设计和实施，也就必然能促使幼儿获得新东西，从而使教学既不仅仅跟随幼儿已有的发展成果，也不是对幼儿的简单机械灌输，而是真正建立起教学与幼儿发展之间的桥梁。所以，维果斯基特别指出：“我们至少应该确定幼儿发展的两种水平，如果不了解这两种水平，我们将不可能在每一个具体情况下，在幼儿发展进程与他受教育可能性之间找到正确的关系。”在了解幼儿的学习需要的基础上，教师必须运用“最近发展区”理论为幼儿提供“支架”，帮助幼儿在原有的基础上继续进步，不要等到幼儿积累了足够的经验才移到下一阶段，成人或有经验的幼儿应该帮助学习者进步[1]。

第四节　游戏干预的基本取向与过程

一、游戏干预的形式

游戏干预的形式，从人数来看，可以分为个体干预与团体干预；从干预的指导方式来看，可以分为内在干预与外在干预[2]；从态度与做法来看，可以分为非干预型和干预型。

二、游戏干预的基本过程

游戏干预的过程是一个连续的决策和反思过程。干预的必要性、干预的时机、干预的方式方法等都是教师需要解决的基本问题。

（一）确定干预的必要性

从干预者意图而言，干预可分为：①正向干预，即通过干预促进或肯定幼儿

[1]　珍妮特·莫伊蕾斯. 游戏的卓越性[M]. 刘峰峰，宋芳，译. 北京：北京师范大学出版社，2013：75.

[2]　夏莹. 融合教育环境中的游戏干预简述[J]. 幼儿教育（教育科学版）, 2007（7）：43-45.

的某种行为；②负向干预，即通过干预抑制或否定幼儿的某种行为。到底施加何种性质的干预，这就要求教师在干预前，运用站在旁边看、听、与幼儿交谈或者与幼儿共同游戏等方法细致地观察了解幼儿的兴趣、经验及存在的问题来确定干预的必要性。同时，教师还应当不断地追问自己："幼儿在干什么？有必要干预吗？我的干预会影响或打断幼儿的游戏吗？会不会抑制他们的独立探索？会丰富幼儿的游戏经验和学习吗？如果我不干预，又会怎么样？干预和不干预到底哪种作用更大？"这些问题将有助于教师做出是否干预、如何干预的决策。

（二）确定干预的时机

干预时机是否恰当是干预效果是否有效的关键因素。但是确定什么时候是干预幼儿游戏的恰当时机往往又是一件非常困难的事情。当决定是否实施干预时，这些问题有助于帮助教师选择适宜的干预时机。比如：幼儿需要怎样的帮助才能克服当前的困难？他们更容易接受何种帮助？怎样介入才不会影响幼儿？采用的干预方法会引起幼儿哪些可能的反应？提供帮助后幼儿还有没有独立思考的空间？撤出干预后，幼儿能不能继续独立地完成操作任务？这是最适合的干预时机吗？需要等等吗？作为教师要清楚知道干预的最终目的是要激发幼儿积极主动地探索和解决问题而不是越俎代庖，代替他们的思考和探索。

（三）确定干预的方式方法

游戏干预的方法有很多种类，按照干预游戏的性质，可以分为言语的和非言语的两大类。言语是教师干预的主要媒介，包括描述、询问、提问、评论、提示、建议、重述等具体方法。教师的语言对于幼儿的行为来说具有定向和动机作用。此外，教师也要充分利用自己的表情、眼神、手势、动作、身体运动的方向等非言语手段来支持和帮助幼儿在游戏中的学习。非言语的方法包括不注意和注意、微笑和不悦、身体接触、示范、提供材料等。下图是从消极到积极的干预方法的排序（图6-2）。

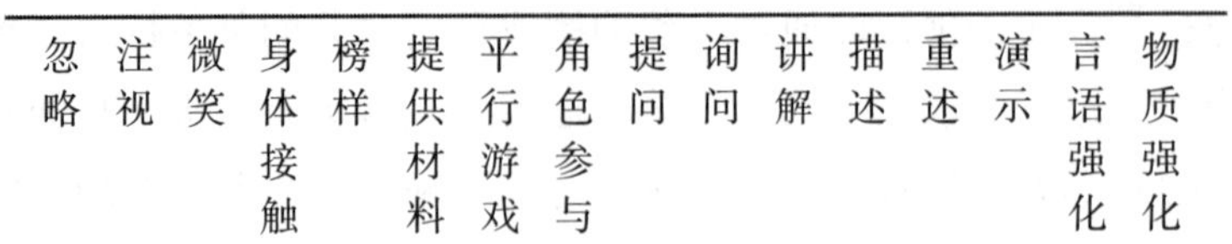

图6-2　教师干预游戏的方法[1]

在幼儿游戏的过程中，教师应当根据实际情况，灵活且综合地运用各种干预方法，干预的方法将直接影响幼儿的游戏进程。干预的方式方法不仅要注意年龄适宜性和个体适宜性，也要随着幼儿游戏发展的阶段而变化。干预的方式有以下三种。

1. 教师以自身为媒介

此时，需要考虑的是以什么身份介入幼儿的游戏更合适，游戏者还是旁观者。旁观者是指教师站在幼儿游戏之外，以现实教师的身份干预幼儿游戏；游戏者是指以和幼儿一样的游戏者身份进入幼儿游戏。可采取平行游戏或共同游戏两种方式：①平行游戏是指教师通过模仿幼儿的游戏来对幼儿游戏施加影响。这种方法传递了教师对幼儿游戏的态度，增进幼儿游戏的兴趣，同时教师的言行举止本身也成为幼儿参考的范例，利于幼儿掌握游戏技能。②共同游戏是指教师直接参与幼儿游戏。扮演一个适宜的角色加入幼儿游戏，在游戏的过程中，可以进一步了解幼儿的想法，帮助他们解决问题或拓展情节。

2. 以材料为媒介

有目的地提供或减少一些材料有助于帮助提升幼儿游戏水平。但是，何时增减材料，增减什么材料都应该能体现出教师的目的性，有助于拓展幼儿思路与创造力。

3. 以幼儿伙伴为媒介

幼儿与成人的互动很重要，但是它并不能代替或取代幼儿与伙伴之间的互动。游戏是幼儿学习与伙伴交流、互动的很好机会，教师要充分利用结成小组等

[1]　刘焱. 儿童游戏通论[M]. 北京：北京师范大学出版社，2008：394-398.

方法利用幼儿伙伴互动这一因素，支持和引导幼儿学习。

（四）把握互动节奏

教师对幼儿游戏的干预是在与幼儿的互动过程中动态地、连续地展开的。因此，互动的节奏必须要注意。而节奏与速度有关。在幼儿园活动中，教师常常忽视幼儿学习速度，总是以自己的想法代替幼儿，往往希望一提问幼儿就能立刻给予正确答案，活动效果立竿见影，不给幼儿思考、探索的时间。这也造成了幼儿园教学中的肤浅化和形式主义。活动应当以渐进式、生成性方法来组织，应当有不断深入的延伸活动，不宜以一次活动解决所有问题的思路来组织。要掌握好互动的节奏必须从两个方面进行：①教师必须要站在幼儿的角度，以“假如我是孩子”的心态体验幼儿可能的兴趣与需要，不要仅仅从“我想怎么教”来设计活动。同时，还要求教师在实际活动过程中，敏感地觉察到幼儿真正的兴趣、需要是什么，能够及时地调整自己的活动目标以及步骤。②教师要给幼儿时间、空间去探索、思考，提供条件鼓励支持幼儿去验证自己的想法，即使是错误的想法。③教师要把学习看作一个发生在内部的、需要一定时间的渐进的过程。幼儿不能像成人那样，他们的理解发生在活动过程中，这个过程需要时间，需要重复。不要指望幼儿可以通过一次活动或一节课就可以真正理解。人的经验是主动建构的产物，但建构是一个需要时间的过程。④教师要跟随幼儿学习的节奏，以幼儿学的速度标定教师教的速度。针对每个幼儿不同的学习速度选择不同的教的速度。⑤此外，教师必须要对自己干预的效果进行反思，可以通过诸如“我对幼儿提供了多少帮助？应当一次性地给予帮助还是分几个步骤进行？所提供的支持和帮助适宜吗？是否抑制了幼儿的独立探索？干预以后幼儿有没有变化？有哪些变化？哪些变化是由幼儿自己引发的？哪些变化是干预后引起的？哪些方式更容易被幼儿接受？哪些方式对于他们的帮助更大？哪些没有满足他们的需要？干预是造成了幼儿对我的依赖还是促进了他们更加积极的思考？他们还需要帮助吗？什么时候应该撤出帮助？”等问题，帮助教师进行互动节奏与速度的决策与反思。

此外，游戏干预方法要根据不同幼儿的特点来使用。比如，有的幼儿更适合教师运用言语的方法，而有的幼儿更适宜非言语反馈的方式。因此，教师需要了解和熟悉每个幼儿的个性特点、发展水平和学习特点，这是为幼儿提供适宜的反馈的前提条件。当然，上述方法本身并无“好”与“坏”之分，关键在于运用是否恰当，而这些方法的成功运用则取决于教师的教学决策，即为什么、什么时候和怎样运用这些方法。

第五节　游戏干预的基本策略

一、正确理解对游戏认识的两个误区

（一）学龄前儿童会自然从事激烈活动

就常理而言，很多人都认为幼儿天生好动，不需要特别注意他们的运动负荷，然而观察表现，在体育游戏中，尤其是在自主性的体育游戏中，有相当多的幼儿属于被动发展，以建构式的活动为主，在30分钟的区域体育游戏中，约有60%的幼儿会选择安静的活动形式。如果缺乏教师的有效干预，幼儿的运动负荷不能满足其发展需求。

（二）学龄前儿童会自然发展基础动作技能

常识认为，幼儿的基础动作技能是自然养成的，可以通过自我探究获得，因此不需要教师的主动教授。然而研究证实，幼儿仅仅通过游戏不可能习得基本的动作技能。

二、提供高水平的游戏

研究表明，以游戏为基础的课程经验能够提升幼儿的发展水平。游戏的质量、游戏过程的价值和成人的参与，是保证幼儿的质量和有效性的三个要素。教师支持幼儿学习的一个方法是确保提供给幼儿的学习任务是有意义的[1]。如果教

[1]　珍妮特·莫伊蕾斯. 游戏的卓越性[M]. 刘峰峰, 宋芳,译. 北京：北京师范大学出版社，2013：75-76.

师在干预过程中，提供给幼儿的任务与幼儿的兴趣相匹配，那么这种干预活动将会变得非常具有吸引力。

高品质的游戏，不是放任幼儿自由地游戏[1]。虽然体育游戏中的游戏创造了“最近发展区”，幼儿在游戏中的表现也高于实际生活中的表现，但是，从游戏的发生、发展的历程来看，游戏并不是与生俱来的本能行为，而是个体后天在与环境的相互作用过程中发展到一定的水平时才出现的。游戏的发展是从属于发展的，幼儿的发展水平决定着他们游戏的方式方法，制约着游戏活动的发展水平。发展作为一种功能系统制约着幼儿所能学习的范围。如果要使幼儿在学前期的动作技能得到发展，必须通过成人指导下的专门的体育游戏练习来实现。

三、教师角色的多样性

Bruner认为，教师与幼儿之间的关系必须建立在对幼儿真诚和彼此互动的基础上，教师必须具有多样化的角色[2]。体育游戏中，①教师是幼儿重要的倾听者。瑞吉欧理论认为，关注幼儿并以行动来倾听他们的声音，是教师角色的核心。教师通过倾听幼儿，更加了解幼儿，根据幼儿生活中的兴趣点为他们提供学习情境，为幼儿带来更多的可能性去创新和发现。②教师是幼儿行为的观察者。在游戏中，幼儿有时提出的问题隐藏在行为与他们之间的对话中，这就要求教师必须充分地观察、了解幼儿，进入他们的内心、体察他们的心声，并能对他们的行为进行解码。③教师是幼儿的伙伴与向导。由于很多活动都是幼儿自发的，尽管教师也有预设的计划，但是幼儿的兴趣与需求起到很大的作用。教师只是起到一个向导的作用，在活动中更多的是以参与者即伙伴的身份参与，与幼儿一起活动。教师在适当的时候或扮演某个角色，设置某个情境，给予幼儿直接与间接、显性与隐性的指导，以维持幼儿高度的探索动机，与他们一起建构知识技能。④教师是幼儿活动材料的提供者。要发展幼儿什么样的

---

[1] 周淑惠. 游戏VS课程——幼儿游戏定位于实施[M]. 台北：心理出版社，2013：10-11.

[2] 屠美如. 向瑞吉欧学什么——《儿童的一百种语言》解读[M]. 北京：教育科学出版社，2014：28-31.

动作与身体素质，与场地的提供、材料的投放有很大的关系。不同的材料会引发幼儿不同的动作，因此，有计划地投放与增减材料与教师预设的发展目标有直接的联系。⑤教师是幼儿行为的记录者与研究者。教师的记录、研究角色在游戏干预活动中非常重要。对于幼儿的行为与兴趣点的把握，需要教师仔细地观察与分析，需要把他们的行为进行相应的记录。对幼儿来说，他们表现自己对世界的认识方式是多种多样的，由于幼儿的记忆不会持续很长，教师需要通过照片、文字、图像、幻灯、录像等手段来帮助幼儿回忆、解说，把他们对世界的认识表现重现，把他们的记忆保持住，便于教师了解幼儿、研究幼儿。同时，这也是作为生成下一阶段活动的基础。⑥实践的反思者。在游戏活动中，教师在与幼儿的互动中自觉或不自觉地建构着有关幼儿学习与发展的理论。除了向书本学习，更多的是通过参与、记录、分析幼儿的活动，以及建构知识的过程，并通过与其他教师的讨论来不断思考自己实践的每一步骤，一起反省，建立共识，从而不断成长。

若要达到成熟、高品质的游戏，教师必须具有多样化的角色[1]（图6-3）。

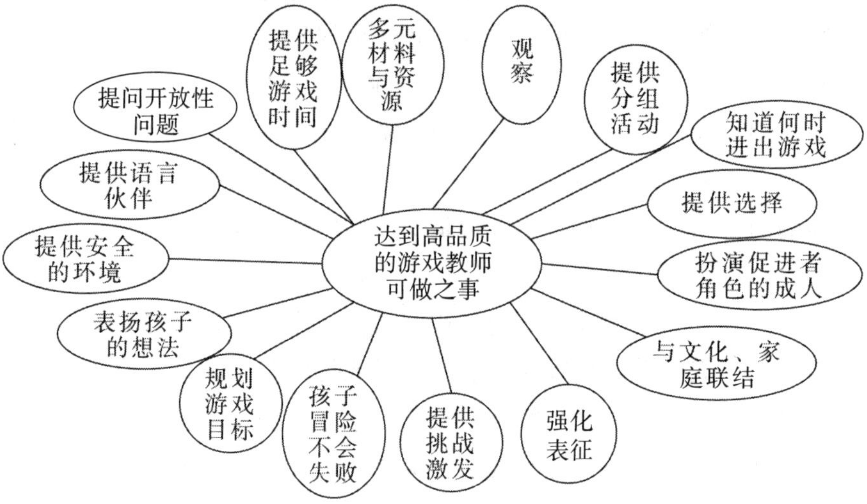

图6–3　达到高品质游戏教师可做之事网络图

[1]　屠美如. 向瑞吉欧学什么——《儿童的一百种语言》解读[M]. 北京：教育科学出版社，2014：28-31.

第七章　学龄前儿童身体动作游戏中的材料

【本章目标】

阅读完本章之后，你应该可以：

◆ 了解游戏材料与发展的关系。

◆ 掌握游戏材料的分类、投放原则及投放策略。

◆ 了解学龄前儿童对器材颜色及图案的偏好。

◆ 明确学龄前儿童适宜的球类器材大小。

第一节　游戏材料的选取

环境论认为，人的发展在很大程度上受到环境的影响。想要培养幼儿积极的自我感觉，一个最根本的前提就是要创造能够让幼儿变得主动起来的环境，材料是环境的一个重要部分。材料是幼儿进行游戏的重要物质条件，可以通过各种类型的材料调动幼儿进行体育游戏的积极性和主动性。不同的材料有不同的功效，如何针对幼儿运动发展特点和发展方向选择适宜的材料十分重要，它将直接关系目标的实现程度，关系幼儿动作技能能否掌握以及掌握的程度。

一、游戏材料与发展的关系

游戏材料对于幼儿所从事的游戏形态以及游戏的内容影响很大[1]。游戏材料与幼儿发展有双向关系，借由鼓励幼儿从事特定形态的游戏，游戏的材料会间接与直接地促进幼儿的发展。同时，幼儿的发展阶段也会影响其选择游戏材料的类型。

游戏材料在激发幼儿发展的游戏状态时，游戏材料会间接影响幼儿的成长。研究显示，特定的材料会诱导出特定的游戏类型。大量的积木和建构物堆积在一旁，幼儿就会倾向从事建构游戏，比如在旁边放置着拖车、梯子、各种不同形状的木制品、不同大小和长短的梯子与垫子时，幼儿会把梯子、垫子、积木等搭建成各种物体。拖车、轮胎、梯子、垫子、竹竿、油桶等材料，则鼓励幼儿进行功能性的体能游戏。由于不同的游戏材料会塑造幼儿的游戏形态，因此，教师需要谨慎规划使用游戏材料的类型。在绳网处，幼儿会出现攀爬行为；出现与医院主题相关的道具，如听诊器、针筒、药品、白大褂等物品时，则是鼓励幼儿从事与医院主题相关的戏剧性游戏；拼图、画笔、纸等物品，则鼓励幼儿单独游戏；大型的梯子、凳子、可以装人的拖车，则鼓励幼儿团体游戏。

如何界定一件材料是否具有教育性，教育性材料与游戏材料是否有冲突？这是研究游戏材料与发展时需要解决的关键问题。好的材料能挑战、刺激和引发幼儿的想象力（Wardle,1999）。好的材料鼓励复杂性游戏和多样性玩法，比如积木、沙子和水的工具等。自行车、拖车、交通警察的头盔以及大型的硬纸板箱等鼓励幼儿合作、复杂语言的使用，以及抽象性思考和想象力的发展，而球类、轮胎、积木、布娃娃之类的材料则鼓励社会游戏。好的游戏材料也能教授各种解决问题的技巧，帮助幼儿享受体能活动。

了解游戏材料的特征有助于我们在设计游戏时更好地利用材料，促进幼儿全面发展。

---

[1] JAMES E JOHSON. 幼儿游戏[M]. 吴燕仪，等译. 台北：华腾文化股份有限公司，2011：2-8.

（一）开放与封闭的材料

开放性的材料就是低结构的材料，没有固定的玩法，可以让幼儿用来代替各种物品。开放或低结构性的材料能给幼儿提供多样化的玩法。“安吉游戏”中，幼儿运用各种大小不一、长短不一、轻重不一的木板、木块，根据他们自己的发展成熟度及经验运用不同的方式来进行活动（图7-1）。而封闭或高结构性的材料，由于玩法的单一而受限，比如，仿真飞机就只能当成飞机玩（图7-2）。封闭性的材料也有自己的优点，比如可以建构幼儿的熟练程度。

图7–1　开放或低结构性的游戏材料

图7–2　封闭或高结构性的游戏材料

还有一些游戏材料则是介于开放性与封闭性之间的，如乐高。这类材料有特定的物理属性来导出其玩法（图7-3）。

图7–3 介于开放性与封闭性之间的游戏材料

体育游戏中，我们需要给幼儿提供开放性、封闭性和多种介于两者之间的材料[1]。提供开放性的材料能给予幼儿一些他们所需要的支配权[2]。

（二）简单与复杂的组合

材料的数量与幼儿游戏中的社会互动层次负相关[3]。游戏情境中材料数量的减少，能带来合作性、分享等正面的社会互动，攻击性行为等负面的社会互动。幼儿对于有限的游戏资源可能选择分享或竞争；而材料的增加则会产生攻击或合作行为减少的反向结果。当提供充裕的游戏器材时，幼儿会倾向专注于材料本身。另外，材料之间的关联性将决定幼儿如何利用这些材料来进行活动。Elizabeth Prescott（1994）提出了描述材料关联性的三阶段模式[4]：

1. 第一阶段：简单

一个简单的单位是指材料拥有单一操作性元素，如一堆未加任何东西的沙子。

2. 第二阶段：复杂

一个复杂的单位是指结合两种相关的材料，如一堆沙子和一个塑料铲子、桶。

[1] PRESCOTT E. The physical envionment: A powerful regulator of experience[J]. Child Care Information Exchange，1994，11（100）：9-15.

[2] WARDLE F. Introduction to early childhood education: A multi-dimensional approach to child-centered care and learning[M]. Boston: Allyn and Bacon, 2003a.

[3] SMITH p, CONNOLLY K. The ecology of preschool behavior[M]. Cambridge: Cambridge University Press, 1980.

[4] JAMES E JOHSON. 幼儿游戏[M]. 吴燕仪，等译. 台北：华腾文化股份有限公司，2011：2-8.

3. 第三阶段：极复杂

一个极复杂单位的材料是指结合三种以上有相互关系的材料，如一堆沙子、各种沙具以及水（图7-4）。

图7-4 简单、复杂、极复杂的材料组合

Kritchevsky、Prescott 和Walling（1977）提出了用数值方式来决定每位幼儿需要的材料单位数量（简单、复杂、极复杂）。一个简单单位的数值为1，一个复杂单位的数值为4，以及一个极复杂单位的数值为8，具体呈现方式见表7-1[1]。

表7-1 材料单位数量表

材料及其数量	复杂程度分类	单位数量
10辆车	简单单位（1）	10
1个摇摇马	简单单位（1）	1
1个平衡木	简单单位（1）	1
1座木板和箱子的立体铁架	复杂单位（4）	4
1张有水和工具的沙桌	极复杂单位（8）	8
共计游戏单位		24

如果有12个幼儿在这个区域玩耍，每个幼儿将分配到两个游戏单位。每个幼儿分配到的单位数量取决于活动本身、目标以及教师指导和控制的程度。如果每

[1] KRITCHEVSKY S, PRESCOTT E, WALLING L. Planning environments for young children: Physical space[J]. Washington DC: National Association for the Education of Young Children，1977: 15-17.

个幼儿分配少于一个游戏单位时，他们将被迫分享或竞争，而1：1的分配将无任何选择的空间，因为每个幼儿都只有单一的选择机会，当一个幼儿可分配的游戏单位越多时，他的选择机会则越多，同时减少冲突的发生和教师的介入。在游戏活动中加入复杂或极复杂单位材料可增加幼儿在一个空间里可参与的量。教师应该鼓励幼儿结合材料、设备并且利用创意及创新的方式来呈现（图7-5）。

图7–5　极复杂的材料组合

（三）坚硬与柔软的材料

不同材质的材料因其不同的价值都存在于幼儿园中。生活中常见的坚硬的材料表面容易保持干净与明亮，但也由于其坚硬的表面无法对幼儿柔软的身体做回应、改变和调整，容易损伤身体，坚硬的表面会让幼儿感到疲劳和压力。坚硬的材料通常只有固定的使用方式，需要幼儿调整自己去配合；相反，柔软的材料，如沙子、垫子、跳跳带、彩带、水会随着幼儿的感受来做回应（图7-6）。Prescott（1994）认为，幼儿需要更多柔软的材料，如地毯、枕头、软积木、水、泥巴等[1]。

---

[1]　PRESCOTT E. The physical environment: A powerful regulator of experience[J]. Child Care Information Exchange, 1994，11（100）：9-15.

图7–6　坚硬与柔软的材料

二、材料的分类

根据器材的物理特性及归置情况，将游戏中的材料划分为固定器材与非固定器材；根据体能素质发展目标可分为力量素质器材、平衡素质器材、耐力素质器材、速度素质器材、灵敏素质器材以及柔韧素质器材；根据动作发展目标可分为跑类器材、跳跃类器材、攀爬类器材（图7-7）、平衡类器材、钻爬类器材等。

图7–7　攀爬类器材

三、材料投放原则

身体动作的游戏干预中，器材投放将直接关系幼儿获得的动作类型及动作模式。例如，投放滚筒，并让幼儿在滚动中快速地爬出，幼儿将获得的是身体控制的经验，并体验到全身快速协调用力的方式。

（一）指向性原则

指向性原则是指针对某项基本动作而设置材料的原则（图7-8）。指向性原则是游戏干预中器材投放的首要原则。对于每一件器材、每一类器材的投放，教师都要有一定的目的，一定要清楚为什么要投放这类器材，这类器材的作用是什么，这类器材能让幼儿发展何种动作。

图7–8　指向性原则下的材料投放

（二）安全性原则

安全性原则是指材料和运动场地要卫生、安全，确保幼儿生命安全。安全性原则是游戏干预中器材投放的关键原则，离开安全，所有活动都无法进行。材料的质地是否安全，材料的形状是否安全，材料的功能是否安全等等都需要教师随时关注。幼儿园必须把保护幼儿的生命和促进幼儿的健康放在工作的第一位。在材料的投放中，安全是第一位，提供给幼儿的材料都应该选择无毒、无味和无伤害隐患的材料。首先，材料的大小必须考虑不同年龄段的行为特点，如使用的材料应该保证小班的幼儿不能吞咽下去，不会被夹住头等。其次，材料本身不允许存在铅等有害元素，尤其是自制材料更要注意（图7-9）。

图7–9　安全性原则下的材料投放

（三）经验性原则

材料不同，其特点也不同。材料本身所具有的挑战性、冒险性也不一样。挑战性高、冒险性高的材料，其危险程度也大。风险与挑战的关系如图7-10所示。这些材料的投放一定要在幼儿经验的基础上层层深入。选择的材料尽量要做到低风险、高挑战。游戏中要适度创设与其年龄相适应的“困难”，使游戏环境具有适宜的挑战性与冒险性。挑战性与冒险性可以从情感、态度与各种心理品质等方面进行设置，让幼儿在克服困难中激发身体的潜能和智慧，体验成功感，提高自我效能（图7-11）；从合作方面设置挑战性；从体能素质方面设置力量、平衡、攀爬、灵敏、耐力等挑战项目；从动作的完成程度方面设置跑、跳、投、钻、平衡、攀爬等挑战项目。材料的选择要注意层次性、适宜性。层次性：在挑战难度上要有难易层次，以满足不同年龄段和同龄幼儿差异；适宜性：挑战难度要适宜幼儿实际运动能力，不同年龄段幼儿运动能力有差异，不可统一标准。

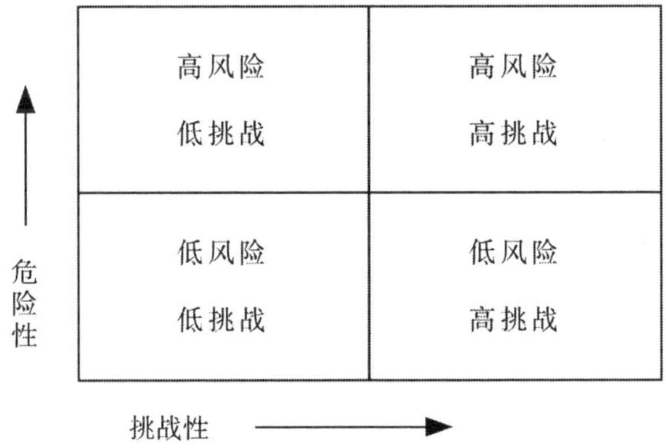

图7-10 风险与挑战性模型[1]

[1] DONNA THOMPSON, SUSAN D HUDSON, HEATHER M OLSEN. SAFE. Play Areas[M]. champaign: Human Kinetics，2007：5.

图7-11　挑战性与冒险性并存的运动器材

（四）层次性原则

层次性原则主要体现在两个方面：一是指同一材料可激发幼儿不同动作的层次性；二是同类材料不同高度、宽度、组合方式等方面的层次性（图7-12）。

图7-12　层次性原则下的材料投放

（五）认知性原则

材料的配备要与幼儿认知发展水平相适应[1]。幼儿操作材料的过程中，会获得许多关于物体的概念，材料的标准化程度会直接影响这些概念的科学性。材料的形状和尺寸关系能够帮助幼儿建立正确的几何形体概念；色彩能够帮助幼儿建立正确的颜色概念；材料的质地能够帮助幼儿获得动作的一致性，最后实现动作的一贯性。由于幼儿认知结构发展是螺旋式上升的，因此，在投放材料时，应选

[1]　王春燕. 幼儿园科学保教课程指南[M]. 武汉：华中师范大学出版社，2014：160-166.

择同一形状、同一颜色的材料，这样材料本身也呈现出一种螺旋式上升的趋势，便于幼儿对知识循序渐进地认知（图7-13）。

图7-13 促进幼儿认知发展的运动器材

四、材料投放策略

（一）目标性投放策略

目标性投放策略主要是根据教学目标投放相应的器材。教学目标一般为三个方面：一是动作发展目标；二是情感导向目标；三是社会性培养目标。

1. 动作发展目标

根据幼儿的动作发展目标选择相应的器材。发展上肢力量，可选用能引发上肢进行推、拉、拖、悬吊、攀爬等动作的器械。《3~6岁儿童学习与发展指南》明确提出，3~4岁幼儿能双手抓杠悬吊10秒；4~5岁幼儿能双手抓杠悬吊15秒；5~6岁幼儿能双手抓杠悬吊20秒。同时，3~4岁幼儿能单手将沙包向前投掷2米左右；4~5岁幼儿能单手将沙包向前投掷4米左右；5~6岁幼儿能单手将沙包向前投掷5米左右。这些都要求幼儿上肢具有一定的力量和耐力。合理的上肢运动不仅有利于增强幼儿的肩部和手臂肌肉、韧带的力量，柔韧性等方面的发展，更利于促进幼儿的生长发育。投放相关器材非常重要。

（1）促进力量耐力的器材：悬吊器材、可乐瓶制作的拉力器、重物、轮胎、小车、各类轻器械。

（2）促进爆发力的器材：掷高器材、掷远器材、老鼠笼、小背篓、打仗器材、流星锤、沙包。

（3）促进协调灵敏性的器材：攀爬架、攀爬梯、平爬梯、蜘蛛网、攀爬绳、放风筝、采摘器材。

2. 情感导向目标

不同的情感目标提供的材料有一定的区别。材料的形状、颜色、宽度、高度，以及不同材料的组合形式等都会影响幼儿的情感发展。要培养幼儿勇敢的精神，可以投放具有一定高度的梯子，让他们在挑战中进行尝试；要培养幼儿快乐、活泼的性格，投放一些一学就会的器材，如平衡木，让其通过一点努力就能获得成功，在成功中获得快乐；要培养幼儿坚毅的性格、不放弃的品格，就要投放一些需要经过一段时间练习才能获得成功的器材，如跳绳、拍球；要培养幼儿的专注力，可以投放一些低结构的材料，在建构运动场的同时，使幼儿的专注力得到发展。

3. 社会性培养目标

良好的社会性发展对幼儿身心健康和其他方面的发展都具有重要影响。人际交往和社会适应是幼儿社会性发展的主要内容，是其社会性发展的基本途径。体育游戏是幼儿社会性不断完善的过程。在体育游戏过程中，幼儿不仅要与成人和同伴交往，还要学习如何与人相处、如何看待自己、如何对待他人。不同的器材能促进幼儿不同的社会性发展。多数量的低结构器材，可以做到人手一份，幼儿在此过程中需要了解如何爱护器材和利用器材，如积木；要培养幼儿的合作意识，就要投放一些个人搬不动，必须要多人合作的器材，如长梯子、大木箱；要培养幼儿的规则意识，那就需要少投放器材，让幼儿必须排队轮流进行等（图7-14）。

图7–14　促进幼儿社会性发展的材料投放

在社会适应方面，为了让幼儿喜欢并适应群体生活，可以投放一些低结构器材，让幼儿能自由利用多种器材。另外，采用混龄方式进行游戏活动，以大带小，投放、设计、收拾、整理器材（图7-15）。

图7–15　促进幼儿社会适应的材料投放

（二）适宜性投放策略

体育游戏中的材料投放是有目的的，并不是任意投放的，教师要充分考虑材料能否满足幼儿的实际需要，对不同年龄的幼儿提出相应的材料投放要求。对于3~4岁年龄段幼儿来说，应注重材料的情趣性。例如，在攀爬区域投放材料时，可以在梯子、攀爬架上贴上神态多样、色彩漂亮、形象生动的小动物头像，让小班孩子能根据小动物动作特征选择相应的动作进行攀爬练习。小动物形象漂亮、可爱，极大地吸引了小班孩子，不仅使他们能力得到了发展，同时也使他们体验了活动的乐趣。对于4~5岁年龄段的幼儿，在运动材料的投放上，更应强调多变性。在进行纸条变变变游戏时，在跑动中让幼儿根据教师提供的颜色、长短、宽窄各异的纸条，通过丰富的想象，拼贴出他们心中最美好的形象。5~6岁年龄段幼儿更注重材料投放的综合性。幼儿到了五六岁时，各种能力已经形成，不再满足于简单游戏，为他们提供综合功能的材料，更能激发他们创造、挑战的欲望。

（三）层次性投放策略

游戏能为兴趣、能力不一的幼儿提供丰富多彩、适于发展的活动环境。不同能力的幼儿都可以在游戏中自信地操作、自主地交往，能充分调动其活动的积极性、主动性，这也是游戏深受幼儿喜爱的主要原因。这就要求教师在材料的提供上要注意材料的层次性，充分发挥材料的优势。同年龄段幼儿的认知、动作、体能等方面存在不同发展水平，因此，在为他们准备游戏材料时，就要以适宜不同幼儿发展的需要为基础，材料应有难易差异。例如，在大型玩具区中教师为幼儿投放梯子、垫子、小动物头像以及凳子等多种材料。这样既可以按照幼儿的意愿，也可以视幼儿的实际能力鼓励幼儿选择合适的材料进行学习。层次性投放，能使不同幼儿的需要均能得到满足，每个幼儿都能体验到成功的快乐，都能在原有的水平上得到不同程度的发展。

（四）多样性投放策略

在游戏中根据不同教育功能，投放不同的材料，投放的材料丰富多样，把材料与教育目标和幼儿发展的实际水平相匹配，真正促进幼儿的全面发展。可以投放可供动作技能练习类的材料，可供幼儿探索发现类的材料，能促进人际交往类的游戏材料等。在为幼儿提供丰富多样材料的同时，教师应注重材料的功能多样性，使同一材料实现不同的教育目标。例如，在自主游戏时，教师提供不同类型的梯子、垫子、凳子，不同颜色、不同形状、不同大小的梯子，不仅可以起到利用梯子的作用，同时也可以让幼儿根据梯子的颜色、形状、大小来进行排序和分类。提供丰富多样功能的运动材料，不仅可以让幼儿感受游戏的乐趣，同时，也使幼儿在与材料的相互作用中，充分运用各种感官，通过听觉、视觉、触觉、本体觉提升思维能力，理解事物的多样化，使幼儿在游戏中不断有发现、进步、提高和发展。

（五）动态性投放策略

材料的提供要根据教育目标和幼儿的发展需求，还需要定期地进行调整、补充。通过对幼儿游戏活动的观察和了解，发现大型玩具因缺乏灵活变化，对幼儿来说缺乏挑战与冒险，备受幼儿喜爱的大型玩具无人问津了。因此，可以把梯子、凳子、垫子等其他附加材料放在大型玩具区，让幼儿对小器械与大型玩具进行自主搭配，这样幼儿对大型玩具区的兴趣又变得浓厚了。材料的动态性还体现在各年龄段及平行班之间的互动上，教师应及时沟通、交流幼儿游戏中的情况，做到材料的互补、共享，让材料真正地为游戏服务。

（六）本土化投放策略

在材料的投放上，应注重材料的本土化，使投放的材料从本园、本地的实际情况出发，充分利用原有的资源和材料。可以在不同的运动区角，为幼儿投放丰富多彩的自然材料。投掷区，幼儿可以将自己精心制作的图示，挂在网上、竹架上；攀爬区，他们会从各种漂亮的鸟窝中取出鸟蛋；平衡区，他们会通过一根根悬吊的绳及绳网。所有这一切充满生活气息的运动场景，都让幼儿在发展的过程中，充分地感受到本土文化的魅力，使幼儿园的环境表现出一种浓浓的乡土风味。不仅使幼儿能了解本土文化，激发他们对家乡的热爱，同时更让他们对不同材料有不一样的体验，丰富他们的生活经验，提高运动技能。

（七）有效组合材料策略

不同材料有不同的结构。低结构材料虽然有固定的形状，但是没有固定的、统一的应用方法，具有较强的变化性。高结构的材料是指一些图案精巧、制作精良、在应用上具有很大的限制，只有一种结构方法的材料，比如一些仿真的材料。高低结构的材料在幼儿的体育游戏中发挥的功能是不同的，其在游戏过程中灵活组合，能有效地促进幼儿在游戏中创意和发展运动能力。如果只提供高结构的轮胎，幼儿虽然可以用轮胎进行滚、跳、钻等动作，但是材料毕竟还是单一的，并不能较好地引发幼儿的思维。增加了梯子、木板等低结构的材料后，幼儿的玩法增多了。他们会用木板放在轮胎上做跷跷板，用轮胎堆积起来把木板放在上面做滑滑梯，把梯子放在轮胎上进行平衡、横爬等练习。这些低结构材料作为支撑，为幼儿创造性思维的出现提供了机会和可能性，使幼儿的运动类型从单一向多样化发展。结构不同的材料组合为不同发展水平的幼儿提供了不同的条件，为幼儿的发展提供了更多的机会。

第二节　学龄前儿童对运动器材的偏好

一、学龄前儿童对器材的颜色及图案的偏好

颜色是人与外部环境接触较为普遍的一种刺激，通过人与颜色的视觉接触，不仅引起相应的知觉反应，更能通过联想和回忆与色彩相关的事物等一系列心理操作，引发一定的情绪和动机变化，进而影响思维、认知等高层次心理活动（张明亮，2012）。颜色不仅有生理属性，还有心理属性。西方背景下，Goldstein（1942）的颜色知觉和色彩心理效应的研究成果显示，暖色系红色和黄色的知觉刺激具有激励、厌恶的心理感受，能使个体将注意集中于外部环境；而冷色系如绿色和蓝色则会诱导安静的心理体验，能促使个体将注意集中于自身内部。关于颜色对行为的影响，他认为暖色系相对于冷色系，会对个体行为产生干扰，使要求正确性的任务执行受损。另外，Stone（1998）认为，暖色和冷色的心理功能差异在于各自物理属性的生理唤醒度的不同，暖色系颜色有高唤醒度的特点，而冷色系则是低唤醒度的，由此产生暖色系颜色降低行为效率的结果。然而，中国文化背景下，中国对红色的内隐认知是积极的，这与西方文化认为的红色是带有消极性意义的观点不同，红色与积极情绪和趋近动机存在内隐连接；红色相较于蓝色，通过其积极的内隐意义，使被试的认知控制功能得到更有效的发挥，使认知策略倾向灵活，使认知冲突得到有效的解决（张明亮，2012）。

幼儿的直觉行动思维和具体形象思维的特点，表明这一阶段的幼儿通过对事物的直观具体的感受来认知事物，颜色这种视觉冲击必然引起幼儿的兴趣。国内外对于幼儿（0~6岁）关于颜色的研究主要集中在颜色认知的发展以及颜色偏好上。本节主要在国内外研究者对幼儿关于颜色研究的基础上，从幼儿颜色感知的

发展出发，探讨幼儿颜色偏好情况，着重分析偏好顺序以及引起幼儿颜色偏好的因素，分析已有研究存在的问题，对研究进行了进一步的展望。

（一）幼儿颜色感知的发展

幼儿开始对颜色感知的年龄在Garbini（1894）的研究中是2岁。该实验研究15个月到6岁的幼儿的颜色感知能力，结果发现，15~18个月大的孩子只能感知黑白，但是2岁的时候就可以感知红色和绿色。Holden（1900）研究了30个1岁以下的孩子以及接近200个1~13岁的孩子，通过孩子们抓握带有颜色的纸张来记录他们的喜好，结果发现6个月以下的孩子也有对带有颜色的纸张抓握，7~8个月的孩子抓了红色、橙色以及黄色的纸张，少数9个月的孩子抓了绿色、蓝色和紫色的纸张，12个月的孩子对于这些颜色，都有了抓握行为。也就是说，1岁的孩子就对所有的颜色都有所感知。另外，Adams（1987）发现，新生儿表现出对明度的偏爱，对低明度的颜色刺激注视时间更长，喜欢彩色，不喜欢非彩色。Holden（1900）发现，幼儿对于蓝色的兴趣是在2~3岁的时候发生的。Baldwin（1903）发现对于9~11个月的孩子，黑色是最容易被接受的颜色，其次是白色、红色、绿色和棕色。Marsden（1903）研究了5个月的孩子，在孩子面前呈现两种颜色的卡片，然后慢慢移动卡片，幼儿的视线跟随哪一种卡片就被认为更偏爱哪一种。实验发现，这个年龄的孩子，对于黄色有了感知。另外又有研究发现3个月的婴儿喜欢长波（红、黄），不喜欢短波（蓝、绿）；相比黄、绿，4个月大的婴儿更喜欢红、蓝、紫（Franklin, 2006 ; Teler, Civna & Castain , 2004）。随后的研究发现，这时的婴儿不喜欢白色，表现出对色调的偏爱（zemarh & Teller,2007）。

颜色感知发展成熟的年龄在Garbini（1894）的研究中是3岁，他发现3岁的时候，颜色视觉发展已经成熟。而Shinn（1899）在观察他侄女的时候发现，明亮的颜色，尤其是红色、橙色和黄色首先被识别，所有的颜色在18个月的时候都能被感知，但是要到2岁的时候才能像成人一样辨别，3岁以前孩子更偏爱暖色。Marsden（1903）发现，6~7个月的孩子对于红色和黄色有了感知，并且也偏爱这两种颜色，蓝色、绿色和白色次之，毫无疑问，6个月的孩子对于这些颜色都有了感知。

对于幼儿开始对颜色有感知的研究，多是通过其对颜色的抓握、目光跟随或者是注视的时间来判断，这种方法是否真正揭示了幼儿的颜色感知还有待进一步研究。

（二）幼儿的颜色偏好

颜色偏好（Color preference）是人在心理上所喜爱或偏好的颜色（林崇德、杨治良、黄希庭，2003）。人们对于颜色偏好有着不同的理解。Hurlbert（2007）认为，颜色偏好是有两个神经子系统控制着人类的颜色视觉。Palmer（2010）的生态价值理论（Ecological valence theory, EVT）认为，颜色偏好是对待有颜色的物体的适应性反应，人们喜欢某一个颜色的程度取决于他们对于有这种颜色的物体的喜爱，比如喜欢蓝色，是因为蓝色的天空很适合生存。那么幼儿的颜色偏好又是如何的呢?

1. 幼儿颜色偏好的顺序

关于幼儿颜色偏好顺序的研究，AAES（1899）在对3~7岁的8个孩子的实验中发现，孩子更偏爱不饱和的颜色，但是不管饱和的颜色还是不饱和的颜色，都比明度一样的灰色要更受喜爱。3岁前的幼儿喜爱的顺序是蓝、红、绿、黄。然而Holden（1900）对于3岁以后的幼儿的颜色偏好与其有部分一致，幼儿最喜爱的是蓝色，其顺序是蓝色、紫色、红色、绿色、黄色和橙色。另外，他还发现1~3岁的孩子喜爱红色、橙色和黄色多于绿色、蓝色和紫色。Monroe（1907）研究了500名2~6岁的孩子，发现颜色偏好的顺序是蓝色、黄色、绿色、橙色和紫色。Eysenck（1941）发现颜色偏好的一般的顺序是蓝、红、绿、紫、橙、黄。陈立与汪安圣（1965）发现颜色偏好的次序排列为红、蓝、绿、黄。而在张增慧等(1986）的实验中幼儿颜色偏好的顺序是红、黄、橙、紫、绿、白、蓝、黑。另外，刘少英（2004）对于4~6岁幼儿颜色偏好实验研究的结果与张增慧（1986）的一致。李文馥（1995）在对幼儿颜色偏好特点研究中，发现颜色偏好的顺序为红、粉红、橙、浅绿、黄、紫、蓝、天蓝、白、黑、深绿、棕。另外发现，幼儿最喜欢的颜色主要是红色色调区域和明度最大的颜色。曹漱芹（2012）在研究4~6岁自闭症幼儿的颜色偏好中，发现作为对照组正常幼儿颜色偏好的顺序为红、橙、绿、蓝、黄、紫，而且男孩对蓝色的偏好强于女孩，另外，女孩则明显比男孩更加喜欢橙、黄等暖色调。总的来说，虽然已有研究者发现幼儿颜色偏好的顺序绝大多数是不同的，但是，可以发现幼儿最喜欢的颜色主要是红色色调区域和明度最大的颜色。

2. 影响幼儿颜色偏好的因素

（1）性别对幼儿颜色偏好的影响。曾虹文（1968 ）在研究中发现，一般颜色的喜好有性别差异，这与Silver（1988）和Bukritt（2003）的发现一致，女孩比男孩更喜欢粉红色，而男孩则比女孩更喜欢蓝色，这可能因为其颜色认知能力不够成熟，受社会文化的影响较少，鲜艳的颜色更能引起他们的注意。随着年龄的增长，性别意识的发展和文化教育的影响，幼儿会积极地寻找和重视与性别有关的信息，进而学到与性别相关联的普遍品质，个体的颜色偏好就产生了性别差异。另外，杨淑丽和张莉（2009）的研究发现，4~5岁幼儿的颜色偏好不存在显著性性别差异，5~6岁的幼儿在最喜欢的颜色上存在显著性性别差异。42%的男幼最喜欢的颜色是大红色，而女幼只有 11%最喜欢大红色，59%的女幼最喜欢粉红色和淡粉红色。蒋盈与王茜（2010）在研究4~6 岁幼儿对室内环境的颜色偏好情况中，发现男幼对室内环境的颜色偏好顺序依次是蓝、黄、橙、紫、绿、红、灰，而女幼对室内环境的颜色偏好顺序依次是绿、紫、橙、黄、红、蓝、灰，具有性别差异。刘少英（2004）和葛列众（2005）发现男幼和女幼对颜色的偏好有明显差异。但是，陈立（1965）发现，幼儿的颜色偏好没有性别差异，都喜欢鲜艳的颜色。

（2）年龄对幼儿颜色偏好的影响。曾虹文（1968 ）发现一般颜色的喜好受年龄的影响。然而，刘少英（2004）认为，对于4~6岁不同年龄的幼儿，颜色偏好在年龄之间没有明显差异。蒋盈与王茜（2010）在研究4~6 岁幼儿对室内环境的颜色偏好情况中发现，4岁幼儿对室内环境的颜色偏好顺序依次是紫、橙、红、绿、蓝、黄、灰；5岁幼儿对室内环境的颜色偏好顺序依次是蓝、黄、绿、橙、紫、红、灰；6岁幼儿对室内环境的颜色偏好顺序依次是黄、绿、蓝、橙、紫、红、灰。另外，李文馥（1990）和葛列众（2005）也发现，颜色偏好在人的一生中会发生变化，幼儿时期喜欢鲜艳的色彩，如红色、黄色；随着年龄的增长，则更喜爱蓝色。

3. 文化以及其他因素对幼儿颜色偏好的影响

幼儿颜色偏好受教育特点及地区的影响（曾虹文，1968）。张增慧和林仲贤（1990，1993）在不同民族幼儿颜色偏好的实验研究中发现文化的影响 。另外，不同材料的颜色偏好其影响因素不同（李文馥，1990）。Okamura（2007）等人调查了周围环境的颜色对婴儿颜色知觉的冲击和影响，发现7个月大的婴儿的颜色知觉已显著受到环境颜色的影响。另外，幼儿的颜色偏好受饱和度、色调的影响（Eysenck, 1941;Guildford，1934），说明颜色的感官特性会影响颜色偏好。一些研究者认为，幼儿颜色偏好（Kowalski & Zimile，2006；Pitchford & Mullen，2005；Roberson，Davidoff，Davies, & Shapiro，2004）与颜色词语的获得有关，在11个基本颜色中，幼儿最不喜欢棕色和灰色，而幼儿获得棕色和灰色这两个颜色词语要比其他颜色词语晚（Pitchford & Mulen，2005）。同时，幼儿对喜欢的颜色比不喜欢的颜色的命名更准确（Pitchford，Davis, & Sceirf，2009）。相反，颜色偏好影响对颜色的认知加工。感知觉、注意的限制会影响颜色词语的获得。一些研究者认为，提高颜色知觉的显著性，会利于幼儿的新颜色词语的学习（OHanlno & Roberson，2006；Pitchford, et al，2009）。总的来说，很多因素影响幼儿对于颜色的偏好。

前人对于幼儿的颜色感知以及颜色偏好的研究已非常丰富，但是主要的研究方法还是使用抓握、选择喜爱的颜色这种低精确度的方法，迫切需要利用较为准确的方法来丰富已有研究。另外，对于幼儿的颜色感知和偏好的研究缺乏更有深度的挖掘，可以通过对颜色的感知和偏好的研究，探讨其对幼儿心理和生理发展的影响以及对幼儿美感的影响。立足于已有研究，在未来的研究中，这些问题都将会被解决。

（三）体育游戏中幼儿对器材颜色与图案的偏好

本研究通过观察杭州20所幼儿园中幼儿喜欢的运动器材，并通过1008份幼儿园教师问卷分析结果，选择幼儿非常喜欢的球类器材进行分析。现今幼儿园球类器材纷繁复杂，色彩斑斓，而幼儿真正喜欢的是哪一种？本研究使人一方面可以了解3~6岁幼儿关于球类器材的颜色偏好情况，另一方面可以根据幼儿的偏好情况，设计适合幼儿玩要的球类器材。

研究内容主要包括两大方面：

（1）探索3~6岁幼儿对于球体颜色组合的视觉偏爱。根据先前研究及现有球体类型，我们从颜色对比的角度，如图7-16所示，设计了三组对比色。产生了三类颜色组合的球：黄与蓝组合，品红与绿组合，青与红组合。探索3~6岁幼儿对于球类器材颜色、图案分布的眼动研究，这一部分包括两个子实验，分别是探索3~6岁幼儿对于球类器材颜色大面积分布与零散分布喜爱程度和3~6岁幼儿对于球类器材颜色均匀分布与不均匀分布喜爱程度的比较。

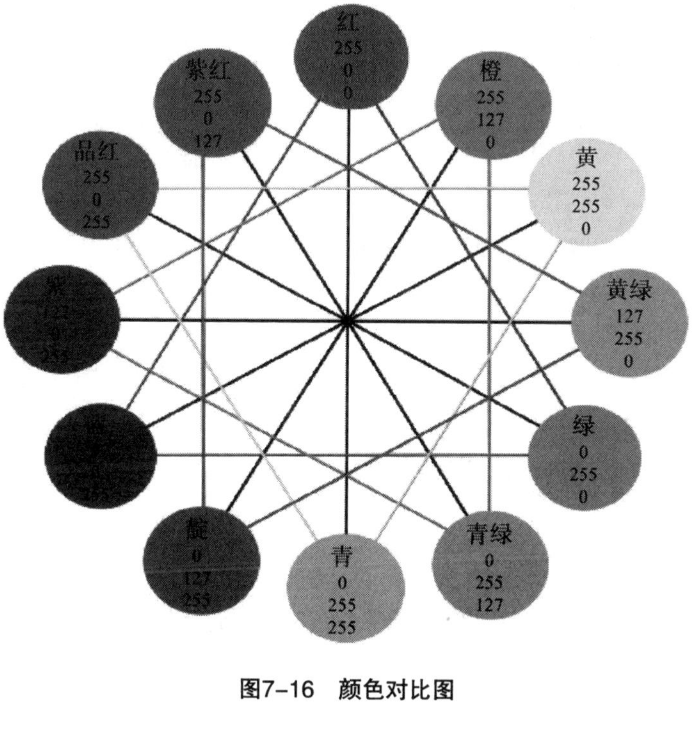

图7-16　颜色对比图

（2）探索适合幼儿身体发展的球体大小。这一部分主要从测量3~6岁幼儿的手掌长度和宽度，以及对不同大小的球体进行连续拍球的次数、垫球的次数和踢球的次数来判断3~6岁年龄段幼儿适宜的球体大小。

本研究采用由SR Research Ltd开发的EyeLink1000遥测式眼动仪，该设备由两台电脑组成，通过以太网连接。其中一台电脑呈现实验刺激，另一台电脑记录眼动变化。用于刺激呈现的屏幕大小为19英寸，刷新频率为60赫兹，分辨率为1024×768像素。眼动仪置于屏幕下方，通过瞳孔/角膜的红外反射来记录被试的眼睛运动。

本研究采用的是国际排联的排球基本样式，该实验也采用了国际排联的排球的颜色：黄、白、蓝。根据不同图案共组成排球24个，如图7-17所示。实验一采用3（年龄：小、中、大班）×2（颜色分布：大色块分布、分散色块分布）的被试间实验设计。

图7-17 大色块分布和分散色块分布构图例示

在实验一的基础上，同样采用的是国际排联的排球基本样式和黄、白、蓝三色。根据颜色分布组成了均匀分布和不均匀分布两种不同图案，共组成排球12个，如图7-18所示。实验二采用3（年龄：小、中、大班）×2（颜色分布：均匀分布、不均匀分布）的被试间实验设计。

图7-18 均匀分布与不均匀分布构图例示

被试在安静的实验室内单独施测，被试坐在舒适的椅子上，身体放松，眼睛与屏幕的距离约为65厘米，眼睛正对显示器的3/4垂直高度位置。一名实验者坐在被试身后，指导其实验并监控实验状态，防止被试的身体和头出现大幅度的运动。另一名实验者负责操控眼动仪等实验设备。被试眼睛的注视情况通过微型摄像机输入微机，数据采样率为每秒500次，相邻两次采样的间隔为1毫秒。本实验选择遥测方式记录被试的右眼眼动，圆形标记贴于被试右眼上方位置。所有被试实验前首先进行5点定标校准，校准图片为黑色小圆环，外环直径为16毫米，内环直径为4毫米，随机呈现在屏幕的4个角落和中央。校准完成后，被试直接进入视频观看，同时眼动记录开始。视频的音量大小平均为50分贝。视频观看完毕，要求幼儿口头回答关于视频主要内容的问题。实验中所有材料的呈现和眼动记录均由其自带的编程软件Experiment Builder自动完成。眼动数据均通过数据处理软件Data Viewer处理后导出，并由SPSS 13.0进行分析。

本研究中，我们主要选取了兴趣区总注视时间、总注视次数、瞳孔直径、兴趣区首次注视时间等眼动指标。参照以往研究，将被试视线在注视目标上停留时间超过100毫秒、面积不大于1度 × 1度视角的停留点定义为一个注视点。兴趣区总注视时间是指被试完成认知任务时，所有注视点的停留时间之和，反映的是对刺激的相对后期加工过程，是认知兴趣的重要指标。总注视次数是指被试加工材料时注视点的个数，它反映了个体知觉加工范围的大小，注视点越少，被试的知觉广度越大。瞳孔直径是心理负荷的敏感指标，随心理努力的程度而变化，在加工难度较大的材料时，心理负荷大，瞳孔会相应变大；在加工较容易的材料时，心理负荷小，瞳孔则不会变化。瞳孔直径的大小还与兴趣有关，人们对有兴趣的事物往往会展现出较大的瞳孔直径。兴趣区首次注视时间是兴趣区被试第一次注视该刺激的时间，是指被试注视到兴趣区内的注视目标并形成注视点的时间，通常反映了被试对刺激的早期识别过程以及对刺激加工难度的敏感。

本研究共分两个幼儿园进行测试。因这两个幼儿园对实验用球的熟悉度不同，为了进一步测试熟悉度对视觉偏好的影响，结果分两个幼儿园分别呈现。

（1）总园31名大班幼儿参与本研究，其中男生18名，女生13名。平均年龄为5.86 ± 0.39。所有被试视力正常，无色弱、色盲。

（2）分园共有58名幼儿参与本研究，其中幼儿园大班幼儿29人（男15人，女14人），平均年龄为5.77 ± 0.31；中班幼儿29人（男16人，女13人），平均年龄为4.79 ± 0.30。所有被试视力正常，无色弱、色盲。

通常，人人都认为幼儿喜欢鲜艳的颜色，很多器材都采用了鲜艳的颜色，如大红、大蓝、大绿等等。然而，在自主性游戏中，本研究发现，3~6岁幼儿对于运动器材颜色的偏好好像与常理是不一致的。原木色的碳化积木、梯子、凳子、木板，深蓝色的轮胎，米白的油桶等常见的材料成了幼儿在自主性体育活动中的最爱，选择的人数最多。在体育活动中，幼儿喜欢什么样的颜色，会不会有别于常理呢？为了更好地设计身体动作游戏，本研究采用眼动实验，以寻找出符合幼儿兴趣和发展规律的运动器材。本研究将增加对幼儿色彩认知的理论基础，并为进一步研究幼儿色彩认知提供依据，而且开展本研究所需的实验材料、实验设计等也会对学前教育研究者、高水平幼儿园教师以及对幼儿感兴趣的研究者提供研究指导。

1. 总园测试结果

（1）幼儿对于球体的大色块和分散色块图案分布喜爱程度的比较研究，见表7-2。

表7-2　幼儿对大色块和分散色块图案分布的眼动数据

眼动指标	球分类						
	大色块		分散色块				
	M	SD	M	SD	F	P	η^2
平均瞳孔直径	265.58	49.05	271.39	51.73	3.37	0.07	0.11
兴趣区注视时间	827.95	284.62	933.39	254.47	1.27	>0.05	0.04
兴趣区注视次数	2.31	0.70	2.51	0.73	0.36	>0.05	0.01
兴趣区首次注视时长	375.99	54.09	400.49	90.90	2.02	>0.05	0.07

统计分析结果表明，幼儿在注视大色块和分散色块这两种不同图案的球时，表现出更偏好分散色块的方式，在瞳孔直径上差异临界显著，$F(1, 26)=3.37$，$P=0.07$。他们对分散色块的注视表现出注视时间更长，且注视次数更多的趋势，说明幼儿更偏好分散色块的图案方式。男女幼在各个指标上没有显著的性别差异。

（2）幼儿对于球体颜色均匀分布与不均匀分布喜爱程度的比较，见表7-3。

表7–3　幼儿对颜色均匀分布与不均匀分布的眼动数据

眼动指标	球分类						
	均匀分布		不均匀分布				
	M	SD	M	SD	*F*	*P*	η^2
平均瞳孔直径	266.42	45.21	271.34	53.00	1.47	>0.05	0.05
兴趣区注视时间	818.80	364.95	818.54	373.78	0.23	>0.05	0.01
兴趣区注视次数	2.16	0.98	2.19	0.89	0.37	>0.05	0.02
兴趣区首次注视时长	411.46	100.34	341.57	56.88	13.03**	<0.001	0.33

注：**表示差异非常显著。

统计分析结果表明，幼儿在对均匀分布与不均匀分布这两种图案的偏好上更偏爱后者。在首次注视时间上，幼儿对这两种图案分布存在显著差异，主要表现为对均匀分布的首次注视时间长于不均匀分布，$F（1，28）=13.03$，$P<0.001$。此外，他们对不均匀分布的平均瞳孔直径更大，以及注视次数更多，尽管差异不显著，但汇总说明，他们对颜色的均匀分布表现出一定程度的偏爱。男女幼在各个指标上没有显著的性别差异。

（3）幼儿对不同颜色组合球的喜爱程度比较，见表7-4。

表7–4　幼儿对不同颜色组合球偏好的眼动数据

眼动指标	球分类								
	黄-蓝		品红-绿		青-红				
	M	SD	M	SD	M	SD	*F*	*P*	η^2
平均瞳孔直径	270.48	40.97	259.21	39.23	257.95	47.39	22.82**	<0.001	0.46
兴趣区注视时间	965.17	392.25	952.13	285.47	1143.75	443.65	0.65	>0.05	0.02
兴趣区注视次数	2.69	1.07	2.49	0.76	2.83	1.22	0.05	>0.05	0.02
兴趣区首次注视时长	338.47	74.23	385.07	58.30	418.52	87.97	11.42**	<0.001	0.31

注：**表示差异非常显著。

统计分析结果表明（表7-4），幼儿对三种颜色球的平均瞳孔直径差异非常显著，瞳孔直径最大的是黄-蓝球，其次是品红-绿球和青-红球，F（1，26）=22.82，P<0.001。进一步两两比较表明，各种颜色球之间的差异均非常显著（Ps<0.05）。幼儿对三种颜色球的首次注视时间差异显著，他们注视黄-蓝球的时间最短，注视青-红球的时间最长，注视品红-绿球地时间居中，F（1，26）=11.42，P<0.001。进一步的简单效应检验表明，两种颜色球的两两差异显著（Ps<0.05）。结果说明，黄-蓝球对大班幼儿的唤醒度最高，青-红球对幼儿最具新异性。男女幼在各个指标上没有显著的性别差异。

2. 分园测试结果

（1）幼儿对于球体的大色块和分散色块图案分布喜爱程度的比较研究，见表7-5。

表7-5　不同年龄和性别幼儿对大色块和分散色块图案分布的眼动数据

球分类	年龄段	性别	眼动指标			
			瞳孔直径	兴趣区注视时间	兴趣区注视次数	兴趣区首次注视时间
			M（SD）	M（SD）	M（SD）	M（SD）
大色块	中班	男	383（110）	1023（441）	2.6（0.8）	435（97）
		女	345（60）	906（393）	2.6（1.0）	399（79）
	大班	男	339（78）	961（324）	2.7（1.0）	427（90）
		女	335（88）	980（326）	2.8（1.0）	398（78）
分散色块	中班	男	382（108）	822（333）	2.3（0.7）	346（79）
		女	353（61）	843（312）	2.3（0.8）	354（80）
	大班	男	340（77）	923（322）	2.6（1.1）	363（83）
		女	340（93）	928（327）	2.7（1.2）	332（86）

对数据进行2×2×2的重复测量方差分析，结果表明，幼儿在注视大色块和分散色块这两种不同图案的球体时，瞳孔直径差异显著，F（1，49）=4.71，P<0.05。他们注视分散色块时的瞳孔直径比注视大色块时更大。在瞳孔直径指标上年龄和性别差异均不显著。

在兴趣区注视时间上，幼儿对这两种球的差异不显著，F（1，49）=3.00，

P=0.09，也没有年龄和性别差异。

在兴趣区注视次数上，幼儿对这两种球的差异不显著，F（1，49）=2.68，P=0.10，同样也没有年龄和性别差异。

在首次注视时间上，幼儿对两种球的注视差异显著，F（1，49）=4.69，P<0.05，幼儿对大色块球的注视时间更长，年龄和性别差异均不显著。说明大色块对幼儿具有新异性，但幼儿更偏好分散色块的图案方式。

（2）幼儿对于球体颜色均匀分布与不均匀分布喜爱程度的比较，见表7-6。

表7-6 幼儿对颜色均匀分布与不均匀分布的眼动数据

球分类	年龄段	性别	眼动指标			
			瞳孔直径	兴趣区注视时间	兴趣区注视次数	兴趣区首次注视时间
			M（SD）	M（SD）	M（SD）	M(SD）
均匀分布	中班	男	392（97）	928（404）	2.4（0.8）	414（107）
		女	345（63）	954（392）	2.3（1.0）	393（72）
	大班	男	343（79）	1260（438）	3.2（1.2）	415（90）
		女	352（108）	997（339）	3.0（1.3）	363（73）
不均匀分布	中班	男	390（98）	927（462）	2.7（1.2）	396（89）
		女	344（62）	1003（386）	2.5（1.0）	390（90）
	大班	男	347（84）	1032（243）	3.1（0.9）	383（86）
		女	346（102）	1006（340）	2.8（0.9）	342（66）

对数据进行2×2×2的重复测量方差分析，结果表明，幼儿在注视均匀分布和不均匀分布这两种不同图案的球时，瞳孔直径差异不显著，F（1，49）=0.69，P=0.41。在瞳孔直径指标上年龄和性别差异均不显著。

在兴趣区注视时间上，幼儿对这两种球的差异不显著，F（1，49）=0.75，P=0.39，也没有年龄和性别差异。

在兴趣区注视次数上，幼儿对这两种球的差异不显著，F（1，49）=0.17，P=0.68，男女幼的性别差异不显著，但年龄差异显著，F（1，49）=4.28，P<0.05，大班幼儿的注视次数比中班多。年龄与球类别交互作用显著，大班幼儿更喜欢不均匀分布的图案。

在首次注视时间上，幼儿对两种球的注视差异不显著，F（1，49）=2.69，P=0.11，年龄和性别差异均不显著。说明幼儿对两种球的加工难度差不多。

（3）幼儿对不同颜色组合球的喜爱程度比较，见表7-7。

表7–7　幼儿对不同颜色组合球偏好的眼动数据

球分类	年龄段	性别	眼动指标			
			瞳孔直径	兴趣区注视时间	兴趣区注视次数	兴趣区首次注视时间
			M（SD）	M（SD）	M（SD）	M（SD）
黄-蓝	中班	男	372（70）	861（330）	2.3（0.5）	362（108）
		女	349（79）	1019（419）	3.0（1.2）	359（58）
	大班	男	359（77）	1276（529）	3.2（1.3）	385（62）
		女	342（95）	889（331）	2.5（1.1）	318（59）
品红-绿	中班	男	354（66）	761（262）	2.1（0.6）	371（96）
		女	330（68）	1079（504）	2.8（1.0）	384（78）
	大班	男	340（70）	890（238）	2.2（0.6）	371（96）
		女	326（93）	1007（335）	2.7（0.9）	384（78）
青-红	中班	男	347（76）	895（356）	2.2（0.8）	384（64）
		女	344（62）	931（373）	2.4（0.8）	372（52）
	大班	男	347（75）	1154（432）	3.0（1.0）	430（78）
		女	316（27）	869（261）	2.4（0.8）	392（71）

对数据进行3×2×2的重复测量方差分析，结果表明，在兴趣区的瞳孔直径上，颜色的主效应非常显著，F（2，96）=52.79，P<0.001。幼儿对黄–蓝色的瞳孔直径最大，品红–绿色次之，青–红色最小，且两两间差异显著（所有P<0.05），年龄和性别差异均不显著。

在对兴趣区的注视时间上，颜色的主效应不显著，年龄和性别的主效应均不显著。但是，颜色和性别的交互效应非常显著，F（2，96）=6.27，P<0.01。男幼普遍偏好黄–蓝色和青–红色，但女幼更偏好品红–绿色。

在兴趣区注视时间上，颜色的主效应临界显著，F（2，96）=2.79，P=0.06，注视次数最大的是黄–蓝球，年龄和性别的主效应均不显著。但是，颜色和性别的交互效应显著，$F(2, 96)=4.66$，$P<0.05$。男幼普遍偏好黄-蓝色和青-红色，但女幼更偏好品红-绿色。

在首次注视时间上，颜色的主效应显著，$F(2, 96)=5.21$，$P<0.05$。幼儿对青-红球的首次注视时间最长，对黄-蓝球的首次注视时间最短，品红-绿球居中，年龄和性别差异均不显著。说明三种不同颜色球对幼儿的新异性不同，幼儿对青-红球的加工难度更大。

3. 研究结论

综上所述，本研究可获得以下结论：

（1）相对于简单图案而言，幼儿更偏好复杂图案，且与复杂图案的具体分布无关。

（2）幼儿更偏好黄-蓝色球体，但青-红色球体对幼儿更具有新异性。

（3）幼儿对球体的颜色偏好表现出显著的性别差异：男幼更偏好黄-蓝色和青-红色，女幼更偏好品红-绿色。

二、学龄前儿童适宜的球类器材大小

当前市场上的相关球类器材繁多，大小不一，如何选择适宜幼儿生理发展特点的球类，是每一个幼儿园所遇到的一个基本问题。不同年龄段幼儿的手掌长度与大小不一，那么使用的球体大小是否一致？哪种球体的大小适合不同年龄段幼儿呢？球类运动是否适合在幼儿期开展？为了解决上述问题，本课题进行相关研究。

（一）测试指标

本研究根据相关文献，选择设计了以下一些测试指标，通过测试以确定幼儿适宜的球体大小与重量。本课题选择了10种大小不同、重量不同的球体投放在幼儿活动中，观察幼儿常用的球体，最后根据幼儿的使用频率选择了三种不同型号，具体见表7-8。

表7–8　实验用球具体情况

序号	规格	重量（克）	周长（厘米）	直径（厘米）
1	小	105	28.5	22.5
2	中	120	30	24
3	大	125	31	25

（1）身体形态指标：身高、体重。

（2）确定球的大小的指标：

①月龄。

②性别：a.男，b.女。

③利手：a.右手，b.左手。

④手掌面积：横向（厘米）：手掌的横向最宽处。

纵向（厘米）：从掌根到中指尖测量。

⑤抓握直径：从张开的大拇指到中指尖的直线距离。

（3）确定球重量的指标：

①力量：握力：用握力计测试。

臂力（悬吊）：从幼儿的脚离地开始计时，到脚落地为结束。

②一分钟拍球：从幼儿的手接触球开始计时，当球不能控制跑远了，为掉球。

③一分钟垫球：从幼儿的手臂接触球开始计时，只要能把球垫起来，即可弯手臂做，也可双手打开向上垫球。球离开身体为掉球。

（二）测试对象

杭州某集团下属的三个幼儿园共计797名幼儿参与本研究的测试，其中小班276人，男150人，女126人，平均月龄50.73 ± 3.34；中班322人，男158人，女164人，平均月龄61.85 ± 3.63；大班199人，男112人，女87人，平均月龄73.72 ± 3.87。左利手占8.7%，其余均为右利手。

（三）测试基本指标分析

1. 身　高

对数据进行3（年龄）×2（性别）的方差分析，结果表明，年级的主效应非常显著，$F(2,\ 180)=101.39$，$P<0.001$；性别的主效应也非常显著，$F(1,\ 180)=7.20$，$P<0.001$；两者交互作用不显著。结果如图7-19所示。

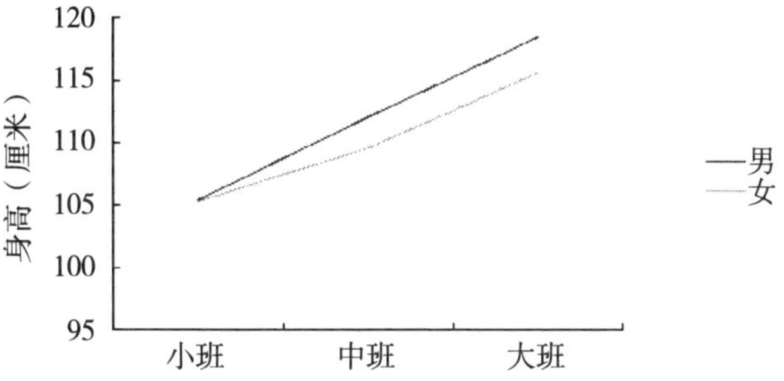

图7-19　不同年龄段幼儿身高

2. 体　重

对数据进行3（年龄）×2（性别）的方差分析，结果表明，年级的主效应非常显著，$F(2,\ 180)=30.00$，$P<0.001$；性别的主效应也非常显著，$F(1,\ 180)=8.86$，$P<0.01$；两者交互作用显著，$F(2,\ 180)=3.06$，$P<0.05$。结果如图7-20所示。

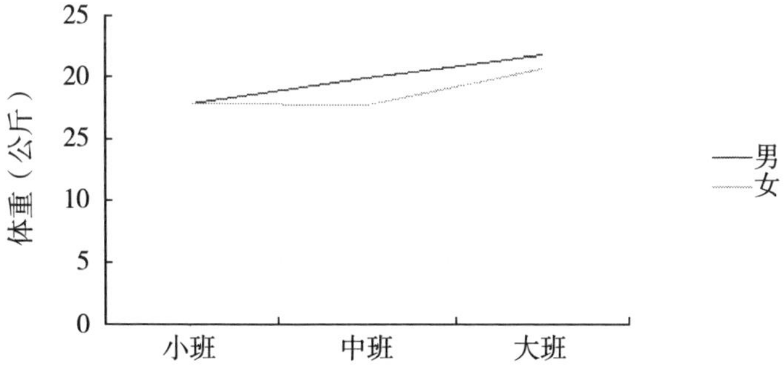

图7-20　不同年龄段幼儿体重

3. 手掌宽度

3×2的方差分析结果表明，年级的主效应非常显著，$F(2, 180)=16.85$，$P<0.001$；性别的主效应非常显著，$F(1, 180)=12.93$，$P<0.001$；两者交互作用不显著。结果如图7-21所示。

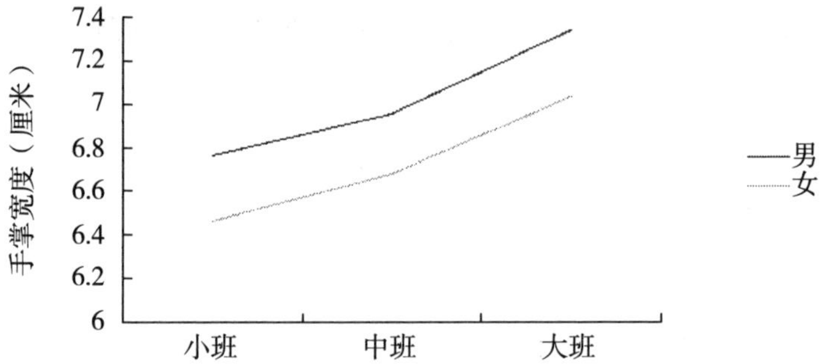

图7-21　不同年龄段幼儿手掌宽度

4. 手掌长度

3×2的方差分析结果表明，年级的主效应非常显著，$F(2, 180)=23.567$，$P<0.001$；性别的主效应显著，$F(1, 180)=8.65$，$P<0.01$；两者交互作用显著，$F=3.56$，$P<0.05$。结果如图7-22所示。

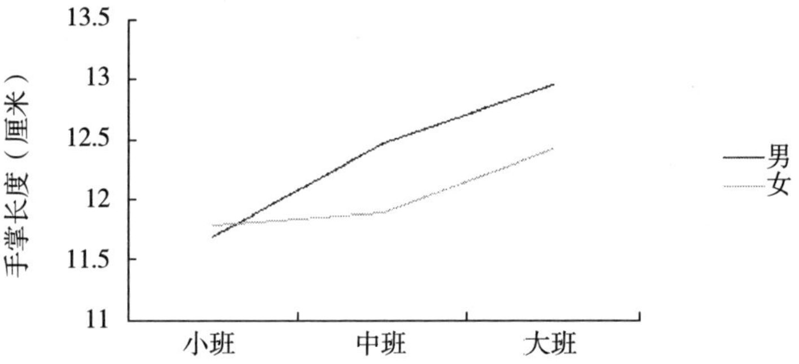

图7-22　不同年龄段幼儿手掌长度

5. 握　力

3×2的方差分析结果表明，年级的主效应非常显著，$F(2,180)=39.42$，$P<0.001$；性别的主效应显著，$F(1,180)=35.37$，$P<0.001$；两者交互作用显著，$F(2,180)=5.9$，$P<0.01$。结果如图7-23所示。

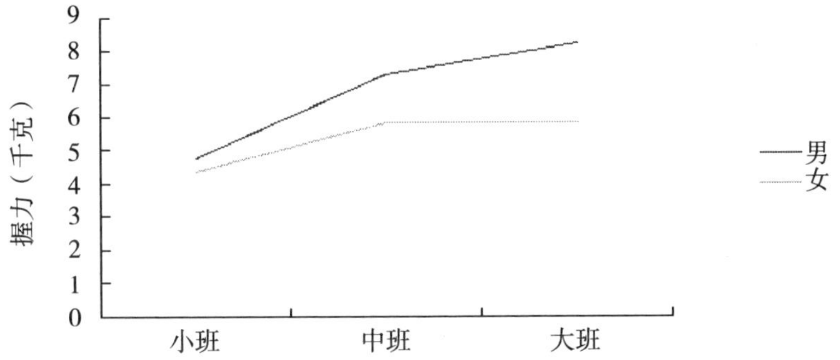

图7-23　不同年龄段幼儿握力大小

6. 臂　力

3×2的方差分析结果表明，年级的主效应非常显著，$F(2,180)=386.75$，$P<0.001$；性别的主效应不显著；两者交互作用不显著。结果如图7-24所示。

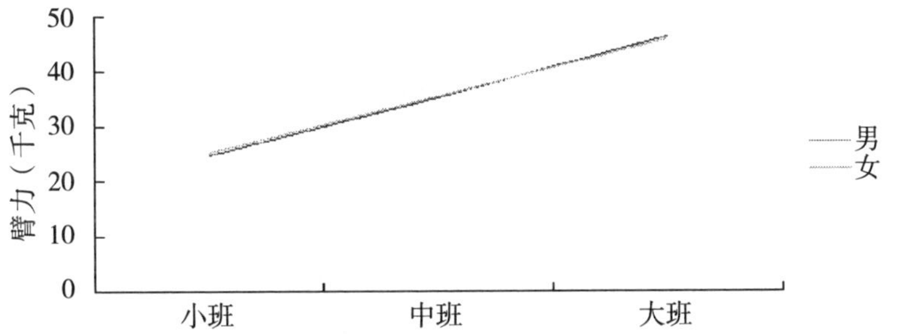

图7-24　不同年龄段幼儿臂力大小

7. 抓握直径

3×2的方差分析结果表明，年级的主效应非常显著，$F(2,180)=51.14$，$P<0.001$；性别的主效应显著，$F(1,180)=6.34$，$P<0.05$；两者交互作用不显

著。结果如图7-25所示。

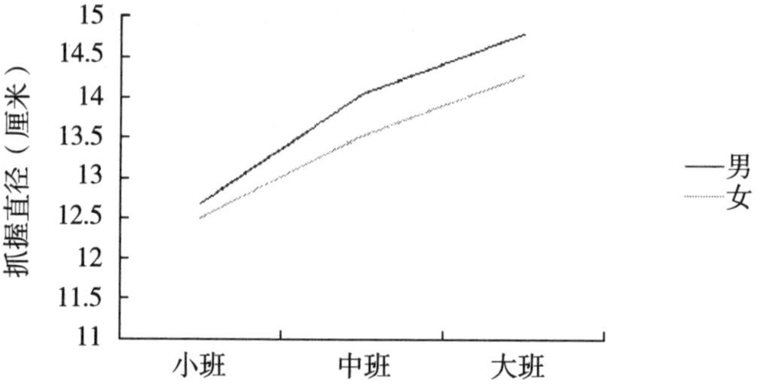

图7-25　不同年龄段幼儿抓握直径

（四）拍球分析

1. 总个数

对数据进行3×2×3的方差分析，结果表明，球的主效应非常显著，F（2，178）=8.12，P<0.001；年级的主效应非常显著，F（2，179）=112.56，P<0.001；性别的主效应不显著，F（1，179）=0.15，P>0.05；年级与球的交互作用非常显著，F（4，358）=18.22，P<0.001。对小班幼儿而言，拍大球个数最多；对中班幼儿而言，拍小球个数最多，中球和小球差异不大；对大班幼儿而言，拍大球个数最少，小球和中球差异不大（图7-26）。

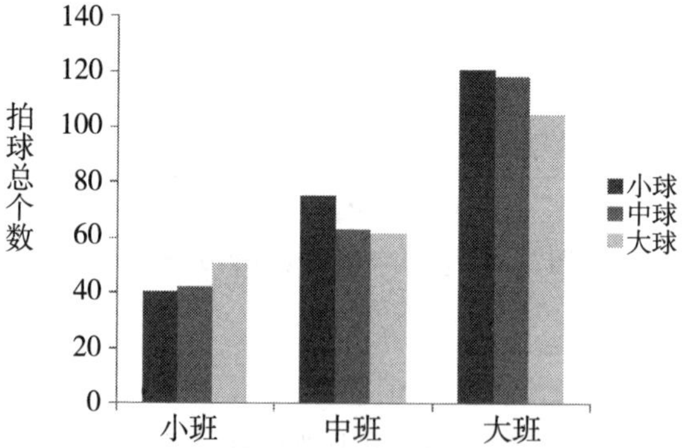

图7-26　不同年龄段幼儿拍三类球的总个数

2. 掉落次数

3×2×3的方差分析表明，球的主效应不显著，$F(2, 178)=2.11$，$P>0.05$；年级的主效应非常显著，$F(2, 179)=56.64$，$P<0.001$；性别的主效应不显著，$F(1, 179)=0.48$，$P>0.05$；年级与球的交互作用不显著，$F(4, 358)=2.37$，$P>0.05$（图7-27）。

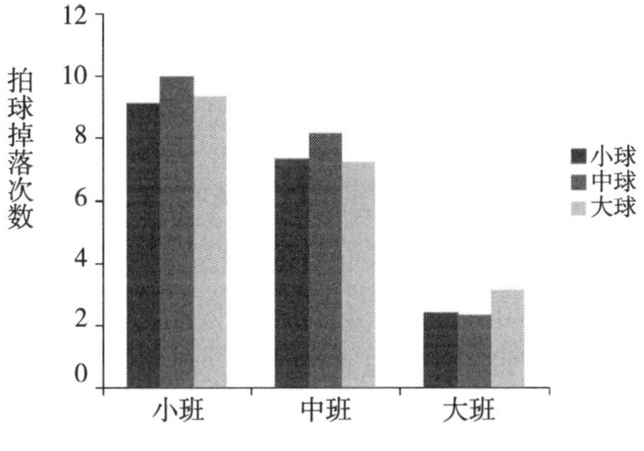

图7-27 不同年龄段幼儿拍三类球的掉落次数

（五）垫球分析

1. 垫球总个数

3×2×3的方差分析表明，球的主效应不显著，$F(2, 179)=0.99$，$P>0.05$；年级的主效应非常显著，$F(2, 180)=80.13$，$P<0.001$；性别的主效应不显著，$F(1, 180)=0.96$，$P>0.05$；年级与球的交互作用非常显著，$F(4, 360)=5.95$，$P<0.001$。小班幼儿垫球差异不大；中班幼儿小球与中球垫球差异不大，大球垫球数量最少；大班幼儿垫球个数随小、中、大球依次增加（图7-28）。

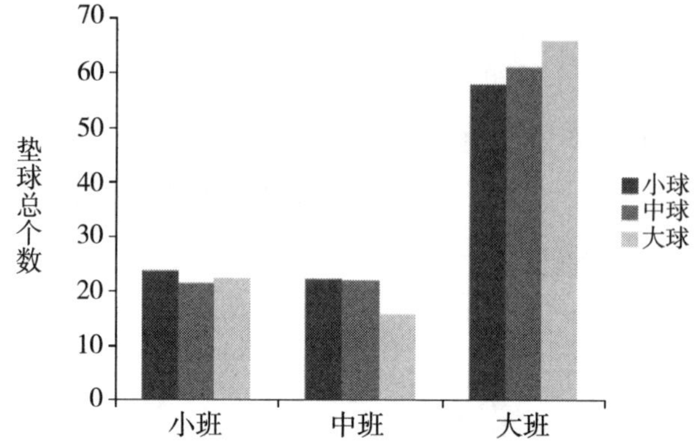

图7-28　不同年龄段幼儿垫球个数

2. 掉落次数

3×2×3的方差分析表明，球的主效应显著，F（2，179）=4.30，P<0.05；年级的主效应显著，F（2，180）=2.80，P<0.05；性别的主效应不显著，F（1，180）=0.001，P>0.05；年级与球的交互作用不显著，F（4，360）=13.74，P>0.05。大、中、小班幼儿中球垫球掉落次数最少（图7-29）。

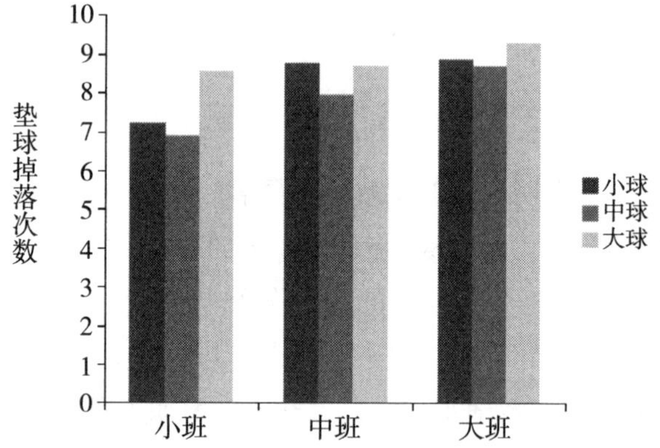

图7-29　不同年龄段幼儿垫球掉落次数

（六）结　论

总体来看，小班幼儿的球类运动能力较弱，中班开始可以进行球类运动训练。建议使用两种球：小球（直径0.22米），适合中班使用。大球（直径0.24~0.25米均可），适合大班使用。颜色可以多样化，如果考虑独特性，也可以用品红-绿色和青-红色。图案宜采用复杂式，如图7-30所示。

图7-30　不同颜色组合的复杂图案排球

（从左到右分别是：黄-蓝色、品红-绿色、青-红色）

第八章 学龄前儿童身体动作的游戏设计

【本章目标】

阅读完本章之后，你应该可以：

◆ 了解经典体育游戏的设计特征。

◆ 明确经典体育游戏对学龄前儿童身体动作的游戏设计启示。

◆ 掌握体育游戏设计的原则、方法及步骤。

◆ 掌握身体动作游戏的导入部分与小结部分的语言设计要求。

游戏是幼儿的天性，是幼儿特有的生活和学习方式，也是幼儿的基本权利。鼓励和支持幼儿在游戏中学习，以游戏为基本活动促进幼儿全面发展，运用游戏的方式促进幼儿身体动作发展，是符合幼儿天性与学习规律的。

第一节 经典体育游戏的设计特点

以“经典体育游戏”“体育游戏”“传统游戏”“民间游戏”“游戏设计”等为关键词在中国知网、谷歌、维普等数据库进行搜索，共获得文献80多篇。同时，选取了《中国传统体育》《学前儿童体育》《体育游戏》等书籍，收集了100个经典体育游戏，为本研究的顺利完成提供理论支持。通过SPSS19.0软件对100个经典体育游戏进行数据录入、统计处理，了解经典体育游戏的创编特点，为本研究体育游戏的设计提供思路、依据与方法（表8-1、表8-2）。

表8-1 部分经典体育游戏的设计特点分析一览表

编号	游戏名称	动作技能	场地、器材	规则	运动强度	体能素质	适宜年龄段
1	老狼老狼几点钟	听信号快跑 注意力 反应能力	空地	1. 小动物与老狼应边问边向前走，不能停留 2. 老狼回答几点钟时，不能回头看 3. 老狼回答几点钟时，可任意间隔钟点，但不能倒数时间	中大强度	下肢力量 灵敏协调 反应速度 位移速度	小、中、大班
2	老鹰捉小鸡	躲闪跑 追逐跑 协同配合能力	空地	1. 老鹰不能和母鸡互相推拉、扭、抱，不能拖拉对方 2. 老鹰不能从母鸡臂下钻过去，只能从两侧绕过去捉小鸡 3. 小鸡被老鹰拍到，或在躲闪时脱散，都算被捉，然后和老鹰交换角色	大强度	下肢力量 灵敏协调 反应速度 耐力素质	中、大班
3	大渔网	躲闪 追逐跑 协同配合能力 合作能力	空地	1. 鱼不能跑出池塘，否则为被捉住 2. 鱼不能用力冲破网逃跑，但可趁机从空隙钻出去 3. 捕鱼人必须手拉手，两边人轻轻拍鱼，不能拉人、推人 4. 捕鱼人手松开就为网破，鱼儿可以自由出入	大强度	灵敏 下肢力量 耐力	中、大班
4	狡猾的狐狸在哪里（一）	四散跑 钻 注意力 反应能力	空地、山洞	1. 在规定的范围内跑 2. 当幼儿钻进山洞后狐狸不可再追	中强度	下肢力量 耐力 反应速度	中、大班
5	狡猾的狐狸在哪里（二）	四散跑 注意力 反应能力	空地	1. 教师点狐狸时，幼儿必须闭上眼睛 2. 被狐狸拍到，或跑出指定范围的幼儿就算被捉到 3. 在三次问话前，狐狸不得暴露自己，否则，需要重选幼儿做狐狸	大强度	下肢力量 反应速度 灵敏 耐力	大班

续表

编号	游戏名称	动作技能	场地、器材	规则	运动强度	体能素质	适宜年龄段
6	切西瓜	圆形跑 听信号跑 定向跑	空地	1. 二人必须向相反方向跑 2. 途中要躲闪迎面跑来的人，不准阻挡	小强度	速度 下肢力量	小、中班
7	抓手指	反应能力 注意力	空地	1. 必须等三字口令发出后才能做抓手指动作，否则无效 2. 右手食指必须待口令发出后才能躲离，否则为犯规	小强度	反应速度	中、大班
8	顶气球	身体控制能力 关注力	空地、气球	1. 气球只能用头顶，不能用手帮忙 2. 中途气球落下，则由落球处重新开始顶球 3. 发令和接球前，不得踩起点线	中强度	平衡 下肢力量	大班
9	小伞兵	四散跑 跳跃 平衡 听指令做动作 遵守纪律的习惯	空地、台阶、椅子	1. 小伞兵应按照教师的指示做各种动作 2. 四散跑时不准碰、撞、推、挤别人	中大强度	下肢力量 平衡 耐力 灵敏协调	大班
10	听数结组	反应能力 注意力	空地	1. 信号发出后，幼儿必须按照教师要求认真做动作 2. 结组信号发出后才能迅速结组，如人数不足规定人数的，则接受处罚一次后继续进行游戏	中大强度	耐力 反应速度 协调	中、大班
11	人、枪、虎	直线跑 反应速度 动作速度 注意力 思维的敏捷性	空地	1. 决出胜负前不准越过起跑线 2. 不准用力拍打或推拉对方	中强度	速度 灵敏协调	大班

续表

编号	游戏名称	动作技能	场地、器材	规则	运动强度	体能素质	适宜年龄段
12	鸭子	躲闪跑、弯道跑、反应能力	空地、竹竿	1. 持竿者的竿头必须触地，违者触及人无效 2. 鸭子为躲闪而跑出圈外者为失误 3. 必须等赶鸭人举起竿子后，鸭子才能迅速到圈上跑一圈，出圈太早或最后一个出圈的鸭子为失误 4.鸭子出圈必须跑完一周后才能再进圈	大强度	下肢力量 速度 耐力 灵敏	大班
13	摔包	投准 躲闪 观察力 判断力 快速反应	空地、沙包	1. 双方必须在规定的场地内攻守 2. 不准投击躲闪人的头部	大强度	下肢力量 速度 耐力 灵敏	大班
14	龟兔赛跑	爬行 跳跃能力 听指令做动作	空地	各组均须用规定的动作移动	中等强度	上肢力量 腰腹力量 耐力 下肢力量 协调	中、大班
15	小猴走钢丝	平衡 想象力 表现力	平衡木	幼儿可以在平衡木上做各种动作	小强度	平衡 身体控制能力	小、中、大班
16	蚂蚁搬家	下肢力量 耐力 协同配合能力 竞争意识	空地	1. 必须全蹲走，途中不可站起来 2. 必须保持队形	大强度	下肢力量 耐力 协调 速度	中、大班
17	大皮球	排队 走步能力 节奏感	空地	幼儿排成一队拍手走步，动作统一	小强度	力量 耐力 协调	小班

续表

编号	游戏名称	动作技能	场地、器材	规则	运动强度	体能素质	适宜年龄段
18	找朋友	一对一整齐走 集体意识 合作意识	空地	1. 内外两个圆的幼儿分别往相反方向走 2. 当念完“友”字后，内外圈的幼儿才可以相互拉手做朋友	小中强度	力量 灵敏 耐力	小班
19	斗鸡	单脚跳 平衡 竞赛意识 观察力 反应能力	空地	1. 除跳跃的脚外，身体任何部位均不准着地 2. 不准推对方的头、胸和摆动腿，不准拉、撞对方	大强度	下肢力量 耐力 腰腹力量 上肢力量 平衡 灵敏协调	大班
20	猫捉老鼠（一）	追逐跑 躲闪跑	空地、小纸条	1. 抓到纸条后，要声明自己的角色，然后开始行动 2. 凡是被捉到的老鼠，必须暂停游戏 3. 只能追拍，不能推、拉别人	大强度	下肢力量 灵敏协调 速度 反应速度	大班
21	猫捉老鼠（二）	钻爬 追逐跑	空地、小沙包	1. 猫只能捉钻进篱笆的老鼠，老鼠被拍到就算被捉到 2. 老鼠每次只能偷一袋粮食 3. 做篱笆的幼儿，不得阻拦老鼠和猫逃出	小强度	反应速度 灵敏协调	中、大班
22	请你来赛跑	圆形跑 反应速度 注意力	空地	1. 只能邀请本组幼儿 2. 只能沿着圆圈处跑，不准从圆内穿过 3. 只能轻拍 4. 不准阻扰或推拉别人	中等强度	下肢力量 反应速度	中、大班
23	捉带子	四散跑 躲避跑	空地、带子	1. 追捉者只能抽拉带子，不能推拉幼儿 2. 被追捉者只能跑动躲闪，不得用手拉住带子跑 3. 被追捉者不能跑出规定范围，否则算被捉到带子	大强度	下肢力量 反应速度 灵敏协调	中、大班

续表

编号	游戏名称	动作技能	场地、器材	规则	运动强度	体能素质	适宜年龄段
24	捡豆豆	队列走 定方向跑 听指令行动	空地	1. 未被摸到头的幼儿，必须蹲在原地拍手念儿歌 2. 凡被摸到头的幼儿，则必须迅速站起来，一个跟着一个地在教师后面走	中强度	走的动作 跑的动作	中班
25	冲过封锁区	滚准 爬行 观察力 方位 知觉 速度 判断力 思维 注意力	空地、球	1. 各角色应在规定的区域活动内活动，犯规应退出游戏 2. 不准滚击不在封锁区的冲击队员。 3. 冲击队员身体任何部分接触球均为被集中	大强度	灵敏协调	大班
26	有效与无效口令	注意力 听指令的能力	空地	1. 必须按有效口令做动作，否则为错误动作 2. 凡是做错的游戏者，必须出列，停止游戏一场，然后才能入列，继续参加游戏	小强度	下肢力量 耐力	中、大班
27	手握脚踝走	手脚协同能力	空地	1. 听到信号后，才能越线走 2. 行走时，两手不能离开脚踝偷跑，否则取消资格	大强度	腰腹力量 有氧耐力	中、大班
28	小孩小孩真爱玩	指向跑 集体意识	空地	教师说“跑回来”后幼儿才能跑，幼儿触摸目标物后才能回	中强度	下肢力量 反应能力 协调	小班
29	巧钻电网	钻 爬 灵敏 判断力	空地	1. 只能从电网的中间钻过或爬过，不得从电网两边绕过 2. 组成电网者不能偷看，否则无效 3. 组成电网者不能用脚触人，否则无效	中等强度	灵敏协调 柔韧	中、大班

续表

编号	游戏名称	动作技能	场地、器材	规则	运动强度	体能素质	适宜年龄段
30	跳篱笆	双脚跳	空地、接力棒	1. 各队队员的手臂必须伸直拉手，不能降低高度 2. 除传棒外，两臂始终保持拉手姿势，不能使篱笆断开 3. 接力棒依次传回排头，不得隔人传或抛接	小、中、大强度混合	下肢力量 爆发力 弹跳力	大班
31	投沙包（一）	投准 躲闪 接物	长方形空地、沙包	1. 投掷队员不得进线投击，防守队员不能跑出场外 2. 界内幼儿可以接投来的沙包，接住后可救回一名被击中的同伴，如没有接住，则算被击中，应退出界外 3. 投掷幼儿只能投击界内幼儿臀以下部位	界外幼儿小强度，界内幼儿中等强度	灵敏协调 耐力	大班
32	投沙包（二）	投准 躲闪 接物	空地、沙包	1. 在场地两端画两条线，投掷幼儿分成两组，分别站在两条投掷线外，防守幼儿分散站在两条投掷线内跑动，躲闪投掷过来的沙包 2. 界内幼儿可以接投来的沙包，接住后可救回一名被击中的同伴，如防守幼儿被击中腿部，可将脚提起表示“受伤”，用另一脚单脚跳着躲闪，如两只脚都“受伤”，则退出游戏 3. 投掷幼儿只能投击界内幼儿臀以下部位	界外幼儿小强度，界内幼儿中等强度	灵敏协调 耐力	大班

续表

编号	游戏名称	动作技能	场地、器材	规则	运动强度	体能素质	适宜年龄段
33	投排球	投准 躲闪 接物	空地、圆圈、沙包	1. 投掷幼儿站在圈外，防守者站在圈内，进行投击和躲闪动作 2. 可直接投击，或通过相互传球后向圈内幼儿投击	界外幼儿小强度，界内幼儿中等强度	灵敏协调 耐力	大班
34	猜拳跳远	立定跳远能力 观察和思考能力	空地	1. 跳第二次落地后双脚不准移动 2. 同时出拳，故意晚出拳的为失败	中等强度	下肢力量 灵敏协调	大班
35	打吊球	助跑起跳击球	空地、竹竿、球、网兜	1. 必须击本队的吊球，否则无效 2. 只许三次跳起击球，如击不中，要立即返回，否则再击无效 3. 助跑距离和吊球高度，根据幼儿实际确定 4. 只能用手击球，不可用球拍等物体击球	中大强度	速度 下肢力量 上肢爆发力 协调	中、大班
36	青蛙跳水	小球投准	空地、小桶、乒乓球、	1. 无比赛口令或踏线投球者，为失败 2. 球在方块外弹起进桶者，为失败 3. 每人只投三次，如球未入桶，不得继续	小强度	精细肌肉的控制能力	大班

续表

编号	游戏名称	动作技能	场地、器材	规则	运动强度	体能素质	适宜年龄段
37	套圈	跑和钻	空地、藤圈	1. 起跑者必须待发令或与前一人拍手后才能跑出 2. 完成套环动作后，必须将环放在原位，不得压线和出线 3. 可进行一、三圈从头上到脚下套，二、四圈从脚下往上套出	中大强度	速度 灵敏	大班
38	前仆后继	弯道跑 思维能力	空地	1. 猜拳失败者立即回到本队排尾处站好，不得阻挡胜利者 2. 猜拳结束后，失败的一方方可出发 3. 猜拳时，双方要同时做出动作，不得有意晚出	中大强度	下肢力量 耐力	大班
39	立定跳远接力赛	立定跳远	空地	1. 起跳者不得踩线或越线，否则重跳 2. 裁判员必须沿起跳者落地脚的最近点画线，即前一个人落地最近点为后一个人的起跳点	小中强度	下肢力量 弹跳能力 耐力	中、大班
40	老虎和老鹰	听信号迅速追逐跑躲闪	空地	1. 被追的队不得越过中线或满场乱跑，否则为对方得分 2. 追捉队不能推人、拉人，只能轻拍对方 3. 凡跑过安全线的人就不能再追拍，否则追拍无效	中大强度	速度 灵敏	中、大班
41	滚球过门	滚（踢）球	空地、球	1. 球必须沿地面向前滚动，否则为失败 2. 球必须从球门（中间幼儿两腿间）滚过，否则为失败 3. 滚球者不得越过线滚球，否则为失败 4. 当球门的幼儿两腿必须做左右大开立，并原地不动	小强度	上肢力量 腰腹力量	中班

续表

编号	游戏名称	动作技能	场地、器材	规则	运动强度	体能素质	适宜年龄段
42	跳球接力赛	跳越 障碍	空地、实心球	1. 必须按照规定动作由实心球上跳过 2. 前面的人开始做了，后面的人可进入起跳圈 3. 起跳圈里的人只有听到口令或击掌后方能离圈起跳	中大强度	下肢力量 灵敏协调 耐力	大班
43	跳长绳	跳绳 协同配合能力集体精神	空地、长绳	1. 在跳绳中如失误，要从失误的地方重跳 2. 必须依次进绳，可同时多人一起跳	中大强度	下肢力量 灵敏协调 耐力	大班
44	蛙跳接力赛	跳跃	空地、垫子、小旗	1. 发令或拍手后才能起跳 2. 必须按照规定的动作或次数进行	中大强度	下肢力量 灵敏素质 协调	中、大班
45	踩高跷	高跷 平衡	空地、高跷、音乐	1. 幼儿自由分散听音乐做动作 2. 幼儿分散练习平衡动作 3. 在空地上做单脚站立、侧走、后退走	小中强度	平衡 耐力 协调	大班
46	冲过火力网	奔跑 躲闪 投准 机智 勇敢 果断	空地、线条、沙包	1. 攻队要按顺序跑，不得跑出跑道 2. 守队不得越线投击 3. 只能投击头部以下，不得向头部投掷 4. 守队每人只能投一次，不得多投	小中强度	下肢力量 灵敏素质 爆发力 速度	大班

续表

编号	游戏名称	动作技能	场地、器材	规则	运动强度	体能素质	适宜年龄段
47	渡河	跳跃	空地、小沙袋	1. 发令或接到小沙包拍手后才能行动 2. 踏跳时，脚必须落在圈内，否则为失足落水，必须退回重跳 3. 必须按规定的跳跃动作过河 4. 圆圈的大小及多少，可根据幼儿的跳跃能力而定	中大强度	下肢力量 耐力 平衡能力	大班
48	言行一致	注意力 基本动作	空地	1. 教师或幼儿带领，其他幼儿必须跟随教师或领操幼儿的动作 2. 说与做的动作必须一致，否则为失败 3. 失败者接受惩罚后可继续参与游戏	中大强度	灵敏协调 耐力	大班
49	“8”字接力	弯道跑技术	空地、接力棒	1. 跑前不得踏起跑线，发令后或接棒后才能跑 2. 必须按规定路线跑，不得进入圆圈或跨过圆圈	中大强度	速度 耐力灵敏协调 平衡能力	大班
50	推小车	爬走 协同配合能力	平坦的空地	1. 两人一组前后站立，前面的幼儿俯卧爬地，后面的幼儿抬起前面幼儿的双腿往前走 2. 走动中不可放下前面幼儿的双脚，除非到达目的地	小中强度	上肢力量 腰腹力量 耐力 平衡能力	大班
51	跨岛追拍	躲闪 跨跳	空地 画圆圈	1. 在追拍中跑出圈外者为失败 2. 追者只能拍击逃者，不得推、拉或踢拌 3. 追者不得进入大圈内拍击逃者	中大强度	下肢力量 灵敏协调 耐力 爆发力	中、大班
52	翻身接力	快速翻身 集体精神	空地	1. 必须在口令发出或击掌后，才能跑出，否则为犯规 2. 转体翻身时，不能防守翻转，否则重做	中大强度	速度素质 灵敏素质	大班

续表

编号	游戏名称	动作技能	场地、器材	规则	运动强度	体能素质	适宜年龄段
53	自主性游戏	攀爬 钻跳 抬 拉 推 想象力 创造力	梯子、铁桶、木块	1. 人多要排队 2. 安全要注意 3. 取放器材要有序	小、中、大强度混合	平衡 下肢力量 协调 身体控制能力	小、中、大班

表8-2　100个经典体育游戏详情一栏表

内容	项目	编号	比例	游戏案例
游戏类型	身体认知	1	1%	点五官
	创意动作	2	2%	木头人、翻绳
	韵律动作	3	11%	丢手绢、跳皮筋、摸白菜
	移动动作	4	46%	捉迷藏、滑板车、卖扁担
	稳定性动作	5	19%	牛车爬坡、竹蜻蜓、猜正反
	操作性	6	21%	滚轮子、踢毽子、打水漂
适合年龄	3~4岁	1	20%	玩土坑、金锁银锁、拉大锯
	4~5岁	2	30%	竹筒高跷、骑竹马、走凳子
	5~6岁	3	50%	赶陀螺、打弹弓、滚铁环
动作技能	走	1	21%	大板鞋、独木桥、两人三足
	跑	2	18%	风车、锁城门、挖地雷
	跳	3	14%	袋鼠跳、单人跳绳、跳山羊
	投掷	4	6%	套圈、保龄球、炒豆子
	爬	5	4%	运弹药、开小车、推车
	拍	6	4%	拍皮球、手拍背、拍纸
	抓握	7	7%	羽毛球、水枪、拾豆子
	转	8	6%	呼啦圈、击鼓传花、炒豆豆
	其他	9	20%	荡秋千、吹羽毛、不倒翁

续表

内容	项目	编号	比例	游戏案例
体能素质	协调	1	30%	赶小猪、足球、竹竿舞
	平衡	2	16%	种西瓜、编花篮、斗牛
	力量	3	15%	摔跤、大象拔河、摇旱船
	耐力	4	13%	背靠背拖车、定向、挤油渣
	灵敏	5	22%	喊数抱团、踩影子、红灯停绿灯行
	爆发力	6	2%	迎面接力、跳箱接力
	柔韧	7	2%	体操、拉大锯
社会性（合作）	有	1	30%	舞龙灯、划龙舟、跑框
	无	2	70%	打四角包、抢椅子、猜子
场地要求	特定场地	1	10%	沙包、躲猫猫、抢四角
	无场地要求（平坦）	2	61%	盲人击鼓、荷花荷花几时开、贴鼻子
	无场地要求	3	29%	吹羽毛、手拍背、剪刀石头布
器材类型	木质	1	13%	大板鞋、打弹弓、挑棍
	竹质	2	6%	竹筒高跷、水枪、竹竿舞
	布质	3	5%	丢手绢、沙包、抓尾巴
	塑料	4	7%	羽毛球、呼啦圈、滚轮胎
	其他	5	31%	赶小猪、击鼓传花、打四角包
	无材料	6	38%	切西瓜、跨步抓人、抬花轿
人员人数	1人	1	1%	单人跳绳
	2~3人	2	20%	荡秋千、双人跳绳、摇旱船
	3人以上	3	41%	摸瞎、老狼老狼几点钟、贴膏药
	无要求	4	38%	跳房子、木头人、平衡顶
规则数量	1~2条	1	65%	放风筝、梯子游戏、飞箭投壶
	3条	2	35%	抓小鱼、牛车爬坡、沙包
	3条以上	3	0%	—
有无情境	有	1	66%	小猫钓鱼、赶小猪、滑板车
	无	2	34%	迎面接力、摔跤、羽毛球

一、经典体育游戏的设计特征

（一）目　标

我国经典体育游戏目标以发展幼儿身体动作为主，促进幼儿认知、社会性、创造力等其他能力提升。在100个游戏案例当中，游戏目标均以促进动作技能发展为基础，开展游戏。

1. 动作技能

3~6岁幼儿最常见的动作技能主要有走、跑、跳、投掷、转、抓握、爬等。如图8-1所示，在100个游戏案例中，走类动作技能占21%，如跨步抓人、大板鞋、两人三足等游戏；跑类动作技能占16%，如抢四角、老狼老狼几点钟、猫抓老鼠等游戏；跳类动作技能占14%，如袋鼠跳、跳大绳、跳山羊等游戏；其他类型动作技能占20%。

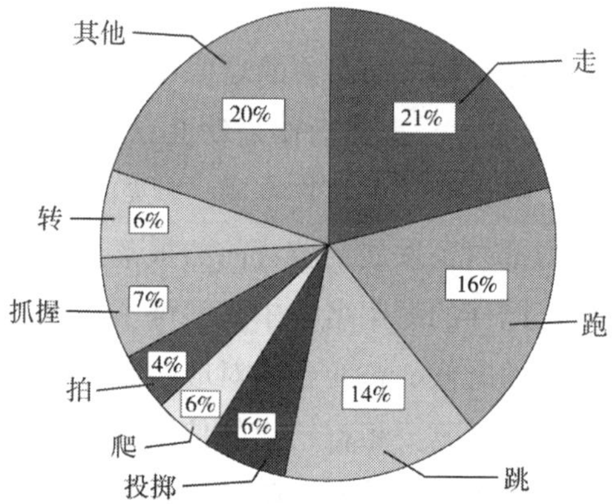

图8-1　我国经典体育游戏动作技能比例图

2. 体能素质

从体能素质来看，如表8-3所示，幼儿阶段的体能素质发展主要集中在协调、灵敏、力量、耐力、平衡方面，而柔韧、爆发力所占比例较少。协调素质占总数的30%，比如踩高跷、卖扁担、拾豆子等游戏；灵敏素质占总数的22%，如抢椅子、抓尾巴、锁城门等游戏；力量占总数的15%，如滚轮胎、大象拔河、抬花轿等游戏；耐力为13%，如推小车、挖地雷、定向等游戏；平衡为16%，如平衡顶、独木桥、斗牛等游戏；柔韧和爆发力等游戏仅各占2%。

表8-3　我国经典体育游戏体能素质统计表

体能素质	百分比
协调	30%
平衡	16%
力量	15%
耐力	13%
灵敏	22%
爆发力	2%
柔韧	2%

3. 认知发展

经典体育游戏不仅对幼儿运动能力的培养、身体素质的发展有重要作用，还有助于提升幼儿的认知能力。身体动作是幼儿认知的工具，能丰富幼儿认知经验，发展认知能力，最终帮助认识事物本质。比如，萝卜蹲游戏中，幼儿的注意力、记忆力和思维能力都得到发展：游戏前的报菜名，丰富了幼儿对蔬菜知识的认知；游戏中，在记忆同伴的蔬菜名称中，锻炼了幼儿的记忆能力；当游戏者说道“××蹲完××蹲”的时候，被叫到的对应蔬菜名称的幼儿应立刻反应出是不是自己在游戏，其他幼儿则需要根据给出的信息排除干扰，这些都需要幼儿的思维反应能力；同时，游戏中，幼儿必须随时注意游戏者报的蔬菜名称，因而在整个游戏过程中发展了幼儿的持续注意力。

4. 社会性发展

从社会性发展来看，经典体育游戏对幼儿社会性发展的影响主要有自我认知、人际关系、社会规范等。本研究将重点对人际关系中的合作能力和社会规范中的规则意识进行具体分析。

关于合作能力，如图8-2所示，不同年龄阶段，幼儿合作能力在游戏中所占比例有所不同，3~4岁与合作能力相关的游戏仅占5%，如拉大锯、拉个圆圈走走等；4~5岁与合作能力相关的游戏占30%，如挤油渣、跑框等；5~6岁与合作能力相关的游戏占40%，如编花篮、舞龙灯等。随着幼儿年龄的增长，合作能力在体育游戏中所占的比例会慢慢增加，5~6岁这个年龄阶段比例最高。

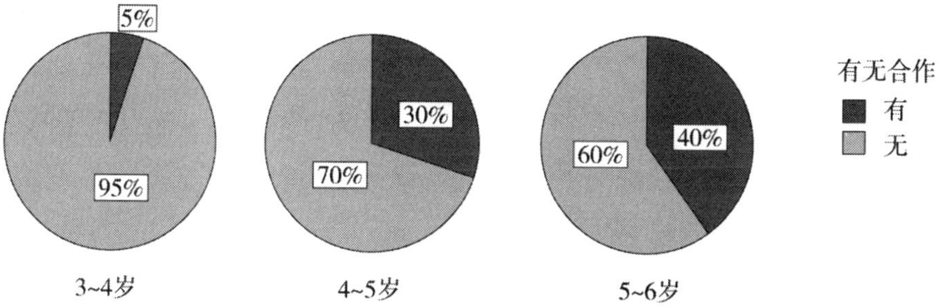

图8-2　经典体育游戏中不同年龄阶段合作能力比例图

5. 与其他领域的融合

经典体育游戏中身体动作发展是核心，但其往往是融合其他学习领域来开展活动。融合音乐边唱边玩的游戏，如身体音阶歌、开锁、丢手绢等；融合语言领域的儿歌、童谣边说边跳进行体育游戏，如马兰开花、城门城门几丈高、炒豆豆等；融合数学领域数的认知和规律来进行体育游戏，如贴膏药、击鼓传花（1、2、3重复报数，遇到数字3用拍手代替报数）、荷花荷花几时开等，多领域的融合促进幼儿多方面能力的发展。

（二）场地、器材

1. 场　地

体育游戏场地是幼儿游戏的场所，游戏场地的选择是否符合幼儿游戏的要求是影响幼儿能否积极参与游戏的重要因素之一。不同的游戏对游戏场地布置有不同的要求。如图8-3所示，只有10%的游戏有特定的场地样式要求，如沙包、跳房子、挖沙等；90%的游戏是没有特定的场地要求的，如赶陀螺、打弹弓、飞箭投壶等。

此外，90%的游戏虽没有特定的场地要求，但大部分都需要比较平坦的游戏场地。部分游戏有特殊的场地要求，但都与幼儿动作发展的独特要求相关，如跳台阶、躲猫猫等。此类游戏的场地就要具备一定的独特性，比如像躲猫猫，其场地的选择偏向于物体较多、错综复杂，适合幼儿躲藏。

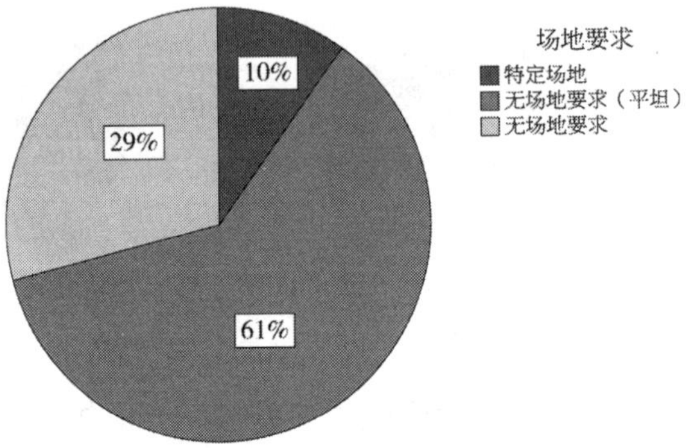

图8-3　经典体育游戏场地比例图

2. 器　材

（1）游戏玩法、规则即为游戏器材。如图8-4所示，38%的经典体育游戏是没有器材的，此类游戏一般称为徒手类游戏，这一类型的游戏是利用游戏玩法、游戏规则来实现游戏。例如，推小车就是一位幼儿俯卧在地上双臂撑起，另一位幼儿抬起前一位幼儿的双脚，组成一辆小车向前推进，这是利用身体动作来游戏；萝卜爆炸则是利用手部的环抱和放开来表示可以追赶和停止的进行游戏。游戏没有器材，幼儿可以根据自己的需要随时随地开展游戏，不受因无器材而无法游戏的干扰。

（2）器材简单、方便，便于收集。在图8-4中，有24%的游戏器材取自生活和自然中，用竹子、木头、布料、石头、沙子等随处可见的材料，根据幼儿自己的兴趣和需要加工成为游戏器材。比如，挑棍游戏，只要幼儿的身边有小棒就可以玩这个游戏。幼儿身边有细竹子就可以用细竹子制作成小棒，也可以是冰棍的竹签。

（3）游戏器材具有地方特色。经典体育游戏的材料绝大多数都是就地取材，而不同地区的材料存在很大差异性，这就出现了器材的地域特色。比如，在苗族、瑶族等少数民族地区有很多竹子，因此在这一地区就出现了以竹竿为游戏材料的竹竿舞；在江浙一带以水稻为主要农作物，因此在这一带就出现了以稻草为游戏材料的稻草舞龙，具体见图8-4。

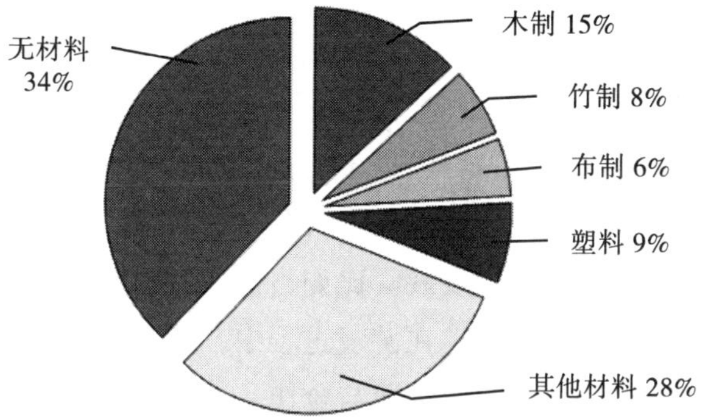

图8-4　经典体育游戏器材使用情况

（三）人员构成

1. 游戏人数的灵活性大

由表8-4可见，38%的体育游戏对人数没有任何要求，如打水漂、踢毽子、不倒翁等游戏；41%的体育游戏需要3人以上，如红灯停绿灯行、摸白菜、挖地雷等；20%的体育游戏需要2~3人，如荡秋千、摔跤、大板鞋等；1%的体育游戏只要1人，如单人跳绳。以上数据表明，只有21%的体育游戏有特定人数规定，而绝大多数游戏没有特定人数规定，人数的不限定是根据游戏者的需求进行调节，对游戏人数没有硬性规定，游戏者可以在游戏中自主调节，使得游戏的灵活性更大，游戏的参与性更广。

表8-4　经典体育游戏人数构成统计表

人员数量	百分比
1人	1%
2~3人	20%
3人以上	41%
无要求	38%

2. 游戏人员参与多

表8-4中，41%的游戏是需要3人以上，这说明很多游戏的人员都是以3人以上的人数参与，对上限没有具体要求。多人参与的游戏，可以让幼儿之间进行交流沟通，从而促进幼儿社会性的发展。比如，挤油渣，两队的幼儿朝相反的反向推挤，比比哪队能挤走另外一队，在游戏过程中，同队的幼儿要一起齐心协力朝一方向用力，这就需要幼儿之间的沟通与合作。

（四）规　则

1. 规则渗透于情境中

规则渗透于游戏情境中。游戏中，为了便于幼儿理解游戏、更好地遵守游戏规则、减少规则带来的约束感，规则往往是伴随着情境来传达给幼儿。比如，抓小鱼，幼儿扮演小鱼和渔网，当渔网抓鱼时，被圈住的小鱼就停止游戏。借助小鱼和渔网创设捕鱼的情境，易于幼儿理解整个游戏的玩法，同时被圈住的鱼就停止游戏这一规则也贴近幼儿生活，易于幼儿理解游戏、遵守规则。此外，规则本身带有一定的约束感，如果以枯燥的说教式的方法告诉幼儿，会大大减少幼儿参与游戏的兴趣。而抓小鱼将规则与情境相结合，以捕鱼的方式来表达规则，使幼儿在愉快的情境中享受游戏带来的快乐，极大地降低了规则的约束感。

2. 进入和退出游戏的方式灵活

在经典体育游戏中，游戏者进入和退出的方式比较灵活。幼儿是游戏的主体，他们既是游戏的发起者又是参与者，游戏过程中，幼儿可以根据自己的需求进入和退出游戏，有足够的自由选择空间。操作性游戏，游戏者可以以有无器材来表示进入和退出游戏。比如，抓尾巴，当游戏者塞上毛巾作为尾巴时就代表进入游戏，当自己取下尾巴时就代表退出游戏（在游戏中，被抓尾巴者抓下尾巴的除外）。徒手类游戏，幼儿了解游戏的基本玩法后，在不影响游戏规则的前提下，自主进入和退出游戏场地即可。比如，兔子舞，幼儿进入场地跟着音乐一起跳兔子舞即进入游戏，离开场地即退出游戏。

3. 规则数量少、简单

规则是为维持游戏秩序，以保证游戏公平有序地进行而存在的。如图8-5所示，在100个游戏案例中，有65个游戏的规则只有1~2条，如滚铁环，其规则就是用长杆将铁环滚出一段距离。35个游戏有3~4条规则，如猜子，其规则是：①猜者在藏者藏石头时要闭上眼睛；②猜者只能用眼睛观察藏者的手，不能用手去掰；③猜者猜中与藏者交换角色，没有则按原来进行。在100个案例中，没有4条以上规则的游戏。

游戏规则是幼儿理解游戏玩法和进入游戏的重要因素，带有一定的约束性。数量少的游戏规则，可大大减少这种约束感，从而帮助幼儿理解游戏，让幼儿更加自由地享受游戏活动，增加对游戏的兴趣。同时，简单的游戏规则也符合幼儿的年龄特点，让幼儿不用记忆规则尽情游戏，充分发挥幼儿的想象力。如在创意动作游戏雪花舞中，只需要制定根据情境变化动作这一游戏规则，让幼儿在教师创设的“雪花形成、雪花飘落、暴风雪来临”等情境中自己设计雪花的动作，既可以发挥幼儿的想象力，又可以让幼儿享受规则的乐趣。

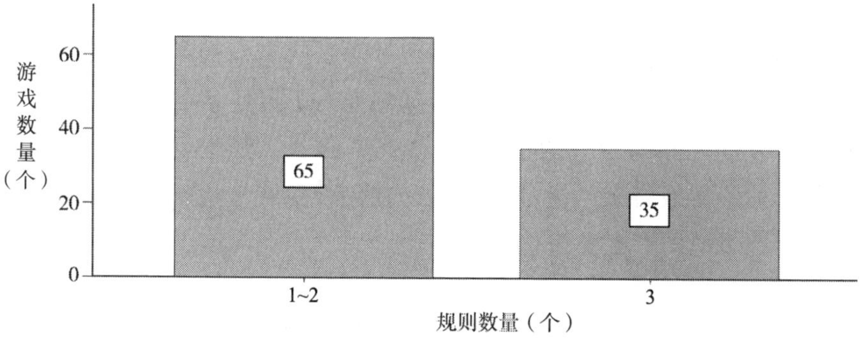

图8–5　经典体育游戏规则数量分别情况

4. 规则具有循环性

在经典体育游戏中，相比淘汰性规则来说，更多是以交换游戏角色和竞赛性的方式让游戏循环进行。比如，切西瓜是以交换游戏角色的方式来实现循环游戏，选一名幼儿为切瓜者，其他幼儿手拉手围成圆圈当作西瓜，当按儿歌节奏念到“切开来”时，被切的两名幼儿朝两相反方向绕圆圈奔跑，跑得慢者表演一个节目，表演完后则变成切瓜者；放风筝是以竞赛性方式来实现循环游戏，就是利用比谁放的风筝更高来持续游戏，不会淘汰参与游戏者。循环性规则设计相比淘汰性规则来说，极大地增加了幼儿参与游戏的次数和运动量，避免了幼儿因淘汰而产生的消极情绪，激发了幼儿参与游戏的热情，也保证了幼儿参与运动的时间。

（五）情　境

在体育游戏中，创设幼儿熟悉、喜爱的情境可以引发幼儿浓厚的参与兴趣，并且可以让幼儿在情境中得到心理满足，常见的主要有故事角色情境、生活情境。如图8-6所示，经典体育游戏中，各年龄段幼儿都是以故事角色的游戏情境为主。但随着年龄的增长，故事角色的游戏情境在其所在年龄段的游戏比例逐渐降低：3~4岁的20个游戏中，有16个含有故事角色情境；4~5岁的 30个游戏中，有24个含有故事角色情境；5~6岁的50个游戏中，有26个含有故事角色情境。3~4岁幼儿，更多是利用故事情境和动物等角色来创设情境，4~6岁后更多偏向于利用闯关情境和军人等角色来创设情境。

3~4岁幼儿以直观形象思维和具体形象思维为主，故事角色的游戏情境创设可以让幼儿在游戏中依靠扮演动物、树叶等事物来模仿学习，并且可以让幼儿在想象、联想中全身心投入游戏中，如划龙舟、赶小猪等，增加游戏的真实体验感，激发幼儿参与游戏的积极性。5~6岁幼儿，其竞争意识格外明显，喜欢在竞争中体验游戏带来的挑战，因此，在创设游戏情境时，除了故事角色类情境外，会更多地向竞赛类情境发展。

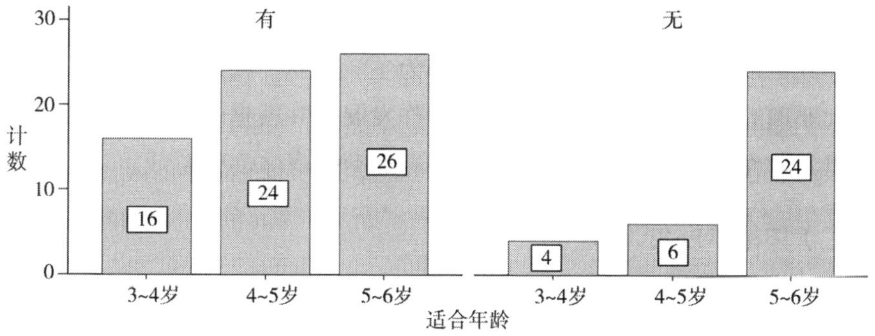

图8-6　经典体育游戏情境数量年龄分布图

（六）年龄分布

不同年龄阶段的幼儿在身心发展上存在着差异，不同的经典游戏也有其适合幼儿游戏的年龄阶段特点。如表8-5所示，在100个经典体育游戏中，适合3~4岁幼儿的游戏比例占20%，如拉大锯，是通过模仿木工拉锯木料的过程进行游戏，动作简单、活泼；适合4~5岁幼儿的游戏比例占30%，如袋鼠跳，是让幼儿利用袋鼠这一角色了解如何控制自己的身体，使之有节奏、协调地轻松运动；适合5~6岁幼儿的游戏比例占50%，如迎面接力，是在幼儿身体协调、有节奏的自然运动下共同遵循游戏规则中进行竞赛游戏。

表8-5　我国经典体育游戏适合年龄统计表

适合年龄	百分比
3~4岁	20%
4~5岁	30%
5~6岁	50%

二、对身体动作的游戏设计启示

（一）基本动作的选取

以基本动作为主，关注身体动作在创编中的核心地位。经典体育游戏中，都是以走、跑、跳、投掷等基本动作为主进行游戏，对幼儿动作发展起到积极的促进作用，其中以移动性动作、操作性动作为主。因而，在创编体育游戏时，应当以发展大肌肉动作为主，关注幼儿身体动作发展，并根据幼儿所处年龄阶段的动作水平以及动作学习特点，科学地创编多种类型的身体动作游戏。

（二）体能素质的发展

在创编体育游戏时，应当关注游戏内容所适宜发展的体能素质，合理地制定适宜体能素质的发展目标。比如踩高跷是促进幼儿的协调素质，编花篮是发展幼儿的柔韧素质和下肢力量、耐力素质。关注同一体能素质在不同年龄阶段的游戏创编，应当符合其年龄阶段的发展特点，创编符合年龄特点的游戏，切合实际地、促进幼儿各类体能素质协调发展。

（三）各项能力的培养

体育游戏除了可以提高幼儿动作水平、促进幼儿体质发展之外，对幼儿认知能力、创造力、韵律感和社会性水平等方面都有促进作用。在创编游戏时，应该关注体育游戏对各方面能力培养的价值，融合其他领域的教学方式，为幼儿各方面能力发展提供保障，为幼儿终身发展奠定良好基础。

（四）游戏场地与器材的选取

游戏场地与器材要周全，能满足幼儿需求，并具有一定的灵活性。创编体育游戏时，应尽可能保证游戏能随处可玩，避免游戏受场地的限制而无法开展；场地应以平坦为主，重视安全，器材简单、方便，来自幼儿熟悉的生活材料，便于收集。无论是游戏场地还是游戏器材都应该为游戏服务，充分调动幼儿参与游戏的主动性，增加游戏的趣味性。

（五）游戏人员的构成

游戏人员的参与性灵活，人数多。创编的游戏不应限定固定参与人数，应当使参与人数具有很大的灵活性，这样游戏就不会因受人数的干扰而无法开展。同时，创设多人参与的游戏环境，从而保证幼儿参与人数，让幼儿得到锻炼，促进幼儿社会性的发展。

（六）游戏规则的制定

在创编游戏规则时，应当从幼儿出发，尽量精简规则数量和内容，减少规则给幼儿带来的约束感，此外要将规则借助于游戏情境呈现，让幼儿在自由、真实的情境下游戏。同时，幼儿在游戏中的进入和退出应是自由的，规则的制定应当循环化，在反复游戏中支持并鼓励幼儿按照自身的想法大胆地进行相关探索，发挥幼儿在游戏中的自主性和创造力，让幼儿真正成为游戏的主人。

（七）游戏情境的设置

游戏情境的创编应选择来自幼儿生活、符合幼儿年龄特点、能激发幼儿游戏兴趣的。游戏情境以幼儿身边熟悉、喜欢的内容为题材，让幼儿在游戏中快速进入情境，在真实的情境中得到身体的锻炼，以故事、生活、成人活动等内容为游戏情境。

（八）年龄阶段的差异

幼儿在不同年龄阶段的动作水平、生理特点、心理特点等存在着明显的差异，教师在设计体育游戏时应充分关注不同年龄阶段幼儿的发展特点，设计符合幼儿年龄特征的动作、情境、规则等，让幼儿在有趣的游戏中得到充分的运动。

第二节　身体动作游戏的设计

一、体育游戏设计原则

（一）锻炼性原则

运动是刺激，运动是营养，运动在幼儿生长发育过程中必不可少。首先，幼儿体育游戏一般都是由一种或两种以上的身体动作练习所组成的，幼儿通过反复的游戏，使得这些动作更加熟练，从而促进幼儿体能素质和运动能力的提高与发展。作为体育游戏，必须具备锻炼的功能，这也是体育游戏存在的条件。其次，体育游戏的可多次重复进行的特点，决定了反复进行体育游戏的过程中具有一定的运动负荷，能有效地促进幼儿体质健康、生长发育。最后，体育游戏不仅可以发展幼儿身体动作，还会促进幼儿的情绪、良好的品质、较强的社会适应能力，以及认知能力等身心灵全面发展。

（二）趣味性原则

趣味性是体育游戏的基础，趣味性体现在体育游戏的每个构成要素，以及教师的口头语言与肢体语言之中。

（三）动作性原则

不同的游戏对动作的要求是不同的，适合5~6岁大班幼儿进行的两人三足、小渔网、老鹰捉小鸡等游戏都要求幼儿能很好地协调配合才能完成；而发展耐力素质的跳房子、踢瓦片等连续性游戏出现较多；贴人等游戏中追者和被追者是不断变化的，这个过程促进了幼儿灵敏协调素质发展。

（四）思维性原则

不同年龄段幼儿思维性原则的运用也不同。3~4岁小班幼儿对有情节的游戏非常感兴趣。在有情节的游戏中，幼儿往往都是在想象中活动，时而是在宇宙飞船里探索太空或跟随师父去西天取经的齐天大圣，时而是凶猛的老鹰，时而是温顺的小白兔，情节、角色让幼儿在活动中充满想象力；而山沟里的狼、贴人、猫捉老鼠等游戏则需要幼儿积极动脑想办法，发挥主动性与创造力。

二、体育游戏设计方法

创编体育游戏要根据游戏结构的特点，重点放在明确任务、选择内容和活动方式、制定规则等几个基本环节，有情节的游戏还要选择题材、构思情节、编写儿歌等。创编游戏可以采用以下方法进行。

（一）模拟法

模拟法就是模拟外界事物创编游戏的方法，找出外界事物的特点，然后模拟相应的特点进行创编。有模仿外界事物的形态或活动方式，比如，游戏小青蛙抓害虫就是模仿小青蛙跳而创编；小班游戏吹泡泡则是模仿泡泡的形态与活动方式。模仿自然界一客观事物现象的游戏，比如大风吹，模仿风的形态和活动方式。还有模仿相应的动画以及电子游戏等情节的游戏，比如植物大战僵尸等。总之，模仿的事物应该是幼儿感兴趣而又熟悉的，并与游戏的动作或活动方式有相似之处。

（二）变化法

变化法就是以变化游戏结构成分的方法来创编游戏，可以变化游戏的目的、任务、人数、场地与器材、规则、方法、处罚方式、进入和退出方式等方面。像木头人和老狼老狼几点钟，在动作内容、活动方式和规则等方面基本相同，只是游戏情节有变化。老狼老狼几点钟增加了幼儿对时钟数字的认识，以及增加了跑动回家的内容。变化法是创编和变化游戏最常用而又简单的方法。游戏结构及其变化的理论为变化法指明了方向和途径，也提供了变化的内容，它是使用变化法创编游戏的基本依据。

（三）竞赛法

竞赛法即用竞赛方法做身体练习来创编游戏。竞赛法一般在中、大班采用比较多，使用它的第一要求就是幼儿必须要具备一定的竞赛的意识以及对竞赛有兴趣。幼儿园常用的竞赛方式有两种，一种是竞赛各方在条件相同的情况下进行速度、力量、远度、高度、次数、时间、智力、技能等方面的比赛，如跳房子和系手绢等比赛类游戏；另一种是个人或集体追捉和迫使对方失掉平衡的游戏，比如斗鸡和长江、黄河等。使用竞赛法创编游戏时，首先，要了解幼儿的身心发展特点，针对不同性格的幼儿采用不同的竞赛对象与方法。比如，对于一些胆小、自卑、内向的幼儿可以与自己进行竞赛，这样容易激发幼儿的自信心；而对于一些活泼、自信、开朗的幼儿可以与同伴进行竞赛，这样更容易激发他们的斗志与兴趣。其次，还要明确竞赛内容、竞赛方法、竞赛规则和奖惩办法。

（四）故事法

故事法即用幼儿喜欢的、感兴趣的童话、电子游戏或绘本等具有一定情境和角色的故事创编体育游戏。比如，根据绘本《母鸡萝丝去散步》创编的智斗大灰狼、鸡妈妈与鸡宝宝等游戏，深受小、中班幼儿喜爱。而根据植物大战僵尸等创编的游戏是大班幼儿的挚爱。使用故事法进行创编时，要注意选择的故事必须具有一定的教育作用，情节与动作有一定的关联性，不仅能促进幼儿对故事情境的理解，更应该让幼儿通过相关的故事促进他们的全面发展。

（五）童谣法

童谣法即用童谣伴随做身体练习的办法创编游戏。比如游戏编花篮，幼儿边说童谣边进行游戏。

编花篮

编 编 编花篮，编个花篮上南山；
南山开满红牡丹，朵朵花儿开得艳；
银个丹丹银牡丹，银牡丹那个哪哈咿呀嗨；
摘 摘 摘牡丹，三朵两朵摘一篮；
牡丹花儿多娇艳，我们见了好喜欢；
哎嗨哎嗨好喜欢。

这种游戏没有什么情节和竞赛因素，对幼儿的压力较小。同时，这种方法也符合幼儿喜欢边说歌谣边做动作的心理特点。童谣最好能反映游戏的动作内容或活动方式。比如，大班的游戏跳绳歌，不仅突出了跳绳的动作要领，而且还描绘了充满活力和欢乐的运动场面，既指导了幼儿跳绳动作技能，又激发幼儿活动兴趣。

跳绳歌

花儿红，鸟儿叫，柳树底下把绳跳。
单脚跳，双脚跳，脚步越跳越灵巧。
你也跳，我也跳，一个挨着一个跳。
直起腰，向上跳，脚儿轻轻震动小。
小朋友跳得真轻巧，树上鸟儿也叫好。

（六）组合法

组合法就是把两个不同的游戏组合成一个游戏的方法。比如，老狼老狼几点钟是把数学游戏和奔跑游戏结合起来的一个游戏。水果蹲就是把语言游戏和动作练习结合起来的一个游戏。还可以把老狼老狼几点钟与听数结组游戏结合起来改编为一个促进幼儿急停急起动作练习的新游戏。人、枪、虎则是把智力游戏和奔跑游戏合成的一个游戏。在把体育活动与非体育活动结合在一起时，非体育活动内容难度要小、有趣，以免影响运动负荷，喧宾夺主。

三、游戏设计步骤

（一）明确游戏内容

游戏是要做什么？让谁做？怎么做？这三个问题是设计游戏时必须要解决的根本问题。根据培养目标和幼儿身心发展特点，明确游戏内容是游戏的关键。针对游戏内容的特征确定游戏主题，创设游戏环境，制定游戏规则。游戏必须贴近幼儿的生活和经验，才能找到既适合幼儿年龄特征需要，又能促进幼儿发展的适宜的内容。游戏内容的确定除了要遵从幼儿生长发育的需求、动作与体能素质及游戏等三个方面的发展水平外，还需要从以下方面获得。

1. 课程渗透游戏内容

课程是课程活动的核心，它是关于课程目标、课程内容、课程方法和课程评价的一个系统，是课程思想、课程理论转化为课程实践的中介与桥梁。课程在很大程度上决定着课程质量，没有课程就没有课程活动[1]。游戏和课程就好像血液和身体的关系，血液千丝万缕地渗透身体的每一个细小的部位，身体的表面看不出血液的存在，当血液充足时身体表现出十足的活力，当身体贫血或血液出问题时身体就显得苍白无力。课程渗透游戏内容中，它以反映幼儿完整的经验为活动目的，明确游戏内容的目的不是为游戏而游戏，为内容而内容，而是为了借助游戏这种幼儿最有效的学习方式来促进幼儿的发展。因此，课程在游戏设计中注重趣味性，借助于生动有趣的情节、形象可爱的内容来吸引幼儿（图8-7）。我们只有在进行游戏时，才能体验到课程对游戏内容的影响，如果游戏缺乏基本的经验和内容，幼儿的游戏水平总是在原有经验上徘徊不前。游戏内容缺乏课程，是没有灵魂的游戏。离开了幼儿园课程内容的游戏，就好像没有源头的枯水那样缺乏生命力和自身的免疫力[2]。用课程滋养游戏，增强游戏自身对幼儿的吸引力，使幼儿的经验在游戏中得以增加，课程为幼儿提供了完整而丰富多彩的经验，为幼儿游戏内容不断注入新事物和信息。

图8–7　课程渗透的游戏活动

2. 游戏中生成新的内容

幼儿的游戏内容不仅来自幼儿自身发展需求、突发事情、社会热点，也来自

[1]　王春燕. 给幼儿园教师的101条建议——幼儿园课程[M]. 南京：南京师范大学出版社，2016：1-6.

[2]　邱学青. 给幼儿园教师的101条建议——游戏指导[M]. 南京：南京师范大学出版社，2014：208-210.

游戏情境。我们要善于发现和捕捉这样的时机，及时发现幼儿的兴趣点，挖掘幼儿生成活动中有意义的个体经验，给予积极的应答和引导，使其生成活动内容。这种源于游戏的活动，最贴近幼儿生活、幼儿最感兴趣、最符合幼儿原有经验的活动。首先，做到关注幼儿兴趣，寻找和捕捉有价值的生成点。游戏的不确定性决定了游戏中常常出现偶然事件，而偶然事件往往又隐藏了教育价值。在游戏中，教师要给幼儿充分探索、质疑的时间和空间，为幼儿创设一个安全温馨的环境，适时介入游戏，关注幼儿的生成点（图8-8）。其次，回应幼儿提问，从关注点中生成游戏内容。游戏中教师应认真观察幼儿的游戏行为，了解他们的愿望和兴趣，积极回应幼儿的反应，从中寻找有价值的内容，鼓励幼儿形成问题焦点，引导他们进一步探索。最后，引发讨论，构架游戏与内容之间互通的桥梁。教师对幼儿游戏全过程细致观察后，应有目的地引导幼儿开展相应的讨论。

图8-8　生成新内容的游戏活动

（二）确定游戏主题

1. 根据幼儿认知发展阶段确定游戏情境

皮亚杰将幼儿的认知发展分为四个阶段：①感知运动期（0~2岁）；②前运算时期（2~7岁）；③具体运算时期（7~11岁）；④形式运算时期（11~15岁）。幼儿认知发展处于前两个阶段。幼儿的认知发展到一定阶段就会出现相应的游戏类型。游戏活动具有不同的层次水平，不同层次水平的游戏需要具有与之相适应的能力的幼儿参与。如果游戏内容超出幼儿的能力范围，幼儿就会在游戏中无所适从，不能驾驭；如果游戏内容处于幼儿能力水平之下，幼儿将会感到厌倦，消极对待。因此，教师应为幼儿提供适宜的游戏活动类型，提供适合幼儿做的事情让他们去做，以促进幼儿认知较好地发展。

2. 根据幼儿社会性发展水平确定游戏主题

幼儿的社会性发展水平是影响游戏的重要因素，其层次水平关系到游戏质量。根据幼儿的社会性发展水平来确定此阶段可能出现的游戏类型，并以此作为游戏指导的依据成为首先要考虑的事情。帕顿认为，幼儿的社会性行为发展随着年龄的增长而表现出一定的顺序性，从幼儿社会行为发展的角度提出了相关的游戏类型：独自游戏、平行游戏、联合游戏、合作游戏。独自游戏为幼儿单独进行的游戏；平行游戏就是幼儿仍然独自在玩，但他所玩的器材同周围幼儿所玩的器材是类似的，他在同伴旁边玩，而不是与同伴一起玩；联合游戏即为幼儿仍然以自己的兴趣为中心，但开始有较大兴趣与其他幼儿一起玩，同处于一个集体之中开展游戏，时常发生许多互动行为，如借还玩具等，但还没有建立共同目标；合作游戏就是幼儿以集体共同目标为中心，在游戏中相互合作并努力达到目的。

（1）小班（3~4岁年龄段幼儿）。小班上学期主要为独自游戏向平行游戏过渡。无论在数量上还是在种类上，教师都需要给幼儿提供足够多的、可操作的器材以及活动方式，保证幼儿都能参加体育游戏。为了避免幼儿在平行游戏时争夺对方的器材而发生争执以及顾及幼儿的安全，教师需要增加游戏器材的整体数量，尤其是同一类器材的数量。

小班下学期开始由平行游戏向联合游戏过渡。这时教师要相应增加幼儿活动器材的种类，相应减少幼儿活动材料的数量，逐步引导幼儿之间产生交往。此外，教师要保证幼儿独自游戏的机会。

（2）中班（4~5岁年龄段幼儿）。中班上学期主要以联合游戏为主，伴有少量的平行游戏、合作游戏、独自游戏。这一时期教师不仅要顾及幼儿出现的各种游戏表现，还要做出相应的指导。教师在为幼儿提供游戏的器材时，要减少其种类，以免幼儿注意力分散。增加游戏器材的数量，以保证幼儿之间的联合与合作行为的发生。

中班下学期由联合游戏向合作游戏过渡。游戏中有明确的分工、合作及规则意识，有一到两个游戏的领导者。教师尽量提供低结构性的器材，引导幼儿在器材的操作上，以及在语言及行为上产生交往，巩固合作游戏。教师还应该提供联系性和持续性的游戏情节，引导幼儿共同进行一个目标，以激发幼儿思维的连贯性。

（3）大班（5~6岁年龄段幼儿）。大班上学期以合作游戏为主，但也存在少量的联合游戏、独自游戏。教师要及时地鼓励幼儿的集体性游戏，评价着重表现游戏中幼儿之间的语言交往及解决问题的能力。

大班下学期仍然以合作游戏为主，伴随着少量的联合游戏。教师要向幼儿表达分工、合作以及明确规则的重要性，表扬幼儿在游戏中涉及的该因素的合理表现。

（三）创设游戏环境

游戏环境作为幼儿园环境的一个重要组成部分，应该体现出其教育价值。布朗芬布伦纳从生态学的观点提出，幼儿是自己发展的主动参与者，认为环境既能提供机会，也能产生潜在威胁，如果幼儿在环境中被剥夺了经验，就会产生压力感和紧张感，从而影响其发展；如果环境提供了机会，幼儿就会朝着社会文化目标的方向发展。为幼儿创设良好的游戏环境，有利于促进幼儿的发展。环境必须具备一定的刺激性、层次性、合理性和计划性。

1. 丰富多彩的环境

丰富的游戏环境，一是体现为具有足够的游戏空间，有多样化的、可变化的器材，有充足的游戏时间以及同伴；二是体现为游戏环境具有刺激性，不仅在数量上能满足幼儿的需求，在质量上也要满足幼儿不断变化的需求。它既是幼儿熟悉的环境，又能引起幼儿主动、积极的探索，引导幼儿朝着教育所希望达到的目标发展。只有丰富多彩的环境才能刺激幼儿去发现问题、解决问题，激发他们从游戏中学习和寻求各种有用的知识经验。

2. 开放互动的环境

合理的游戏环境必须是符合幼儿年龄特点的、开放的、互动的、参与的。开放、互动的环境表现为幼儿可以自主地支配游戏的时间和空间，游戏的器材可以随意取放、共享，游戏中存在平等、互动、和谐的人际关系。参与的环境表现为环境的布置是等待幼儿探索、发现和操作的，让幼儿有事可做；符合幼儿年龄特征的环境，既能满足幼儿需求，又能自主与之发生互动，还能促进幼儿发展。

3. 有计划性的环境

幼儿园环境的设置应根据幼儿的兴趣和需求，将教育意图有计划地渗透游戏环境中。要让游戏发挥其应有的教育作用，环境设置的计划性必不可少。计划性主要体现在教学目标的计划性和年龄层次的计划性两个方面。教师在为幼儿设置游戏主题和器材时，首先要考虑“为什么”“怎么样”，通过提供符合幼儿经验又能促进其向着“最近发展区”发展的器材，促进幼儿与器材的进一步互动，把相关的教学目标通过游戏完成，以增加幼儿的经验。

4. 有层次性的环境

不同年龄幼儿的经验和发展是有差异的，在设置游戏环境时，必须要体现出年龄要求的层次性。小班的环境设置简单，相似主题区域较多，对器材的仿真程度要求较高，多提供种类少、数量多的器材，以引起他们对已有经验的回忆。中班要求设置较为丰富的区域，对器材的多样化要求较高，需要提供种类多、数量多的器材，以满足幼儿缺乏交往技能而又在游戏中想与同伴交往的愿望。大班环境的设置要与幼儿逐渐发展的认知能力和社交能力相符合，对器材的可变性要求较高，可提供种类多、数量少的各种器材，满足幼儿与同伴交往合作的需求。

（四）设置游戏情境

游戏情境就是在游戏过程中所创设的情节和环境。情境教学就是把幼儿带到特定的活动环境中，让幼儿入境、明理、动情，使幼儿产生优势兴奋中心，从而获得最佳的有意注意，引导幼儿将兴趣指向学习内容，调动学习、锻炼的积极性，以提高体育教学的质量与效果。设计游戏时，教师应该根据幼儿的兴趣、经验和需要，创设良好的心理环境，关注、支持、引发幼儿主动探索和交往，满足幼儿运动、学习的需求。角色游戏最符合幼儿身心发展的需要，是幼儿期最典型的、最有特色的游戏方式。幼儿都有模仿成人生活的愿望，在游戏中设置相关情境，扮演相关角色能满足他们的这种心理需求，同时，他们还能从中了解人际关系，学习友好交往的技能和解决问题的方法，如轮流、分享、协商、互助、合作等。情境游戏使得幼儿的视野更加宽阔，对社会、生活的认知也更加深入，为运动进行增添了活力。把角色的行为特征渗透游戏中，通过展示角色的言行举止，促进幼儿运动能力的发展，可以充分地发挥幼儿的想象力、主动性、积极性、创造性，符合幼儿心理和生理的需要。通过情境丰富幼儿的知识、技能等方面的经验，让幼儿在游戏中理解、掌握相关的知识和技能，幼儿不但学习和掌握了相关了知识和技能，更学会了分享、协商、互助等人际交往方式。

1. 根据科学游戏设置游戏情境

科学游戏是能够让幼儿获得科学学习经验的游戏活动。一般是以幼儿日常生活中常见和感兴趣的科学现象为主要内容，选择适宜的材料，通过幼儿喜欢的游戏方式，让幼儿在观察、思考、动手操作的过程中，感知生活周围的科学现象，感受探索和发现的乐趣[1]。我们在科学游戏中渗透身体动作，用动作来表达相应的科学现象。比如在打灰太狼的游戏中，创设了幼儿喜欢的动画片《喜羊羊和灰太狼》中的情境，让幼儿扮演喜羊羊，运用不同的材质做成的投掷球去打灰太狼，情境的创设不仅满足了幼儿的“英雄情结”，增添了投掷练习的兴趣，发展了幼儿的投掷能力和上肢、腰腹力量，还了解了不同材质球之间的飞行速度、飞行距离、弹性以及重力大小与材料之间的关系。

2. 根据语言游戏设置游戏情境

语言游戏是由教师用游戏的方式组织，指导幼儿以通过一定的规则完成一定语言学习任务为目的的一种活动，主要用于训练和发展幼儿的语言能力。语言游戏主要分以听和说为主的两种类型，具体分为听音辨音游戏、词汇游戏、句型游戏、描述性游戏，以及听说游戏[2]。根据相关语言的提示，设置相应的体育游戏情境，把语言游戏渗透体育活动中，用身体动作表现语言描述的情境。比如《白

[1] 金环，等. 幼儿园经典科学游戏[M]. 杭州：浙江人民出版社，2016：1-3.
[2] 俞春晓，等. 幼儿园经典语言游戏[M]. 杭州：浙江人民出版社，2016：1-3.

鹅下河》的儿歌（东边一条河，西边一群鹅，鹅儿鹅儿唱着歌。一只狐狸跑过来，鹅飞鹅跑跳下河）演绎了一个富有画面感的白鹅下河的故事。我们把场地划分为小河和草地两个区域，一名幼儿扮演狐狸藏起来，其他幼儿扮演小白鹅。小白鹅在草地上或沿着河流摇摇摆摆地走，一边走一边念儿歌，念完儿歌，狐狸开始蹿出来抓鹅，小白鹅要四处跑躲避，跳入河中保护自己。通过这个情境促进幼儿走、快跑、跨跳等基本动作的发展。

3. 根据音乐游戏设置游戏情境

音乐游戏是指以发展幼儿音乐能力为主的游戏活动，即游戏的开展伴随着音乐，用音乐做游戏，在游戏中学音乐[1]。音乐是灵魂，游戏是学习音乐的手段，幼儿在游戏中享受音乐体验，感受音乐内涵，提升对音乐要素的感知力和表现力。游戏中，幼儿需要根据音乐的速度、力度、音色和音长的变化做出反应，听辨并感受音乐的旋律、节奏、曲式结构等音乐要素，训练听觉和运动能力，从而获得音乐的乐趣。音乐游戏带有身体动作，伴随着音乐做动作，当圆舞曲响起时，幼儿身体随之旋转；当表现狮子吼叫的重音响起时，幼儿可以四处逃跑；当需要幼儿控制运动负荷的时候，可以让幼儿扮演木头人静止不动。又如在狐狸与葡萄的音乐游戏中，幼儿站在圈上扮演葡萄，狐狸边走边唱，唱到哪一句就要去拍葡萄的肩膀，为偷吃其中一颗葡萄，被偷吃的葡萄发现后迅速起身追赶狐狸。

4. 根据美术游戏设置游戏情境

美术活动本身就具有一定的游戏性，幼儿在美术活动中表达思想、表现自我，利用多种感官共同参与活动。美术游戏将美术技能、色彩感知、创作技巧等自然地融入游戏情境中。按照使用的材料和创作方法，美术游戏可分为色彩游戏、泥工游戏、纸艺游戏、绘画游戏、综合造型游戏等[2]。我们根据与身体动作紧密结合的程度，在色彩游戏、绘画游戏、综合造型游戏中渗透身体动作，把体育运动与美术游戏融合起来。比如给太阳宝宝打电话游戏中，我们指导幼儿在画太阳宝宝时，运用不同直线、曲线、螺旋线，通过多种移动性动作技能到达太阳宝

[1] 沈颖洁，等. 幼儿园经典音乐游戏[M]. 杭州：浙江人民出版社，2016：1-3.
[2] 杨勤奋，等. 幼儿园经典美术游戏[M]. 杭州：浙江人民出版社，2016：1-3.

宝的身边。同时，幼儿根据选择的动物移动特征，进行蛙跳、袋鼠跳、大象走、小鸟飞等动作把动物图示与太阳宝宝连接，代表了小动物给太阳宝宝打电话。

5. 根据角色游戏设置游戏情境

角色游戏是幼儿通过扮演角色，运用想象，创造性地反映个人生活印象的一种游戏，常常带有一定的主题，如娃娃家、商店等。主题、角色、规则和动作是角色游戏的基本要素。角色游戏最符合幼儿身心发展的需要，是幼儿期最典型的、最有特色的游戏[1]。体育活动中单纯的动作练习无法引起幼儿长久的兴趣，会使他们易于疲劳、注意力分散、产生消极意识。幼儿的学习容易受兴趣的驱使，他们对自己感兴趣的事物会产生强烈的探究欲望，他们喜欢听故事，并且喜欢把故事内容分角色在日常生活中表现出来，也会把自己幻想于情节之中。根据这一特点，在游戏中，我们以幼儿熟悉和喜爱的故事为背景，让幼儿扮演其中的角色，将故事情节在游戏中再现，引起幼儿浓厚的兴趣，满足其心理的需求后，引导幼儿积极参与。比如消防队角色游戏中，设置消防队员角色，让幼儿体验扮演消防队员的乐趣，将消防队员常用到的攀爬、奔跑、钻、滑索、搬运、拖运等动作练习融入游戏中，激发幼儿的参与兴趣。

6. 根据数学游戏设置游戏情境

数学游戏是指根据一定的数学教育目标而设计的，由游戏情境、数学内容、玩法规则等组成的游戏。幼儿在游戏中根据约定的规则，在反复游戏的过程中，潜移默化地学习、巩固和运用数学知识。按照教学内容可以把数学游戏分为数字游戏、数量游戏、图形游戏、空间游戏、时间游戏、排列游戏、逻辑游戏等类型。按游戏形式可分为指令游戏、传递游戏、追逐游戏、猜测游戏、纸牌游戏、盘面游戏等[2]。游戏中，我们以数学中的部分内容为游戏形式，用身体动作来表现出相应的学习内容。比如小鼓响咚咚游戏，主要是幼儿练习对数量的记忆，我们要求幼儿运用不同的身体动作来表现数量的多少。幼儿边游戏边念儿歌“数字宝宝真调皮，悄悄出来做游戏，听听小鼓敲几声，宝宝赶快回家去”。敲一声为

---

[1] 汪劲秋，等. 幼儿园经典角色游戏[M]. 杭州：浙江人民出版社，2016：1-3.
[2] 莫娇，等. 幼儿园经典数学游戏[M]. 杭州：浙江人民出版社，2016：1-3.

宝宝四散走回家，敲两声为宝宝跑回家，敲三声为宝宝跳回家，敲四声为宝宝爬回家，等等，把数量多少与不同的身体动作结合起来。另外，在进行排序游戏时，可以选取高低层次的障碍物，让幼儿从低到高地进行跨跳练习，以体验到器械的高低程度，丰富幼儿排序经验。

（五）建立游戏规则

游戏规则是指在游戏中规定出来供幼儿共同遵守的制度和章程，是根据游戏的目的及相关情境而拟定的，是限制、调节游戏主题的行为和互动关系的准则。游戏规则包含了为不同参与者而制定的游戏行为要求，为实现教育目的而设计的内容和玩法，为比赛制定的行为要求以及对胜负的处理办法等。规则是保证游戏活动顺利开展的重要因素，是保证游戏有序进行的条件。

游戏的主体是幼儿，规则应该是幼儿游戏所需要的，游戏中的规则应该是幼儿在不同场地、器材情况下，与同伴交往的过程中，在问题冲突下，在幼儿的需要和兴趣之上逐渐建立起来的属于他们自己的。对幼儿来说，规则是开放、有效、公平的。由于3~6岁幼儿身心发展特点的差异性，游戏规则建立的方式也是有差异的。比如，针对3~4岁小班幼儿，由他们自定规则是不太现实的，多半会以教师制定规则为宜，在小班下学期可以尝试让幼儿参与制定游戏规则。中、大班的幼儿已经具备了相应的认知经验，也对规则的制定具有较大的兴趣，因此，可以让他们自己讨论制定相应的游戏规则。

在游戏前，让幼儿参与讨论游戏的进行方式，尝试让他们把出现的状况说出来，然后引导幼儿分析原因，寻找解决问题的方法。可以从以下几个方面尝试建立游戏规则。

1. 器材的使用规则

每个体育游戏的进行都需要一定的场地、器材。首先，需要明确在哪个场地、在什么范围内进行相关活动。其次，器材的摆放、收拾、整理等也需要具备一定的规章制度（图8-9）。

图8-9　器材使用规则

2. 游戏的进出规则

什么时候表示游戏的开始，什么时候表示游戏的结束等都需要建立相应的准则（图8-10）。

图8-10　游戏的进出规则

3. 游戏的实施规则

动作的练习是在一定的活动方式中进行的。什么时候表示游戏在进行中，什么形式表示为游戏失败，以及如何处置游戏的失败方等内容都有待明确（图8-11）。

图8-11　游戏的实施规则

总之，在游戏活动实施过程中，要注意以下两点：

（1）幼儿在游戏过程中，不仅要玩游戏，而且要有智慧、有创意地玩。教师要注意观察游戏中幼儿的表现，及时捕捉他们的闪光点。

（2）游戏活动不仅可以是一个单独的游戏活动，也可以是一个系列的主题活动，可以以一个器材或动作的学习贯穿全过程。

第三节　身体动作游戏的导入与小结语言设计

组织游戏时，如果导入方式设计巧妙，就能在瞬间引起幼儿的参与兴趣，使幼儿进入良好的学习状态，并在好奇心的驱使下产生强烈的探究欲望，从而为新的探索活动做好心理准备。

一、导入部分

（一）导入方式的基本类型

1. 教具导入

这种方法以实物、图片、标本等教具引出课题，激发幼儿的学习兴趣。比如把小篮球展示出来，让幼儿探索如何与“篮球宝宝”做朋友，如何带着“篮球宝宝”走、跑、跳。

2. 演示导入

该方法以演示实验、操作玩具等方式激发幼儿的好奇心，使幼儿产生要了解演示中出现的各种现象及其形成原因的强烈愿望。例如，以彩带为器材的金蛇飞舞游戏，在“金蛇狂舞”的音乐中，教师用彩带演示蛇的多种舞蹈动作，激发了小朋友们浓厚的兴趣，产生了强烈的“我要玩彩带”的欲望。

3. 悬念导入

该方法是结合活动内容设计一些既符合幼儿认知水平，又生动有趣、富有启发性的问题，设置悬念，使幼儿产生探索运动奥秘的心理。比如在大力水手游戏中，可以这样导入：“大力水手要出海打鱼了，他怎样出海呢？”短短的一句话就能引发幼儿强烈的好奇心和探究欲。

4. 歌曲导入

选取与活动内容有密切联系的歌曲或童谣，让幼儿在活动开始时吟唱，该方法能极大地激发幼儿参与兴趣。如找朋友游戏开始时让幼儿倾听歌曲《找朋友》，用歌声来感染幼儿，引起幼儿对游戏的兴趣。

5. 经验导入

这种方法是指教师在了解幼儿原有的知识和动作技能水平的基础上，提供新旧知识和技能的连接点，调动幼儿运用已有的知识和技能去进行新的探索。比如在小动物过河游戏中，教师问：“小朋友们知道小猫、小狗、小鸡、小鸭是怎么走路的吗？他们要怎样通过这条河呢？”幼儿在教师的启发下，联系已有的经验，自然进入游戏中。

6. 直接导入

该方法就是直接运用简洁明快的语言阐明游戏的目的和要求，使幼儿明确游戏的主要任务，或者简要介绍游戏中的材料、玩法，以引起幼儿的有意注意。比如，在找身体部位游戏开始时，教师可以说：“小朋友们，你们想不想知道我们身体的各个部位在哪里呀？好，今天老师就来和小朋友们一起玩一个找身体部位的游戏。”

7. 故事导入

在游戏中，可以把使用的器材或游戏的过程编成有趣的故事，一方面可以帮助幼儿全面地了解器材，另一方面也能更好地激发他们对器材的兴趣，融入游戏中。例如，把绘本《母鸡萝丝去散步》改编为促进幼儿跑、跳、钻等运动能力发展的体育游戏，为了帮助幼儿更好地进行游戏，采用他们看过的绘本故事情境进行，由于有前面绘本的故事作铺垫，便于幼儿理解情境，能产生情感上的共鸣，激发幼儿游戏的兴趣。

（二）导入方式的设计要求

尽管导入方式因游戏内容和任务不同而各有差异，但是各种不同的导入方式在设计和实施中的基本要求是一致的。我们将从方法、幅度和方式等方面进行相关探讨。

1. 方　法

方法上要精挑细选。导入的方法很多，不同的游戏内容可以有不同的导入方法，同一游戏也可以有不同的导入方法，关键在于教师对游戏的理解和幼儿的了解程度，要根据游戏内容的特点与幼儿的心理特征来精挑细选导入方法，刺激幼儿的练习动机，使他们能很快地达到“最近发展区”。比如在小青蛙跳跳跳游戏中，可以采用猜谜语、木偶激趣、变魔术等方法，但是教师考虑到这是一个体育游戏，既要让幼儿有兴趣去了解小青蛙的走路方式，又能够让幼儿掌握立定跳远的动作要领，于是就采用猜谜语的导入方法，当教师用儿歌吟唱出来后，幼儿一下子就被吸引过来了，显得十分兴奋，积极参与。

2. 幅　度

幅度上要精练简洁。选择导入方式旨在激发幼儿参与兴趣，引导他们积极运动。导入方式在游戏的全过程中虽然起到举足轻重的作用，但是在时间上只能是其中的一小部分，不可太长、太啰嗦。导入时间一般控制在1~2分钟为最佳。

3. 方　式

方式上要富于变化。面对同样的幼儿，导入方式要讲究风格、形式、语言上的变化和新颖性。很多教师都喜欢或习惯用“今天，老师给大家带来了一个游戏”“今天，老师给大家带来了一个好朋友”等等，每天雷同，缺少激情和变化，必定影响幼儿对游戏的兴趣。

二、小结部分

游戏的进行往往需要设计不同的环节，以便层层递进地达成游戏目标，如何设计各个环节的小结语，不仅关系游戏的实效，更关系能否梳理和提升幼儿的经验。

（一）小结语向幼儿传递清晰、明确的信息

游戏中，很多动作是幼儿没有练习过的，缺乏相应的经验。教师通过小结语则可以直接、明确地向幼儿传递清晰的信息：大家知道陀螺是怎么运动的吗？先向上跳起来，然后在空中转向左、右、后三个方向，动作要连贯、协调。

（二）小结语能串联幼儿零散的经验，提升幼儿的经验水平

小结语要串联起幼儿零散的经验，提升幼儿的经验水平。比如问：现在紧急停车，车子不能开过去了，发生了什么事？原来工人叔叔在用压路机铺新路，压路机是怎么样工作呢？幼儿自由探索侧身翻滚动作。幼儿变身“压路机”，在平地上练习；怎样才能让“压路机”安全地在路上工作（身体伸直，手臂上举并拢，肩部用力带动躯干翻滚）；“压路机”在斜坡路上工作（练习直体侧身翻滚）；“压路机”在起伏不平的“路”面工作；两人合作变成“大压路机”，在起伏不平的路上工作。每次练习后，教师都要小结一下动作要领，把幼儿零散的经验串联起来，提升了幼儿对侧身翻滚动作的理解与掌握。

（三）小结语要直观、形象

教师的小结语，虽然不是语言练习，也不需要幼儿复述，但是却要求直观、形象。比如：在大家的帮助下，这条通往北京的路终于修好了。“压路机”可以放松放松，休息一下了，我们先把“压路机”清洗干净吧。让我们开着“压路机”回家吧。”

（四）小结语起到承上启下的过渡作用

教师在每一个游戏环节中的小结语还是过渡语，起到承上启下的作用。比如：现在开始，你们要依靠自己的思考和小脚的感觉来移动了，有时候你们也可以借助小伙伴的帮助来完成不可能完成的任务，接下来我们就来做一些有趣的运动。戴上眼罩，依次慢速走过凳子，完成动作后将眼罩向上推至额头。通过这段小结语，教师把游戏层层深入推进，游戏环节紧紧相扣，幼儿的经验也在这个过程中逐渐丰富、加深。

第九章 学龄前儿童体育游戏中的运动负荷调控

【本章目标】

阅读完本章之后，你应该可以：

◆ 了解学龄前儿童体育游戏中运动负荷的构成、衡量、施加及评价等相关理论。

◆ 掌握学龄前儿童体育游戏运动负荷的调控内容、方法及途径。

◆ 掌握学龄前儿童体育游戏运动负荷的设计策略及建议。

第一节 体育游戏中的运动负荷特点

一、负荷的构成

运动负荷主要由生理负荷与心理负荷构成。生理负荷主要通过练习时间、次数、距离以及高度、远度、速度等练习强度表现出来。教师通常比较重视练习时间、次数和距离等因素，而忽视高度、远度、速度等练习强度。心理负荷是由情绪、注意力以及意志三方面的紧张程度和持续时间所决定的。这三类因素又主要由施教、环境、意向三类因素的九个子因素决定[1]。心理负荷的大小取决于幼儿

[1] 张民.对体育课学生心理负荷的探讨[J].湖州师范学院学报，2000（6）：160-164.

对这些因素的承受能力（图9-1）。

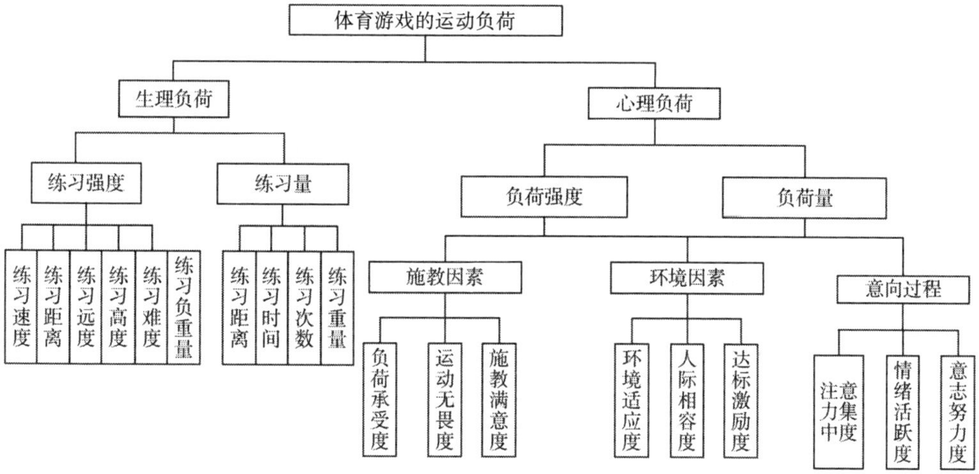

图9-1 学龄前儿童体育游戏运动负荷的基本结构

二、运动负荷的衡量

由于幼儿的身心特点，其体育游戏运动负荷是不同于人生其他阶段体育游戏的运动负荷安排的。学龄前期是幼儿性格等方面形成的关键期，体育游戏中对心理负荷的重视度更高，其地位往往等同于生理负荷。在幼儿园体育游戏中，负荷的设计更加突出心理负荷，心理负荷的大小更容易影响游戏质量。让幼儿情绪愉悦的游戏，心理压力适中，他们就会积极主动参与游戏；让幼儿胆怯、害怕的游戏，心理压力较大，容易引起幼儿放弃参与活动。一般而言，生理负荷增大，心理负荷也随之增大，但是，心理负荷增大时，生理负荷不一定会随之增大，比如，3~4岁幼儿进行0.3米高的平衡木练习时，生理负荷较小，心理负荷较大。另外，过重的生理负荷会导致过重的心理负荷，使幼儿产生畏难和逃避心理，影响练习效果。

三、负荷的施加

通过对某市十所幼儿园小、中、大班各36次体育游戏的运动负荷进行测试，得出如下心率次数的均值（图9-2至图9-4）。

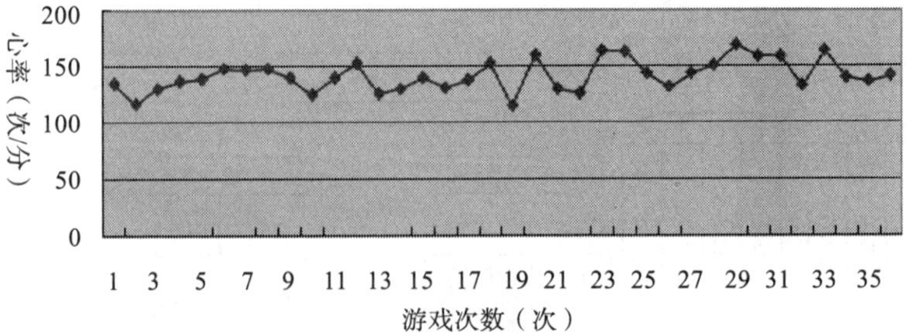

图9-2　大班体育游戏平均心率变化

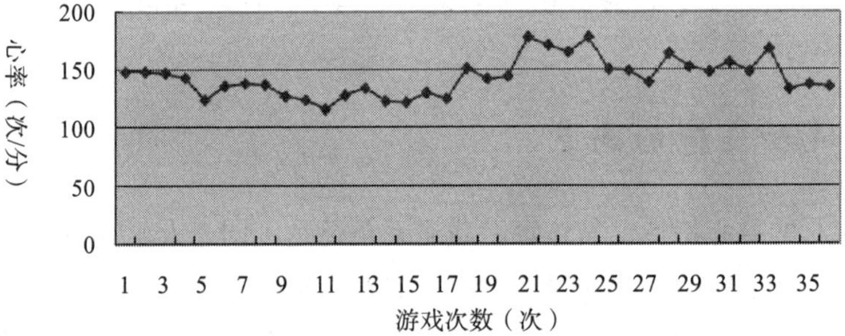

图9-3　中班体育游戏平均心率变化

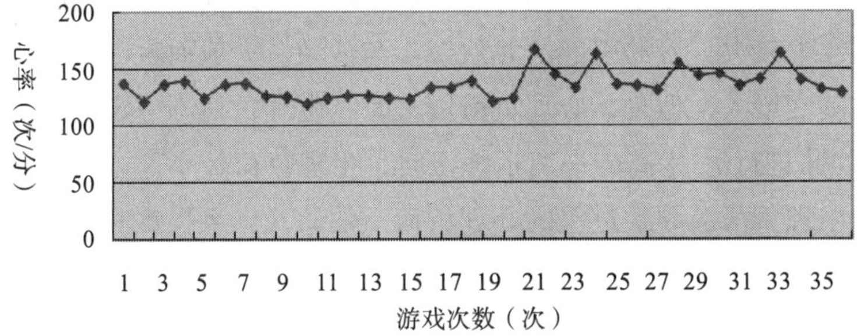

图9-4　小班体育游戏平均心率变化

图9-2至图9-4表明，大、中、小班体育游戏中负荷的施加形式主要以多峰型为主，一次体育游戏中出现3~5次负荷高峰。幼儿的生理负荷高峰与心理负荷高峰并没有保持一致性。游戏内容不同，导致的生理负荷与心理负荷高峰也不一致。从幼儿的表现及情绪方面来看，幼儿的心理负荷也呈现出多峰型、高低起伏不一的特点。

四、负荷的评价

（一）生理负荷的评价

现实中很多教师主要是通过自身的经验、幼儿出汗量、情绪变化以及面部表情的变化等方面来判断生理负荷的大小，同时，也是根据这些表现来调控生理负荷，也有部分教师通过心率变化及外部观察判断幼儿运动负荷的大小。

（二）心理负荷的评价

教师主要通过幼儿的面部表情及情绪变化来判断心理负荷的大小。对于心理负荷大小的表情描述不全面，呈断裂状。观察表明，幼儿在体育游戏中的表情不是只有一种，而是有多种表情，呈现出兴奋性程度的差异，构成一个正向的情绪连续体（图9-5）。

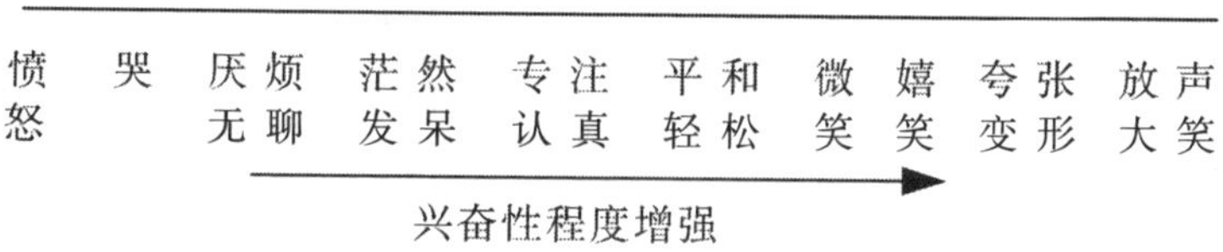

图9–5　幼儿在体育游戏中的表情特征

表情特征可以说明幼儿在体育游戏中身心处于何种状态。对于游戏有兴趣的幼儿会表现出一种积极主动的状态，而不是消极被动的状态。这一点可以把游戏和无所事事、闲逛、坐着发呆等行为区分开来。无所事事是一种消极被动的状态，其典型的表情特征是茫然发呆。无所事事表明幼儿对游戏不感兴趣，因此可以把无所事事作为判断幼儿是否在参与游戏的一个客观指标。如果一个班级中的幼儿无所事事率高，说明参与体育游戏的幼儿人数少，反之亦然，无所事事与幼儿活动的积极性、主动性成反比。

第二节　体育游戏中运动负荷的调控

一、调控内容

通过对大、中、小班各36次体育游戏活动的分析，我们发现，幼儿体育游戏中常见的负荷调控内容主要包括游戏内容、组织形式、游戏设计、练习次数、练习时间、练习条件与练习要求等方面（表9-1）。其中，游戏内容、组织形式、游戏设计、练习次数、练习时间是不同年龄段幼儿体育游戏中主要的调控途径。练习条件以及练习要求的变化在此年龄段运用较少，这也可能与幼儿园体育游戏不是为了提高运动技能有很大的关联。

表9-1　幼儿园不同年龄段幼儿体育游戏中负荷调控内容一览表

负荷调控内容	不同年龄段幼儿体育游戏中负荷调控内容百分比（%）		
	大班（36次）	中班（36次）	小班（36次）
游戏内容	18.4	17.2	18.1
组织形式	16.5	16.6	15.2
游戏设计	15.0	15.4	16.0
练习次数	16.2	16.4	17.4
练习时间	15.4	15.1	17.5
练习条件	10.2	11.0	8.5
练习要求	8.3	8.3	7.3

（一）游戏内容

研究证明，不同游戏内容对幼儿运动负荷的影响不同。前滚翻时，幼儿前庭器官所受的刺激和意志负荷较大，生理负荷较小，对意志力的培养效果较好。不同方式跑的练习，不仅生理负荷大，而且注意和意志负荷也较大。双脚连续跳，生理负荷大而心理负荷较小。吸引幼儿兴趣的活动内容，一般来说，两种负荷都较大，如踢足球、拍皮球；对游戏内容质量要求越高，幼儿须付出的心理负荷也越大。在游戏中，不同动作的运动负荷是变化的，即使同一动作，完成的方法不同，负荷也是不同的。悠闲的跑是有氧运动，快速的跑是无氧运动。变换跑的速度，供能的方式发生变化，其运动负荷也会发生变化。运动负荷的增减，不只是根据运动的种类，还需根据运动的方法而定。

（二）组织形式

幼儿园体育游戏主要有规则性体育游戏、民间体育游戏、自主性体育游戏及区域性体育游戏等组织形式，通过对不同组织形式的体育游戏中幼儿心率测试表明，不同的组织形式对运动负荷的影响是不同的（表9-2）。

表9-2　不同组织形式的体育活动中幼儿心率均值

体育活动形式	不同年龄段幼儿心率均值（次/分钟）		
	3~4岁（小班）	4~5岁（中班）	5~6岁（大班）
规则性体育游戏	110~125	121~135	124~134
民间体育游戏	126~142	138~156	136~157
自主性体育游戏	124~133	132~142	129~146
区域性体育游戏	131~143	141~153	136~151

表9-2表明，不同的组织形式，幼儿运动负荷也存在一定差异。民间体育游戏与体育课的运动负荷比规则性体育游戏、自主性体育游戏的运动负荷要高。民间体育游戏与区域性体育游戏之间也存在一定的差异。区域性体育游戏由于具有教学新动作的任务，其练习密度和运动强度的均值要比民间体育游戏低，但是最大负荷却比民间体育游戏高；民间体育游戏由于主要是以熟悉的动作练习为主，因此练习密度较大，负荷没有显著的起伏变化，游戏过程中，负荷呈现出比较稳定的状态。规则性体育游戏的练习密度最大，均值达到了94.3%，但是其运动负荷并没有表现出比民间体育游戏与区域性体育游戏的最大负荷高。自主性体育游

戏，主要由幼儿自行选择练习内容和调控运动负荷，一般来说，负荷变化高低不一，有时强度达到189次/分，有时只有128次/分。根据需要，选择相应的组织形式也是调控内容之一。

（三）游戏设计

游戏过程的设计是否有趣味，组织是否得当，讲解示范是否生动形象、正确规范，保护与帮助是否适宜等都会较大程度地影响幼儿的负荷。练习密度（练习的时间占体育课的总时间的比例）是影响幼儿练习运动负荷的重要因素。练习中，幼儿等待时间长，注意力容易分散，会出现私下聊天、个别游离出队伍等现象，造成练习密度偏低，运动负荷的严重不足。反之，如果幼儿总是处于大强度练习中，运动量偏大易产生厌烦和畏惧心理。科学的游戏过程，其运动负荷应该有起有伏，强弱交替。

（四）幼儿体质状况

体育游戏中男女幼心率变化测试表明，同一次游戏中不同个体之间的心率变化是不一致的，表明幼儿个人体质条件不同，运动的效果也不同。即使是相同运动，运动负荷也会因个人条件不同而不同。以下是同一次体育游戏中，不同男女幼儿心率变化情况（图9-6）。

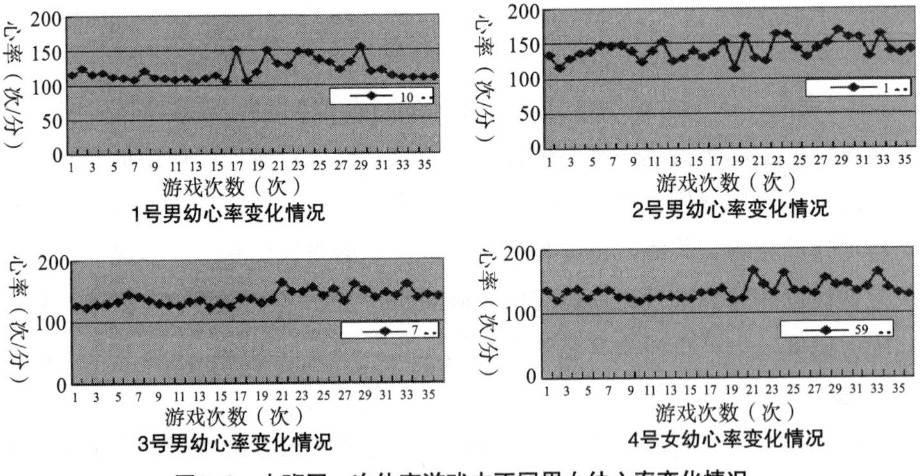

图9-6　大班同一次体育游戏中不同男女幼心率变化情况

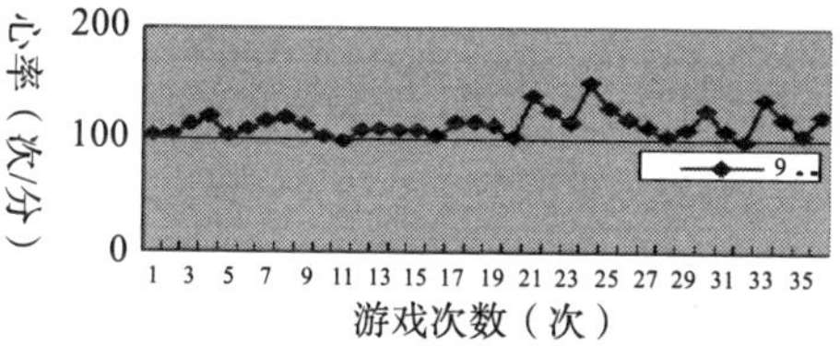

5号女幼心率变化情况

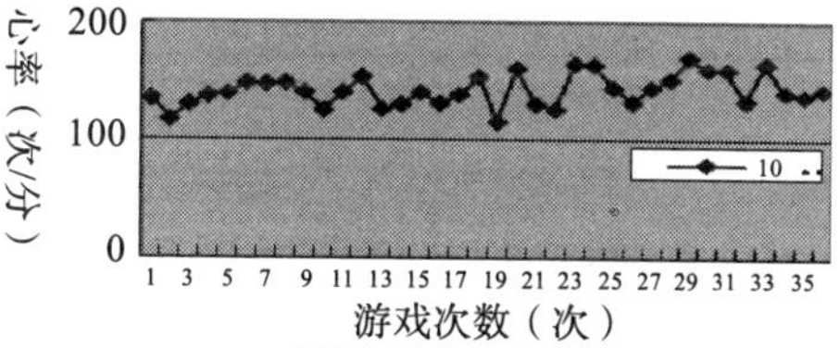

6号女幼心率变化情况

图9-6　大班同一次体育游戏中不同男女幼心率变化情况（续）

对于体质好的幼儿来说，每分钟跑200米的运动负荷比较适宜，而对于体质弱的、肥胖的幼儿来说，这个运动负荷就比较重。对于3~4岁的幼儿来说，快跑200米是超负荷。30厘米高的平衡木，对于体质较好幼儿来说，心理负荷很低，对于体质较差的幼儿心理负荷就比较高。幼儿体质水平的高低对心理负荷的承受能力影响非常明显[1]，体质好的幼儿，其心理负荷承受度和运动意志明显高于体质差的幼儿[2]。

二、调控方法

研究结果表明，在幼儿体育游戏中，常见调控运动负荷的方法主要有六种：变换情景、变换角色、变换内容、变换场地与器材、变换动作自身以及变换队形。这六种方法在不同年龄段幼儿的体育游戏中所占的比重不一样（表9-3）。

表9-3　幼儿体育游戏中运动负荷的调控方法

调控方法	不同年龄段幼儿体育游戏（大、中、小班各36次）		
	3~4岁（小班）	4~5岁（中班）	5~6岁（大班）
变换情景	76.5%	65.5%	77.3%
变换角色	54.3%	67.5%	54.3%
变换内容	10.1%	57.8%	83.2%
变换场地与器材	20.5%	23.1%	67.9%

[1]　张民.对体育课学生心理负荷的探讨[J].湖州师范学院学报，2000（6）：160-164.

[2]　徐明欣，王童.体育课“心理负荷能力自评量表”的研制与应用[J].体育学刊，2003（11）：47-49.

续表

调控方法	不同年龄段幼儿体育游戏（大、中、小班各36次）		
	3~4岁（小班）	4~5岁（中班）	5~6岁（大班）
变换动作自身	18.3%	34.2%	56.4%
变换队形	15.8%	23.7%	39.1%

变换情景、变换角色是不同年龄段幼儿体育游戏中运动负荷调控的最常用的方法。随着年龄的增长，变换内容、变换场地与器材、变化动作自身和变换队形也逐渐使用较多。尤其是大班年龄段，变换内容更是调控运动负荷的重要方法。以下针对这六种调控方法分别进行阐述。

（一）变换情景

为了吸引幼儿，游戏开始时，设计一些游戏情景，如跑、跳练习的初期，情景设置为孙悟空学本领；幼儿基本掌握动作以后，情景设置上升为唐僧招徒弟、孙悟空比武；幼儿较好掌握动作时，情节进一步深化为孙悟空打妖怪。在这个活动过程中，幼儿根据不同的情景变化，紧张、刺激地投入到体育游戏之中。

（二）变换角色

在游戏过程中，为了吸引幼儿参与的兴趣，往往会在设计情景的过程中，设计些幼儿喜闻乐见的相应角色，把每个器材或参与者都化为活生生的生命，并在活动不断进行的过程中，使角色也相应地发生变化。例如，在进行小皮球练习的时候，把小皮球先称呼为球宝宝，幼儿为小小篮球运动员；随着动作的掌握，幼儿成为中国篮球运动员，最后成为篮球明星。

（三）变换内容

动作内容一般主要是从四个方面进行变换：①动作顺序，如跑、走、跳→走、跑、跳→跑、跳、走→跳、走、跑等；②动作内容，如走、跑→投掷、跳→爬、跑等；③动作形式，如定向跑→分散跑→直线跑→圆圈跑→折返跑→躲避跑→追逐跑等；④在原有动作的基础上，增加其他练习动作，如在跳的基础上，增添跑、钻的内容等。为激发幼儿的练习兴趣，需要着重强调不同项目间的搭配。搭配顺序不同，强度也不同，较大运动强度的项目有跑、跳、攀登等，而爬、投掷、走、钻等动作的运动强度则相对较小[1]。在其他条件一致的情况下，跳、跑搭配的运动负荷高于钻、爬搭配。

（四）变换场地与器材

变换场地与器材，可以激发幼儿游戏的兴趣，增强幼儿主动参与的积极性。比如进行平衡练习时，可以先在宽宽的直线走→换为窄线走→0.05米高平衡木走→0.1米高平衡木走→0.2米高平衡木走→上坡直线走→下坡直线走→0.05米高曲线走→0.1米高曲线走→障碍物走→提物走等。还可以通过改变平衡木的宽度、平衡木上的动作、平衡木上的人数、平衡木上的练习方向、平衡木上的障碍物（大小、高低、形状）、上下平衡木的动作等方法来进行负荷变化。

（五）变化动作自身

利用练习动作本身进行相应的变化。例如，不同年龄段的幼儿投掷游戏，在负荷施加过程中进行练习动作的难度变化（表9-4）。

表9-4　练习动作的难度变化示例——以投掷练习为例

难度变化方式	难度变化方式		
投掷距离	2米	5米	10米
投掷高度	2米	3米	5米
被投掷物体的重量	0.25千克	0.5千克	1千克
被投掷物体的大小	小物体	中型物体	大物体
被投掷物体的速度	静止物体	慢速地移动物体	快速地移动物体
助跑+ 投掷	短距离助跑	长距离助跑	
爬+ 投掷	慢速爬	快速爬	
跳跃+投掷	双脚跳	跨跳	

[1]　向海英. 论幼儿体育课运动负荷与心理负荷的调节策略[J]. 山东教育科研，1997（2）：54-55.

练习难度的设置不是无限制的，而是以遵循幼儿在教师或同伴的支持下，通过自己的努力就能完成的练习为原则。

（六）变换队形

变换队形也是调控运动负荷的基本方法。比如，在竞赛小能手游戏中，为了减少幼儿排队等待现象，增大练习密度，把由以性别分组的男、女幼两个小组，变为由红、黄、蓝、紫四种颜色分成的四个小组进行比赛。

三、调控途径

调控途径主要包括合理利用讲解、恰当使用示范、及时纠正错误、巧妙运用评价以及关注情绪变化等方式进行调控。

（一）合理利用讲解

当运动负荷过大时，教师主要通过对游戏内容的分解与完整讲解，减少练习次数与时间，延长练习间歇，降低运动负荷。反之，当运动负荷不足或较小时，教师讲解简明扼要，做到精讲多练。

（二）恰当使用示范

运动负荷过大时，教师采用重点示范、正误对比示范等多种形式达到降低运动负荷的目的；反之，教师进行不断重复练习，让幼儿在多次的实践中感受动作，增加运动负荷。

（三）及时纠正错误

运动负荷过大时，通过及时地纠正错误，强化正确动作，使幼儿得到一定的休息，减少运动负荷。需要增大负荷时，就他们存在的普遍错误，进行重点纠正，然后集体练习。在进行分组活动时，有针对性地纠正错误，让已纠正错误或本身动作就正确的幼儿继续练习，以保证具有一定的运动负荷。

（四）巧妙运用评价

运动负荷过大时，对幼儿表现行为进行情景性的评价在游戏中非常重要，既能调控幼儿的运动负荷，又能让幼儿保持游戏的兴趣。比如，飞碟开心地飞起来，哪个飞碟是开心地飞的呀？哇，越来越多的飞碟越来越开心，它们飞得多漂亮呀。当教师运用这种语言评价时，既能让幼儿休息，又能激发幼儿探索热情，保持练习兴趣。通过这些评价语言又让幼儿了解练习动作的要求。

（五）关注情绪变化

不同年龄段幼儿在进行感兴趣的练习时，都不会偷懒，会多次不断重复进行相同的动作。一旦失去了兴趣或者在很疲劳的情况下，他们自己会选择主动结束练习，而对于没有兴趣的练习，幼儿更会找理由自行结束。幼儿心理特点决定了体育游戏负荷量的大小除了可由教师把握外，幼儿自身也能调控运动负荷的大小。教师可充分利用幼儿兴趣自主控制负荷量的大小的特点，使用直观性教学方法，形象生动的语言和形式多样的场地与器材激发幼儿练习的兴趣，达到增加负荷量的目的。另外，也可采用表9-5中观察幼儿的表情，对心理负荷大小进行评判，以及时调控。

表9–5　幼儿体育游戏心理负荷观察表

指标 标准	3	2	1	−1	−2	−3
注意力	高度集中、全神贯注，不受干扰	注意集中、指向目标	比较集中、大致指向目标	比较分散、短时离开目标	明显分散、时常离开目标	十分分散、完全脱离目标
情绪状态	十分高涨	较高	较强	不高	低落	消极
	精神振奋	心情愉快	心情稳定	表现平淡	表现冷漠	表现反感
意志表现	坚强	坚定	较强	较弱	消沉	衰退
	勇于克服困难	自觉克服困难	能克服困难	表现被动	表现胆怯	表现逃避

幼儿体育游戏中运动负荷的调控见表9-6。

表9-6　幼儿体育游戏中运动负荷的调控

调控内容	调控方法	调控途径
游戏内容	变换动作自身、变换动作内容	讲解、示范、评价
组织形式	变换队形、变换情景、变换角色	讲解、纠正错误、关注情绪
游戏设计	变换场地与器材、变换动作内容、变换动作自身、变换情景、变换角色、变换队形	讲解、示范、评价
幼儿体质状况	变换场地与器材、变换动作自身	讲解、示范、评价、关注情绪

第三节　体育游戏中运动负荷的调控策略

一、生理负荷设计策略

（一）结合个体差异

幼儿之间存在着年龄、性别、体能、运动基础等方面的差异，必然导致幼儿之间承受运动负荷的能力具有一定的差异。这是设计运动负荷时，首先需要考虑的问题。其次，幼儿园的班与班之间也存在着各种差异，安排运动负荷应该做到区别对待。无论哪种水平的幼儿，其运动负荷的设计同样讲究到其“最近发展区”水平为宜。比如，对于体能较差、体质较弱、胆小的幼儿，进行平衡木练习时，可先从宽而低的平衡木开始，为其积累动作经验，逐渐适应心理压力；而对体能较好、体质强壮、胆大的幼儿，可以让其进行窄而高的平衡木练习。在设置器材的时候，更是要根据幼儿的个体差异，投放不同规格的器材为宜，使每个幼儿都能体验到成功。

（二）结合组织形式

幼儿园中具有民间体育游戏、规则性体育游戏、区域性体育游戏、自主性体育游戏等组织形式，这些游戏具有不同的游戏目标。因此，其运动负荷也不一样。例如，民间体育游戏运动负荷偏大，规则性体育游戏较小；区域性体育游戏因场地玩法固定，以促进幼儿体能发展为主，因此，它的运动负荷比自主性体育游戏更大一些。

另外，组织形式还包括集体活动、小组活动、分组轮换活动等不同形式。在这些形式中，幼儿的练习机会也不同。比如，受场地、器材的限制，集体活动中幼儿等待时间长，练习密度小，时间短、次数少，负荷无法保证；而分组轮换活动，幼儿练习机会增加，负荷的安排余地较大，可是组织调动队伍时间浪费较多；小组活动，每组幼儿练习机会大大增多，负荷的安排与调节具有更大的灵活性，但是幼儿人多，教师少，使得这种方式难以实现。根据幼儿园的实际情况，合理选取组织形式，尤为重要。

（三）结合游戏目标与内容

以学习难、新动作为主要目标的规则性体育游戏，由于有必要的讲解、示范、练习、保护与帮助等方面，运动负荷偏低，一般以140~160次/分为宜；以巩固提高动作技能为目标的区域性体育游戏，以复习为主，运动负荷较大；以幼儿自由活动为主的自主性体育游戏，以复习为主，运动负荷主要由幼儿自身控制。不同的游戏内容，负荷也不一样。比如跑、跳跃、负重等活动本身负荷强度就大，同样的练习频率，总负荷要高于其他内容；走、投掷、器械体操等本身的负荷强度就小，同样的练习时间和频率，总负荷要低于其他跑、跳等内容。

（四）结合设施和季节

场地、器械始终是体育游戏的首要物质基础，场地与器械的设置将直接影响运动负荷的大小。缺乏器械，容易导致等待多和说教多的现象；器械过多，则又容易使幼儿注意分散。要达到适宜的运动量，就要保证提供适当的运动器械，或每人一份，或每组一份，具体应视游戏内容与需要而定。选择运动器械最好是一物多用，以利于激发幼儿的发散思维和集中思维，以及提高器械的使用率。同时，季节、气候对运动负荷的安排也具有一定的影响。如夏天，高温容易耗费幼儿体能，游戏时运动负荷要相应地降低；冬天，因天气寒冷，肌肉、韧带等黏滞性较大，需要一定的运动负荷达到热身效果。此外，幼儿园作息制度、师资水平、环境设施、文化习惯等也都是安排运动负荷应考虑的因素。

二、心理负荷的设计策略

心理负荷的调控较为复杂，除了要符合生理负荷的设计策略外，往往还要视具体的情况而定。一般而言，需要做到以下几点。

（一）良好的情绪是维持游戏的有效途径

在游戏中，首先要激发幼儿参与游戏的兴趣，然后重视维持其继续游戏的积极性。情绪负荷的安排尤为重要。活动中，教师应多采用生动有趣、针对性强的游戏内容和器材，结合生动形象的讲解、示范，调动幼儿参与的积极性，让幼儿能积极主动地参与游戏，在游戏过程中感到开心、愉快，即使游戏结束了，他们仍然表现出意犹未尽的感觉。

（二）让幼儿在成功的体验中得到发展

幼儿要成功，首先要具备一定的运动能力，能坚持完成任务。因此，在施加意志负荷时，应让幼儿通过一定努力就能完成任务，从而使其体验到成功，增强自信心，培养活泼开朗的性格。这就要求教师在安排活动内容时，应充分考虑幼儿的心理发展特点，游戏内容在幼儿的“最近发展区”，遵循由易到难、循序渐进、因材施教等原则，并具有直观和趣味等特性。

（三）吸引幼儿的注意是开展活动的有力保障

由于体育游戏一般在户外进行，而户外环境对幼儿的影响也非常大，吸引幼儿的注意是顺利开展游戏的第一条件。能保持幼儿较长时间的注意也是心理负荷设计的重点，但是注意负荷不应太大，且需有积极愉快的情绪伴随幼儿，让幼儿在快乐中游戏，在快乐中思考。

（四）合理安排心理负荷顺序

一般而言，游戏的前半部分应利用幼儿头脑较清醒的时刻，安排新的、较难的游戏内容，以增大他们的注意负荷；游戏的后半部分，安排注意负荷较小、复习性质的内容。对于情绪负荷来说，基本部分的前半部分不应过大，以避免因幼儿情绪过度兴奋而影响新游戏的学习；后半部分可设计相应的内容以让情绪负荷达到高潮。而对意志负荷，学习较难内容和新内容时，应设计为先大后小；学习较易内容和复习旧内容时，可先小后大。

三、运动负荷设计建议

（一）让幼儿成为体育游戏的主体，是调控运动负荷的关键

在体育游戏中给予幼儿充分的自由，让他们尽可能地发挥，使他们成为主动的参与者，在有限的时间里，都积极参与活动，并达到一定的运动量。

（二）激发幼儿参与体育游戏的兴趣，是调控运动负荷的条件

兴趣是幼儿学习和掌握知识的内在动力。例如，进行走、跑、跳等练习时，游戏设计为解放军叔叔抓坏蛋的游戏，把各种基本动作编排在一个情节之中，同时给每个幼儿都赋予了各种动物的角色，使幼儿对游戏兴趣盎然，认真积极。

（三）教师的教学组织能力和语言表述能力，是间接提升运动负荷最基本的方法

幼儿具有注意容易分散、好奇心强、想象力丰富等特点，有效地吸引幼儿的注意，是有效地组织幼儿进行游戏的前提条件。教师语言丰富、生动，能引起幼儿情绪共鸣，容易组织游戏，游戏过程紧凑，运动负荷就大，教学效率自然就高。

（四）遵循幼儿发展规律，设计适宜的运动负荷

体育游戏中应尽可能选择全体或者大部分幼儿能承受的运动负荷；运动强度大的游戏与强度小的游戏进行有机组合，同一游戏中大强度内容与小强度内容交替进行。

（五）存在个体差异，因人而异

即使是同一个动作，对不同的幼儿来说也有不同的难度。合理的动作难度，是以他们经过练习都能获得成功为设计的基准。应做到逐步增加动作难度，每一次难度的增加都是在前一次难度动作完成的基础上进行的。前一次的练习往往是为后一次的练习增加难度做好了生理与心理上的准备，后一次的练习是前一次练习的延伸，大幅度增加难度不利于幼儿身心健康。

（六）科学筛选有效促进幼儿发展的运动项目

借鉴现有体育项目在一定程度上有助于丰富幼儿园体育游戏内容，但幼儿的身心特点有别于成人，不能随意将成人的运动项目不经加工和改进就添加到幼儿体育游戏的内容中。

第十章　学龄前儿童体育游戏中教师教学语言特征

【本章目标】

阅读完本章之后，你应该可以：

◆ 了解语言在身体动作游戏中的作用。

◆ 掌握教师教学语言的基本理论。

◆ 掌握体育游戏中教师教学的特色语言。

语言是人类交流和沟通的主要工具之一，任何学习过程都离不开语言。如何更好地使用语言来提升游戏效果，以及提升使用语言的能力本身，成为学前教育的研究焦点。

第一节　语言在体育游戏中的作用

一、体育游戏中语言研究的必要性

幼儿园教学活动中教师的语言是教师实施活动，完成活动目标，与幼儿互动，支持、引导其学习所使用的一种教学手段，是活动得以进行、师幼互动得以开展、幼儿的学习和探索得以延续的基础条件[1]。幼儿的学习以无意性为主，

[1]　周兢，余珍有. 幼儿园语言教育[M]. 北京：人民教育出版社，2004：42.

无论是对活动本身的兴趣，还是对学习内容的注意，都主要依赖教师的语言指导[1]。教师的语言表达能力直接影响着教学活动的效果[2]。作为幼儿园体育教育的重要组成部分——体育游戏，是教师们公认的最难组织部分。首先，体育游戏多在户外，幼儿的注意极易被分散，这就对教师的语言掌控能力要求更高；其次，很多体育游戏的技能，对于幼儿而言都是抽象的动作，缺乏相关的认知与动作经验，教师生动而启发式的语言更有助于他们获得成功的体验，并掌握动作；再次，体育游戏是一个不断挑战自我的过程，对于幼儿来说，激发与维持他们的运动热情是保证体育游戏进行的基本条件，教师语言的引导与鼓励尤为重要。但是，在幼儿园体育游戏中，许多教师不知道自己该说什么，如何说，甚至越说越让幼儿困惑的情况时有发生。在幼儿园体育游戏中，教师的教学语言有哪些类型？体育游戏中的语言特点是什么？幼儿园体育游戏与其他领域的教学语言又有何区别？幼儿园体育游戏的特色语言又是什么？幼儿对哪种类型的语言能较好地理解？这一系列问题，都是当前教师急需了解、把握的。文献研究发现，对于幼儿体育游戏中教师教学语言的研究极为缺乏。虽然也有学者对幼儿园科学、社会等领域的教学语言进行了相关研究，然而，体育游戏毕竟有别于其他活动，只有其学科特色的基本用语，没有科学规范的教学语言，不可能产生有效的体育教学活动。要提高幼儿园体育游戏质量，有必要对幼儿园体育游戏中教师教学语言进行相关研究。

二、教师语言的要求

一名优秀的幼儿教师，游戏中的语言表达能力尤为重要。教师语言要做到“三精”，即精准、精美、精练。

（一）描述性语言中的“三精”

教师提供精确描述动作性质的词汇，将对幼儿动作观察和动作表现，以及词

[1] 朱家雄. 建构主义视野下的学前教育[M]. 上海：华东师范大学出版社，2009：143-144.
[2] 魏丽杰，魏丽华. 教师言语艺术[M]. 济南：济南出版社，2003：67-68.

语的积累和使用起到引导和激发的作用。比如当教师说出“哦，你的这棵大树可真高大呀！”“哇，你的这只小鸟一边上下扇动翅膀一边还左右移动！”“哇，这只小鸟一会儿围绕着大树飞翔，一会儿又给大树捉虫！”这些具体的模仿动作和描述性语言时，幼儿的情绪反应积极，语言、动作反应丰富多彩。在幼儿无法使用复杂的抽象语词对动作进行描述时，教师引导幼儿使用类比性的语词，将幼儿生活经验中熟悉的情境，以及相应的熟悉语词与该动作形象联系起来，不仅可以有效帮助幼儿对动作进行描述，还能够提高幼儿的想象力，提升幼儿对事物之间深层类似性质的敏感性。

（二）问题表述语言中的“三精”

为了引发幼儿更多思考与探索，游戏中教师常常会使用问题来引导与激发幼儿的思路。但是由于缺乏锤炼与推敲，很多教师的问题往往让幼儿难以理解而导致问题无效。

不同年龄段幼儿身心发展特点不一样，因此，教师的提问也有差异性。越是年龄小的幼儿，观察的焦点越要具体，观察需要概念来引导。只有当幼儿年龄逐渐增加，积累了一定的概念和概念词，获得了一定的判断的角度和描述的符号之后，他们才能自主选择这些比较熟悉的角度来观察、描述和模仿。身体动作首先是动起来，对动作的想象、体验要比对客观抽象概念的认知更重要。因此，就更需要教师创造出精练、精美的语言——故事或儿歌来帮助幼儿融入对身体、对器材、对周围环境的感知、体验和表现的活动。教师在提问引导幼儿体验和动作时，便可以很容易地激活幼儿对儿歌和故事理解的生活经验。比如，在创造性的身体活动中，教师鼓励幼儿“还有什么不同的动作？”这样过于含糊的语言不容易激发幼儿的想象。如果教师说“沙滩上有很多很多贝壳，你要怎么捡贝壳？你怎么在海里游泳啊？大鲨鱼来了，你怎么躲过大鲨鱼？”这些语言比较具体形象，更容易引发幼儿的想象和理解。

教师的语言应该精美，但不能够脱离幼儿的生活经验和语言经验，只有在教师的语言能够激活幼儿的生活经验和语言经验的条件下，幼儿的语言、动作表达能力和审美想象能力才能够真正有效地被激发出来。

第二节　体育游戏中教师教学语言现状

一、教学语言的基本理论

作为教学的一种客体化的形式，语言在教学过程中显得至关重要，教学过程就是语言使用的过程，它不仅是体育游戏中教师和幼儿使用的媒介和伴随物，还是教师教和幼儿学的“决定性因子”[1]。研究证明，感官系统是幼儿学习的刺激来源。幼儿对周围环境的认知主要通过感官获取（表2-1）。

幼儿必须要通过接受语言、触摸等形式的外界刺激才能正常发育成长，他用所有的感官（视觉、听觉、触觉、嗅觉、味觉、本体觉）从外界获得乐趣[2]（图2-1），引发运动行为。

教学活动中，听觉是激发与引发幼儿运动欲望的重要的刺激源。

从幼儿学习的角度来看，研究体育游戏中教师教学语言，不仅对于教师的成长具有重要的作用，对于提高幼儿的学习质量、激发幼儿的学习兴趣也具有重要的意义。

为了了解幼儿园体育游戏中教师教学语言使用的基本情况，本研究于2013年4月—8月就186名来自全国25个省市的幼儿园骨干教师及部分园长，59名浙江省幼儿体能练习培训班的幼儿体育骨干教师，以及302名接受杭州幼儿师范学院学前教育专科函授学习的幼儿园教师进行了相关访谈，通过视频录像分析整个游戏过程。为了便于分析，本研究把幼儿园体育游戏分为准备部分、基本部分以及结束部分等三部分[3]。通过录像将这三部分的语言转化成文本实录的形式，制成完整的案例，统计出各种教学语言及停顿时间，根据教学过程登记表进行分析（表10-1）。

---

[1]　赵红霞. 幼儿园教师教学语言运用策略研究[D]. 沈阳：东北师范大学，2006：15.

[2]　雷娜特・齐默尔. 儿童感知教育手册[M]. 杨沫，谢芳，译. 南京：南京师范大学出版社，2010：5.

[3]　冯志坚. 学前儿童体育[M]. 沈阳：东北师范大学出版社，2006：188-190.

表10–1　游戏过程教师教学语言登记表

教学环节		语言内容	开始时刻	结束时刻	时间
准备部分	开始阶段				
	热身阶段				
基本部分	动作的讲解与示范				
	动作的学习与练习				
	规则的讲解与示范				
	运动负荷的调控				
结束部分	放松阶段				
	整理器材阶段				
	评价				
	结束语				

二、体育游戏中教师教学语言分类

根据访谈结果以及30个游戏过程教学语言登记表的统计，本研究归纳收集的教师教学语言有：情景式语言、角色式语言、回忆式语言、悬念式语言、叙述式语言、故事式语言、军事式语言、平铺式语言、启发式语言、互动式语言、独白式语言、肯定式回馈语言、否定式回馈语言、建议性回馈语言、减少运动负荷的语言、增加运动负荷的语言、肯定性评价语言、过程性评价语言、否定性评价语言、总结式语言、衔接式语言、延伸式语言、引导性语言等23种语言类型。经整理与分析后，对于同一种语言类型不同的命名做了统一命名，筛选出以下被幼儿教师认同的9种教学语言类型（表10-2）。

表10–2　教学语言类型在访谈中选择的百分比统计（n=547）

教学语言类型	人数	百分比（%）	教学语言类型	人数	百分比（%）	教学语言类型	人数	百分比（%）
情景式语言	546	99.9	叙述式语言	302	55.21	启发式语言	421	76.97
角色式语言	532	97.25	鼓励式语言	543	99.4	回忆式语言	408	74.59

续表

教学语言类型	人数	百分比（%）	教学语言类型	人数	百分比（%）	教学语言类型	人数	百分比（%）
悬念式语言	521	95.24	军事式语言	286	52.29	故事式语言	309	56.02

结果表明，在幼儿体育游戏中，教师常用教学语言依次为：情景式语言、鼓励式语言、角色式语言、悬念式语言、启发式语言、回忆式语言、故事式语言、叙述式语言、军事式语言。从语言类型来看，这些都是以幼儿的心理发展特点为依据的语言，符合3~6岁年龄段幼儿身心发展需求，既满足幼儿的好奇心、兴趣点，又具有开发、拓展其思维，引导其获得成功体验的语言类型。统计还表明，幼儿园一次体育游戏中，教师经常是6~9种语言类型交替使用。语言类型的丰富多彩，才使得整个游戏充满激情与活力。根据语言的内容，本研究提炼出主要教学语言类型的基本特征，见表10-3。

表10-3　教学语言类型基本特征

教学语言类型	定义	特点	具体案例
情景式语言	教师从教学目的和内容出发，精心组织，巧妙构思，用语言创设一个活动情境，并用形象生动的语言道出游戏的要求或目的	通过简洁的语言，创设出一个幼儿感兴趣的情境，再用生动的语言，将抽象的内容、规则等形象化、具体化、可操作化，从而把幼儿迅速带入特定的教学情境中	师：孩子们，对面可真漂亮啊，妈妈真想住到有花有树的环境里哦。可是要把家搬到对面，我们就要爬过这些铁丝网，如果碰到了铁丝网，小铃铛就会响起来。到时候任务就失败了，我的愿望就再也实现不了了
角色式语言	教师赋予了自己假想中的某个角色，以角色的口吻说话，直接向幼儿传递了活动的任务和要求	角色式语言最大的特点就是教师也是个平等的参与者，以角色式的语言与幼儿对话，不仅会使游戏活动变得丰富、有趣，还会让幼儿感到亲切、平和	师：小朋友们，今天我们来做一个快乐的搬运工，请两个人合作用一个小梯子试一试，怎样合作抬小梯子走才能又快又安全

续表

教学语言类型	定义	特点	具体案例
回忆式语言	教师通过提问，启发、引导幼儿回忆已有的角色经验，为即将开始的学习与情绪体验做好准备	当幼儿认为过去的实际活动对于自己越是具有重要意义的时候，那它与学习活动的结合越能激起幼儿对活动的兴趣，这是回忆式语言的特别之处	师：孩子们，你们见过解放军吗？你们知道解放军踏步的时候为什么那么整齐吗？那是因为他们都非常守纪律，而且很听指挥官的命令。今天小朋友们当小小解放军，老师当指挥官，大家听我指挥，看看谁最棒
悬念式语言	教师通过演示，设置悬念，激发幼儿的好奇心，引导幼儿积极思考，主动参与	悬疑式语言最大的特点是出乎幼儿预料或展示矛盾或使幼儿置身于惊异之中，造成幼儿心理上的渴望和兴奋	师：今天老师请了一个客人来看小朋友做游戏，听音乐，猜猜谁来了
故事式语言	教师以讲述故事的形式开始，用故事引导出教学主体	运用故事的虚拟世界打破平淡的现实世界，超越时空，为幼儿的想象提供了空间和机会，再加上教师绘声绘色的叙述，牢牢地吸引幼儿的注意，引发他们强烈的情绪反应，使他们兴奋、悲伤、紧张、恐惧，丰富和加深幼儿的情感体验，引入活动主体	师：在浩瀚的宇宙深处，驻扎着地球联邦军队，我们的凯西城堡遭受了虫子大军的袭击，瑞克队长正在招聘一批星球战士，你们愿意接受挑战，成为一名星球战士吗？那让我们一起来热热身吧
叙述式语言	在活动中，教师以指令、询问、建议等形式直接点题切入	叙述式语言是一种直叙式的语言，采用的语言比较平淡、简洁，开门见山。其目的是讲明活动目的、学习内容或任务，把幼儿的注意和思维迅速导向并集中到教学内容中来	1. 师：孩子们，今天我们用这个布袋来练习跳的动作好吗 2. 师：我们每人手中都有一个松紧带圈，它有许多种玩法，看哪个小朋友玩的方法最多

续表

教学语言类型	定义	特点	具体案例
军事式语言	教师借鉴军事训练中的一些常用调整队伍、变化队形，以及行动指挥的基本用语，用于幼儿体育游戏中	军事化语言是教师在组织体育游戏时必不可少的语言。军事化语言要求准确、洪亮、节奏分明，轻重抑扬有度，使幼儿听得清晰，并给人以振奋之感	1. 师：小朋友们，请注意，立——正，向右看齐，立——正，稍息，立——正 2. 师：预备，开始：一、二、三、四、五；手和脚一起拍；不错，好，起立
鼓励式语言	在游戏中，教师以各种激励、支持性的语言，引导幼儿积极参与活动，体验成功的感觉	体育游戏中，鼓励式语言是教师激励幼儿积极、主动参与活动的必不可少的语言，通过赞美、表扬、激励等语言，激发幼儿运动兴趣与热情，使得幼儿心理上获得对自身能力的一种认同	1. 师：来，勇敢点，你能够跳过去的。哈哈，你真棒 2. 师：小明的玩法很新颖，小明，你能给大家表演一下吗
启发式语言	教师在游戏中根据活动任务和动作学习的客观规律，从幼儿的实际出发，采用多种方式，以启发幼儿的思维为核心，调动他们学习积极性和主动性的语言	运用启发式语言可以调动幼儿的学习主动性，启发幼儿思考，发展幼儿的探索能力，同时，培养幼儿独立解决问题的能力	师：球宝宝想和我们交朋友，我们应该怎么样让球宝宝跟随我们一起跑呀？可以用什么方法带着球宝宝一起玩呀？我们可以用身体的哪些部分和球宝宝一起玩呀

有些语言类型，比如，情景式语言与角色式语言没有明显的边界，只是根据研究的需要，进行粗略的划分。有些语言，由几种语言类型交织在一起，比如，情景式语言中常常包含了角色式语言，启发式语言中包含了叙述式语言，军事式语言中包含了鼓励式语言等等，还有情景式语言不但包含了启发式语言，还包含了鼓励式、军事式语言等类型。

三、体育游戏中教学语言类型分布

不同的语言类型具有不同的效果，因此了解幼儿园体育游戏不同部分的语言类型特点，可以更好地指导游戏活动。幼儿园体育游戏中不同部分的教师教学语言类型及所占的比重见表10-4。

表10-4 幼儿园体育游戏中教师教学语言类型与比重

教师教学语言类型				体育游戏次数（%）
准备部分	开始阶段	情景式语言		32.5
		角色式语言		20
		回忆式语言		15
		悬念式语言		24.6
		启发式语言		31.6
		故事式语言		29.7
		叙述式语言		21.5
	热身阶段	队列练习	军事式语言	87.5
		基本体操	情景式语言	23.5
		跑 步	角色式语言	31.4
		游 戏	启发式语言	20.1
基本部分	动作讲解		叙述式语言	23.4
			悬念式语言	21.4
			回忆式语言	20.3
			情景式语言	38.7
			角色式语言	32.2
			启发式语言	39.7
	规则讲解		情景式语言	75
			角色式语言	45
			叙述式语言	20

续表

教师教学语言类型				体育游戏次数（%）
基本部分	运动负荷的调节	减少运动负荷 增加运动负荷	情景式语言	45.0
			角色式语言	37.1
			叙述式语言	13.1
			鼓励式语言	30.8
结束部分	放松活动	军事式语言		45.6
		角色式语言		55.3
	整理场地、器材	角色式语言		52.1
	评价	鼓励式语言		32.7
		叙述式语言		28.6
	结束	叙述式语言		12.5
		鼓励式语言		35.9

由表10-4可见，幼儿体育游戏中，虽然教学语言类型丰富多彩，但也是有章可循的。不同的教学部分，使用的语言各有特色。例如，准备部分的开始阶段多采用情景式、角色式、悬念式、启发式、故事式、回忆式、叙述式等语言类型。热身阶段，军事式语言占绝对地位。另外，无论是哪个教学部分，情景式、启发式、角色式、鼓励式、军事式等都是最常用的教学语言类型。当然，这些语言类型在不同的教学部分，其运用的目的不同，其运用的方法手段也各有特色。下面就各具体部分的教学语言类型进行相关探讨。

（一）准备部分的语言类型

如表10-5所示，准备部分的语言类型因不同阶段而异。开始阶段，是教师引导幼儿进入体育游戏的起始环节。教师语言的主要作用是：①激发幼儿对将要进行的运动产生兴趣和求知欲，诱发运动积极性与主动性；②唤起幼儿的注意，使幼儿的兴奋转移到活动中来；③明确游戏任务和目的，激发幼儿思维[1]。主要

[1] 刘馨. 学前儿童体育[M]. 北京：北京师范大学出版社，2009：134-136.

采用情景式、角色式、回忆式、启发式、故事式、悬念式、叙述式等7种语言类型。而热身阶段，则是从生理和心理上为基本部分内容打下基础，以动作的练习为主，军事化语言较多，如口令，此外还运用情景式语言、角色式语言，以及启发式语言进行贯穿。

表10–5　准备部分教学语言类型及运用示范

教学语言类型	具体案例	作用
情景式语言	师：孩子们，对面可真漂亮啊，妈妈真想住到有花有树的环境里哦。可是要把家搬到对面，我们就要爬过这些铁丝网，如果碰到了铁丝网，小铃铛就会响起来。到时候任务就失败了，我的愿望就再也实现不了了	激发幼儿的兴趣与注意，从心理上为游戏的进行做好准备
角色式语言	师：小朋友们，今天我们来做一个快乐的搬运工，请两个人合作用一个小梯子试一试，怎样合作抬小梯子走才能又快又安全	
回忆式语言	师：孩子们，你们见过解放军吗？你们知道解放军踏步的时候为什么那么整齐吗？那是因为他们都非常守纪律，而且很听指挥官的命令。今天小朋友们当回小小解放军，胡老师当指挥官，大家听我指挥，看看谁最棒	
悬念式语言	师：今天老师请了一个客人来看小朋友做游戏，小朋友听音乐，猜猜谁来了	
故事式语言	师：一天，调皮的小猴到森林里去，在回来的路上天黑了。小猴找不到家了，急得哭起来，几只萤火虫飞过来，对小猴说："别着急，我们来帮助你。"说着，他们把身后的小灯点亮了，帮助小猴找家去了，看，他们看见了什么呀	
启发式语言	师：我们每人手中都有一个松紧带圈，它有许多种玩法，看哪个小朋友玩的方法最多	启发幼儿练习兴趣，激发创造性思维

续表

教学语言类型	具体案例	作用
叙述式语言	1. 师：孩子们，今天我们用这个布袋来练习跳的动作好吗	说明练习任务
	2. 师：在场地四周摆放着许许多多的小动物，你看到了哪些小动物呀？ 当教师说“轻轻走，轻轻跑，我的小猫喵喵喵”的时候呀，小朋友们边学小猫边走到小猫那里去	描述动作的完成方式
军事式语言	师：小朋友要跟着老师认真做，动动手，活动腿，蹲下来，转转身，跳一跳。放松！（带领幼儿做上肢运动、下蹲运动、体侧运动、体转运动、腹背运动、跳跃运动、放松整理）	促进幼儿进行热身活动，从生理上为活动的开展做好准备

（二）基本部分的语言类型

如果把准备部分的开始阶段看成是提出问题阶段，那么基本部分则是解决问题的过程。在这一阶段，教师语言的目的在于引导幼儿解决问题或获得新知，同时维持幼儿的注意力，指向教学的目的和教学的内容[1]。此阶段教师教学语言类型主要有情景式、角色式、回忆式、悬念式、启发式、军事式、叙述式、鼓励式等八种语言类型。其具体用法见表10-6。

表10-6　基本部分教学语言类型及运用示范

教学语言类型	案例	作用
情景式语言	教师讲述游戏规则：跳过水池边，爬过小草地，钻过小山洞，那里有很多好吃的蘑菇，如果谁犯规了，他就会变成木头人，再也不能去采蘑菇了	把规则纳入情景中幼儿更容易遵守
角色式语言	1. 师：今天天气真好啊，可爱的孩子们要跟妈妈去耕地了，你们知道他们是怎么耕地的吗 2. 今天我们都是小小解放军，现在我们要去执行任务了，你们会是勇敢的小解放军吗	激发动作的学习兴趣与热情

[1]　蒋俊华. 幼儿园集体教学活动中教学指导语策略之研究[D]. 广州：华南师范大学，2007：33.

续表

教学语言类型	案例	作用
回忆式语言	师：小朋友们，看见过龙舟比赛吗？参加比赛的叔叔们是怎样划龙舟的呀？	把幼儿已有经验与即将学习的动作结合起来
悬念式语言	1 师：刚才小朋友们做得都特别好，所以老师给每个人一个奖励，注意看哦，这是一个小箱子，噔噔噔噔，变成一辆小汽车了，小汽车是怎么变出来的呀 2 师：我们现在已活动开了身体，就要来玩一个新的游戏——攀爬游戏，怎么玩呢？	激发幼儿观察、探索动作的过程
启发式语言	师：如果三个人合作，牛又会怎样耕地呢？请孩子们各自组合各自游戏，有的两两合作，牛双膝跪地，农民伯伯在后面拉着牛的手一起前进。有的需要三个人合作，一个人双手撑地，两个人分别抱一条腿扮演牛耕地。有的需要一个人探索动作	诱导幼儿进行积极思维
军事式语言	师：我们排成做广播操的四队，后一个小朋友伸出小手，要与前一个小朋友保持一手长的距离，快，加油	组织方式
叙述式语言	师：你们爬上来，不要转身，直接背对攀爬架下来，距离地面还有一定距离时就直接往下跳，这样你们就可以加快速度了。但在跳的时候，你们的脚后跟要踩着攀爬架上的绳子，不然会被勾到，来，你们几个再按照老师说的试一试	说明动作的进行方式
	师： 这次的任务是炸掉敌人的碉堡，首先我们要跑过封锁线，然后取一个炸弹（沙包），跑到指定的线后炸敌人的碉堡，炸完后安全跑回来	规则的讲解与说明
	师：你玩了一次攀爬游戏心里感觉怎么样？如果让你再来玩一次，你还想试试吗？第二次你还会害怕吗？	调控运动负荷
鼓励式语言	师：不要怕，老师会在一旁保护你的，勇敢点、大胆点，老师不会让你摔下来的	增加幼儿学习热情

由表10-6可见，游戏讲解过程中主要运用情景式、角色式、回忆式、悬念式、启发式、叙述式等6种语言；运用情景式、角色式、叙述式等3种语言进行规则的讲解；在游戏实施的过程中主要运用启发式、军事式、鼓励式等3种语言；运动负荷的调控主要运用情景式、角色式、叙述式、鼓励式语言等4种类型。表10-6、表10-7表明，虽然有5种语言类型与准备部分一样，由于目的不一

样，语言的方法与手段有别于准备部分。

（三）结束部分的语言类型

结束部分，教师语言的作用包括：一是归纳总结游戏内容与游戏过程，加强幼儿记忆，巩固知识和技能，或者对幼儿在当次游戏中获得的知识、技能，体现的情感，采用的态度进行扩展、延伸与迁移；二是对幼儿在游戏过程中的得失进行评价；三是指导放松活动；四是协助幼儿整理场地、器械。这个阶段，教师教学语言类型主要有叙述式、角色式、军事式、鼓励式等4种语言类型（表10-7）。

表10-7　结束部分教师教学语言类型及运用示范

教学语言类型	案例	作用
角色式语言	师：奥特曼真棒，打了那么多怪兽，我们都累了，现在我们休息休息，跟着队长放松一下手脚	把基本部分与结束部分流畅衔接起来
军事式语言	师：游戏结束。请小朋友们立正，稍息。向右看齐，向前看	用于组织幼儿
叙述式语言	师：请几位小朋友帮老师把炸弹放回合适的地方	说明器材整理方式
	师：小朋友们今天都成功完成了任务，你们都很棒。不过老师还是发现了一些问题。有的小朋友跑回来的时候扭来扭去，撞到了其他的小朋友。有的小朋友跑回队伍之后插队，没有排在队伍的最后面。希望小朋友下次游戏的时候能遵守游戏规则	做出相应的评价，为后续的课程打下基础
鼓励式语言	师：今天我们的奥特曼很勇敢，所有的怪兽都被我们打败了，我们给自己鼓鼓掌。希望下次我们的勇士更勇敢，那就会打败更多的怪兽了	总结说明游戏进行情况，为下次游戏开展提出要求

由表10-7可见，放松活动主要采用军事式语言和角色式语言；评价活动主要采用鼓励式语言和叙述式语言；收拾器材则主要采用角色式语言和情景式语言；结束语则主要采用叙述式语言和鼓励式语言。

第三节 体育游戏中教师教学特色语言

分析表明，在幼儿园体育游戏中，教师的教学语言与人生其他阶段教师教学语言具有一定的差异。主要表现在以下几个方面。

一、组织性语言

队列口令、体操口令以及指挥命令等属于体育游戏中的组织性语言。幼儿园体育游戏中常见组织性语言的下达与青少年或成人具有显著的区别。主要体现在其特有的表述方式上。

（1）各种口令的下达，如“立正”只有动令，没有预令，发出的时候应该是短促有力——“立正”。而在幼儿园，教师们往往发出“立——正”，然后小朋友们跟随“1—2”。本研究发现这种方式便于师幼的互动——语言的互动产生动作的行动，同时，也给其他注意未集中的幼儿一个提示，容易集中幼儿的注意。少数教师这样使用：“小朋友们，请注意，立正。”但是这种下达方式，不容易引起幼儿语言的跟随，仅是幼儿单一的行动配合。

（2）各种转身口令的下达，如“向右（左、后）——转”，在发出这一口令之前，教师往往会先转到要转的方向，然后对幼儿强调“面向老师，向右（左、后）——转”。这是因为，幼儿还未能较好地分辨前、后、左、右等方位，尤其是左、右方位。因此，在进行方位变化的时候，一般以那个方位具有典型的物体为基准，让幼儿朝那个物体转；如果没有典型的物体，教师则到那个方位，给幼儿一个行动的指向。通过一段时间的练习后，幼儿就能较好地掌握前、后、左、右方位。

（3）各种行进的口令的下达，如（跑步——走，齐步——走）幼儿园教师们一般都会赋予某些角色，如“解放军们，现在跑步——走”。增加这些角色的目的，就是让幼儿更有兴趣进行这一运动。

二、鼓动性语言

体育游戏大多在户外开展，空间大，干扰多，幼儿注意力极容易分散。活动中，教师经常运用“手，抖一抖”“腰，扭一扭”“两只手、两只脚，全抬起来”等名词+动词的表达形式，还有“肩膀，肩膀”“鼻子，鼻子”等重叠词，激发幼儿学习热情、提高幼儿参与积极性。知识经验的缺乏和语言理解的局限，导致幼儿更感兴趣、更易理解名词和动词，名词能引发幼儿对某些生活场景的联想，动词则能引起幼儿参与活动的欲望和冲动。

三、讲解性语言

由于幼儿的理解能力与运动经验欠缺，在很多动作学习的过程中，用幼儿能理解的语言讲解动作是促进幼儿学习与练习的重要方法。比如，给3~4岁小班的幼儿讲解“两手侧平举”的动作要领，直接说“伸直手臂”，他们无法理解抽象的“直”的动作。如果教师结合幼儿对树干、铅笔的认知，运用比喻的方式讲解“两手像树干一样举起来”或“两手像铅笔一样直”，他们就能够把抽象的“直”的行为变为可理解的、具体的“直”的动作。又如，在学习挥臂的动作过程中，有的幼儿无论怎么都无法体验到肌肉用力的过程，当教师说“让我们和客人们再见吧”，他们自然就做出了相应的动作。使用幼儿能理解的语言描述动作，幼儿只需要模仿教师2~3次基本就能完成该动作；教师按照动作的要领讲解时，80.5%的幼儿至少需要7~8次重复练习方可完成该动作。此外，当幼儿能清楚地表述所完成的动作时，更有助于动作的正确完成。

四、教学建议

幼儿园体育游戏中，教师教学语言主要分为情景式语言、角色式语言、悬念式语言、启发式语言、回忆式语言、故事式语言、叙述式语言、军事式语言、鼓励式语言等9种语言类型。这些语言类型运用在体育游戏的不同教学部分。虽然不同教学部分会采用同一种语言类型，但由于幼儿身心发展特点的特殊性，教师组织性语言、鼓励性语言，以及讲解性语言应用的方法和手段也不一样。

幼儿作为教师教学语言的倾听者，作为一个未成熟的、正在形成中的生命个体，其知识经验缺乏，掌握的词汇较少，理解与思维的水平比较低，对教师的教学语言难以较好地进行理解和把握，并且会因不同的知识经验而有不同于教师或他人的独特理解与体验。因此，在体育游戏中，本研究建议：

（一）以幼儿为本

以幼儿为本，主要表现在以下几个方面。首先，教师要善于并认真倾听幼儿。真正有效的、以幼儿为中心的教学语言意味着教师善于倾听幼儿的声音，转化幼儿的观点，引发更复杂的回答，师幼间的交流与互动在以幼儿为中心的语言环境中不断走向深入。只有在一种倾听的环境中，幼儿才能成为主动的建构者，而非被动的承受者，幼儿的回答才能成为教师进一步提问、引导的起点和阶梯。其次，教师要仔细观察幼儿，不断调节教学语言。教师的语言作为一种教学手段，必须通过幼儿的内部心理条件才能起作用。幼儿在教师讲授时，做其他的事情、说笑打闹，或者不能正确理解与回答教师的问题等等这些情况的出现，可能是教师所讲授的内容未引起幼儿的兴趣，或是教师的语言晦涩难懂，或者是超出幼儿的经验。善于观察的教师，就会根据幼儿的这些表现迅速地调整语言内容或改变语言的表达方式，把抽象的内容表达得生动形象、通俗易懂，并且，及时地把幼儿的注意、思维引向教学的中心。

（二）精心设计、组织教学语言

教师的教学语言不仅仅是一种语言符号，更包含着教师教育的目的和意图。如果幼儿的理解偏离了教师的表达，那么教育目的就无法完成。因此，教师的教学语言不能无的放矢，而应根据幼儿的知识和运动经验以及语言理解的范畴，关注语言表达的目的性和计划性，注重语言表达的逻辑性和科学性。教师可在保持句子合理通畅的前提下，将语言精简成以名词、动词为主的句子，并将名词和动词以叠声词、象声词的形式勾画出简洁、押韵、生动、形象的场景，有助于幼儿理解。

（三）重视游戏评价与反思

体育游戏后进行自我反思教学过程中语言存在的问题与不足，是提高教师教学语言运用能力必不可少的环节。首先，进行自我评价，分析游戏中使用语言的基本情况，比如使用了何种类型的语言，效果如何，下次活动应该注意什么等等。其次，每次游戏结束后，应对游戏中所用的语言进行充分的考量，比如游戏前的构想、游戏中的使用和游戏后的审视，能真正了解自己在做什么，为什么这样做。最后，通过他人评价，让同行分析游戏中所用语言，提出问题与不足，然后进行自我反思。教师通过实践→反思→调整→再实践→再反思→再调整，不断调整自己语言的选择和运用能力。教师在游戏前精心设计、组织教学语言，游戏后反思自身教学语言存在的问题与不足是幼儿园体育游戏必不可少的一个环节，同时也要根据游戏中不断生成的内容进行灵活的调整，使教学语言的预设与生成相得益彰，互动共生。

五、体育游戏方案设计中教学语言范例

（一）导入语范例

1.《有趣的平衡》（大班）

夏天快到了，夏天你们最喜欢做什么运动啊？游泳有哪几种姿势？我们一起来学好不好？仰泳、自由泳、蝶泳、蛙泳，我们学会了游泳，到大海里面去游好不好？开船，来到了大海里。到大海里了，海里有吃人的大鲨鱼，如果发现有鲨鱼我就吹哨子，你们赶快回到自己的船上。

2.《有趣的套圈》（大班）

女孩子往这边，男孩子往这边。眼睛看对面的小朋友。他是谁啊？图图来看看你们站好了没有。图图给我们三个任务，第一个任务，他要我们认识一样东西。

3.《小小体操运动员》（大班）

今天请你们做小小体操运动员，小小体操运动员，他会很多很多的本领，我

们今天练习走平衡，有拍球走，顶飞盘走，还有障碍走平衡木，小小运动员呀，要每个运动都做一遍，待会儿，我们看一下哪个小小运动员的动作完成得最好。你完成一组动作就可以自己去前面戴一朵小花。

4.《放鞭炮》（大班）

现在老师手里有一根棒，你们知道是干什么用的吗？（点火）你们怎么都这么聪明呀！好，现在你们每个人都是一个小鞭炮，等一下老师来点，点到的就会“啪”地爆炸。小朋友们先蹲下，等一下我来点你们每个人，点到的就跳起来爆炸，知道了吗？好，现在我要来了哦！看哪个小鞭炮还没有准备好！

5.《大鲨鱼和小金鱼》（大班）

小鱼们，我们今天去海里找吃的东西好不好？（好）去的时候要听好，听妈妈的铃声。铃声慢的时候我们要游得慢一点，铃声快的时候要游得快一点。而且我们要躲过礁石，这些礁石会把我们小鱼弄伤的，我们要躲过去，这样我们才能找到吃的东西，又能安全。等一下，鱼妈妈看到鲨鱼来了就会告诉大家，我们鱼宝宝就要快速回家，大家还找不找得到自己的家啊？（白线上）嗯，好。小鱼，我们游喽！

6.《赛龙舟》（大班）

赛龙舟啦！好，我们先做做运动吧。弯下腰，好，把你的桨划起来。请你们到我的身边来。你们知道赛龙舟的游戏吗？它可以一个人玩吗？那它应该怎么玩呢？这个队长可以叫什么？赛龙舟呢，是一种需要很多人一起玩的游戏。它需要在龙头的带领下，大家团结，动作整齐。这样子你的龙舟可以划得又快又好。今天老师在那边的场地上，给你们准备了龙舟的头饰，等等你们可以商量商量，看看可以怎么一起划龙舟。

7.《大鱼和小鱼》（大班）

在一片蔚蓝的大海里，住着一群大鱼和小鱼。这天天气非常的晴朗，大鱼和小鱼去郊游了。大鱼对小鱼说：好久没有看到海面上的太阳了，好久没有出去透透气了。小鱼说，那我们就一起出去吧。大鱼说，这个主意太好了。那么大鱼和小鱼们准备好了吗？大鱼说，我是大鱼，我的速度有点慢。小鱼说，我是小鱼，我的身体很小，很灵活。能做到吗？一定要记清楚。

8.《老狼老狼几点了》（大班）

小朋友们，你们有没有玩过《老狼老狼几点了》的游戏啊？今天我们就要来玩一玩这个游戏。现在啊，老狼来了。我像不像大灰狼？大灰狼啊，肚子饿了，我要赶紧找几只小动物，把他吃到我的肚子里。哎，小动物们都在哪呢？老狼老狼几点啦？小动物们的声音呢？小动物们一起大声地说。

9.《小小消防员》（中班）

小朋友们，今天老师在操场上布置了很多很多好玩的东西，是不是？

首先，我有一个问题要问问大家，要是遇到火灾怎么办？

有小朋友说拿着湿毛巾捂着嘴巴先跑出去，在保证自己安全的情况下，再打119，是不是？打了119，谁来给我们帮忙？消防员叔叔厉不厉害？

小朋友长大了想不想当消防员？想当消防员，要练成本领，学会了本领，身体强壮才能当消防员，才能给别人帮忙。今天我们来学几项消防员叔叔的本领好不好？

10.《黑猫警长》（中班）

想做黑猫警长的请站好。好，个个都想做黑猫警长。但是黑猫警长有本领，看看你们有没有它的本领。请小朋友手打开。我转一个圈，我转两个圈，手放下。这是手，我摆一摆，我用力地摆。这是手，我摇一摇，我再摇一摇，我点点，我摇一摇。我转一个圈，我转两个圈。这是肩，我转我转我转转转，我快速地转，我的声音不停，你们不能停。这是腰，我扭一扭，我扭一扭，我用力地扭，我扭一个圈，我扭两个圈。这是脚，我跺我跺我跺跺跺，我轻轻地跺，我用力地跺。我们所有小朋友都不错，但是我们黑猫警长要出去完成任务，我先给你们一把枪。把手伸出来，一二三刷。接到了没有？把枪拿出来。好，要跟着我这只大黑猫警长后面好不好？

11.《喂小鸡》（中班）

小朋友们，今天妈妈带你们过河去捉虫子，你们高兴吗？河面上有石板桥，我们要怎么走过去呀？小鸡过河的时候小脚要踩住石板，千万别掉到河里去。看看哪只小鸡过河特别聪明，不推也不挤。

12.《蚂蚁搬豆》（中班）

咱们小蚂蚁今天要翻过一座山，去把山脚下的豆子运回家，请小蚂蚁爬山的时候手一定要抓牢，脚踩稳，再往上爬。好，现在我们开始出发。

13.《拉网捕鱼》（中班）

今天天气那么好，老师带小朋友们去做游戏好不好？那在做游戏之前呢，我们先来做一下热身运动。（随音乐做运动）今天啊，老师要带小朋友做一个游戏，游戏叫作拉网捕鱼，前两天啊，我们幼儿园的小朋友也变成小渔夫，他们一起去捉鱼了，小朋友想不想看？好，现在我们就一起来看大屏幕，小朋友在看的时候要仔细观察，小渔夫们是怎样捕鱼的，小鱼又是怎样逃跑的。

14.《摸摸东西快回来》（中班）

鼠宝宝们，今天这里好热闹啊，快跟着妈妈一起出来瞧瞧吧。大大的礼堂，宽宽的舞台，妈妈今天就带你们在这里玩怎么样啊？找个圆点先站好，我们一起来做准备运动，做完之后说，妈妈看到宝宝们啊，做得都非常的棒，那你们想不想和妈妈在这里一起做游戏啊？好，那咱们就来玩，摸摸东西快回来的游戏。请仔细听，小老鼠真爱玩，摸摸幕布快回来。

15.《垫子游戏》（中班）

我们今天呢，要做一些练习，但是我们今天不扮小动物，没有兔子，没有狗熊，没有小狗，没有，什么都没有。我们今天要做的是练习，啊，做一些身体方面的练习。这个垫子你们尽量不要去动它，我们这里呢有三条道，第一条道呢就是你们脚下那条，第二条道呢，就是垫子和垫子之间隔出来的这条，第三条道是老师站的这条道，对不对？然后呢，我们要在这三条道上做不同的练习，我们准备好了吗？准备好了，向后转。

16.《炒蚕豆》（中班）

老师有一个问题要问你们，你们见过蚕豆吗？家里妈妈在炒豆豆之前要放在水里干什么呀？哦，要把豆豆放在水里洗一洗，那怎么洗呢？做一个洗洗的动作给我看，那我们跟着音乐来炒一下。除了在手上做，还能在哪炒呢？洗完豆豆以后妈妈把豆豆放在哪里去啦？哦，要炒豆豆了，听说你们很能干，跟着老师学过炒豆豆的游戏对不对？那现在我请你们两个两个一起来玩炒豆豆的游戏给我看。好，现在跟你旁边的小朋友手拉手。

17.《小青蛙跳荷叶》（小班）

小朋友们，我是谁啊？哦，我是青蛙妈妈，青蛙妈妈带你们出去玩，你们高不高兴？跟妈妈一起做运动好不好？好了，到妈妈身边来，真棒。妈妈带你们出去玩，好不好？跟妈妈跳着出去玩了。跳去那边，青蛙宝宝们，看谁能跳得最远。

18.《小猫钓鱼》（小班）

小花猫，喵喵喵，伸伸懒腰喵喵喵。哎呀，今天的天气真好，小猫妈妈带小猫去钓鱼好不好？（好）当我们爬过草地，然后过小河的时候啊里面有很多石子，大石子啊小猫要两只脚站上去，那要是小石子啊就用一只脚掌踩上去，好不好？（好）那我们现在去钓鱼吧！

19.《小鸭子秋游记》（小班）

我们今天来跟这个小鸭子玩游戏好不好？你们来做小鸭的弟弟妹妹，我做小鸭哥哥，好，你们跟着小鸭哥哥过来了。小鸭子怎么走的？（随音乐跟着老师运动）跑一下，小鸭子转一下，小鸭子甩甩翅膀，跳一下，摇一下脑袋，一起跟鸭哥哥出去玩了，好不好？嘎嘎嘎嘎嘎，跳跳跳跳跳，摇下小脑袋，嘎嘎嘎，我们来学下鸭子叫好不好？大声点，再来跳一次，小鸭子的脚动起来了。小鸭子走啊走啊，来到了哪里了？游乐场，我们看看，游乐场里有什么啊？有很多玩的，有跳圈圈，走独木桥，走铁索桥，钻山洞，你们想不想玩啊？

20.《农场奇遇记》（小班）

今天天气真好啊，小朋友们一起去农场和小动物们一起去玩游戏好不好？里面有谁呢？小猫。我们一起学一学小猫好不好？小猫小猫喵喵，蹲在地上吃小鱼；小猫小猫喵喵，站起身来伸伸腰；小猫小猫跳跳，别让老鼠跑掉；小猫小猫喵弯弯腰，找找尾巴转一转。还有谁呢？小狗，喜欢吃什么呢？我们学一学小狗好不好？小狗小狗旺旺，蹲在地上吃骨头；小狗小狗旺旺，站起身来伸伸腰；小狗小狗跳跳，别让骨头逃掉；小狗小狗弯弯腰，找找尾巴转一转。这是谁呀？小兔喜欢吃什么？我们一起来学学小兔好不好？小兔小兔跳跳，蹲在地上吃萝卜；小兔小兔跳跳，站起身来伸伸腰；小兔小兔跳跳，别让萝卜逃掉；小兔小兔跳跳，找找尾巴转一转。

21.《小猴本领大》（小班）

（教师扮演猴王出场）孩儿们，快来和好朋友们打招呼!我们找个位子一起来活动活动。（播放《西游记》音乐，让幼儿随着做相应的猴子的动作，摸一摸云朵，伸伸手，伸伸腿，看看那边，看看另一边。）到南海去，孩儿们，现在来跟老师学一个缩身术，看谁能缩到最小，然后再变大，变到最大。现在孩儿们一起跟着老师去水帘洞玩一玩好不好?

22.《小蜗牛爬呀爬》（小班）

现在你们都是小蜗牛，现在到妈妈这边来把。一起来转一转。蜗牛宝宝晒太阳。晒晒手，晒晒脚，转一转，全身晒晒暖洋洋。晒晒胸，晒晒背，晒得屁股暖洋洋。躺着晒，真舒服，趴着晒，真舒服。这么大片草地上，小蜗牛想不想一起来爬一爬啊?

（二）教学过程中的语言范例

1. 小班《小蝌蚪找妈妈》

师：来，跟蝌蚪妈妈去游一游吧。（放音乐）你们看，这里有什么啊?

幼：水!

师：还有什么啊，还有水草对不对?

来，跟妈妈游一游。来，宝宝们，我们再游一游。

来，小蝌蚪们，我们到家了。到家里休息一下吧。

刚才啊，妈妈看见小蝌蚪们跟妈妈一起玩，有几只小蝌蚪游得可好了。那哪只小蝌蚪来游给妈妈看一看啊？（幼儿上去示范）来，我们来跟她学一学吧！大家站在自己位置前面，开始……

要是我们都游动起来会不会更漂亮啊？像这样，嘀嘀嘀。哎呀，真乖，宝贝们坐下。

刚才，妈妈发现了，这个小朋友很会动脑筋，游得可好看了。

那现在，还有哪一只小蝌蚪愿意跟妈妈来学一学？

来小蝌蚪，我们站在自己的位置面前吧。我们来一起跟妈妈学一学，嘀嘀嘀。

小蝌蚪，我们坐下来休息一下。

妈妈呀，给你们带来了一首音乐。听听，音乐里有谁啊？（播放歌曲两遍）

音乐里有谁啊？

幼：小蝌蚪！

师：还有谁啊？青蛙妈妈，小蝌蚪去做了什么呢？

幼：去找妈妈！

师：妈妈不在家的时候，小蝌蚪就出去玩，这时，我们听一听，是谁来了？

幼：大灰狼！

师：是谁来啦？会不会是大灰狼啊？哦，是大鱼来了。那，大鱼来了，我们该怎么办呢？

幼：找奥特曼，找警察！

师：小朋友说得真棒，我们还应该躲起来。我们可以躲在哪里呢？躲在哪里啊？哦，可以躲在水草后面，那我们小蝌蚪跟着蝌蚪妈妈一起躲到水草后面去，好吗？

2. 小班《蚂蚁搬豆》

（1）引入部分：咦，你们看地上有好多好看的东西，它们是什么颜色的呀？谁来告诉我！哦！有红色的，绿色的，黄色的。那它们到底是什么呢？原来呀红色的就是红豆，黄色的就是黄豆，那绿色的就是绿豆。你们想不想吃呀？等一下我要请每一个小蚂蚁去找一颗自己喜欢的豆豆，双脚站在豆豆上，千万别让小脚踩到地上去了，我们来试一下好不好？一定要站稳啊，可别摔跤了，和妈妈一起来比赛，看谁站得最稳。

（2）游戏部分：每个小蚂蚁只能踩一颗豆豆，来，这颗给你。都站好了吗？哦，妈妈也找了颗豆豆，妈妈把它放在地上，两只脚踩上去，妈妈站好了，你们有没有站好啊？妈妈来看看，这只小蚂蚁没有站好，快放好站上去。嗯，这只小蚂蚁站得真好，身体没有晃来晃去，还把双手伸开了，站得真稳，真棒！小蚂蚁们，你们看，这是谁呀？飞呀飞呀，哦，是小鸟！小鸟也很喜欢吃你们的豆豆，要是谁呀没有把豆豆保护好，小心被小鸟抢走啦！小鸟来喽，来吃豆子喽。啊！这颗豆子被小鸟抢走喽。来，小朋友们都到妈妈这里来，要是等一下小鸟又来了，你们要怎么保护豆豆啊？双脚都踩在豆豆上，好，如果站不稳就把手伸开，知道了吗？哇，小鸟又来啦。我来看看，都保护好了没有，小鸟要来吃喽！这一次小蚂蚁们都非常棒！豆豆很高兴，要和你们玩一个游戏，要不要玩啊？你们看，前面有一条坎坷的路，什么样的颜色就要放在什么颜色的线上。看看哪只小蚂蚁放对了。现在都来妈妈这边，豆豆都放好了，我们要一起玩游戏啦，是怎么玩的呢？看妈妈是怎么玩的，两只脚要并拢，把小脚的门关好，两只脚一起往前跳，再轻轻地落下，就这样一下一下地往前跳，会不会啊？来跟在妈妈后面，和妈妈一起跳吧。对了，非常棒！接下来，我们就要把豆豆送回家了，每个人想个办法爬着把豆豆送回家。等等，什么颜色的豆豆就要送到什么颜色的家中，听明白了吗？嗯，开始吧！小蚂蚁真聪明，都送对了，妈妈很高兴。那现在和妈妈一起跳个舞好吗？

3. 小班《红灯绿灯亮》

小朋友们，跟着老师一起来开汽车好不好？

好，跟着老师开起来，嘀嘀嘀，叭叭叭。前方是绿灯，要向前行。遇到红灯，停一停。继续往前开，嘀嘀嘀，叭叭叭。

前方是红灯，停一停，男司机停在这里，女司机跟着老师停在这里。今天小朋友们都当了回文明的司机，今天老师要和小朋友们玩一个好玩的游戏，叫红灯绿灯亮，你们想不想玩？

看，这边有一个什么线？这个红线叫作安全线。

这时候，老师来当交通警察。我会转过身去念口令，当我喊红灯绿灯亮，哥哥姐姐们干吗了？我喊口令的时候怎么样？当我喊红灯绿灯的时候他们往前开，当我喊亮的时候，他们停下来了，能不能动？

我们再看一次好不好？红灯绿灯亮。好，有没有人动？

没有人动，红灯绿灯亮。有人拍到我了，赶快去抓他们。哎呀，小司机开到安全线里了，我不能去抓他们了。你们现在会玩这个游戏了吗？小司机把车开起来，开到安全线后面。准备好了吗？

注意，准备，红灯绿灯亮，有没有人动？有人动了，请回安全线后面。

红灯绿灯亮，这个大哥哥动了，请回安全线后面。

红灯绿灯……啊，有人拍到我了。赶快跑回安全线后面。

再来，现在我们要提高难度了，这回我的口令有变化了。当我们念的时候，慢的话，我的动作是怎么样？当我喊快的时候，动作怎么样？红灯绿灯亮，动作怎么样？动作快了。

你们要注意节奏有变化了，好，停到安全线后面，准备好了吗？小汽车开起来。

红灯绿灯亮、红灯绿灯亮。哎呀，这个哥哥坚持不住，请回安全线后面。

红灯绿灯亮。抓到了，被我抓到了，请他模仿一下小动物好不好？他模仿的什么小动物？小猫。老师也想来当一回小司机，那我请一个小朋友来当交通警察好不好？来，请那位姐姐先来。我也来当小司机，准备了。注意要有节奏的变化。

小司机们也累了，我们该下班了。来，把汽车开回家吧，嘀嘀嘀，叭叭叭，嘀嘀嘀，叭叭叭。

4. 中班《小鸭子秋游记》

我们今天来跟这只小鸭子玩游戏好不好？你们来做小鸭的弟弟妹妹，我做小鸭哥哥，好，你们跟着小鸭哥哥过来了。

（放音乐）小鸭子怎么走的？（跟着老师做动作）

跑一下，小鸭子转一下，小鸭子甩甩翅膀，跳一下，摇一下脑袋，一起跟鸭哥哥出去玩了，好不好？嘎嘎嘎嘎嘎，嘎嘎嘎嘎嘎，跳跳跳跳跳，跳跳跳跳跳。

摇下小脑袋，嘎嘎嘎，我们来学下鸭子叫好不好？大声点，再来跳一次，跳喽。

我们来挥挥小翅膀，小鸭子的脚动起来了。

小鸭子走啊走啊，来到了哪里？游乐场，我们看看，游乐场里有什么啊？有很多玩的，有跳圈圈，走独木桥，走铁索桥，钻什么啊？钻山洞。你们想不想玩啊？

（孩子游戏，教师指导）

指导语：这个难度比较大，我来走一下。

这几只小鸭子真勇敢，加油！小心点啊。

耶，通过了，我们胜利了，我们来跳下圈圈吧，跳，跳，跳一跳。我也来钻山洞。

你也来试一下，一起来，真厉害！

你来跳一下，真棒！

表扬一下我们勇敢的小鸭子。小心点注意安全！

你敢不敢试一下这个平衡木啊？我来帮你。加油。真厉害，表扬你。

刚才看到有个小朋友横着走的，这样不容易掉下来，真聪明。

这次我不扶小鸭子了，要小鸭子自己走了。

我来试下看能不能跳得很快，哎呀，这样很危险，所以小鸭子要跳得慢一点。

请小鸭子的弟弟妹妹快来鸭哥哥这边了，要学本领了。小鸭子可以跳得很高的，你们想不想跳高一点啊？我们跳得高一点把太阳摘下来好不好？

请大家找一个舒服的场地站好。想不想跳得很高啊？把太阳抓下来，预备，跳。鸭哥哥跳得高不高啊？你们也能跳得很高的，预备，跳。再来一次。我看到这只小鸭子摔倒了，为什么摔倒了？因为这只小鸭子落下来的时候腿没有弯下来。我们来练习一下。一定要把腿弯下来，才不会摔倒。

好，小鸭子今天出来玩得开心吗？那我们下次再出来玩吧！天黑了，鸭弟弟鸭妹妹要跟着鸭哥哥回家喽！

5. 中班《小动物找家》

小朋友们，今天啊，我们又要玩小动物找家的游戏了。

草地上的小朋友赶紧戴上你们的眼罩。

家里的小动物请你们用最响亮的声音把你们的伙伴带回家吧。

好，我们现在一起来念儿歌。

小小动物耳朵灵，走一走，转个圈，听着叫声找到家。

好，没找到家的小动物加油，听听同伴的叫声在哪里。

哦，真棒，所有的小朋友在天黑之前回到了家。

天亮了，另外一个小动物要出去玩了，请小朋友们和你们的同伴交换位置，我们再玩一次。

好，我们一起来念儿歌。

小小动物耳朵灵，走一走，转个圈，听着声音找到家。

小猫咪的家在哪里呢？在家里的小猫咪要叫大声一点哦。

小朋友们真棒，现在所有的小动物们都到草地上来，我们换一下角色。

来，你们两个当小羊，你们两个是小猫，你们是小牛……

现在请每一组的一个小朋友去你们自己的家里，请在草地上的小朋友戴上眼罩。

准备好了吗？

好，我们一起来念儿歌。

小小动物耳朵灵，走一走，转个圈，听着叫声找到家。

小动物们真棒，现在同一组的小朋友和你们的同伴交换一下。

好，我们一起来念儿歌。

小小动物耳朵灵，走一走，转个圈，听着叫声找到家。

加油！

小动物都太厉害了，都能找到自己的家。

现在请所有的小动物到草地上，我们来晒晒太阳休息一会儿吧。

6. 中班《小鱼和美人鱼》

今天有这么多的客人老师。轻轻起立，面向客人老师，眼睛看着客人老师，说：客人老师好！

在美丽的大海里，生活着一群可爱的小鱼宝宝，他们喜欢游泳、吹泡泡，生活得很开心。这里有一段音乐，说的就是这样可爱的小鱼宝宝。我们一起来听一听。

音乐里的小鱼是怎么游泳的？谁会用动作来做一做？

好可爱的小鱼宝宝！我们一起来跟他学一学。

还有谁和他游得不一样啊？

小鱼可以这样游（边说边模仿幼儿1的动作），还可以这样游（边说边模仿幼儿2的动作），还可以怎么做？

我们还可以往这里游一游（左手在胸前自左向右游），还可以往那里游一游（左手在胸前自右向左游）。

小鱼是怎么吐泡泡的呢？请你们用动作来表示一下。

哇，这个小鱼宝宝吐出来的可不是一个泡泡，而是很多很多泡泡，是一串串的泡泡，我们一起来跟他学一学。

我看出来了，你是连续吹了两下泡泡，把泡泡越吹越大（边反馈边做出泡泡越吹越大的动作）。我们一起来试试看，好不好？

好，那我们一起先吸一口水，再吹一个大大的泡泡。

小鱼还会和好多朋友在一起玩呢！小鱼们，你们遇到朋友会做什么事呢？

如果我还不认识他，那我怎么跟他一起玩呢？

要跟他打个招呼。

我们用动作来打打招呼好不好啊？小鱼可以用什么动作跟他的朋友打招呼呢？

那我们俩用鱼鳍来打打招呼，好不好？

哦，用两个鱼鳍拍拍。

你好！你好！你好！

小鱼除了用鱼鳍和朋友打招呼，还可以用什么地方打招呼呢？

那你来教教我，用尾巴怎么和朋友打招呼呢？

这个办法很好！小鱼可以用鱼鳍打招呼，用尾巴打招呼，还可以和好朋友点点头，打招呼呢（边说边做点头的动作）！

我们把小鱼游一游，小鱼吹泡泡，小鱼和朋友打招呼的动作一起放在音乐里来做一做。

刚才我们玩了什么游戏啊？

这一次，小鱼要到大海里去游泳了。小鱼到大海里游泳的时候，要注意什么啊？

对！要注意听音乐，还要看一看周围的环境是不是安全的，是不是啊？

小鱼们，刚才你们发现谁来和你们玩游戏了？

美人鱼也想来和你们玩游戏，那我们教她玩这个照镜子的游戏吧。这个游戏怎么玩呢？有谁能来教教她？

那你就是照镜子的小孩，我做镜子里的人，好不好？我们俩一起来玩，你来教教我。我要跟你做一样的动作。

刚才这个小朋友教我玩照镜子的游戏了，那我现在想和所有的小朋友玩这个游戏，好不好？

现在我做照镜子的人，你们做什么呢？

你们做镜子里的人！那你们做的动作要和谁的动作一样啊？

对，要和老师的动作一样。

美人鱼和小鱼照镜子的时候会做什么动作呢？

那现在小鱼们就和美人鱼一起，跟着音乐玩一玩照镜子的游戏吧。

（老师表扬按规则玩游戏的幼儿，接着出示金光闪烁的小小魔法棒）

（边用魔法棒在空中画一个大大的圆圈边说）当魔法棒出现的时候，海底世界的时间就会停止，小鱼就会定住不动了，小鱼能不能动啊？

对，小鱼就要定住不动了。而且啊，小鱼还要变成一种海底动物，它会变成什么海底动物呢？

你想变成什么？请你用动作做出来。这是什么（鼓励幼儿创编）？

他的这个贝壳和她的不一样哎，我们来看看好吗？

你是用什么地方变贝壳的？你又是用什么地方变贝壳的？

这条小鱼是用身体变贝壳的，那条小鱼是用手变贝壳的，都可以！

我们来和魔法棒一起玩这个好玩的游戏吧。当魔法棒出现的时候，也就是魔法棒画圈圈的时候，你就要怎么样？

好！这个办法好！要找位置站好，然后心里想着：我要变成什么海底动物？当魔法棒停止不动的时候，小鱼们就要定住不动了，听懂了吗？

好，要开始喽，魔法棒要出现了……（音乐一停）

小鱼们都变成什么了呢？

你是什么呀？你呢？哇，这么凶猛的鲨鱼哦！

（挥舞魔法棒）现在魔法消失了，小鱼宝宝们回到家里吧。

刚才我发现魔法棒出现的时候，所有的小鱼宝宝都变成了一个海底动物，在海底不动了，那魔法棒是怎么帮助我们的呀？

嗯嗯，一开始，魔法棒用画圆圈的方法告诉小鱼：准备好！你们马上要变成动物，定住不动啦！当魔法棒停住的时候，小鱼就要停下来，变成海底动物，是不是？

那我们这一次再和魔法棒玩游戏的时候，老师希望小鱼宝宝们注意魔法棒的出现和它的停止，好吗？

哇！小鱼宝宝们变成的海底动物可真多呢，好了，现在魔法消失了，我们把魔法棒带回去，和其他小鱼一起玩这个游戏吧！

7. 大班《纸盒变变变》

我们都是小企鹅，小企鹅一起来走走路吧，跟着妈妈一起摇一摇，摆一摆，走起路来真可爱对不对呀？好了，小企鹅休息一下好不好？小屁股坐到小凳子上去。现在小企鹅都来看着企鹅妈妈，现在我们一起来玩纸盒变变变的游戏了，你们准备好了吗？

那我们要变了：企鹅企鹅变变变，变成了一只小花猫！小花猫是怎么叫的啊？（喵喵喵）哦，小花猫真可爱！我们小纸盒也要变了。纸盒纸盒变变变，变成了小猫的家。好了，我们可以把小猫的家竖起来放，也可以躺着放。放好的小猫到妈妈这里来。（唱歌：许多小小猫，喵呜喵呜叫，今天我们真高兴，要和妈妈做游戏，找个地方躲躲躲，妈妈看不见）快快找个地方躲起来！找到刚刚的小家。快点藏起来！猫妈妈来找了哦。我看到你的小脚了，看到你的小脑袋喽！快点藏好哦！

宝宝们！宝宝！快点出来，妈妈找不到你们了哦！快点出来！我们再来玩一次好不好？快点把小家放好。（唱歌：许多小小猫，喵呜喵呜叫，今天我们真高兴，要和妈妈做游戏，找个地方躲躲躲，妈妈看不见）我要来找了！我看到你们的屁股了，还看到你们的小脑袋了。哦，宝宝们！宝宝！快点出来吧。你们的本领怎么这么大啊？妈妈都找不到你们了，开不开心啊？

现在我们又要变了，准备好没啊？小猫小猫变变变，变成了一只青蛙。呱呱！小纸盒也变变好不好？纸盒纸盒变变变，变成了一片小荷叶。小荷叶是小青蛙的家，找个空的地方把家放好。现在青蛙要跟着青蛙妈妈去抓害虫好不好？小青蛙，呱呱呱，都是捉害虫小能手，跳上荷叶呱呱呱，跳下荷叶呱呱呱。那边有害虫，跳下荷叶。啊呜啊呜，吃饱了没？青蛙妈妈还有点饿，我们再去吃害虫好不好？现在吃饱了没？跳的时候要小心点哦！

好了，现在小青蛙们累不累啊？我们休息一下好不好？

我们的小青蛙又要变了哦。青蛙青蛙变变变，变成了一只小乌龟。小乌龟是怎么爬的啊？小乌龟是背着壳的。那我们的纸盒也来变一变好不好？纸盒纸盒变变变，变成了乌龟壳。现在小乌龟把乌龟壳背上好不好？好了，现在小乌龟一起来爬一爬。大家都不知道怎么戴乌龟壳是吧？我知道是因为小乌龟太小啦还不会爬是不是？有点难度，那我们下次再来玩好吗？现在小乌龟爬好了，我们现在要变变不一样的东西好不好？乌龟乌龟变变变，变成了一只小猴子！真聪明！小猴子挠一挠。现在纸盒也要变变了，纸盒纸盒变变变，变成了一艘小船。小猴子要划船了，用我们的小手和小脚。还可以怎么划啊？来一起划一划，过来一点。小猴子划一划，看看那边是谁的家，小猴子都划过去。我们问问喜羊羊有没有给我们带什么礼物？原来喜羊羊给我们带来了五角星。我们谢谢喜羊羊好不好？

猴宝宝，快点回家吃饭啦！妈妈在叫我们了，现在小猴子一起划回家好不好，猴宝宝？猴妈妈烧的饭真好吃！

接下来小猴子又要变了？想不想知道变成了什么啊？小猴小猴变变变，变成了一只小狗。纸盒纸盒变变变，变成了小汽车。小狗要开汽车了哦！套在自己身上，跟在狗妈妈后面，到路上玩了。小汽车，嘀嘀嘀，看到红灯停一停，绿灯来了快快走！现在我们把小汽车开到班级里去好不好？

8. 大班《有趣的平衡板》

师：小朋友们好，夏天快到了，夏天你们最喜欢做什么运动啊？

幼：游泳！

师：想考考你们，游泳有几种姿势啊？

幼：四种。

师：分别是（教师做动作）……

幼：蛙泳、自由泳、仰泳、蝶泳！

师：我们一起来学好不好？

幼：好！

师：蛙泳，蹲下去，蹲下去。好，自由泳，鲨鱼来啦。仰泳，望着天很舒服。蝶泳，眼睛，瞪起来，手往前，往后，往前，往后。好，我们学会了游泳，到大海里面去好不好？

幼：好。

师：好，开船，来到大海里了，海里面有吃人的（引导幼儿说）……如果发现有鲨鱼，我就吹哨子，你们赶快回到自己的船上。预备，1，2咚，蛙泳，自由泳（吹哨）。

师：哇，对了，一定要用最快的速度回到自己的船上。好，下一组来，1，2咚，自由泳，我绕着船游（吹哨）。

师：不好了，海上的风越来越大了，浪也越来越大，船摇摇晃晃的（把器材倒过来，类似小型跷跷板），能不能站稳？

幼：能！

师：好，继续到大海里面去，和风浪玩，1，2，咚，仰泳，（吹哨）用最快的速度回到船上，好，表扬那些游得很快的小朋友，好，1，2，咚，大鲨鱼肚子饿了把船给吃了（搬走两个器材）。怎么办？有两个小朋友没有船。

幼：两人共用一只船。

师：表扬这两个小朋友，有困难的时候我们要互相帮助。

第十一章 学龄前儿童身体动作游戏的教学

【本章目标】

阅读完本章之后，你应该可以：

◆ 了解学龄前儿童身体动作的游戏水平，掌握不同年龄段幼儿高水平游戏的指导策略。

◆ 掌握学龄前儿童身体动作游戏的组织与指导及教学途径。

◆ 明确影响动作游戏效果的因素及游戏中提升质量的关键点。

◆ 掌握学龄前儿童身体动作游戏的实施策略。

第一节　身体动作的游戏水平

身体动作的游戏方式花样繁多，仅是涉及跑的动作就多达三十多种。但是并不是所有的游戏都是有价值的游戏，只有符合该年龄段幼儿身心发展需求的、高水平的、成熟的游戏才是好游戏。学者们的研究和建议并不主张教师鼓励幼儿进行所有的游戏，并不是所有的游戏都是好游戏。

在幼儿园我们经常可以看到这样的一些体育游戏，幼儿把梯子、凳子、木质积木、垫子进行搭建，然后在搭建好的路径上进行走、爬、跳下等动作练习，虽然搭建的图形具有一定的创意性，但是整个游戏中，作为体育运动的有效性是不大的。虽然每次幼儿搭建的花样繁多，但是可以锻炼的技能差异不大。通常幼儿搭建三十分钟，然后在上面进行十几分钟的低强度的练习后，就会置之不理了。不断重复的动作技能，显得缺乏挑战性和创造力，若要促进幼儿的游戏水平，教师就必须要评估他们的游戏质量。

一、需要层次理论

马斯洛认为，人类具有生理、安全、归属感和爱、尊重、自我实现等五个层次的内在需要（图11-1）。生理、安全、归属感和爱等的需要比其他需要更加强烈，在拥有更高水平的需要之前必须得到满足，这样能量才能集中于更高水平的尊重和自我实现的需要。幼儿也同样具备这五种层次的内在需要，幼儿的学习、成长和变化过程都需要安全感，当缺乏相应的安全感时，他们会表现出混乱无序的状况。除此之外，幼儿还必须要信任他人，这样他们的归属感才能得到满足。同时，在器械上或自由地运用身体进行运动时，幼儿的自我效能得到极大提升，他们获得了自信、自尊，这时尊重需要得到了满足。当幼儿在进行具有一定难度和挑战性的身体活动时，他们能自如地、创造性地运用身体动作时，我们就能看到幼儿的自我实现。

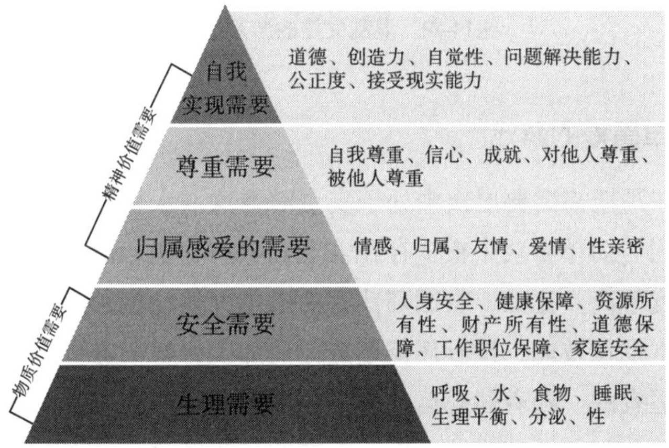

图11-1 马斯洛的需要层次理论

二、身体动作的游戏水平

盖伊·格朗兰德认为，马斯洛的需要层次理论同样适用于幼儿，幼儿有着层次式的内在需要，所以他们会存在三种不同水平的游戏：①混乱失控的游戏；②简单重复的游戏；③有目的的、复杂的、能够让幼儿聚精会神的游戏。

（一）混乱失控的游戏

混乱失控的游戏源于幼儿缺乏马斯洛需要层次理论里的安全感。混乱失控的游戏具有以下特点：①幼儿的声音很大，音调很高；②肢体接触较多，有时幼儿的行为处于危险的冒险行为的边缘；③有时幼儿会出现不可控制的大笑和“咯咯”傻笑等情境；④争议较多，经常导致身体伤害或情感伤害（图11-2）。

图11–2　混乱失控的游戏活动

（二）简单重复的游戏

这类游戏在马斯洛需要层次中处于安全需要这一水平之上。简单游戏和混乱失控的游戏不同，简单游戏中很少存在安全和噪声问题，但是经常包含着重复行为，并且参与度不高。比如，在循环体育活动中，幼儿仅是简单地重复走、跑、跳、攀爬等基本动作技能，没有任何创造性的加工，对于练习初期来说，这些游戏是有益的，适宜的。随着幼儿运动水平的提高，这些游戏就显得过于简单、没有挑战性了，幼儿可能会因为缺乏内容丰富的游戏经验而形成简单、重复的游戏（图11-3）。

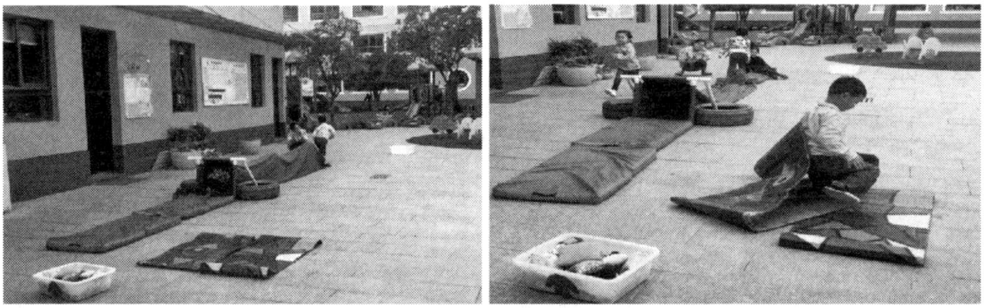

图11-3　简单重复的游戏活动

简单游戏可通过观看、聆听等形式对游戏质量进行识别。当幼儿不需要教师不断地支持和促进也能够持续进行相关的游戏时，表明他们已经进入了更有目的的游戏状态。

（三）复杂多变的游戏

高水平的游戏必须是有目的的、复杂的、能够让幼儿聚精会神的游戏。从体育的视角来看，是幼儿能充分显示出身体自由的游戏。此外，高水平的体育游戏还应具有以下特点：①无论时间长短，幼儿都能高度参与到游戏中；②幼儿能相互分配角色并且在游戏中扮演角色；③幼儿会通过协商和妥协解决争议；④有特定需要时，幼儿会向教师寻求帮助；⑤游戏过程中幼儿很少需要教师持续介入；⑥幼儿能利用一种器材进行多种身体动作；⑦幼儿使用的身体动作或器材富有创意；⑧幼儿能和同伴一起灵活自如地进行身体活动（图11-4）。

图11-4　高水平的游戏活动

游戏中，幼儿运用大量动作技能以及认知和社会能力充分地参与其中

（图11-5）。这种深层次的参与，使他们的安全和归属感的需要获得了满足，体验着高水平的尊重，逐步迈进自我实现。

图11–5 复杂多变的游戏活动

三、游戏水平的提升路径

教师在支持和促进幼儿高水平的游戏和保持幼儿在高水平游戏的参与方面具有重要的作用[1]。通过以下方式可以有效地提升幼儿在游戏中的参与度。

（一）提升幼儿的认知水平

可以利用各种知识提高幼儿的认知水平，以作为复杂游戏的刺激物。比如，教师使用一些幼儿喜爱的故事来激发他们的思维，这些故事可以让幼儿在设计游戏情节时更有想象力，让游戏有一个完整的开端、过程和结束。想象力和创造性在高水平游戏中尤为重要。

（二）增加或减少相应的器材

增减器材是支持幼儿游戏的另一种方式，这可以让游戏变得更加复杂和具有吸引力。玩球的时候，教师提供一根木棍，用棍子赶球、拍球等相应的动作就会发生。自主游戏中减少梯子，幼儿常常会用另一种物体去代替它，玩耍的形式发生变化。

[1] 盖伊·格朗兰德. 发展适宜性游戏：引导幼儿向更高水平发展[M]. 严冷，译. 北京：北京师范大学出版社，2014：77-88.

（三）使用不同的分组方式

使用不同的分组方式有助于教师促进成熟的、有建设性的游戏出现。游戏小组的动态影响着游戏的全过程。教师可以采用民主分组、权威式分组、自主分组等方式进行，也可以尊重班里自然形成的社会关系，允许幼儿选择游戏伙伴和区域。

四、不同年龄段幼儿高水平游戏的指导策略

（一）3~4岁年龄段幼儿高水平游戏的指导策略

对于3~4岁年龄段幼儿来说，由于游戏经验不多，教师经常采用增加游戏主题的方式促进幼儿的游戏。此年龄段幼儿更倾向进行他们熟悉的主题游戏。他们喜欢自己熟悉的角色，如妈妈、爸爸、婴儿、各类动物、快递员、医生等。他们需要真实物体作为道具才能充分参与到游戏中，需要教师指导他们去了解已知角色特点之外的东西。教师可以通过提供不同的角色游戏的建议或提供不同的游戏主题来鼓励幼儿创造新动作。有时仅仅对器材加以改变就足以鼓励幼儿产生新的游戏兴趣和进行新的探索活动。

（二）5~6岁年龄段幼儿高水平游戏的指导策略

幼儿的游戏经验越丰富，就越能内化自己在游戏中获取的知识和技能。教师可以运用符号表征能力提升这个年龄段幼儿的游戏水平，也可以使用各种不同的音乐，不同大小、形状的器材，鼓励幼儿把这些器材整合到他们的游戏中去，以获取新的动作经验。

第二节　身体动作游戏的教学途径

一、身体动作游戏的组织与指导

教师对体育游戏的组织、指导是充分发挥游戏教育作用不可或缺的、重要的因素。游戏的各个环节都要重视教育性和兴趣的融合。

二、身体动作游戏的教学途径

游戏教学分为游戏准备阶段、游戏进行阶段和游戏结束阶段三个部分。游戏准备阶段包括分析游戏教材、研究幼儿身心特点、具备的各类经验情况，以及物质准备等环节；游戏进行阶段包括集合幼儿、分组和分配角色，复习游戏和传授新游戏等实践活动；游戏结束阶段则包括结束游戏、整理器材、总结游戏效果，以及评价幼儿游戏表现等等。

（一）游戏准备阶段

1. 分析游戏教材

通过分析游戏任务、内容、活动方式、规则等要素解析游戏是否符合相应的幼儿身心发展特点，以及是否具备所要获得的教育效果。例如，跳房子游戏可以促进幼儿跳跃能力，发展下肢力量，对个体的动作技能要求较高，培养幼儿的独立性与果断的品质；听数结组游戏则可以练习幼儿快速反应，发展听指令做动作的能力，同时与数字的学习紧密相连；斗鸡游戏则可以发展幼儿单脚跳技能，促进力量、耐力和平衡素质的提高；冲过封锁区游戏不但可以锻炼幼儿的奔跑、躲避、爬行等能力，还能发展他们的观察、速度、方位、深度等知觉能力，以及相应的判断、思维和注意能力。但是，不同的游戏，具备的动作技能是不同的，有的适合3~4岁幼儿，有的适合5~6岁幼儿。不同年龄段幼儿的动作技能存在较大的差异，这就要求在选择与设计体育游戏时，必须研究幼儿的身心发展特点。

2. 研究幼儿身心特点

维果斯基认为，“幼儿的发展状态不是任何时候都仅仅是由已经成熟的部分决定的”，这只是幼儿的第一种水平，即“幼儿到今天为止已经达到的发展水平”，还有一种水平，即是“现在仍处于形成状态的、刚刚在发展的过程”，“幼儿需要在指导的情况下借助成人的帮助所获得的发展”。在教育过程中，这就要求我们必须要深入地研究幼儿的基本情况。除分析动作、体能素质、社会性、品德等表现外，还要注意幼儿的智力、心理动态等特点，以便在游戏过程中进行全面教育。为此，还需要制订相应的计划。计划内容可包括任务、内容、游戏重点和难点、组织教法和活动步骤等等。

3. 具备的各类经验情况

幼儿能否顺利地完成这个游戏，还有一个重要的因素必须要研究，即幼儿是否具备相应的经验，是否具有一定的经验积累。这里的经验主要包括动作技能经验、体能素质积累、心理负荷，以及人际交往等四个方面。3岁幼儿缺乏连续的跳跃能力，因此，3岁幼儿是无法进行跳房子游戏的；缺乏滚动轮胎的动作经验，是无法顺利地进行滚轮胎比赛游戏的。因此，有的游戏主要角色和做示范的幼儿需要提前培养，儿歌要提前教学，情节要提前讲述，这些都是经验的准备。

4. 物质环境准备

物质环境是游戏进行的一个重要条件，不仅是游戏顺利进行的保证，而且具有德育和美育意义。平坦、整洁的地面，清晰、美丽的标志，安全、牢固的器材，形象、生动的头饰等都能增加游戏的色彩和气氛，激发幼儿的兴趣和美感。为了培养幼儿热爱劳动、乐于服务的品德，教师可以要求中、大班幼儿共同参与设计场地、取放器材。

（二）游戏进行阶段

1. 组织活动

（1）集合幼儿：把幼儿组织起来，按照游戏队形站好，集中注意，说明游戏的内容与要求，激发幼儿的活动兴趣，使幼儿精神振奋，情绪活跃。集合的方法有摇铃，用玩具，也可用节奏拍手或儿歌等方法进行。如果幼儿对游戏队形不熟悉，可以先在地上画好线，便于幼儿排队。

（2）分组：游戏中常常要根据游戏的需要或器材的使用等把幼儿分成几个小组进行，分组是组织活动中非常重要的环节。分组不仅是组织活动，也是教育活动。竞赛性游戏分组时，要求各组幼儿能力相当。分组的方法主要有教师分配法、点将法、报数法、自由组合法、特征归类法、颜色选择法等。

（3）分配角色。

①分配角色的原则有三个：一是幼儿能胜任；二是有利于游戏的顺利进行；三是对幼儿有教育作用。

②分配角色的方法。

指定法：既可以由教师指定，也可以由幼儿指定；既可以直接指定，也可以暗中指定；既可以事先指定，也可以活动中临时指定。

推选法：由参加的幼儿推选决定。

随机决定法：采用报数、击鼓传花、儿歌传物等方法决定。

2. 学习新游戏

通过有计划、有步骤的游戏活动使幼儿了解和掌握游戏的名称、做法、规则和要求，根据游戏的特点、幼儿的游戏能力和年龄特点选择适当的游戏方法。中、大班幼儿学习复杂的游戏时，可采用分段教学法。比如，学习狡猾的狐狸游戏时先学“找狐狸”的活动，再做完整的游戏。新教的游戏如果在结构上与已学的游戏大同小异，就可着重教授小差异之处。此外，组织年龄小的幼儿看年龄大的幼儿做游戏是学习游戏的好途径。学习过程中，边讲解、边示范、边组织幼儿练习是符合幼儿年龄特点的学习方法。

3. 复习游戏

主要就是把以前所学的游戏重新进行练习的过程。旧游戏的复习，还需要注意提升幼儿的游戏水平，根据幼儿的兴趣，增设相应的具有一定挑战性的游戏情节，以激发幼儿的游戏兴趣。

（三）游戏结束阶段

游戏结束阶段主要包括三个内容。

1. 放松活动

激烈的游戏后做些放松练习，有助于幼儿身心恢复到安静状态。

2. 讲　评

讲评主要包括两个方面，一是教师对幼儿在游戏活动中的表现进行评议。讲评以表扬为主，表扬要具体、准确。二是教师对游戏效果和指导工作自我评议。

3. 收拾整理器材

组织幼儿有序地收拾整理器材。

三、影响身体动作游戏效果的因素探析

影响身体动作游戏效果的因素有很多，从领域教学知识（Pedagogical Content Knowledge）的视角来看，可以从三个方面进行阐述：第一是体育基本知识和技能，即教师应该了解的关于体育领域的逻辑体系和概念知识，属于本体性知识；第二是关于了解幼儿的知识，即幼儿学习发展的年龄特点、发展线索、学习困难、个体差异等方面的知识，属于条件性知识；第三是关于教学方法的知识，即关于如何支持幼儿学习的策略与方法方面的知识，体现了教师的教育智慧，属于实践性知识。舒尔曼说过，充分的学科知识准备在教学中十分重要。作为幼儿教师必须要具备有关体育运动的基本知识和技能、有关幼儿的知识和有关幼儿教育过程的知识。教师对于幼儿健康或动作发展的准确判断和组织有效的活动，基于他在这方面不断累积的知识和经验。在游戏过程中，教师采用何种教学策略？首先是基于游戏内容。由于游戏的发起和结束，都源于对体育运动知识的理解，因而，体育基本知识和技能的错误理解会直接影响教学有效性，妨碍幼儿的游戏。从这个意义上来说，必须强调体育基本知识是体育游戏过程中教师应该具备的首要知识。

（一）体育知识与技能

教师的体育基本知识与技能在幼儿的身体动作游戏中起着决定性的作用，如果教师都不理解自己所要传授的知识和技能，那他是不可能清楚地讲授知识和技能的。只有掌握一定的体育基本知识和技能的教师，才能注意到幼儿的错误认知和动作技能，并能有效地、有针对性地应对幼儿的学习困难。教师没有扎实的学科知识功底，要帮助幼儿顺利掌握相关知识和技能是不可能的。体育基本知识和技能不仅可以被看作帮助幼儿学习的基础，还能被看作教师选择教学策略的基

础。教师对体育基本知识和技能掌握得越深刻，他们就越有可能熟练与准确地思考隐藏在教学过程下的概念和原则，从而更有可能采用有效的教学手段促进幼儿的理解。如果教师对于体育基本知识和技能的掌握不足，他们常常会采用僵化的教学方式。未能透彻掌握足球运动的基本知识与技术的教师，仅会按照别人程序化的方案进行教学，很少能从不同的方法进行相同的教学。

（二）运动教育知识

尽管体育教师、擅长体育运动的人以及职业体育家都掌握了相当的体育运动知识和技能，但是掌握了相关的知识和技能并不代表善于进行体育教育。要进行有效的游戏活动，教师必须要懂得如何深入浅出地把深奥的体育知识和技能传授给幼儿。教师需要了解不同幼儿在已有知识和技能、认知能力、学习方式等方面的个性特点，并根据这些差异将体育知识以不同的方式传授给不同的幼儿。格罗斯曼的研究表明，具有扎实学科知识而教学经验欠缺的新手教师，在选择最佳教学方式方面存在困难。由于教学经验不足，教师不能清楚地讲解自己的观点，示范相应正确的动作技能。

（三）户外空间的教学

虽然对幼儿园里幼儿人均空间标准有规定（浙江省幼儿园等级评定手册要求户外活动场地生均面积不少于4平方米），可是现实中许多幼儿园暂时还不能达到。如何有效地利用户外空间教学也是影响幼儿动作游戏效果的重要因素。研究中发现，由于户外声音干扰大，幼儿情绪行为难以控制，游戏难以组织。但是只要注意以下几个问题就能很好地开展游戏。

（1）户外时，不要教授新游戏。幼儿进行已经掌握的游戏，不容易受到外界干扰。当幼儿的注意已经集中到游戏中时，教师可以把新游戏用情境的形式融入旧游戏中（图11-6）。

图11-6　幼儿进行已掌握的游戏活动

（2）注意培养幼儿良好的自治习惯。幼儿在有规则的活动中，能够享受规则游戏带来的愉快，不需要教师高度控制（图11-7）。

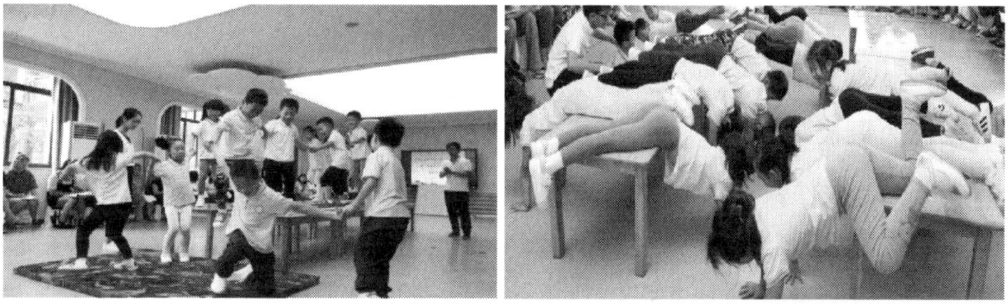

图11-7　幼儿进行规则游戏活动

（3）游戏中尽量使用歌曲或儿歌，或者使用哨声、鼓声等作为召集幼儿的信号。能让幼儿听到相关的信号，这也是保障幼儿注意集中的一个重要手段。

（四）教师的视觉关注

视觉关注主要是指游戏活动中，教师对幼儿的注视与注意[1]。在游戏空间状态下，视觉关注的区域有中心区域和边缘区域之分。中心区域是指教师在游戏中经常或频繁关注到的区域。边缘区域则为教师在游戏中较少关注到的区域。如果以“单马蹄形”站位来看，正对教师的幼儿为“A区幼儿”，为视觉关注的中

[1]　许卓娅. 给幼儿园教师的101条建议——音乐教育[M]. 南京：南京师范大学出版社，2014：369-370.

心区域；位于教师左侧的幼儿为“B区幼儿”，位于教师右侧的幼儿为“C区幼儿”，这两组幼儿受到教师视觉关注的频率低于“A区幼儿”，则为边缘区域。游戏中，教师的视觉关注主要有情感交流、信息传递和行为调控等三种功能。

1. 情感交流功能

视觉关注具有情感性和表情性。视觉关注对融洽师幼关系、拉近师幼情感距离、提高教育效果具有十分重要的促进作用。它在培养幼儿学习的积极意向倾向和增进师幼间的情感交流等方面具有不可替代的作用。

2. 信息传递功能

视觉关注还具有符合性或表义性。伴随着口头语言的视觉关注能够扩展、强化、弱化或改变口头语言所传达的信息，或为口头语言增添一些附加的信息，与口头语言在传递信息方面相互补充。

3. 行为调控功能

由于视觉关注具有表情性和表义性，教师可以通过视觉关注调节幼儿的学习行为。教师在提供额外的视觉信息的同时，可以不中断地向幼儿提供正常的游戏信息。教师向个别幼儿提供特定信息时，可以不影响其他幼儿关注学习的主要方向。

第三节　身体动作游戏中提升质量的关键点

一、保证充足的游戏时间

游戏时间是开展游戏活动的重要保证。游戏时间的长短将直接影响到幼儿游戏的质量。在30分钟的游戏时段里，幼儿才有时间逐渐发展出动作技能较准确、社会和认知层次较高的游戏形式[1]。无论哪种游戏，幼儿都需要充裕的时

[1]　邱学青. 给幼儿园教师的101条建议——游戏指导[M]. 南京：南京师范大学出版社，2014：56-58.

间去探索和尝试，有充裕的时间，幼儿才能充分地探究自己的身体和器材的特性，尽情地投入、愉快地享受，达到游戏目的。如果游戏时间过短，幼儿无法深入了解自己的身体和器材的特性与玩法，无法发挥充分的想象和创造，降低游戏的作用。根据幼儿年龄特点和发展需求，对不同年龄段幼儿的游戏时间有不同的建议[1]。

（一）创造性游戏时间

小班：30~40分钟；

中班：40~50分钟；

大班：50~60分钟。

（二）户外游戏时间

小班：20~30分钟；

中班：30~40分钟；

大班：40~60分钟。

此外，游戏时间可以调整，游戏时间和频率体现出年龄差异，因班而异，比如大班游戏时间长，小班游戏频率高。教师在组织游戏时，组织的语言和指导环节要简洁，把更多的时间留给幼儿练习。幼儿只有拥有了充足的游戏时间和机会，才能表现为高水平的游戏形式。

二、关注游戏中的特殊幼儿

游戏的“弱势群体”主要表现为独处和喜爱打闹的幼儿，而班级中常常有一两个特殊幼儿，对于独处幼儿，在游戏时间方面可以通过以下方式进行干预。

[1] 邱学青. 给幼儿园教师的101条建议——游戏指导[M]. 南京：南京师范大学出版社，2014：56-58.

（一）独处的幼儿

1. 寻找幼儿兴趣点，为幼儿创造交往机会

幼儿的交往需要有交往的情景，特别是对独处幼儿这种与同伴交往次数很少的幼儿来说，感兴趣的事情才会激发他们交往的愿望。在游戏中，教师要善于观察、了解每个幼儿的兴趣和爱好，特别是这类不愿意在他人面前表现自己的独处幼儿，要尽量创造他们感兴趣的、宽松友爱的氛围，调动他们交往的主动性和积极性。

2. 加强对特殊幼儿交往技巧的辅导，帮助其顺利开展游戏

交往能力的培养是幼儿成长过程中非常重要的一个方面。但特殊幼儿常因为交往技能的缺乏而不受同伴的欢迎。在游戏活动中，教师需要注意运用鼓励和表扬、口头指导、自身示范、寻找榜样的方法，让特殊幼儿逐渐学习并掌握与人交往的方式。

（二）喜爱打闹的幼儿

1. 提供安全游戏的机会

操场宽敞，教师可以充分利用体育游戏等为幼儿提供追逐打闹游戏的机会。当出现一些安全隐患时，教师要及时地给予幼儿提示，如“不要跑太快了”“小心，别碰到人”等。

2. 提供正确的游戏方式

有些幼儿，尤其是男幼比较喜欢模仿电视中的打斗行为，对于这类幼儿，教师可以通过采取适当的策略将幼儿引导到正确的游戏方式上来。比如，设置打斗区，让幼儿自己去收集关于打斗相关的资料，但同时要求幼儿尊重其他幼儿，不可随意把同伴当成“妖怪”来打。

三、根据幼儿角色扮演的性质指导游戏

游戏中幼儿常常会扮演一定的角色，教师在指导游戏的过程中，要了解角色

的特点和性质，才能正确、有效地做出指导。

（一）幼儿角色性质归类

游戏中，根据扮演角色的性质可以分为：①机能性角色：通过模仿范例的一两个最富有特点的典型角色动作，来标志所模仿的对象，如消防员攀登到高处救火救人。②想象性角色：此类角色在现实中不存在，主要来源于故事、童话、电视，将角色迁移至现实生活中。

（二）根据角色性质指导游戏

教师在幼儿游戏中起着重要作用，不仅要创设相关环境、游戏时间等条件以保证游戏的顺利进行，还要时时观察游戏的进展，灵活介入，分享、提升幼儿的游戏经验，为下次游戏做准备，比如，根据年龄特点为机能性角色提供材料。为小班幼儿提供成型的器材，器材应具有典型角色特征，便于增进幼儿的角色认知；对于中、大班幼儿可以提供多样化的器材，以便幼儿发挥主动性（图11-8）。

图11-8　幼儿进行角色游戏活动

第四节　身体动作游戏的实施

一、游戏中矛盾的解决

游戏内容与主题确定后，幼儿的兴趣、需求不同，对游戏规则的理解也不同，导致矛盾、冲突的出现。原因主要有三个方面：一是与人的冲突，即与同伴争抢角色或交往不顺利；二是与物的冲突，如器材数量不够、场地分配不合理引起的矛盾；三是与自己知识和技能经验的冲突，每当幼儿不能完成某项动作时，恰恰就是激发他们各种潜能的时候。

（一）与人矛盾的解决

这种矛盾可以采用制定规则的办法加以解决。幼儿在游戏中不仅要获得快乐，也在体验矛盾冲突的烦恼。只有建立相应的规则，并引导大家都遵守规则，才能增强规则意识。可以采用以下三种方法制定规则：①用讨论的办法建立规则，不断地抛出“怎么办”“怎样让大家都开心”等问题，不断增强幼儿的规则意识；②将游戏规则符号化，比如把规则绘制成图画，张贴在醒目的地方，发挥环境的潜移默化的作用；③教师与幼儿共同讨论，确定场地参与的人数、器材的使用方法，为幼儿的使用提供方便（图11-9）。

图11-9　游戏活动的规则体现

（二）与物矛盾的解决

教师首先要根据幼儿的不同年龄、发展水平、兴趣爱好，有计划、有目的地提供器材，这是解决矛盾的关键所在。教师要区分何种情况下要增加器材数量，以满足幼儿的需要。如果发现幼儿出现跨跳的动作，教师可以提供高低不一、宽窄不一的障碍物，以满足幼儿动作发展的需求（图11-10）。

图11-10　器材的多样性与丰富性

（三）与经验冲突矛盾的解决

如果无法吸引幼儿的参与兴趣或游戏停滞不前时，说明幼儿在知识和技能经验方面存在问题。教学与游戏相整合，一方面把游戏中出现的问题作为教学的重点，用教学活动有目的、有计划地引导幼儿分享和提升经验，为幼儿游戏提供知识和技能经验（图11-11）。当幼儿拿着跳绳无所动作的时候，就是教师干预的好时机了，指导幼儿进行跳绳学习，让幼儿在游戏中操作、感知、探索、体验，发展幼儿的跳绳技能。

图11-11　教学与游戏相整合

二、身体动作游戏的实施策略

一个好的体育游戏必须要能吸引幼儿的兴趣，并能够使幼儿的兴趣维持较长时间。如果不能把幼儿的参与兴趣激发起来，设计的游戏再科学、全面也无法实施。

（一）注重并深入幼儿兴趣点

深入了解幼儿年龄特点、游戏特点和心理动态，尤其是他们的兴趣点所在。熟悉幼儿会做什么、能做什么、想什么、喜欢什么。了解幼儿通过看电视、玩游戏、听绘本等途径都获得哪些知识，对哪些形象印象深刻，对什么内容与情节最感兴趣，做到有的放矢地创编游戏。平时要留心并仔细地观察生活，多看一些幼儿读物、电视节目、游戏内容，以丰富创编游戏的素材和及时了解幼儿所获得的信息，并能及时地引导幼儿辨别正误，模仿正确的形象。同时，还可以根据游戏结构，注重对游戏素材的分类收集与整理。不同年龄段幼儿兴趣点也各有不同，比如小班年龄段幼儿比较偏爱动物等情境，而大班幼儿则比较喜欢社会性情境。

（二）逐步增加有挑战性的目标

爱冒险、好挑战是大多数幼儿的心理特点。一个有价值、有意义的挑战需要幼儿投入智力和解决问题的能力，挑战有助于幼儿需求等级逐渐增强，最终达到自我实现[1]。当幼儿在一种充满信任和集体感的氛围中游戏时，他们有尝试新鲜事物和战胜困难的诉求。当教师设置一定的难度，而这一难度对幼儿来说是新颖的和通过一定帮助就可以实现的，即幼儿的“最近发展区”，这就是挑战。这种挑战是幼儿力所能及的，不仅是动作技能方面的，也可以是情绪情感的，还可以是心理和社会交往等方面的。游戏中，可以及时地采用开放式的提问，通过提供新鲜的、具有启发式的材料，或变换场地、情境等方式逐渐增加游戏的挑战性。

这一关键的重点在于判断什么是有效的挑战难度。Copple和Bredekamp认为，学习和发展最有可能在新经验是以幼儿已有知识和能力为基础而建立起来的时候发生，也最有可能在幼儿为获取新技能、新能力和新知识必须进行具有一定难度的活动时发生（Copple，Bredekamp，2009）。挑战难度过高，幼儿会因挫败感而放弃或退出；挑战难度太低，幼儿的行为会变得消极，导致游戏失控或退出游戏。教师发现难度不适宜时，必须及时地做出调整。

---

[1] 盖伊·格朗兰德. 发展适宜性游戏：引导幼儿向更高水平发展[M].严冷，译.北京：北京师范大学出版社，2014：131-132.

（三）游戏情境中实现运动负荷的调控

幼儿的生理特点决定了游戏中高强度的运动负荷不能持续较长时间，由于他们的恢复能力比较强，因此，运动负荷的调控显得尤为重要，需要施加张弛有度的运动负荷。把运动负荷的调控设置在游戏情境中，能让幼儿活动连贯、连续。比如，让幼儿做变换身体动作的练习时，情境为森林里的小动物们在比赛，先是袋鼠跑，然后是小兔跳，接着是花蛇爬，然后是大黑熊来了，要吃小动物们，于是大家躺在地上装死来躲避大黑熊。这个躺的动作就是为前面进行了具有一定运动强度的跑、跳、爬等动作后的休息方式。

（四）有效地运用口头与肢体语言

优秀教师的教学案例表明，凡是能激发幼儿参与兴趣，并能有效地维持幼儿学习兴趣的体育游戏活动中，教师合理地运用口头语言与肢体语言是非常关键的环节。抑扬顿挫、生动形象的口头语言能激发幼儿的学习与参与兴趣，很快地进入情境中，夸张、活泼的肢体动作更能让幼儿沉浸在情境中。

（五）激发幼儿多种感官参与

在游戏时，播放音乐或自己唱歌、说儿歌时，可以刺激幼儿的听觉参与活动；采用不同颜色、不同形状的物体可以刺激幼儿的视觉参与活动；在不同的场地、器材中活动可以刺激幼儿的触觉；运用不同的身体动作练习可以刺激幼儿的运动觉。幼儿参与的感官系统越多，参与兴趣越高，参与时间就越长。另外，赵伟等研究表明，在体育游戏中，有音乐比无音乐更容易激发幼儿的体力活动水平[1]。可以逐渐激发幼儿参与度的，由最低级到最高级的活动形式如图11-12所示。

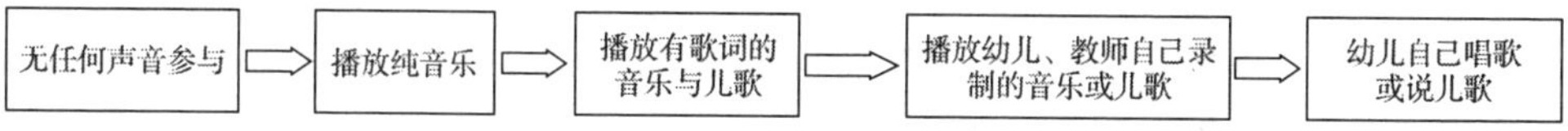

图11–12 游戏中激发幼儿参与度的活动形式

[1] 赵伟. 体育游戏背景下音乐速度对4~5岁幼儿体力活动水平的影响[D].杭州：浙江师范大学，2017：12-13.

三、实施过程中需要考虑的几个问题

（一）如何根据幼儿的经验选取游戏内容

经验是指对幼儿的成长具有重要作用的知识和技能，它是由幼儿通过之前的活动建构起来的经验。这些经验的缺失将导致幼儿发展受损[1]。经验对幼儿的学习和发展是至关重要的，具有基础性和可持续性发展的价值与作用。同样的游戏内容，由于不同年龄段幼儿发展的经验不同，其侧重点也不同。例如，在跳跃的动作中，每个年龄段幼儿都有不同的经验，因此，跳跃的动作技能有不同的侧重点。跳跃的难度从低到高的分布为：双脚向上跳—立定跳远—双脚连续向前跳—双脚向下跳—双腿连续向侧跳—跨跳水平和垂直障碍—单脚连续跳—跳山羊—跳绳。3~4岁年龄段幼儿可以进行：双脚向上跳—立定跳远—双脚连续向前跳；4~5岁年龄段幼儿可以进行：双脚连续向前跳—双脚向下跳—双腿连续向侧跳；5~6岁年龄段幼儿可以进行：跨跳水平和垂直障碍—单脚连续跳—跳山羊—跳绳。要突破不同年龄段幼儿的经验，就必须采取各种形式使幼儿和原有经验之间建立联系。例如，对3~4岁年龄段幼儿可以运用小猴摘桃游戏学习双脚向上跳的动作技能；运用小青蛙跳荷叶游戏练习立定跳远动作；通过小袋鼠找妈妈游戏学习双脚连续跳的动作。而对于4~5岁年龄段幼儿则可以采用定点跳伞游戏掌握双脚向下跳动作；通过小青蛙跳荷叶游戏锻炼双腿连续向侧跳。5~6岁年龄段幼儿可以采用踏石过河游戏进行跨跳练习；斗鸡游戏则可以教给幼儿单脚连续跳的动作技能，从而为跳山羊、跳绳等动作技能的进行打下基础。总之，经验既可以表现为领域性或综合性的概念，也可以表现为一系列的学习过程、行为方式与技能、策略。

在游戏中，经验能促进幼儿逐渐获得游戏目标。要使游戏富有成效，经验总是具有一定挑战性的任务，能够激发幼儿学习的热情和积极性，保证幼儿通过游戏获得一定的发展。经验能保证教师指导的方向性，避免盲目性。确定适宜的经验是有

---

[1] 刘占兰，等. 研究关键经验，确定教育活动目标[EB/OL]. http// child. cersp. com/ETFZ/CJETFZ/200705/708-6. html.

效开展游戏活动的基本前提，是保证游戏成功的重要条件。

（二）游戏中如何将游戏水平层层推进

游戏过程中，如何根据幼儿已有的经验和发展水平以及学习特点，使游戏水平层层推进、步步深入，是教师必须要考虑的一个重要问题。

1. 分析幼儿已有水平，突出动作的关键点

每个幼儿都带着已有的经验水平参与游戏活动，因此，在游戏前，首先要分析幼儿已有的水平，从幼儿的已有经验、发展水平出发，突出知识链接的关键点，并围绕知识链接的关键点展开游戏活动。在关键环节做重点指导，可以使活动步步深入。

例如，在大班游戏跳绳前奏曲[1]中，幼儿已经具备了双脚向上跳的动作技能。

（1）使用蹦床游戏，把幼儿的双脚向上跳的动作引发出来，同时，要求落地时膝关节弯曲，前脚掌着地，这为跳绳中的跳跃动作提供相关经验。

（2）为了让幼儿获得手脚协调配合经验，教师设计了边拍手边向上跳的动作练习。

（3）为了帮助幼儿建立手脚配合协调跳的节奏感，教师首先采用吹口哨的方法，当幼儿掌握了一定的跳跃节奏后，再播放节奏较快的《小鸡小鸡》音乐，既调动了幼儿跳跃的情绪，又帮助幼儿建立均匀跳跃的节奏。

（4）采用青蛙和蛇游戏，帮助幼儿建立手腕摇绳与跳跃动作之间的关系。首先，幼儿通过变蛇游戏掌握了放松手臂、使用手腕抖绳，感知手腕的运动，然后通过青蛙和蛇游戏让幼儿练习用手腕抖绳和双脚向上跳，最后通过蛇追赶青蛙游戏，让幼儿掌握在移动中抖绳和双脚并跳动作。

（5）游戏转风扇，由于幼儿对电风扇具有一定的认知，此环节可以让幼儿掌握手腕发力做外展内旋的摇绳动作。在此基础上，通过腋下夹飞盘摇绳游戏，让幼儿体验到双臂靠近身体，控制手臂，用手腕摇绳的动作技术。最后边摇绳边跳游戏，第一步，双脚弹动边摇绳边踮脚；第二步，摇一下紧接着跳一下；第三

---

[1] 吴海云. 跳绳前奏曲[J]. 幼儿教育（教育教学版），2017（7.8）：17-20.

步，在《小鸡小鸡》音乐的伴随下让幼儿跳绳。

上述案例中，教师根据幼儿的已有发展水平和经验，牢牢地把握了知识链接的关键环境，通过三个游戏，引发幼儿深入探究，使跳绳技术在游戏活动中步步深入。教师作为游戏活动的引导者，提供适应幼儿“最近发展区”的“支架”，用一系列的关键练习引导幼儿的探究活动逐步走向深入，同时在游戏的每个环节，在探究一段落时，安排共同的讨论和回顾，引导幼儿根据自己的发现和记录的事实信息，概括、总结并提升已经获得的经验，帮助幼儿从中获得适宜发展。

2. 优化游戏结构，使游戏呈现梯度

梯度就是指在游戏中能做到由易到难、由简到繁、层层递进、步步深入，把幼儿的思维能力或创造性一步一个台阶地引向新的高度。在设计和指导游戏时，教师如果能具备梯度意识，就可以使游戏环节循序渐进、自然流畅、环环相扣。

（1）材料投放有梯度。材料是支撑游戏的物质基础，它直接影响幼儿参与游戏的积极性和游戏质量。教师应根据幼儿的能力差异有意识地设计材料的类型、投放量与使用方式，使其具有不同的难度，以体现材料投放的层次性，保证每个幼儿都能根据自己的实际水平选择合适的游戏。例如，在大班游戏挑战飞人中，教师根据幼儿的不同经验水平，投放材料时就考虑到群体需要和个体差异，将跨栏的高度从低到高分为三种：第一层次（低）、第二层次（稍低）、第三层次（高）。幼儿可以根据自己的跨跳能力选择合适的跨栏进行练习，也可以挑战自我能力。同时，教师在数量上也采用了递增的方式，从第一次练习时的一道跨栏，到第二次练习时的两道跨栏，到第三次练习时的三道跨栏，使幼儿不断地接受新的挑战，体验克服困难、挑战自我的快乐，避免因反复练习感到枯燥无味。

（2）目标要求有梯度。目标要求上不断深化，注重幼儿运动能力的不断提升也是教师在游戏中应重点关注的问题，教师要深入了解幼儿的运动能力发展的坡度，并在逐步递进的前提下提出目标要求，层层深入，促使幼儿快速、准确、有序地游戏。例如，中班游戏青蛙跳荷叶的目标是：能在30~40厘米的圆圈中双脚连续跳，为了实现目标，教师在了解幼儿动作水平的基础上分解动作要领，提出了递进的练习要求，双脚并拢跳—自然摆臂，落地轻—动作正确连续跳—加快速度连续跳。幼儿根据教师不断提高的要求，有目的地进行练习，流畅地完成预定目标。

关注游戏的层层推进，让游戏安排更合理、更生动，让游戏过程遵循面向全体、因材施教的要求，是一种更有效的教学策略。

（三）游戏中如何设计有效的提问

身体动作游戏的有效性，不但取决于是否具有一定的运动负荷，还取决于师幼互动的有效性，而互动的有效性又取决于教师引导的技术与技巧，而教师引导的技巧则主要取决于教师提问的技术与技巧。提问是游戏活动中最直接、最常用的一种互动方式。教师的良好提问不仅能调动幼儿游戏的积极性，更容易引导幼儿进行高质量、富有挑战性的学习，直接关系到游戏的成败。

1. 提问的类型

（1）感知性问题。感知性问题就是通过相应的提问，引导幼儿把所看、所听、所触以讲述或动作的形式表现出来。在小班游戏小蝌蚪找妈妈中，教师指着图片问幼儿：来，跟蝌蚪妈妈去游一游吧。（放音乐）你们看，这里有什么啊？幼：水。师：还有什么啊？还有水草对不对？

（2）记忆性问题。记忆性问题就是教师就幼儿经历过的知识和技能，进行设计相关的提问，以激发幼儿的记忆。比如，在大班游戏有趣的平衡板中，教师问：夏天快到了，夏天你们最喜欢做什么运动啊？游泳有哪几种姿势？我们一起来学好不好？在大班游戏《炒蚕豆》中，教师说：老师有一个问题要问你们，你们见过蚕豆吗？家里妈妈在炒豆豆之前要放在水里干什么呀？哦，要把豆豆放在水里洗一洗。那怎么洗呢？做一个洗一洗的动作给我看，那我们跟着音乐来炒一下。除了在手上炒，还能在哪炒呢？洗完豆豆以后妈妈把豆豆放到哪里去啦？哦，要炒豆豆了，听说你们很能干，跟着老师学过炒豆豆的游戏对不对？

（3）知觉理解性问题。知觉理解性问题就是教师根据幼儿的认知发展水平提出相应的问题，以引导幼儿进行相应的思维。比如，在小班游戏小蚂蚁搬饼中，教师出示图片（两只蚂蚁触角相碰搬运大饼）问：两只蚂蚁在干吗？它们是怎么搬运大饼的呀？

（4）解释性问题。解释性问题就是教师通过相应的问题，引导幼儿进行解释、说明相关的知识和技能。比如，在中班游戏小鱼与美人鱼中，教师说：美人鱼也想来和你们玩游戏，那我们教她玩照镜子的游戏吧。这个游戏怎么玩呢？有谁能来教教她？那你就是照镜子的小孩，我做镜子里的人，好不好？我们俩一起来玩，你来教教我。我要跟你做一样的动作。 刚才这个小朋友教我玩照镜子的游戏了，那我现在想和所有的小朋友玩这个游戏，好不好？现在我做照镜子的人，你们做什么呢？你们做镜子里的人！那你们做的动作要和谁的动作一样啊？对，要和老师的动作一样。美人鱼和小鱼照镜子的时候会做什么动作呢？

（5）综合应用性问题。综合应用性问题就是教师通过相关提问，引导幼儿发现问题、分析问题、解决问题的能力提升。比如，在中班游戏小鱼与美人鱼中，教师问：音乐里的小鱼是怎么游泳的？谁会用动作来做一做？好可爱的小鱼宝宝！我们一起来跟他学一学。还有谁和他游得不一样啊？小鱼可以这样游（边说边模仿幼儿1的动作），还可以这样游（边说边模仿幼儿2的动作），还可以怎么做？

2. 提问的策略

（1）提问应是幼儿思维的导向。教师的提问应能引导幼儿的思维，帮助幼儿理解和学习游戏内容。

（2）就游戏中的关键问题进行提问。教师是游戏的主导者，能否促进幼儿发展，与能否抓住游戏中的关键问题提问有直接关系。

（3）提问引导幼儿的操作。幼儿思维的具体形象性，决定了他们的思维容易被外在的事物包括教师的言行举止所影响，所以教师的提问直接影响幼儿的思维和操作方向。

总之，教师问题层层递进，有利于幼儿逐层深入思考。当这些问题解决了，幼儿对相关的身体动作进行方法也基本掌握了，可见教师提问的指向性与引领性具有重要价值。

第十二章　学龄前儿童身体动作游戏中的观察

【本章目标】

阅读完本章之后，你应该可以：

- 了解不同年龄段幼儿身体动作游戏的观察特征。
- 掌握学龄前儿童身体动作游戏的观察方法。
- 明确学龄前儿童身体动作游戏检核表的价值及内容。
- 掌握学龄前儿童身体动作游戏中观察指导的方法。

第一节　不同年龄段儿童身体动作游戏的观察特征

本研究中的观察是以评价为目的的观察，对幼儿游戏的关注是评价的一部分。游戏是观察幼儿达成学习标准和游戏目标过程的最好时机。为了支持和促进幼儿游戏，教师应当以多种具有发展适宜性的方式记录幼儿在达成学习目标中的进步。通过对游戏中幼儿行为的描述，教师可以收集到用于评价幼儿进步的信息。比如，幼儿们常常会把创造性的、复杂的游戏与以技能为基础的游戏组合起来。我们在观察相关游戏时，就可以根据观察到的情境达成相关的学习标准：在使用材料时，身体表现出来的灵敏协调能力、手脚协调和手眼协调能力；幼儿积极、专注的学习品质；幼儿身体动作的创造性；与其他幼儿的合作性；身体动作的节奏与节拍表现。

教师可以根据上述学习标准，收集相关信息，添加一些照片等资料。所有的记录都有助于教师在反思游戏活动时将自己在游戏中的相关信息与幼儿学习标准联系起来，判断其在某一标准上的水平或等级。学习标准为教师的教学和幼儿的学习指明了道路与方向，而不是作为判断幼儿及格或不及格的测量工具。标准的目的在于促进幼儿对各种事物的理解，而不是简单地重复提供给他们的信息。

一、观察的作用

游戏是幼儿与周围世界互动的自然途径。要了解幼儿的游戏，就必须要观察，通过对幼儿的观察，可以了解到：①幼儿最喜欢且经常玩的身体游戏是什么；②幼儿偏好的动作和材料是什么；③什么区域最吸引幼儿，哪些场地与材料能激发幼儿的中大强度身体活动；④幼儿控制情绪的能力；⑤幼儿和自己、和他人说话的多少；⑥幼儿最喜欢的游戏伙伴是谁；⑦幼儿的游戏技能水平。科学、合理的游戏效果评估必须要立足于对游戏前、中、后行为的观察。每一个游戏的预设、生成、方式方法、手段及幼儿的变化都不一样，即使是同一批幼儿玩同一个游戏，由于时间不一样，也不一定会呈现出同一种效果。

观察主要体现在幼儿的发展以及游戏的水平。观察用于记录幼儿的发展状况，用于理解幼儿的行为表现，用于指导幼儿园的课程设置。在幼儿评价中，观察发挥着重要的作用，它可以用于代替标准化的评价工具，也可对标准化评价工具所得到的信息提供补充[1]。

（一）用于课程计划

为了制订日常课程计划和长期课程计划，需要了解幼儿在以下领域的发展情况：

（1）情感发展—社会发展—身体发展；

---

[1] BENJAMIN A C. Observations in earty childhood classrooms: Advice for the field[J]. Young Children, 1994：14-20.

（2）认知发展—语言发展—创造力发展。

（二）用于幼儿评价

评价是教师收集有关幼儿能力发展状况信息的过程，由教师对幼儿的技能水平、兴趣和优缺点进行判断。评价过程还包含着为幼儿制订下一步计划的内容。教师回顾他们的记录，并思考幼儿与学习标准相关的进步，可以了解到幼儿已经具备了哪些经验，可以进行哪些具有挑战的，并且可以实现的内容，达到相关的目标，哪些活动计划最符合幼儿的现状，最有助于他们取得进步和成功，这些问题将决定着教师如何支持和促进幼儿的游戏水平。

二、观察计划的制订

评价信息对教师制订教学计划至关重要。一个优秀的教师会使用观察结果等信息去制订计划和实施教学，会考虑到每一个幼儿和全体幼儿所需要的学习经验。通过观察幼儿的探究过程、兴趣爱好以及语言和行为，教师可以决定应该如何去调整运动器材、场地，教师应该根据幼儿的运动水平，为他们设计和提供更为适宜的活动，并能在下一步计划中让幼儿重复某一技能的学习经验，让他们能够更加牢固地掌握这些知识和技能。有效的计划必须要考虑到个别幼儿或全体幼儿在下一个阶段可能实现的目标。要在忙碌的一天中抽时间对幼儿进行观察，需要事先制订计划和进行组织。对游戏进行观察和记录是游戏活动的重要组成部分。本研究主要通过三个方面进行观察计划的制订：①本学期教育计划及现阶段教学内容；②上次游戏的情况及存在的问题；③本次游戏预备做哪些准备，包括材料准备、经验准备、具体要求等。对幼儿进行系统观察，需要先制订一套对幼儿进行观察、记录的实施方案。观察计划的制订过程包括以下一些环节：①确定在观察过程中要收集哪些信息；②确定计划观察哪个幼儿；③确定观察时要采用的方法；④设定观察的时间表；⑤遵循观察的时间表。此外，教师应该先了解整个活动场地的布置情况，找到最佳的观察方法，在计划阶段，重点应放在如何有效地利用游戏环境，以提高观察的成效上。

游戏中使用系统观察具有以下优点：①给观察者一种不可替代的深入观察的

方法；②使观察者可以在游戏场地内集中观察幼儿的某一自然行为；③侧重关注幼儿能做什么；④帮助观察者认识幼儿发展的不同阶段；⑤使教师能够为每一个幼儿制订恰当的教学计划；⑥帮助教师评价游戏的实施效果；⑦为教师在涉及幼儿、课程和家庭报告的有关工作中提供决策参考的数据。

教师详细观察了解某个目标幼儿的游戏情况，幼儿园游戏观察记录表能提供有效帮助。该表格不仅可以帮助教师了解每分钟幼儿活动的大致情况，而且还能帮助教师比较清晰地关注到，哪个幼儿做了什么，说了什么，对谁说，从事这一活动持续了多长时间等等详细情况（表12-1）。

表12-1　幼儿园游戏观察记录表[1]

幼儿姓名：　　性别：　　年龄：　岁　个月　观察日期、时间				
分钟	活动记录	语言记录	工作类	社会类
1.				
2.				
3.				
4.				
5.				
6.				
分析及建议：				

三、不同年龄段幼儿游戏观察的重点

由于幼儿的能力不同，不同年龄段幼儿在游戏方面的表现也不同，观察时应有侧重点。

[1]　邱学青. 给幼儿园教师的101条建议——游戏指导[M]. 南京：南京师范大学出版社，2011：172-173.

（一）3~4岁年龄段幼儿

3~4岁幼儿主要处于平行游戏阶段，满足于操纵、摆弄材料。幼儿对材料的需求是别人有的，自己也要有，对相同材料要求多，矛盾的焦点主要在幼儿与材料的冲突上。因此，对这个年龄段幼儿观察的重点在幼儿使用材料上。

（二）4~5岁年龄段幼儿

随着认知能力的发展，生活经验的丰富，此年龄段幼儿的游戏情节比3~4岁年龄段幼儿复杂。4~5岁幼儿处于角色的归属感阶段，虽然选择了一个角色，但想做多个角色的事情，想与人交往但尚无交往技能，处于人与人交往出现冲突的多发期。因此，观察的重点应该是在幼儿与幼儿的冲突上，包括规则上的、交往技能上的和使用材料上的。

（三）5~6岁年龄段幼儿

随着生活范围的进一步扩大及能力的增强，幼儿的游戏不断产生新的主题，新主题与原有经验之间的不和谐产生了冲突，幼儿运用已有经验在现有的基础上去创新，成为游戏观察的重点，同时幼儿间相互交往、合作、分享、解决矛盾也成为游戏观察的另一个重点。

第二节　身体动作游戏的观察方法

一、线索提示法

观察中先给予一定的线索提示，然后再进行游戏行为实录分析。

（一）运用线索提示法观察某一运动区域游戏的情况

（1）幼儿在区域游戏中热衷于什么？激发幼儿兴趣的因素是什么？

（2）幼儿如何使用材料？

（3）教师提供的空间是否足够幼儿利用？

（4）幼儿在这个游戏过程中出现的问题如何解决？

（5）幼儿是如何利用动作与环境进行交互作用的？

（6）幼儿在游戏过程中动作是如何发展的？

（7）幼儿彼此之间如何互动？是否有利于幼儿自身经验的发展或能力的进步？

（8）幼儿在游戏过程中出现的新经验是否有再利用的价值？

（二）运用线索提示法观察幼儿选择材料的倾向

（1）幼儿喜欢选择与利用什么性质的材料？

（2）游戏中，幼儿选择的材料是否适宜？有无目的性？

（3）幼儿会创造性地利用材料吗？

（4）幼儿在利用这个材料时，会出现哪些身体动作？

（5）这个材料与其他材料搭配时，幼儿会出现什么身体动作？

（6）幼儿在选择与利用材料时，会不会与同伴发生互动？

（7）幼儿在利用材料的过程中出现的新经验是否有再利用的价值？

（三）运用线索提示法观察教师指导行为

（1）教师是否尊重幼儿自身意愿？

（2）教师指导时机是否适宜？

（3）教师运用何种指导方式（及时提供材料、建议、范例，以及提问、启发、共同参与、行为示范、指导技能、利用幼儿之间的相互影响等）？

（4）教师指导方式是否恰当？

（四）运用线索提示法观察游戏环境的创设

（1）游戏场地的设置是否有利于幼儿游戏？类型和数量与幼儿年龄实际水平是否适宜？

（2）各游戏场地位置是否适宜？各场地之间的关系是否协调？

（3）游戏场地提供的材料、种类、数量是否适当？

（4）是否因地制宜地利用空间？

（5）幼儿是否有机会参与环境创设？

（6）是否结合游戏规则的建立，增强环境中的自治因素？

二、扫描法

要了解全体幼儿的游戏情况建议使用扫描法。扫描法即时段定人法，对班里的全体幼儿平均分配时间，在相等的时段里对每个幼儿轮流进行扫描观察。扫描法主要运用在游戏开始和结束的时候。通过扫描法可以了解到游戏开展中有哪些材料，每个幼儿选择了哪些材料，运用了哪些动作，等等（表12-2）。

表12-2　幼儿游戏中兴趣或对材料喜好程度的观察表

材料 姓名	跳跳球	攀爬架	平衡板	轮胎
幼儿1				
幼儿2				

如想要观察幼儿在游戏中的坚持性和对材料的稳定性，可使用该表，每个材料选5分钟，轮流观察，用画“正”字的形式记录。

三、定点法

定点法即为定点不定人。观察者固定在游戏中的某一地点进行观察，见什么观察什么，只要来此点的幼儿都可以作为观察对象。定点法适合于了解一个主题或一个区域幼儿游戏的情况，可以获得动态的信息，可以了解到幼儿在游戏中使用材料的情况、动作发展水平、幼儿间的交往情况、游戏的发展等信息。但是，观察者会处于一个较为被动的地位。

运用此种方法时，可实况详录，也可用事件抽样记录，即将所看到的内容情节或就某一情节真实、详细地记录下来。能比较全面地了解某一游戏活动的开展情况，了解幼儿已有的经验，以及在游戏中的各种表现，能减少或避免教师盲目指导等现象的出现。

四、追踪法

追踪法即为定人不定点。观察者事先确定一到两个幼儿作为观察对象，观察他们在游戏中的活动情况。被观察的幼儿到哪儿，观察者就追随到哪儿。追踪法比较适合于观察了解个别幼儿在游戏全过程中的情况，了解其游戏发展水平和动作发展水平，获得更为详细的信息。

运用这种方法时，主要运用实况描述法进行记录，即将所看到的幼儿在游戏全过程中的情况，在事后尽量详细地记录下来。不仅有实况记录，还有教师的评述、分析和对策，便于教师在游戏中完全跟着幼儿行为。

五、综合图示法

综合图示法就是融扫描法、定点法、追踪法为一体，并加入了图示记录的观察记录方法。综合图示法具有三个特点：①方法的综合性：多种方法综合运用在同一时间段里，能帮助教师同时多角度地获得生动形象的动态信息；②结果的直观性：在观察中要求将游戏的场地布置画在纸上，可以使每次观察记录的结果从平面上一目了然，便于发现问题，寻找原因，从全方位的角度去考虑解决问题的方法和对策；③情景的真实性：观察中可以将幼儿与幼儿、角色与角色、区域与区域的交往用线条表示出来，便于教师发现幼儿的兴趣点及交往喜好，有利于教师清楚地了解游戏场地的布置、材料的提供及角色之间的互动情况。同时，还能将教师当时介入游戏的方法和幼儿的反馈记录下来，便于反思。

综合图示法的观察步骤有以下几点。

（一）画图、编号

在游戏开始前，先把游戏的布局画在纸上，标上各区域的名称，并按顺序编号，以便于观察中的记录。

（二）标　注

在画好的图上分别标明每个区域的人数与性别，运用扫描法以便于了解全班幼儿选择游戏的情况，帮助教师直观而及时地调整指导策略。

（三）观察区角

教师观察不同区角的游戏进展，如果发现需要对游戏区进行细致的观察，则用定点法进行观察，根据前面的编号来记录相应的游戏行为。

（四）观察幼儿

如果需要对四处走动的幼儿进行观察，可以采用追踪法，把幼儿的行走路线直接用直线或箭头等方式标注在图上。

（五）详细记录

可以在图边或背后详细记录幼儿之间的对话、教师的介入指导、幼儿对材料的使用情况、幼儿的动作发展水平等等。

第三节　身体动作游戏中观察的指导

一、以器材为媒介的指导

（一）游戏缺乏器材而选用的替代材料

当器材不能满足于幼儿游戏时的需要时，幼儿常常会使用其他材料来替代相应的材料。教师细致观察，能及时发现幼儿的需求，通过替代材料帮助幼儿解决问题，拓展幼儿的游戏经验。

（二）辅助的材料有助于幼儿动作发展

在幼儿具有初步的运动经验后，游戏中还会出现幼儿对自身动作提升的需求，从而产生需要相应的辅助材料以满足自身动作发展的需求。

（三）游戏情节停滞而激发材料的加工

如果游戏中出现了幼儿参与兴趣不高的情况，那么就要分析是什么原因导致幼儿的参与度下降，是游戏太难还是游戏太容易，或者是游戏单调、重复、没有挑战性。教师可通过观察了解幼儿的兴趣，通过提供梯子、轮胎、凳子等材料，帮助幼儿重新产生对游戏的兴趣。

二、以语言为媒介的指导

不同类型的语言能促进幼儿游戏的参与度与自主性，还能增强游戏指导的效果。

（一）询问式语言

以疑问句进行的询问式的语言，其目的是帮助幼儿将游戏进行下去，及时反馈幼儿的游戏行为，启发幼儿的思维，培养他们多视角、全方位看待问题的能力。幼儿在游戏中总是反映自己的经验，使生活中零散的经验得以整合。教师要根据幼儿游戏的情节，有目的地设置问题，如“你有什么需要帮忙的吗？”“要不要我来帮帮你啊？”等让幼儿感到有自主体验的语言。

（二）建议式语言

教师在观察幼儿游戏中的行为时，如果发现幼儿在游戏中停滞不前或有困难时，可采用建议式的语言来达到指导的目的。比如“这样试试……”“如果不行，再想想其他办法”“我要……可是没有……”等等。这种语言方式不仅使幼儿容易接受，而且也能让他们感到自主和受尊重。

（三）鼓励式语言

对于幼儿在游戏中的一些不良行为或违规行为，教师可以采用一种激励式的正面语言，把好的行为要求提出来，让幼儿知道该怎样去做。比如“×××小朋友把散乱的玩具都收拾好了”“×××小朋友排队的时候没有推挤其他小朋友”，这种语言方式可以充分调动幼儿游戏的主动性和积极性，保护了幼儿的自尊。

（四）邀请式语言

对于游戏中被忽视的幼儿，教师可以采用邀请的方式来激发幼儿游戏的兴趣，带领他们进入游戏情境，促进他们与其他幼儿的交往，体验到参与游戏的快乐和胜任游戏角色的成功感。比如“×××小朋友，老师邀请你和我们一起去吧。”“你可以帮拿一下这个球吗？”“把球滚给我，可以吗？”

（五）角色式语言

当发现幼儿的游戏停滞不前时，教师以角色身份参与幼儿的游戏中，不仅会使游戏的情节得以丰富，还会使幼儿感到亲切和平等。比如“我是篮球运动员，需要我教你拍球吗？”

（六）指令性语言

当幼儿在游戏中严重违规或出现攻击性行为时，教师可采用指令性语言约束幼儿不良行为的产生，一般可采用以下两种指导方式：一是强行制止。比如“×××小朋友，请停止下来。”二是明确告诉幼儿这样做的后果，以保证幼儿在游戏中的安全和健康。比如“×××小朋友，这样滑下来会撞伤其他小朋友的。”

三、以角色为媒介的指导

以角色为媒介的指导，既能保证幼儿游戏的意愿，又可以丰富和发展幼儿的游戏情节，以促进幼儿在游戏中的发展。以角色为媒介的介入就是教师以幼儿同伴的身份参与游戏，对幼儿的游戏进行指导，以期改变幼儿在游戏中的行为，丰富游戏情节。教师的身份可以分为支持者、合作者以及引导者等三种。当幼儿在选择、进入角色或与同伴交往有困难时，教师以支持者的身份参与；当游戏停滞不前，幼儿经验匮乏时，教师以合作者的身份参与；当游戏超常规，涉及不良内容时，教师以引导者身份参与。

总之，教师可以根据幼儿游戏需要灵活地运用多种参与方式，对幼儿游戏进行适当的干预，以充分发挥游戏的教育价值。

第四节　身体动作游戏的检核表

一、游戏检核表的价值

游戏检核表可以用来帮助成人理解幼儿的身体动作游戏技能。它可以用来写游戏目标和作为游戏的基础[1]。游戏检核表由十部分组成。

游戏检核表包括以下内容：

（1）器材的使用；

（2）游戏情境的语言表达；

（3）游戏情节的口语交流；

（4）游戏的持续性；

（5）互动；

（6）进入游戏小组；

（7）问题解决；

（8）轮流；

（9）同伴支持。

二、游戏检核表

游戏检核表（表12-3）主要运用在自主性体育游戏中。聚焦到某个幼儿时，至少观察2~3次，每次持续进行记录10~15分钟。基于小组幼儿的需要，观察一个整体的游戏场景是非常有利的，即使它持续的时间超过15分钟。

[1]　桑德拉·海德曼，迪波拉·休伊特. 游戏从理论到实践[M]. 南京：南京师范大学出版社，2015.

表12-3　游戏检核表

幼儿姓名：__________　　日期：__________

生日：__________

选择你持续观察到的最高技能：

1. 器材的使用
   a. 不使用器材
   b. 使用便携式器材
   c. 使用固定器材
   d. 两种或多种器材搭配使用
2. 动作的出现
   a. 一个动作
   b. 两个或两个以上的动作
   c. 能在其他场景中使用相关的动作解决问题
   d. 在多种场景中自如地使用身体动作
3. 游戏情境的语言表达
   a. 在游戏中不使用语言
   b. 用语言描述动作
   c. 用语言描述身体与物体之间的动作联系
   d. 用语言创造一个游戏情节
4. 游戏情节的口语交流
   a. 在游戏中没有使用语言交流
   b. 在游戏中只对自己说话
   c. 在游戏中只对成人说话
   d. 在游戏中以非游戏角色身份与同伴说话
   e. 在游戏中以角色身份与同伴说话
5. 游戏的持续性
   a. 少于5分钟
   b. 6~9分钟

c. 10分钟或更长

6. 互动

a. 独自玩

b. 仅和成人玩

c. 和一个幼儿玩，并且总是这个幼儿

d. 和一个幼儿玩，可以是不同的幼儿

e. 可以和2~3个幼儿一起玩

7. 进入游戏小组

a. 不尝试进入游戏小组

b. 使用暴力进入游戏小组

c. 站在小组旁边观望

d. 模仿小组行为

e. 对游戏主题做出相关评价

f. 在评价前吸引另一个幼儿的注意

8. 问题解决

a. 在冲突中屈服

b. 使用暴力解决问题

c. 寻求成人帮助

d. 模仿成人提供的口头解决方式或策略

e. 当被提醒时能够想起使用语言或策略

f. 主动使用语言或策略

g. 接受合理的折中方案

9. 轮流

a. 拒绝轮流

b. 离开玩具，但别人要拿去玩时表示抗议

c. 成人安排和指导时可以轮流

d. 要求轮流，但是不等对方回应

e. 玩完玩具后，容易让出玩具

f. 别人提出轮流时，可以接受并遵守

10. 同伴支持

a. 对同伴没有兴趣

b. 对同伴的困难能够给予注意

c. 表现出同情或提供帮助

d. 有时能够提出建议和接受同伴的建议

e. 鼓励或赞扬同伴

（注：在游戏检核表中，每个部分的发展进程可以用作评估大多数幼儿发展的指南。但是，并不是所有的幼儿都是以同样的步骤发展或遵循同样的发展顺序。）

第十三章 学龄前儿童身体动作游戏的效果评估

【本章目标】

阅读完本章之后，你应该可以：

◆ 了解身体动作游戏的效果评估的相关理论。

◆ 了解学龄前儿童动作的分析与评价方式。

◆ 明确身体动作游戏对幼儿学习品质的影响。

◆ 了解CIPP模型概述及基于CIPP的体育游戏效果评估体系构建，掌握基于CIPP的体育游戏模式与实施策略。

《中国教育百科全书》将游戏评价定义为：根据一定的标准，对游戏的质量、效果进行评议。《学前儿童发展与教育评价手册》则将游戏评价分为幼儿的游戏行为评价、对教师游戏指导的评价和游戏环境创设评价等三方面。幼儿游戏行为的评价主要包括：评价幼儿动作发展水平、运动能力水平、在游戏中的情绪状况、兴趣偏好、认知和经验水平、使用操作材料的情况、语言和想象力的发展、社会性的表现以及独立自主性等内容。对教师的评价主要是指评价教师的工作状况；是否创设良好的环境；是否依据对幼儿游戏行为的观察分析，制订出具体可行的游戏计划；是否积极参与幼儿游戏并给予适宜的、有针对性的指导；能否有效地激发幼儿与周围环境积极的相互作用；能否促进幼儿游戏水平的不断提高。游戏环境创设评价则包括对场地、时间与材料的提供，以及对环境中多方面教育因素能否合理组织发挥整体动态效能的评价。

第一节　身体动作游戏的效果评估理论

《幼儿园教育指导纲要（试行）》提出，评价是促进每一个幼儿发展，提高教育质量的必要手段。评价过程还是教师自我成长的重要途径，更为明确地展现了新的幼儿园课程评价理念，将评价作为了解幼儿、促进幼儿发展、教师反思性成长及提高游戏效果的重要手段。

一、游戏效果评估理念

（一）游戏评价的基本要素

动作游戏评价过程中，评价主体、评价时间、评价内容是评价的三要素，这三要素的不同组合构成了动作游戏不同的评价方式（图13-1）。评价主体是评价实施者，评价的时间和评价内容由评价主体选择，因此，本研究试图从评价主体这条线索出发，探讨归纳动作游戏中的不同评价方式。

评价方式构成图说明：

（1）评价方式主要有以教师为主体的评价方式和以幼儿为主体的评价方式。

（2）在以教师为主体的评价方式中，评价时间与评价内容组合连成的线条与评价方式的矩形线条对应，隐性评价没有对应的内容。在以幼儿为主体的评价方式中，相同时间里评价内容与教师的评价内容基本一致，因此，图中幼儿的评价时间和评价内容之间没有再重复连线。

（3）评价主体即由谁来评价。幼儿是游戏的主体，拥有对游戏评价的权利。教师在游戏中扮演了多种角色，游戏的观察者、支持者、参与者、合作者、指导者和评价者。此外，幼儿园其他教师、管理者，家长也有评价幼儿游戏的话语权。然而，在实践过程中，由于时间和空间的限制，游戏中，评价主体更多是教师和幼儿。在游戏前和游戏后的评价中尤其是游戏结束后的评价，教师通常采用提问、与幼儿互动的方法进行评价交流。这种情况似乎幼儿与教师应同为评价主体，但在教师与幼儿互动过程中，会有一方处在评价的主导地位，由他们提出主要的评价观点，另一方做出补充或附和。因此，这种情况评价主体仍然只是一方，故研究中的评价主体只单独归纳了教师和幼儿。

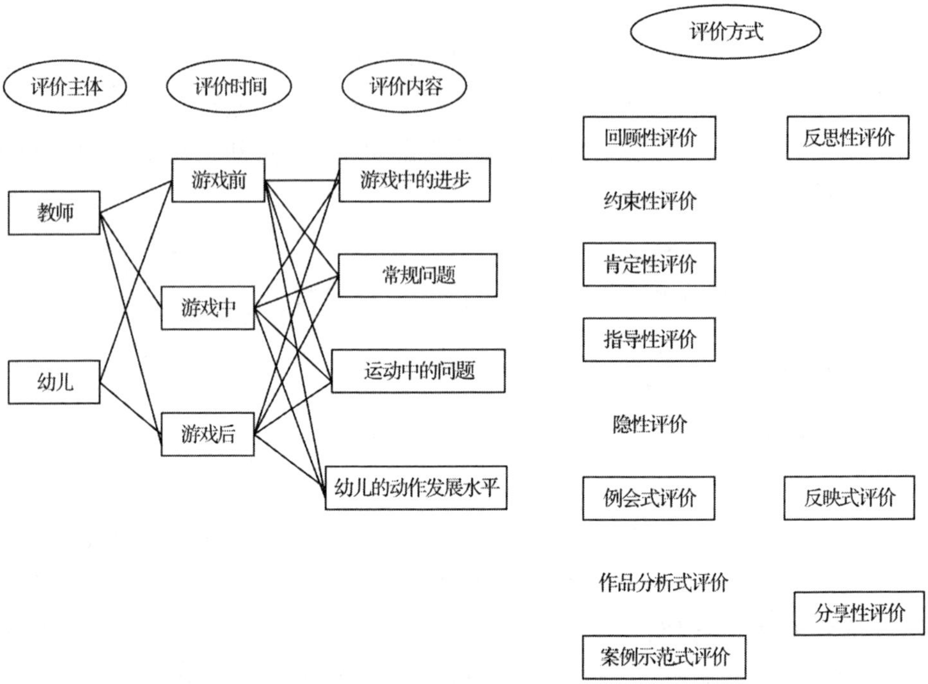

图13-1　评价方式构成图[1]

（4）评价时间，也可称为评价的时机，即什么时候进行评价。在游戏前、游戏中和游戏后，教师和幼儿都可以对游戏进行评价。

（5）评价内容包含很多方面。游戏评价中，教师往往针对游戏中的进步、常规问题、幼儿的动作发展水平、运动中的问题等方面组织评价。

（二）游戏效果评估导向

1. 从终结性评价到动态的发展性评价

以前对体育游戏的评价更多的是从游戏的实施结果与幼儿的发展结果两个视角出发，关注的是游戏活动的结果，注重的是评价的鉴定功能，但忽视了幼儿发

[1]　汪攀. 结构游戏的评价方式研究[D]. 成都：四川师范大学，2015:13-21.

展的过程和幼儿发展的特质，容易给幼儿的身体、心理与人格发展带来负面的影响。评价不仅仅是在游戏结束时进行的终结性评价，而是将评价与游戏的动态发展联系在一起，评价成了游戏设计的有机组成部分，贯穿在游戏进行的始终，从而把实现游戏目标的每一个环节的关键因素、表现形式及各种内在和外在条件放在了反复的、动态的评价监控体系之中，以便通过游戏情境，发现每个幼儿的特点，识别和培养幼儿区别于他人的兴趣与智能，从而帮助幼儿实现富有个性特色的发展，同时也为教师的自我成长建立一条发现自我价值感的有效途径。

2. 从单一评价主体到多方主体参与的评价

过去游戏的评价往往局限于教师单一的主体评价，由教师做出有关游戏效果与幼儿发展的结论，一般由教师对幼儿的发展进行评价。单一主体评价容易忽视多视角地关注幼儿，评价主体的多元化已经成为游戏效果评估所追求的一个方向。建立一个由幼儿、教师、家长及管理人员共同参与的多元主体评价体系，有利于从多角度、多方面去了解幼儿的发展，做出正确的判断，真正地实现评价过程是各方共同参与、相互支持与合作的过程这一目标。

3. 从以评价者为主的评价到以被评价者为主的评价

对教师在幼儿园体育游戏中行为态度的评价是游戏效果评估内容的一个重要组成部分。过去对教师的评价更多的是管理人员进行的，是以他们的评价为主的。现在我们更重视被评价者——教师的自我反思与评价，因为只有教师对自我在游戏前、中、后的行为进行深刻的检查、思索后，才能真正地意识到游戏中存在的问题，为解决相关问题做出切合实际的努力。这样不仅有利于教师对自己在游戏中的行为态度及时进行自我监督，同时也能更好地发挥教师在游戏效果评估中的主动性、积极性，使评价工作落到实处，从而有助于教师自身素质的发展，使评价的过程真正成为教师自身成长的过程。评价过程不仅是教师运用专业知识审视教育实践、发展，分析、研究、解决问题的过程，还是促进其自我成长的重要途径。

4. 重视纵向评价，淡化横向评价

纵向评价是指对幼儿的两个或多个时刻内的成绩进行前后比较。通过纵向比较，可以评价幼儿在不同时期的学习是进步还是退步，以及进步或退步的程度如何。对幼儿的进步情况给予关注，主要是通过纵向评价来体现的。横向评价是指在同一时间内对幼儿所具有的特性进行评价，如动作发展水平、体能发展水平、学习能力、学习兴趣、学习态度或有关的性格特征等方面的总体水平和发展平衡情况。横向比较不仅仅存在于个体内部，还存在于个体与个体之间。幼儿与其他幼儿进行比较，从而确立自身在群体中的位置。通过横向评价可以了解幼儿哪些方面占优势，哪些方面比较薄弱，需要加强辅导，使教师了解幼儿的发展状况，通过教育使幼儿逐渐发挥优势，也能对其薄弱的方面尽早开始训练，具有很好的促进作用。

二、游戏效果评估取向

身体动作游戏效果评估的取向是指进行体育游戏效果评估时所体现的特定的价值观，不同的评价取向往往影响体育游戏评价的模式与方法。根据不同评价的价值取向，本研究把游戏效果评估分为目标取向的评价、过程取向的评价、主体取向的评价[1]。

（一）目标取向的评价

目标取向的评价着重判定游戏的效果是否达到了预定目标。现实中，我们常常运用外显的、具体的行为目标来表述游戏的目标，而且在评价中追求结果的准确性与客观性，用定量的方法判定游戏结果是否达标。但这种评价的不足之处在于容易把幼儿客体化、简单化，忽视了幼儿的行为的主体性，忽视过程本身的价值，忽视幼儿丰富的内心世界，忽视幼儿的个性差异。

[1] 王春燕. 给幼儿园教师的101条建议——幼儿园课程[M]. 南京：南京师范大学出版社, 2014.

体育游戏夺旗大战（大班）

一、活动目标

（一）学习从高处往下跳，懂得从高处跳落的自我保护方法。

（二）敢于挑战一定难度的运动动作，体验运动与成功的快乐。

二、活动准备

桌子若干、幼儿穿合脚的球鞋、垫子若干、音乐、跨栏。

三、活动过程

（一）热身运动：创设情景“丛林小勇士”

1. 小朋友们跟着我一起跳舞吧！让我们一起来活动活动身体吧。

2. 队列练习：稍息、立正、向右看齐、向前看、原地踏步。

队列练习：睡在垫子上进行稍息、立正、原地踏步练习。

3. 起立，原地纵跳（跟着我找方向纵跳），组织：在垫子上进行练习。

（二）基本部分：小勇士操练（图13-2）

1. 利用从不同高度的跨栏练习跨跳（背景音乐）。

2. 尝试从桌子上往下跳。

（1）今天我们主要练习的是爬桌子。小朋友们看那里摆了两张桌子，给你们准备了不同高度的两张桌子进行练习跳，女孩子在矮的一张练习，男孩子在高的一张练习。

（2）自由练习。教师个别指导保护，纠正不正确的姿势，鼓励胆小的同学大胆练习。好的，下面我们让女生尝试高一点的桌子试一试。嗯，你们真勇敢。

（3）集体练习，教师巡回指导正确的方法：提醒并鼓励他们。

（三）游戏：夺旗大战

1. 讲解游戏规则：跨过跨栏（壕沟），翻过桌子（碉堡），爬上城墙摘下红旗，从城楼上跳下，返回原点。

2. 分组比赛，教师从旁协助。

（四）放松活动

1. 刚才我们玩得很累了，现在我们来做做放松运动。

2. 今天同学们从这么高的地方跳下来有什么感觉？

3. 小结：也许你觉得从这么高的地方跳下来很刺激，但是这个活动也有点危险，要注意保护自己，也要保护别人。今天我们的小朋友都很勇敢，我们来鼓励一下自己。

图13–2　夺旗大战体育游戏活动（大班）

由上述案例可见，游戏目标比较笼统，同时，教师在游戏活动中考虑到了男女性别差异，但是没有考虑到幼儿能力等方面的个体差异，以统一的标准要求幼儿，不仅把幼儿客体化、简单化，也使游戏评价机械、僵化。

（二）过程取向的评价

过程取向的评价将幼儿与教师在游戏活动、实施和开展中的全部情况纳入评价的范围，强调评价者与具体评价情境的交互作用，主张凡是具有价值的结果，不论是否与预期目标相符合，都应当得到支持与肯定。过程取向的评价试图使游戏效果评估摆脱预定目标的藩篱。过程取向的评价尊重人的主体性与创造性，它承认评价是一种价值判断过程，把人在游戏设计、实施及活动过程中的具体表现作为评价的主要内容，这种评价的目的是给评价对象在具体情境中的合理表现予以支持与肯定，促进游戏效果评估过程更具个性、创造性。

体育游戏乘风破浪（大班）

一、活动目标

1.尝试用布进行多种玩法，体验一物多玩的乐趣。

2.能够听口令做动作，增强大肌肉及腰腹部力量。

3.在游戏中感受与同伴合作的快乐。

二、活动准备

1.一块长布（10米长、1.5米宽）（教案中的毯子、小船、绳子）。

2.宽敞安全的户外活动场地。

3.背景音乐。

4.海绵垫。

三、活动过程

1. 导入

师：小朋友们，今天我要带你们去一个地方，听，是什么声音？（播放音乐1：大海的海浪声、海鸥鸣叫声）

师：对，是大海的声音，走，我们出发吧。（带领幼儿进入活动场地）

2. 开始部分（热身运动）

（1）师：现在我们到了沙滩上，请小朋友们坐下，咱们一起来玩个游戏，当老师说“左”的时候请你们举起左手，当老师说“右”的时候请你们举起右手，当老师说“上”的时候请你们站起来，当老师说“下”的时候请你们坐下去。明白了吗？好，游戏开始。

（2）幼儿坐在布上听口令做相应动作，教师口令由慢到快。

（3）师：孩子们，你们的反应都很快，能够及时根据老师的指令做动作，特别棒。（播放音乐2:风声）听，起风了，马上要下雨了，等一下我们把毯子举起来，大家要躲到毯子下面去，毯子往上你们就往上跳，毯子往下你们就蹲下，毯子往左你们也往左边，毯子往右你们也往右边，千万不要被雨淋到哦。开始吧！

（4）（继续播放风声）幼儿在布下根据布的方位变化移动位置。

3. 基本部分

（1）锻炼幼儿腰腹部力量。

①师：雨停了，咱们要坐船出发了，现在请小朋友们一个接一个上船，排成一排，跪坐在船上，两只手抓住船的两边，现在我是船长，听我口令，当我说“往左”时请小朋友身体往左倒，当我说“往右”时请小朋友身体往右倒，当我说“往前”时小朋友的身体要什么样？往后呢？记住手一定要抓住船的两边，不

要放开，否则会掉到海里哦。

②（播放音乐3）幼儿听口令做相应动作，口令由慢到快。

（2）合作往一个方向朝前走。

①把布拧成一条绳子，幼儿五人一组朝前拉，教师往反方向拉。

师：快到小岛了，×老师那儿是小岛，小朋友们一起往岛上走，我拉着绳子往反方向拉，你们使劲走到×老师那儿拍下她的手就可以上岛了。咱们分成四组，五位小朋友一组，轮流上岛，准备好了吗？开始。

②幼儿五人一组，轮流上岛，教师控制力度给予阻力。其余幼儿为上岛的五位幼儿加油。

（3）返航：乘风破浪。

① 请老师们拉紧布的两边，小朋友们一个个爬上布，并从布的另一头跳下来。

师：孩子们，天色暗了，咱们必须马上赶回家，可是想要顺利回家，咱们必须要乘风破浪，你们敢不敢？

师：现在在我们面前的是一排海浪，我们必须从海浪的这一头上去，再从海浪的另一头跳下去，这样就能顺利渡过海浪了。请小朋友们排成一排，一个一个来，当一个小朋友在爬时，咱们下面的小朋友一起为他加油。

② （播放音乐4）在教师的引导下幼儿一个接着一个乘风破浪。

4. 结束部分（放松活动）

（1）师：在大家的努力下，咱们终于战胜海浪了，现在咱们坐下来休息一会儿吧。

（2）原地坐下，教师总结。

师：今天小朋友都很勇敢，克服了各种困难，战胜了海浪，在这过程中，我发现很多小朋友都互相帮助，真的非常好，我们要向他们学习，只有团结合作、互相帮助，我们的力量才会变得强大，对吗？

（3）师：好了，今天的旅程到此结束，现在让我们一起划船回教室吧。

（4）师幼一起举着布走出场地。

由上述案例我们可以看出，游戏评价不仅要关注游戏目标的实现，更要考虑实现这个目标的过程和方式是否有助于幼儿的发展。从游戏中看出，尽管幼儿几乎都达到了教师预先确定的目标，但教师并没有让幼儿使用自己的经验积累去思考问题，并引导幼儿去观察、分析问题，提出解决问题的方案，整个游戏中，幼儿始终处于被动吸收的过程，教师的高控存在游戏活动的每一个环节。过程评价的标准不再是既定的目标，也不再是游戏的结果是否达到既定目标，而应更多地关注游戏的过程、幼儿在游戏中的表现，关注游戏是否激发了幼儿的思维、幼儿的动作，幼儿的身体表现是否充分。过程取向的评价摆脱了目标取向评价的唯一性，强调对游戏过程中的创造性、不确定性的尊重，关注人的心理过程、学习过程，它是目标取向评价的强有力的补充（图13-3）。

图13-3　乘风破浪体育游戏活动（大班）

（三）主体取向的评价

主体取向的评价强调评价是评价者与被评价者、教师与幼儿共同建构意义的过程，是一种民主参与、协商与交往的过程。在评价情境中，教师与幼儿是平等的主体，是意义建构过程中不可或缺的组成部分。评价主体的自我反思与自我评价对评价过程影响很大，因而反对量化的评价。这种评价给予个体充分的空间发挥主体性，倡导对评价情境的理解而不是控制，尊重并关照个性差异，培养个体的自我反省能力。因此，主体取向评价不是依赖外部力量的督促和控制，而是要求每一个主体对自身行为具有反省意识和能力，即主体取向的评价更多关注幼儿作为主体的主动性、创造性，强调幼儿的自我反思与自我评价的作用。

体育游戏小青蛙去郊游（中班）

一、活动目标

1. 初步学习正面向前双脚并拢侧身跳，锻炼幼儿下肢的爆发力。

2. 愿意参与活动，体验游戏的乐趣。

二、活动准备

1. 经验准备：已具备双脚并拢向前跳的能力。

2. 彩虹伞、场地准备、背景音乐。

三、活动过程

1. 开始部分（热身运动）

（1）师："宝贝们，今天妈妈要带你们去郊游，现在跟着妈妈出发喽！"

（2）沿着圆圈进行走、跑、跳交替热身运动。

2. 学习部分

（1）带领幼儿坐在"荷叶"旁边，"宝贝们，这是一张大大的荷叶，现在小青蛙们要到这大大的荷叶上去，我们怎么样才能上去呢？"

（2）请个别幼儿上来运用已有经验，用各种跳的方法跳到"荷叶"上去。

（3）交代学习任务。

①"刚才宝贝们用了不同的方法跳到了荷叶上，今天妈妈要教小青蛙用新的方法跳到荷叶上去哦。"

②教师示范正面向前双脚并拢侧身跳。

③"刚才妈妈跳的方法和你们有什么不同？"请个别幼儿来说说不同之处。

（4）幼儿学习新动作。

①全体幼儿在彩虹伞上自由寻找位置，练习正面向前侧身跳，教师巡回指导。

②小结：全体幼儿坐在"荷叶"边，教师讲述刚才观察到的情况，并请个别跳得好的幼儿上来表演。（若练习时出现不正确的动作，教师示范并提问这个动作：跟妈妈的一样吗？哪里不一样？帮助幼儿纠正错误动作）

（5）巩固所学的新动作。

①"宝贝们都学会了新的动作，现在跟妈妈一起玩游戏哦。"带领幼儿在"荷叶"边缘运用新动作做跳进来、跳下去的动作。（嘴里可以念：一只青蛙跳

进来，扑通一声跳下水；二只青蛙跳进来，扑通扑通跳下水……以增加游戏的趣味性）

②尝试正面向前侧身围着圆圈跳。

a. 交代任务：“刚才我们在荷叶边跳进跳出的，现在妈妈想让宝贝们用新动作跳过这一根根叶脉，我们应该怎么跳呢？”

b. 幼儿听着音乐，对着“叶脉”大胆、自由地运用正面侧身尝试跳过一根根“叶脉”。

3. 结束部分

（1）“小青蛙又学会了新的本领，真了不起！现在让我们休息一下吧。”幼儿在音乐的伴奏下，活动四肢，使身体完全放松。

（2）带领幼儿离开活动场地。

上述案例中，教师通过不断地提问，启发幼儿的思维，引导他们主动去思考、探索，在不断评价动作的过程中，教师与幼儿的互动紧密，进而实现了主体取向的评价方式（图13-4）。

图13-4 小青蛙去郊游体育游戏活动（中班）

三、游戏效果评估主体的多元化

（一）教师、幼儿

教师和幼儿既是被评价的对象，又是评价的主体。评价是一种价值判断的过程，评价主体多元化特别强调评价者与被评价者是平等的主体。

首先，必须要关注教师与幼儿的自我评价。幼儿通过参与自我评价，提高他们的自主意识、反思能力与学习的积极性和主动性。为此，教师应该鼓励幼儿大胆地说出自己的所做、所为，并根据每个幼儿的特点与性格，在游戏中尽量为每位幼儿提供展示自我能力的机会，并多与幼儿进行交流，引导他们对自己进行客观公正的评价。教师的自我评价则有助于教师建立反省意识，提升自我工作、自我发展的主动性、积极性，不断发展教师的反省认知能力。比如，教师会考虑游戏内容是否符合幼儿的兴趣，能否唤起幼儿的原有经验，游戏环境的创设是否有利于幼儿身心健康发展，游戏环节是否符合幼儿身心发展规律等。

其次，要形成正确的同伴评价。无论是教师还是幼儿，都生活于群体之中，因此，除了客观地评价外，正确地评价同伴同样重要。在帮助幼儿正确评价同伴的时候，教师要提醒幼儿善于换位思考，多发现同伴优点，再找不足之处分析原因。此外，教师之间的评价是重要的学习和交流的机会，教师从同伴的评价中可以获得大量有价值的信息，对于改进游戏活动和自身发展都是非常有益的。

（二）家　长

家长是主体多元化评价的重要参与者。家长参与游戏评价，强化了家园联系，真正构成了多元的评价体系。家长在对教师的评价过程中所反映出来的想法、意见和建议，对教师改进并提高工作质量有着重要的参考价值。同时，通过这样的互动，教师对幼儿的了解更为全面，对幼儿的评价也更客观、科学，有利于幼儿的成长。

四、游戏环境检测方法

通过下面的方法可以帮助教师快速地检验游戏环境[1]。

（1）在游戏兴趣区域，每天至少提供30~40分钟的时间。

（2）计划了户外的情境性体育游戏。

（3）兴趣区域的界限明确，开放空间。

---

[1]　桑德拉·海德曼，迪波拉·休伊特. 游戏从理论到实践[M]. 邱学青，高妙，译. 南京：南京师范大学出版社，2015：53-55.

（4）提供了至少可以容纳15~20个幼儿同时进行体育游戏的空间。

（5）既有高结构材料，又有低结构材料。

（6）游戏时要有足够的器材和道具。

（7）有与情境相关的材料。

（8）当设计一个新游戏时，为幼儿准备相关的经验。

（9）在一个学期中，至少设计4~6个游戏主题中心。

第二节　动作的分析与评价

学龄前儿童身体动作的发展是可以被测量和观察到的，了解幼儿动作的发展情况，将有助于教师、父母对幼儿的身体活动做出有益的决定。测量就是应用测验对某种动作特征或行为进行评估，评价使用测量的信息以供决策。身体动作具有质与量的特征，质的特征包括节奏、准确和幅度等特征，可以由专业教师对其进行定性的分析与评价；量的特征包括运动学和动力学的特征，可以通过相应的仪器设备和方法、手段进行定量的检测、分析和评价。

一、动作的分析

常用的动作分析的方法主要有生物力学分析法和简单观察分析法两种。

（一）生物力学分析法

生物力学分析法是以生物力学、运动生理学、人体解剖学等原理为依据，对身体动作特征进行分析的方法。生物力学分析法需要对动作进行必要的测量、统计、计算，以精确数据进行定量分析。生物力学分析法准确可靠，说服力较强。这种分析需要一定的人力、物力和时间，并且要求分析者具有一定的生物力学、人体解剖学、统计学和数学等方面的知识，还需要一定的实验地点和必要的设备。

（二）简单观察分析法

简单观察分析法指教师对幼儿在体育游戏中动作完成情况进行实地观察，将观察结果与正确动作要求进行比较，从中找出不足与错误，分析产生的原因，探讨改进办法（表13-1）。简单观察分析法可采用在幼儿完成动作时直接观察（分析和借助录像、照片等方法）、间接观察分析两个途径。

简单观察分析法虽然只能对幼儿所完成的动作进行粗略的估计与分析，但它随时可用，简单易行，无须过高的条件和设备。这种方法的准确性与可靠性，很大程度上取决于教师所具有的经验和知识，有丰富经验并有较高知识水平的教师可利用这个方法取得较好的效果。

简单观察分析法的基本要求如下。

1. 准确观察

保证所获得的动作信息是可靠的，这是分析动作的基础。在观察时，要善于发现相似动作的微小差异，排除错觉、幻觉，使观察的结果与实际相符。

2. 直接与间接观察相结合

为了保证观察的可靠性，要反复观察，必要时把直接观察与间接观察结合起来分析。

3. 在观察时，可随时调整动作的要素

例如，调整动作的幅度、速度等。用录像间接观察时，可利用“定格”技术，以便从静止的画面中或从慢速动作中进行观察与分析。

4. 运用对比研究

观察与分析时，要与正确动作进行对比，从中发现问题，找出问题的原因。

表13–1　体能和运动发展检查表

幼儿姓名：　　　　　　　教师姓名：

学校/中心名称：　　　　　年份：

代码：1 =需求发展　2 =发展如预期　3 =高级发展

能力和目标	观察		
	秋季	冬季	春季
1 发展身体协调感，探索空间运动			

续表

能力和目标	观察		
	秋季	冬季	春季
1.1 展示平衡感和身体协调感			
1.2 开始随着歌曲和音乐有节奏地移动			
2 发展大运动技能			
2.1 展示大肌肉的协调，以执行简单的运动任务（例如，攀爬、跳跃、投掷）			
2.2 参与涉及大肌肉运动的小组活动			

二、动作的常见评价方式

评价包括两种类型：常模参照评估和标准参照评估。常模参照评估的实质是常模或者相关性。例如，教师报告某个幼儿的成绩与其他幼儿相比如何；而标准参照评估是将成绩与一个绝对的数值相比较，教师评定幼儿是否达到要求，就会将幼儿的成绩与某个绝对标准进行对照。

身体动作的评价大多是通过基础运动能力的测定进行评价的。所谓基础运动能力，就是指为满足日常生活、劳动所必需的走、跑、跳、投、攀等基本活动能力。它反映了身体运动的一般性质和特征，而不是任何特殊形式的运动技术。基础运动能力又与体能素质密切联系，并受其影响和制约。体能素质是运动能力的基础，综合运动能力又反映体能素质的全面发展水平。有时同是一项测验，既能反映某一体能素质的发展水平，又能反映某种运动能力。例如，立定跳远、网球掷远测验，既能分别反映出爆发力和上肢力量，又在一定程度上分别反映出跳跃动作发展水平和投掷动作发展水平。因此，对有些测验而言，究竟属于体能素质测验，还是属于一般运动能力测验，没有显著的界限。而且，即使是同一项目，不同对象由于运动强度不同，其反映出的能力和素质也不同。

（一）身体姿势与功能性表现

每一个动作都是由一系列的身体姿势有序地组成的，身体姿势与身体各部位在静态休息和动态运动中的形态与功能相关。正确姿势对于人体运动链中骨骼肌收缩时正确的长度—张力关系、最佳的力量传递与吸收都非常重要。姿势控制对于最佳运动表现非常关键。它与核心区力量和稳定性密切相关。通过姿势评估可确定幼儿的潜在的肌肉失衡（力量与长度）、肌肉无力及针对性制订活动计划。

功能性表现包括稳定性、活动性、身体控制及平衡能力等基础运动能力。基础运动能力是复杂运动技能的基础。功能性表现对于运动表现非常关键，包括好的活动性、双脚重心转换间的平衡能力、发力时核心区到四肢的力量传递能力、身体姿势与动作能力等。

（二）学龄前儿童动作的评价方法

1. Frostig运动技能测验

这套测验包括12个子测验：①串珠：考查双眼—手协调力和灵巧性；②拳掌变换：包含动作序列的单侧协调；③转移障碍物：考查眼—手协调和精细动作的协调性；④布球投准：包含瞄准在内的视—动协调性；⑤体前屈：考查腿部柔韧性；⑥立定跳远：站在某一位置上，保持水平状态向前跳跃的能力；⑦折返跑：在两个固定点之间快停、变化方向和快跑的能力；⑧仰卧起立：变换身体姿势从躺卧到站立的速度和敏捷性；⑨坐正：考查腹部肌肉的力量；⑩走平衡木：按照脚跟接脚趾的状态向前走，考查动态平衡的能力；⑪单脚平衡：在眼睛睁开和紧闭的状态下，保持静态平衡的能力；⑫上举：考查胳膊和肩膀上下挺举的力量。

2. Hamm-Marburg动作协调性测验

Schilling和Kiphard在1967年编制了Hamm-Marburg动作协调性测验，旨在诊断5~14岁幼儿的整体身体协调水平，包括四项测验：①后向平衡测验。该测验关注动态平衡，考查幼儿在三个平衡木上向后走时保持平衡的水平。三个平衡木的宽度分别为0.03米、0.045米和0.06米，它们的长度均为3米，高度均为0.03米。每个幼儿有三次尝试机会，如果没有失误，每向后走一步记1分。②单足跳跃测验。该测验是考查幼儿在泡沫垫上单足跳跃的能力及落地后的身体平衡状况，这种跳跃涉及腿部力量、敏捷性和平衡感。在每一次成功跳跃之后，便会累加一个垫子，增加任务的难度。在活动过程中，共使用12张0.50米×0.20米×0.05米的泡沫垫。在每一次增加高度的跳跃中，共有三次尝试机会。如果一次跳跃成功，就记3分；如果二次跳跃成功，则记2分；若三次跳跃成功，则记1分。③斜前方跳跃测验。该测验任务包括整体身体协调和敏捷性。这项任务要求幼儿在15秒内，用双脚尽快地向前跳过一块木板。这块木板为0.65米长、0.04米宽和0.02米高。④侧面变换平台测验。测验任务包括平衡、协调及跨越身体中线等活动。两个平台相距0.25米，放置在地板上。让幼儿双脚站在其中的一块平台上，然后侧身以最快的速度从第一块跨到第二块平台上，将第一块平台举起并放在第二块平台的前方，然后再重复这一过程，时间共20秒。

3. 日本的测试方法

日本杉原隆研究代表关于幼儿运动能力调查选择指标有七个：15米折返跑、立定跳远、垒球掷远、等距跳跃障碍物、双手支撑辅助台、接抛球、5米跑。该调查表给予4~6.5岁的男女幼，根据测试成绩，查找在不同的年龄阶段所对应分数，取各项成绩之和为综合得分并进行评价。

4. 中国国民体质测定标准手册（幼儿部分）

中国主要是以1998年颁布的《国民体质监测里的幼儿部分》里的测试项目为主，包括身体形态（身高、体重）、身体机能（安静心率）、体能素质（网球掷远、立定跳远、走平衡木、双脚连续跳、10米折返跑、坐位体前屈）等内容。把3~6岁幼儿分为3~3.4岁、3.5~4岁、4~4.4岁、4.5~4.9岁、5~5.4岁、5.5~5.9岁、6~6.9岁7个年龄组。

本测验的单项指标评价采用5分制评分法，单项指标评分标准既可作为自身的评价标准，又可作为综合评级的单项评分标准。男女幼每个年龄组的各项指标的评分标准，即为该年龄组各项指标的评价标准，即5分为优秀、4分为良好、3分为中等、2分为下等、1分为差。被试必须在一周内完成全部指标的测试，按年龄查相同性别、相应年龄组各指标的评分标准并计算出总分，根据评价标准评出等级。一级（优秀）：27分以上；二级（良好）：25~26分；三级（合格）：20~24分；四级（不合格）：19分以下。

该测验的优势在于场地要求不高，器材简单，测试项目少，每个被试完成一套测试的时间较短，易于大面积进行。该测验的不足在于只注重动作的结果，仅用成绩来评判幼儿的动作发展水平，而一些测验项目，如立定跳远、网球掷远等更要求动作技能的熟练程度，只有掌握了相应的动作技术，才会测试出好成绩。对动作技能要求过高，难免存在一定误判。另外，本测验缺乏精细肌肉发展水平的项目，较为强调大肌肉动作发展水平，而且仅有一项操作性动作（网球掷远），难以清楚地突出幼儿操作性动作技能发展水平。

5. 大肌肉群动作发展测验（Test of Gross Motor Development,TGMD-2）

采用粗大动作发展测试作为评价工具，对幼儿的粗大动作发展水平进行测量。该量表由DA Ulrich编制并修订，是专门评估3~10岁幼儿粗大动作发展状况的工具。它由身体移动能力和物体控制能力测验两部分组成。身体移动能力包括跑、立定跳远、单脚跳、跳跃、前滑步、侧滑步 6 个动作，物体控制能力包括原地拍球、踢球、双手接球、固定击球、上手投球、地滚球 6 个动作，共12个测试项目。每个项目都要经过两次测验，并根据3~5个标准进行评分；每一标准描述了技能的一项组成部分——理想表现。满足一个标准得1分，移动能力原始总分为48分，操作能力原始总分为48分。下面为TGMD-2测验的记录表（表13-2、表13-3）。

表13-2　大肌肉动作发展测验评分记录表

姓名：　　　性别：　　　测试者：　　　学校：

测验时间：　年　月　日　　优势手：右□　左□　没有建立□

出生时间：　年　月　日　　优势脚：右□　左□　没有建立□

年　　龄：　　　　岁

位移运动分测验

动作名称	场地、器材	测验方法	评分标准	第一次测试	第二次测试	最后得分
跑	长约18米、平坦、干净的场地，两个标志物	两个标志物相距15米，在终点后要留有至少 2~3米的缓冲距离。指导受试者要尽可能快地通过两个标志物	两臂弯曲与腰部，与双腿进行相对运动			
			双脚有短暂离地过程			
			脚尖和脚跟狭窄部位着地（非整个脚平面着地）			
			摆动腿弯曲约 90度			
				技能得分		

续表

动作名称	场地、器材	测验方法	评分标准	第一次测试	第二次测试	最后得分
立定跳远	长约3米的平坦空地、胶带纸	指导受试者站在起跳线后，尽可能地向远跳	做准备动作时双臂向后屈曲，同时双腿屈膝			
			两臂向前上方充分伸展			
			双脚同时起跳，同时落地			
			双脚落地时手臂下压	技能得分		
单脚跳	长约4.5米的平坦空地	要求受试者分别用一只脚连续跳跃三次以上	非支撑腿弯曲于体后			
			非支撑腿可以向前摆动			
			两臂弯曲，前摆以产生力量			
			优势脚连续跳跃3次以上			
			非优势脚连续跳跃3次以上	技能得分		
跳跃	长约10米的平坦空地、沙包、标志物和胶带纸	将沙包放在地上，距沙包3米（可根据年龄大小做调整）处画起跳线，在起跑线上助跑后用最大步伐跨过沙包	一只脚起跳，另一只脚落地			
			双脚短暂离地时间比跑步时间长			
			手臂与腿相对运动	技能得分		
前滑步	长约7.5米的平坦空地、标志物和胶带纸	在相距7.5米的距离处放置两个标志物，指导受试者从一个标志物用向前的滑步滑至另一个标志物，第二次测试返回原标志物处	两臂弯曲并积极上摆			
			一只脚向前迈步，另一只脚紧跟其后而不超过			
			两脚有短暂离地过程			
			两只脚能分别连续完成四个向前的滑步，并保持一个节奏模式	技能得分		

续表

动作名称	场地、器材	测验方法	评分标准	第一次测试	第二次测试	最后得分
侧滑步	长约7.5米的平坦空地、标志物和直线	在相距7.5米的距离处放置两个标志物，指导受试者侧身从一端滑向另一端并反向滑回	身体侧向滑至标志物			
			一只脚紧跟另一只脚滑动			
			至少完成4次向右侧滑动			
			至少完成4次向左侧滑动	技能得分		
总技能得分						

表13-3　物体控制分测验

动作名称	场地、器材	测试方法	评分标准	第一次测试	第二次测试	最后得分
原地拍球	3~5岁幼儿用直径0.2米的球、6~10岁的儿童用篮球、硬平地一块	告诉受试者原地用单手连续拍球4次，拍完球后用双手把球接住	用一只手拍球，高度不超过腰间			
			用手指（不是手掌）运球			
			球落在脚前方或侧方			
			连续拍球4次，脚不移动	技能得分		
踢球	小皮球或足球、胶带、沙包、9米长的空地	把球放在离墙6米的沙包上，离墙9米处为起跑线，告诉受试者站在起跑线上，助跑后用力将球踢出	快速、连续助跑接近球			
			踢球前的最后一步要大			
			支撑腿在球侧方或稍后方			
			用脚背或脚内侧踢球	技能得分		

续表

动作名称	场地、器材	测试方法	评分标准	第一次测试	第二次测试	最后得分
双手接球	直径0.1米的球、胶带、4.5米长的空地	受试者和测试者相距4.5米，受试者用双手接住测试者传出的球。传球高度为受试者胸部。只计算落于肩部和腰部之间的抛球	准备动作时，双臂弯曲伸于体前			
			双臂主动向前伸出接住来球			
			只能用手接住球			
				技能得分		
固定击球	网球、塑料棒、固定支架	将球放在支架上，高度为受试者腰部。告诉幼儿用力将球打出去	优势手在上，非优势手在下握住球棒			
			两脚平行站立，非优势体侧面向击打方向			
			击球时肩部和臀部会跟着身体转动			
			重心移到前脚上			
			球棒击到球			
上手投球	网球、胶带、6米长的平坦空地	离墙6 米处设一条线，让幼儿面对墙，告诉受试者用力将球投向墙壁	面向墙站立，手臂挥动时，先由下向后上做弧线运动			
			髋部和肩部转动至非优势体侧面对墙			
			重心移至前脚和投掷手之间			
			球投出后投掷臂自然摆过身体至非优势体侧			
				技能得分		

续表

动作名称	场地、器材	测试方法	评分标准	第一次测试	第二次测试	最后得分
地滚球	网球、标志物、胶带、7.5米长的空地	两个标志物相距1.2米，在距离标志物6米处画线，告诉受试者用力将球滚向两个标志物之间	投球的手向后摆动至体后			
			与投球手相对的脚向前迈出一大步			
			双腿弯曲以降低身体重心			
			投出的球贴近地面，球弹起的高度不超过0.1米			
				技能得分		
总技能得分						

该测验所需器材主要有：6个不同的球、沙包、锥形筒、卷尺。一名测验人员可以同时对2~3名幼儿施测。正式测验前，必须对测试人员进行相关培训，并至少对3名被试幼儿进行预测试。大肌肉群动作发展测验（第二版）是一个价值很高的研究工具，但是在对大肌肉群动作发展测验结果进行解释时，需要注意两点：①必须谨慎考虑地板效应和天花板效应的影响；②物体控制分测验的常模从3岁起就开始按照性别加以划分。这个测验的优势在于它强调了技能执行的过程，从而有助于教师从只重视结果转向对发展过程的关注。

6. Peabody运动发育量表

Peabody运动发育量表（PDMS），是由美国发育评估与干预治疗专家采用发育框架，在发育学专家最新工作的基础上，专门为个体化家庭服务计划（IFSPS）和个体化教育计划（IEPS）进行从出生到5岁幼儿的运动发育评估而编写的量表。目前已经升级到第二版（PDMS-2），该量表由反射、姿势、移动、实物操作、抓握和视觉—运动整合等6个亚测验的249个项目组成。

（1）反射：共计8项反射分测验，评估婴儿对环境事件自动反应能力。由于反射通常在婴儿12个月大之前就被整合了，因此，这个分测验只用于从出生到11个月大的婴儿。

（2）姿势：包括30项分测验。主要用于评估幼儿维持其身体控制在重心之内的能力和保持平衡的能力。

（3）移动：包括89项分测验项目。主要用于评估幼儿由一处移往另一处的能力。评估的动作有爬、走、跑、单脚跳、向前跳等。

（4）实物操作：包括24项实物操作分测验。主要用于评估幼儿操控球的能力，如接、扔、踢等动作。由于婴儿到11个月时才有这些技能，因此，本分测验只适用于12个月及以上的幼儿。

（5）抓握：包括26项分测验。主要用于评估幼儿用手的能力。从用一手抓握物体开始，发展到控制性地使用双手手指的动作。

（6）视觉—运动整合：包括72项分测验。主要用于评估幼儿应用视知觉技能来执行复杂的手眼协调任务的能力，如伸手抓握一个物体、堆积木、模仿绘画等。

各分测验的结果用于产生综合分的三种运动能力的总指数。①粗大运动商（GMQ）是一种评估大肌肉协调能力的各分测验结果的综合分，由反射（从出生到11个月）、姿势（所有年龄）、移动（所有年龄）、实物操作（12个月及以上）组成；②精细运动商，是一种评估小肌肉系统使用的2个分测验结果的综合分，由抓握（所有年龄）和视觉—运动综合（所有年龄）组成。

作为一种专门的运动发育量表，其在评测项目的选择、方法的可操作性和易用性、评分标准的明晰性等方面都有其独到的优点。由于该量表一开始就是特别为残障幼儿设计的，采用了将运动功能从低级到高级分类的方式，并考虑到各种运动障碍的特点，因此，该量表不仅可用于运动发育迟缓评价，也适用于脑性瘫痪的运动功能评价，并可用于幼儿运动康复的评定。此外，该PDMS-2的测验组件不仅包括检查者手册、简图/总结表、检查者记录表、项目测试指导、Peabody运动发育图、测试工具以及备选的计算机评分软件，还配套有相应的运动发育干预训练方案，根据评测结果可以确立训练目标和训练方案。运动训练方案详尽而且具体，体现了以家庭和患儿为中心的康复理念。

PDMS-2主要有以下5个方面的用途：①其结果可以用来评估幼儿相对于同龄儿的运动能力。②GMQ和FMQ可以进行对比，以确定幼儿的运动能力。③由于对个人技能的定量和定性两个方面都做出评估，因此，PDMS-2对教育性和治疗性干预是有价值的，既能识别技能缺陷，又可转化为个体化训练的目标。④此量表可用于评估幼儿的进步。连续测试所收集到的幼儿行为表现的定量质量，使检查者能够对各次测试相互比较。⑤其还可以用作研究工具，得分可以用于研究各种幼儿群体运动发育的性质，运动能力在学业成就中的作用，以及各种运动干预的效果。

整个PDMS-2测试需要45~60分钟不等的时间，粗大运动或精细运动能力测试可在20~30分钟内完成。通过测试底部和顶部，以及针对每个幼儿挑选测试项目组，测试操作时间可以控制到最短。若幼儿的注意保持时间很短，或者在其他测试量表的某些部分更方便的话，测试可以分为更短的部分进行，一般在5天内完成。幼儿的年龄决定了从哪个项目开始测试，测试可以在房间、走廊、户外进行，整个测试并不要求在同一地方或同一时间进行，把测试环境安排在干扰最少的地方。

PDMS-2的常模是建立在给每个项目记2分、1分或0分的基础上的。对于测试中每个项目应该如何评分给出了明确的解释，测试者必须根据对幼儿在项目测试中表现的评判，结合各个项目具体的评分标准来决定怎样给分。评分标准一般为：2分，幼儿在项目中的表现已经完全达到掌握标准；1分，幼儿在项目中的表现与掌握标准相似，但没有完全符合标准；0分，幼儿不能尝试或没有尝试做项目，或者其尝试未能显示出相应的技能正在形成。

此外，在测试过程中细心观察可以获得幼儿的额外信息，便于书写报告总结。① 幼儿对测试任务的兴趣。②幼儿理解操作指导的方式（如看测试者、倾听，然后再看测试材料；操作指导，表示知道要做什么）。③幼儿解决问题的方式（如在执行任务的过程中大声复述操作指导；很快就去行动而不注意操作指导）。④幼儿对于任务的评论或非言语表达的意见。⑤幼儿反应的快慢与持久性。⑥幼儿自我矫正的应用。⑦幼儿在执行抓握、画、切、扔，以及类似任务时的习惯用手。⑧幼儿转移物品的方向性（从左到右或是从右到左）。⑨幼儿动作的流畅性、敏捷性和协调性。⑩幼儿不同身体部位分离运动的能力。⑪幼儿在某个项目测试前、中和后一些无关的或者过多的动作。⑫幼儿对测试的自我感觉。

7. Bruininks-Oseretsky Test of Motor Proficiency（布尼氏动作熟练度测验）

布尼氏动作熟练度测验具有4.6~14.6岁的儿童的常模，该测验可以用于教育领域以及动作技能评估、项目或专业评定和研究。这个测试包括8个分测验，每个测验又包括1~9个项目（Bruininks,1978），包括体能、精细动作技能和大肌肉群动作技能共46个项目。分测验分别为跑步速度和灵敏性（往返跑）、平衡（动态平衡和静态平衡）、双侧协调（轻拍、双脚跳和双手绘图）、力量（引体向上、仰卧起坐和跳远）、上肢协调（手舞、投掷和接物）、反应速度（反应时）、视觉动作控制（剪切和绘图），以及上肢速度与灵巧度（排列、穿线和绘图）。前4个分测验代表了大肌肉群动作能力，后4个分测验则代表了精细动作能力。测验中每个项目的表现都要转化为一个点分数，将这些点分数合计后转换为标准分数，包括精细动作和大肌肉群动作部分的9级记分和百分位以及总测验分数。

布尼氏动作熟练度测验的项目关注动作结果，不注重动作过程。这项测验可以提供有效、可靠和客观的数据，其优势在于覆盖面广，包括了体能、精细动作和大肌肉群动作技能、常模数据，而且施测者并不需要特别的训练知识。

8. 齐默尔身体动作评价方式

齐默尔是德国精神运动教育的创始人。其针对4~6岁幼儿设计了24项关于大肌肉与精细肌肉运动能力测试项目（表13-4至表13-7）。

表13-4　身体动作评价表

编号	测试内容	规则	评分标准
1	运动1：跳入圈中	幼儿从站立点双足跳入放在地上的体操圈内，立即又跳出圈而不触碰到圈	该任务不计入评分，仅让幼儿适应环境
2	运动2：前进平衡	幼儿在地毯条上向前走，步幅大小可由幼儿自行决定，不能跨越边界	0分：尝试不成功 1分：1次尝试成功 2分：2次尝试成功
3	运动3：打点	幼儿在10秒钟内单手用油性笔在面前放置的白纸上打上尽可能多的点。如何分配点可随其意愿	0 分：少于或等于26点 1 分：27~37 点 2 分：等于或多于38点

续表

编号	测试内容	规则	评分标准
4	运动4：脚趾抓方巾	让幼儿站在地上，在其脚前20厘米的地上放着一块摊开的方巾（图案有蝴蝶）。幼儿应该在5秒钟内用脚趾夹起方巾并交给测试员。测试员在幼儿把方巾提到膝盖高度时取走方巾。之后用另一只脚重复做一遍	0分：尝试不成功 1分：1次尝试成功，左脚或右脚 2分：1次尝试成功，左脚和右脚
5	运动5：侧面跳过绳	把一根2米长的绳子折叠成4截放在地上（每截长50厘米）。幼儿站在绳子旁边，在10秒钟内尽可能多地用双足从一边跳到另一边。每次过绳的跳跃都被记录下来。触碰到绳子或没有用双足跳跃则不计数	0分：少于或等于7次跳跃 1分：8~11 次跳跃 2分：等于或多于12次跳跃
6	运动6：抓棒	幼儿站在测试员面前，伸出优势手张开。测试员拿着棒子，棒子的底端位于幼儿张开的手的大拇指和食指之间。棒子与手之间的距离不小于1厘米。测试员在没有通知的情况下松开棒子，幼儿应该试着尽快地抓住棒子（另一只手不得帮忙）。允许试2次，最成功的一次被评分	棒子均匀分为四个区域 0分：区域4或棒子掉地 1分：区域2和3 2分：区域1
7	执行1：日/夜Stroop任务	测试员向幼儿出示白色太阳和黑色月亮两类卡片，要求幼儿看见白色太阳卡片时回答晚上，看见黑色月亮卡片时回答白天	该任务共进行16次，幼儿每次反应正确计1分，不正确计0分
8	执行2：拍手—跺脚任务	要求幼儿做与测试员相反的动作，如当测试员拍手时，幼儿跺脚，当测试员跺脚时，幼儿则拍手	该任务共进行16次，幼儿每次反应正确计1分，不正确计0分
9	运动7：把网球放入纸板箱	地上的纸板箱里放着3个网球。4米远处放着另一个纸板箱。幼儿应该将3个网球尽快地一个接一个放到另一个纸板箱里。为此所需的时间由测试员记录。幼儿必须（测试员进行示范）注意使球停留在纸板箱里而不能跳出来。当所有球放入另一个纸板箱时任务结束，放入第三个球后计时结束	0分：等于或多于15秒 1分：12~14秒 2分：等于或少于11秒
10	运动8：后退平衡	幼儿在地毯条上后腿行走，步幅大小可由幼儿自行决定，不能跨越边界	0分：尝试不成功 1分：1次尝试成功 2分：2次尝试成功

续表

编号	测试内容	规则	评分标准
11	运动9：扔标靶	幼儿应该将一个网球扔向距离3米远处固定在墙上的标靶。地上的距离用线标出。标靶直径40厘米，上沿距地面1.7米。允许尝试4次。只要球触碰到标靶的边沿，就算成功（试扔不计分）	0 分：没有击中 1 分：击中1次 2 分：击中2~4次
12	运动10：收集火柴	幼儿坐在桌边，桌上的40根火柴均匀分成两堆放在火柴盒的两边。火柴堆与火柴盒的距离为15厘米。幼儿用双手同时将两堆火柴放到火柴盒里，但每只手每次只能抓1根火柴。在过程中，幼儿必须遵守同时使用双手的规则（测试员示范）。完成所需的时间由测试员测量	0 分：等于或多于71秒 1 分：54~70秒 2 分：等于或少于53 秒
13	运动11：钻圈	幼儿应该钻过一个垂直放在地上由测试员抓牢的圈。钻的时候手不能着地，身体不能碰圈。紧接着从另一个方向重复一遍。2次尝试都被评分	0 分：尝试不成功 1 分：1次尝试成功 2 分：2次尝试成功
14	运动12：单腿跳圈	幼儿站在圈前，距离约一足，用单腿从站立点跳入圈内，用同一腿落地并保持站立5秒钟，而不使用另一条腿（测试员示范）。每条腿做两次。所有的尝试都被评分	0 分：尝试不成功 1 分：1~2次尝试成功 2 分：超过2次尝试成功
15	执行3：维度变化连线任务	第一轮，拿到卡片，将上面的数字按1、2、3、4……顺序连接起来，连完后立即进行第二轮，换成新的卡片，按照A、1、B、2、C、3……的顺序连接起来。按第一轮结束到第二轮开始之间反应所用的时间记分	0分：大于15秒 1分：10~15秒 2分：5~10秒
16	执行4：维度变化卡片分类任务	根据图形和颜色两种维度来分类。要求幼儿先以一种维度进行分类（图形），然后再用另一种维度进行分类（颜色）。例如，有扇子和金箍棒两种图形，分别有红色和金色两种颜色，第一次让幼儿根据图形将扇子分为一类，金箍棒分为一类。第二次让幼儿根据颜色将红色分为一类，金色分为一类	0分：两种分类均不成功 1分：图形分类成功或颜色分类成功 2分：图形分类和颜色分类都成功
17	运动13：抓住网球环	幼儿双手抓住从距离4米远处向他扔过来的网球环，抓的时候不允许环碰到胸腹部，允许尝试4次	0分：尝试不成功 1分：1次尝试成功 2分：2次及以上尝试成功

续表

编号	测试内容	规则	评分标准
18	运动14：劈腿跳	幼儿以劈腿姿势跳，然后跳回到合腿姿势，变换跳10秒钟。手臂在跳跃过程中变换着前伸或后伸。手臂、腿的运动应该保持同一速度和节奏。单次跳跃之间不能产生中断（保持某种姿势）	0分：不能完成汉普尔曼跳 1分：部分时间正确跳，但没有保持10秒钟；运动的协调正确，但节奏中断；节奏正确，但运动协调错误 2分：时间、节奏和运动协调都正确
19	运动15：跳过绳	将绳子绑定在凳子或桌子的一根腿上，其中间部位离地35厘米。幼儿双足同时跳过这根绳子而不碰到它。幼儿站在离绳子35厘米开外，这一距离用线在地上标出。然后尝试跳过45厘米的高度。每个高度跳2次，好的那一次被评分	0分：没跳过去 1分：跳过35厘米 2分：跳过45厘米
20	运动16：围绕中线翻滚	幼儿仰卧在地上，手臂伸在头部上方，并且用僵直的身体翻滚为俯卧式再滚回仰卧式，其间保持僵直的身体姿势不变（手臂和腿不允许动）。经过短暂放松后，向另一方向重复翻滚一遍。2次翻滚都被评分	0分：尝试不成功 1分：1次尝试成功 2分：2次尝试成功
21	运动17：持球起立和坐下	幼儿双腿交叉坐在地上，双手持球举过头顶。他应该不改变球的状态站起来，然后重新坐回原来的状态	0分：没有站起来，也没有坐下去 1分：站起来或坐下去 2分：站起来和坐下去
22	运动18：转身跳圈	幼儿从站立点转半圈双足跳入放在地上的体操圈内，马上又转半圈跳出。2次转圈都必须达到180度，这样幼儿在跳完2次后又正好回到跳之前的位置	0分：尝试不成功 1分：1次尝试成功 2分：2次尝试成功
23	执行5：Beads任务	测试员向幼儿展示图片（一种图形），第一次只展示一张图片（持续时间2秒），第二次展示两张图片（持续时间3秒），第三次展示三张图片（持续时间5秒），幼儿需要在给予他的卡片中找出刚刚看到的图片。每一种展示轮换着进行5次，总共15次	0分：0~4次完全找对 1分：5~10次完全找对 2分：11~15次完全找对

续表

编号	测试内容	规则	评分标准
24	执行6：贴画任务	测试员向幼儿展示6只颜色不同但大小相同的箱子，然后当着幼儿的面在每个箱子里贴上宝藏的图片。接着由幼儿来找宝藏，每找到一个，测试员会将空箱子放回到剩余的5只箱子中，并打乱顺序，然后由幼儿继续寻找。如果幼儿找了16次才找完所有的贴画或没有找完所有的贴画就停止测试，记为16次	0分：16次完成或未完成 1分：11~15次完成 2分：6~10次完成

表13-5　精神运动学能力的观察

幼儿姓名		幼儿性别			幼儿年龄	
观察时间		观察者姓名			机构名称	

游戏中的一般行为	始终	大部分	部分	几乎不	从不	说明, 案例情境等
幼儿能够发动游戏	○	○	○	○	○	
幼儿有自己的游戏想法	○	○	○	○	○	
幼儿玩得很持久	○	○	○	○	○	
幼儿很积极,显示出主动性	○	○	○	○	○	
幼儿集中注意力于某个活动中	○	○	○	○	○	
幼儿不分散别人的注意力	○	○	○	○	○	
幼儿不被别人分散注意力	○	○	○	○	○	
幼儿有目标地使用游戏器材	○	○	○	○	○	
幼儿对游戏器材的使用有创造性的想法	○	○	○	○	○	
幼儿很快就被新的游戏想法所鼓舞	○	○	○	○	○	
幼儿在小组里带来游戏动力	○	○	○	○	○	
幼儿将他的想法付诸实施	○	○	○	○	○	
幼儿独立发现游戏的结构	○	○	○	○	○	

表13-6　运动能力的观察

大肌肉能力	始终	大部分	部分	几乎不	从不	说明，案例情境等
幼儿能够很好地协调他的运动	○	○	○	○	○	
幼儿很灵活地控制一个球	○	○	○	○	○	
幼儿抓住扔过来的球	○	○	○	○	○	
幼儿在狭窄的平衡区保持平衡	○	○	○	○	○	
幼儿在高处的平衡区保持平衡	○	○	○	○	○	
幼儿在不平整的地面上保持平衡	○	○	○	○	○	
幼儿单腿蹦跳	○	○	○	○	○	
幼儿从高处往下跳	○	○	○	○	○	
幼儿爬到高处	○	○	○	○	○	
幼儿跳过一个“地沟”	○	○	○	○	○	
幼儿在劈叉跳的时候保持手足协调	○	○	○	○	○	
幼儿有节奏地蹦跳	○	○	○	○	○	
幼儿协调跑与跳	○	○	○	○	○	
幼儿持久地跑	○	○	○	○	○	
幼儿运动（跑）的速度适应某个情境	○	○	○	○	○	
幼儿放慢和加快运动	○	○	○	○	○	
幼儿自由地上下楼梯	○	○	○	○	○	
小肌肉能力	**始终**	**大部分**	**部分**	**几乎不**	**从不**	**说明，案例情境等**
幼儿能够有目标地（熟练地）用手抓	○	○	○	○	○	
幼儿有目标地（熟练地）用脚抓	○	○	○	○	○	
幼儿准确地完成运动	○	○	○	○	○	
幼儿在衣服上夹晾衣夹	○	○	○	○	○	
幼儿用握笔姿势拿住一支笔	○	○	○	○	○	
幼儿沿着边线裁剪出一个图形	○	○	○	○	○	
幼儿用锤子钉下一个钉子	○	○	○	○	○	
幼儿画出一个图形	○	○	○	○	○	

续表

小肌肉能力	始终	大部分	部分	几乎不	从不	说明，案例情境等
幼儿独立制作/裁剪	○	○	○	○	○	
幼儿把珍珠穿到一根绳子上	○	○	○	○	○	
幼儿解开和扣上扣子	○	○	○	○	○	
幼儿拉拢上拉链	○	○	○	○	○	
幼儿系上鞋带	○	○	○	○	○	
幼儿用剪刀剪	○	○	○	○	○	
幼儿从水瓶倒水到玻璃杯	○	○	○	○	○	

表13-7 感知能力的观察

视觉感知	始终	大部分	部分	几乎不	从不	说明，案例情境等
幼儿能够区别颜色	○	○	○	○	○	
幼儿区别形状（四边形、圆圈）	○	○	○	○	○	
幼儿记住空间里的事物	○	○	○	○	○	
幼儿将球扔向目标	○	○	○	○	○	
幼儿抓住球	○	○	○	○	○	
幼儿对光学信号做出反应	○	○	○	○	○	
幼儿记住看到过的事物	○	○	○	○	○	
幼儿在空间里定位	○	○	○	○	○	
幼儿从不重要的刺激中区别出重要的刺激	○	○	○	○	○	
幼儿正确厘清空间一方位关系（前、后、上、下等）	○	○	○	○	○	
幼儿临摹简单的图形	○	○	○	○	○	
幼儿记住事物的空间顺序	○	○	○	○	○	
幼儿记住空间里的地方和隐匿处	○	○	○	○	○	
听觉感知	**始终**	**大部分**	**部分**	**几乎不**	**从不**	**说明，案例情境等**
幼儿能够区别不同的声响/声音	○	○	○	○	○	
幼儿确定声响的位置	○	○	○	○	○	

续表

听觉感知	始终	大部分	部分	几乎不	从不	说明，案例情境等
幼儿跟踪在空间里移动的声响源	○	○	○	○	○	
幼儿集中注意力于一个讲述的故事	○	○	○	○	○	
幼儿对声学的信号做出反应	○	○	○	○	○	
幼儿记住一个曲调	○	○	○	○	○	
幼儿认出声响/将其归类到特定的物质	○	○	○	○	○	
幼儿从不重要的声响中区别出重要的声响	○	○	○	○	○	
幼儿拍打出给出的节奏	○	○	○	○	○	
触觉感知	**始终**	**大部分**	**部分**	**几乎不**	**从不**	**说明，案例情境等**
幼儿能够闭着眼睛摸辨出事物	○	○	○	○	○	
幼儿区别表面（粗糙、光滑……）	○	○	○	○	○	
幼儿确定自己身体被触碰的位置	○	○	○	○	○	
幼儿摸辨和区别形状	○	○	○	○	○	
幼儿区别温度（温、凉）	○	○	○	○	○	
前庭感知	**始终**	**大部分**	**部分**	**几乎不**	**从不**	**说明，案例情境等**
幼儿能够稳定地让一个物体（球等）保持平衡	○	○	○	○	○	
幼儿单腿保持平衡	○	○	○	○	○	
幼儿走过一条狭窄的凳子	○	○	○	○	○	
幼儿在晃动的地面上站立	○	○	○	○	○	
幼儿适应旋转加速（旋转木马）	○	○	○	○	○	
身体感知	**始终**	**大部分**	**部分**	**几乎不**	**从不**	**说明，案例情境等**
幼儿能够任意地绷紧他的肌肉组织	○	○	○	○	○	
幼儿放松	○	○	○	○	○	
幼儿有轻重地使用他的身体能力	○	○	○	○	○	
幼儿区别重量	○	○	○	○	○	

续表

身体感知	始终	大部分	部分	几乎不	从不	说明，案例情境等
幼儿区别自己的身体部位	○	○	○	○	○	
幼儿有意识地感知他的身体	○	○	○	○	○	
幼儿控制他的动作	○	○	○	○	○	
幼儿改变自己动作的速度	○	○	○	○	○	
幼儿根据障碍调整自己的运动（比如在缠绕的时候把自己缩小）	○	○	○	○	○	
幼儿采纳或者照做给出的姿势（比如游戏镜面画）	○	○	○	○	○	
幼儿感知自己的身体姿态	○	○	○	○	○	
幼儿突然停止动作	○	○	○	○	○	

（三）身体动作评价维度

完成动作质量的评价一般包括动作的准确性、动作的经济性、动作的协调性和动作的缓冲性。

1. 动作的准确性

动作从开始到结束的整个过程必须完整、准确，动作要符合生理学、解剖学和生物力学要求。

2. 动作的经济性

以最少的能量消耗最大限度地完成动作。要做到动作的经济性就必须准确熟练地掌握动作技术，消除多余和不协调的动作。

3. 动作的协调性

在完成动作的过程中，身体及身体各部位应表现出协调性、动作顺序的合理性以及各要素之间的配合，协调性也是经济性的体现。

4. 动作的缓冲性

动作的缓冲性既是动作的要求，也是身体保护的要求；缓冲既表示动作技术的合理与正确，也可以有效地避免对身体的损伤。

除了上述基本方法之外，平时我们还要注意观察幼儿是否能够熟练地完成不同的动作模式和技能；是否能够把所学到的身体运动的概念、原理、策略和方法应用到身体活动和运动表现中，并且能够展示身体活动和使体质水平得到提升；是否能够表现出合理的尊重自己和他人的个人和社会行为，以及能够认识和体验到身体活动和体育运动所带来的健康、喜悦、挑战、自我表达和社交的价值。

（四）运动可塑性的测验与评价

运动可塑性（General Motor Education）是指能够较为容易和较好地学会运动技能动作的能力。这种测验一般由被试者不熟悉的一些简单动作构成。Brace（1927）的测验最具代表性。Brace测验由2套20个动作组成，每套10个动作，以完成规定动作评定分数。学前幼儿是本研究的研究对象，因此，难度较低的第一套可以采用。

（1）足跟／足尖直线走。

（2）双足开立，向上跳，并在空中两足相碰一次，落地时双足开立成开始姿势。

（3）仰卧姿势，双臂放在胸前，坐起，双脚不离地。

（4）站立姿势，下蹲双臂折放在背后双膝下，起立还原。

（5）做3次俯卧撑。

（6）两脚并拢，提踵下蹲双膝向外，指尖触地，然后跳起成直立，落地时两足开立约46厘米，足跟着地。

（7）向上跳，空中左转360度，落于原地。

（8）同（2），要求空中两足相碰两次。

记分方法，被试者在不预先练习的情况下，能够正确地完成一个动作可以得5分，不能完成动作计0分，满分为45分。

第三节 身体动作游戏对学习品质的影响

Kagan等认为，“学习品质”是一个经常与身体发展、社会性发展、情绪发展等一起出现的术语。美国华盛顿州的学习标准中的表述为：它不是指幼儿所要获得的那些技能，而是幼儿怎样使自己去获得各种各样的技能。理想的学习品质就是良好的学习习惯、学习素养或学习态度与学习能力。《3~6岁儿童学习与发展指南》指出幼儿的学习品质主要包括积极主动、认真专注、不怕困难、敢于探究和尝试、乐于想象和创造等方面。而许卓娅则提出，学习品质主要集中在坚持性、创造性、解决问题能力、反思性、好奇心、主动性与合作性等七个方面[1]。这与本研究对幼儿学习品质的理解是一致的。

一、身体动作游戏中的学习品质

（一）坚持性

坚持性是指早期幼儿发展坚持的能力，在参与任务时能够持续地进行，面临困难时也能够表现出执着、不放弃的精神，表现为专注、抗挫、耐心、钻研、执着等行为特征。具体标准为以下七个方面。

（1）能够集中注意力做一件事。

（2）能够在做一件事情时持续5~10分钟，参与完成开放性任务时可坚持20~30分钟，对有兴趣的活动能够持续3~5天。

（3）能够按照自己制订的目标计划有步骤地开展活动，能够完成4~5个步骤的任务。

（4）遇到干扰时，能够集中注意力做自己的事或能在中断后独立将注意重新转移到原来的活动中。

（5）遇到困难、挫折、失败时能继续尝试并自我调节。

（6）能接受合理的挑战，并在沮丧时坚持而不放弃，争取成功。

---

[1] 许卓娅. 给幼儿园教师的101条建议——音乐教育[M]. 南京：南京师范大学出版社，2014.

（7）遇到困难能够主动寻求帮助并愿意接受帮助。

（二）创造性

创造性是指幼儿表现出用独特的方式来认识环境并与环境互动的能力。具体标准为以下六个方面：

（1）利用想象、创造、发明来进行游戏。

（2）用多种方式进行表达，特别与艺术表达有关。

（3）能从多种视角看问题。

（4）能对一个想法进行延伸、拓展、推敲。

（5）喜欢尝试以新的方式进行游戏。

（6）能欣赏幽默，善于观察和模仿他人的行为。

（三）解决问题能力

解决问题能力主要是指幼儿在面对疑难或困难、阻碍时，愿意面对问题并能够努力澄清问题、解决疑难、克服困难和阻碍的能力，主要表现为经验迁移、运用、总结、思考、推理、调整等方面。具体标准为以下六个方面。

（1）能够在日常生活中寻找问题。

（2）发现问题、描述问题，并尝试使用不同的途径解决问题。

（3）能够将已有的经验应用于新的情境中。

（4）能够根据具体的情境及时调整自己或自己的计划。

（5）具有思考能力和口头解决问题的能力。

（6）解决问题或完成任务后表现出满足和高兴。

（四）反思性

反思性主要是指对先前的经验进行思考，有所发现，创造和解决新问题的能力。具体标准为以下七个方面。

（1）对一些有趣的事或想法表现出较长时间的记忆。

（2）能够计划活动，预测事情的发展，在先前经验的基础上进行游戏。

（3）对发生过的事情进行描述、再现或演绎。

（4）遇到困难能够思考、讨论、改变或改进完成任务的方式。

（5）能够讨论归纳重要的经验和定义。

（6）能够明确自己是在先前经验的基础上进行游戏。

（7）能够对自身活动做出较为公正的评价。

（五）好奇心

好奇心和幼儿探索环境的一切方面有关，从物质、人到想法、风格，幼儿因好奇心去寻找问题的答案，从而建构自己的知识体系。具体标准为以下五个方面。

（1）喜欢主动问问题。

（2）愿意学习和尝试新事物。

（3）愿意参与更多不同种类的活动。

（4）对周围更多的人、事物及其变化感兴趣。

（5）积极探索试验，通过对物质材料的调查、研究或探索来进行学习。

（六）主动性

主动性是指幼儿展现出来的独立的精神和控制自己选择的能力，也指幼儿独立发展社会关系、表现出自给自足的意识、与别人互动时表现出来的自信。主要表现为目的性、计划性、自我控制、自我调节、积极向上、独立性、自信、自我欣赏、探索、尝试等内容。具体标准有以下七个方面。

（1）自给自足。

（2）积极参与各种游戏活动。

（3）愿意独立完成任务。

（4）面对多种选择机会时能独立选择。

（5）主动与他人互助或合作。

（6）愿意尝试一些有难度、有挑战性或风险的游戏。

（7）独立形成自己的计划，基本不需要他人的帮助。

（七）合作性

合作性是指在游戏中，能够通过与他人的相互配合达成学习目标的一种能力。具体标准有以下七个方面。

（1）能够积极参与游戏并能享受游戏活动的快乐。

（2）遇到困难时能与同伴进行讨论。

（3）必要时能够寻求同伴、教师的帮助。

（4）愿意与他人分享自己的经验或意见。

（5）乐于倾听并吸纳他人的经验或意见。

（6）游戏时，能够模仿并跟随同伴或教师。

（7）能够对他人进行公正积极的评价。

（八）注意力

注意是人的心理活动对外界一定事物的指向和集中，具有注意的能力就叫注意力。注意力具有稳定性、集中性、注意力范围、注意力分配和注意力转移等五大品质。具体标准有以下几个方面[1]。

1. 注意力的偏好

（1）幼儿注意力在每种游戏中的平均时间长短。

（2）哪些游戏引起幼儿注意的时间最长，哪些游戏最短。

（3）幼儿是否表现出某种感觉偏好。

①视觉偏好：幼儿对于物体的视觉特征（形状、大小、颜色、空间位置）注意时间较长。

②听觉偏好：幼儿对于发出声响的物体注意时间长，如幼儿在听故事的过程中，注意力更加容易集中。

③触觉偏好：幼儿对于引起强烈触觉感受的物体注意时间较长，在自己操作的过程中，注意力更容易集中。

2. 注意力分散：外部刺激是否会干扰游戏活动

（1）视觉刺激物（材料、玩具）是否会分散幼儿的注意力。

---

[1] 刘云艳. 给幼儿园教师的101条建议——幼儿心理健康教育[M]. 南京：南京师范大学出版社，2015：260-26

（2）听觉刺激（铃声、声响）是否会分散幼儿的注意力。

（3）附近的一些活动是否会分散幼儿的注意力。

（4）周围的人是否会分散幼儿的注意力。

上述内容可以给教师在评价幼儿学习品质时提供一个参考，以便能够从这些描述中，找出在游戏活动中教师可以关注的幼儿行为，评价这些行为和教师游戏指导的关系，以不断寻求游戏的活动规律，更有效地促进幼儿学习品质的发展，从而使幼儿享受游戏，善于游戏，乐于游戏。

二、身体动作游戏中幼儿学习品质的培育

（一）坚持性

每一个身体动作从不会到会，从生疏到熟练都必须经历过多次失败才能获得。身体动作游戏是培育幼儿坚持性的重要途径。周蕾的研究表明，身体动作游戏有利于培育幼儿的坚持性[1]。该研究设置了主题为“过河”的大班游戏。大雨过后，河水暴涨，要回家必须经过一条小河，桥很窄、很高，第一次可以过两名幼儿，只能前后依次走。第二次只能一名幼儿自行过河。游戏中，教师采用鼓励性的语言：“哪位小朋友可以先来？勇敢一点，大家可以的，加油！”两名幼儿自告奋勇地前行了。有了榜样后，参与的幼儿开始增多了。其间，教师不断地鼓励幼儿要勇于挑战、坚持、相互帮助、共同努力。在教师和其他完成了的幼儿的鼓励下，慢慢地，大家都开始争先恐后地进行练习了。

（二）合作性

作为教师应该学会在游戏中挖掘、创造适宜的环境，给幼儿提供更多的合作机会。为此，建议采用以下策略。

1. 以目标为导向，诱发合作动机

目标在游戏中有导向作用，是确定内容、方式、规则等的主要依据。比如，

[1]　周蕾. 在体育活动中培养大班幼儿坚强意志品质的实践研究[C]. 2017年浙江省幼儿体育与健康发展论坛会议资料，2017（12）：49-52.

两人三足游戏中，目标为两人三足的走法，提高协同走的能力，体验合作获得的快乐。

2. 以内容为媒介，激发幼儿的合作意识

内容是实现游戏目标的主要途径，它是游戏的关键。教师可采用问题形式，激发幼儿合作的兴趣。比如："森林中有很多小动物受伤了，需要帮助，哪一位小朋友可以去帮助它们呀？"于是幼儿就开始想办法，用抬、背等方法去帮助受伤的小动物。

3. 以器材为抓手，挖掘幼儿合作形式

游戏中，材料的选取起着重要的作用。运用减材料、做材料等形式让幼儿学会共享、互商和齐动手，从而挖掘幼儿的合作形式。比如神秘岛游戏中，我们采用报纸作为游戏中的小岛，涨潮时，报纸就成了小鸟的藏身之处。第一次游戏时，幼儿人手一张报纸，涨潮时，幼儿逃到各自小岛上去；第二次游戏时，小岛被海水淹没了一半，涨潮时幼儿能主动两两合作在一个小岛上逃生；后来，小岛又被海水淹没了一半，这就需要幼儿们想办法怎么能在小小的岛上站起来了。在这个过程中，幼儿学会了协商、等待、互助等合作能力。

第四节　基于CIPP模型的游戏效果评估

一、CIPP模型概述

20世纪60年代末70年代初，Stufflebeam等人提出了CIPP评价模型。C表述背景（Context），I即输入（Input），P是过程（Process）和成果（Product）。该模式将评价定义为判断决策所做出的描述、获取、提供有用信息的过程。该模型是一个循环系统，是一种不断收集和利用新信息的持续过程。该模型说明了评价不是为了证明，而是为了改进，并将游戏评估扩展到整个游戏过程。

情境评估，主要是确定幼儿需求，设定游戏目标，包括了解相关环境、分析幼儿需求、鉴别游戏机会、制定游戏目标等。投入评估，是评估游戏资源及游戏内容，具体包括收集游戏资源信息、评估游戏资源、评估游戏设计是否有效地利用了现有资源、是否能够达到预期目标及是否需要外部资源的帮助等。过程评估，是指通过评估为幼儿提供反馈信息，以使他们在后续的游戏中能改进、完善。结果评估，主要是对游戏是否达到预期目标进行评估，包括幼儿参与度、行为的改善、知识和技能的增加，以及幼儿个人和集体运动水平的提高等。CIPP评价模型的流程如图13-5所示。

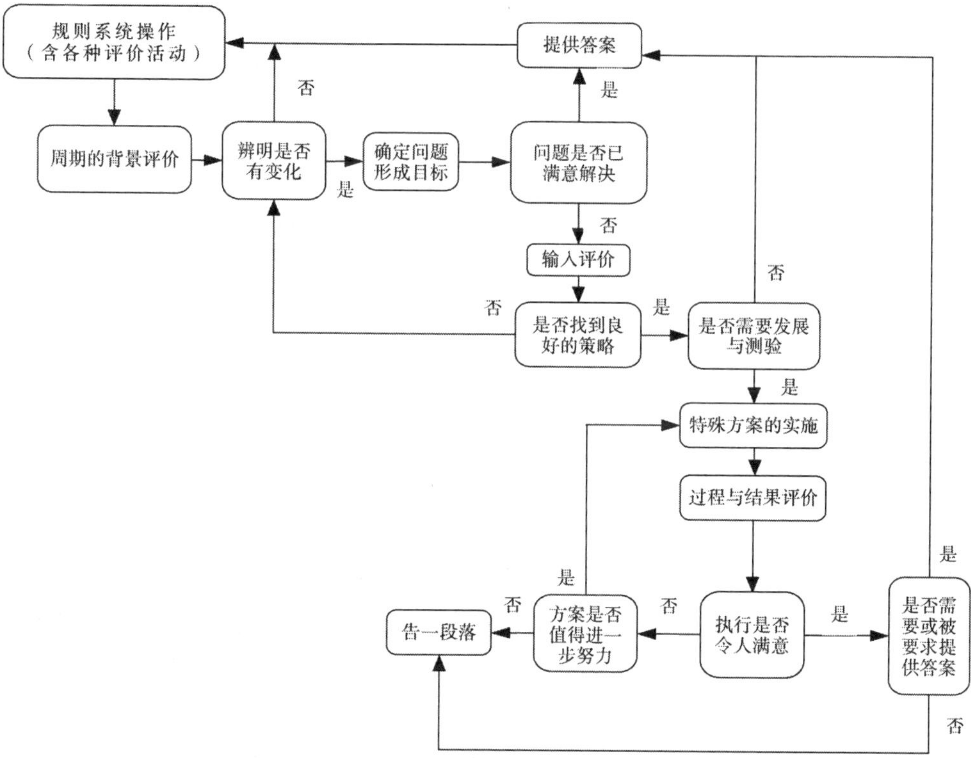

图13-5 CIPP流程

CIPP模型在游戏设计与评价中具有重要的参考价值。此模型整合了背景评价、输入评价、过程评价和成果评价，具有较强的系统性，真正将评估活动介入游戏的整个过程，不仅能对游戏的可行性和有效性进行分析，还能进一步分析游戏过程。游戏过程中的评估可以及时发现、归纳本次游戏活动的经验和不足，反馈信息会对后续活动产生积极影响。但是，模型过分强调描述性信息，势必忽略对活动方案及教师实施的价值判断，从而缺乏对游戏实践的反思批判精神。

二、基于CIPP的体育游戏效果评估体系构建

（一）基于CIPP的体育游戏效果评估类型构成

根据CIPP模型的评价要素，体育游戏效果评估也分为背景评价、输入评价、过程评价以及结果评价等四种类型。

1. 背景评价

背景评价强调应该根据评价对象的需要对游戏目标进行评价。评价其游戏目标是否与幼儿的需求一致，要求描述目前环境已经具备的相应游戏条件、有待改进的条件、尚未满足的需要、未加利用的资源、可能存在的机会，诊断、选择目标，明确潜在问题以及迫切需要解决的问题。其目的是使教师确定游戏实施的背景，明晰评价对象及其需要，满足需要的机会。

2. 输入评价

输入评价是游戏计划的可行性评价，是为决策服务的，旨在通过对各种可供选择的游戏计划的评价，帮助游戏教师确定如何运用资源以实现目标。输入评价包括对游戏的材料、方法、程序、设备、人员、环境等加以分析，以便针对目标选择适宜的游戏活动资源、设计方案和发展途径。在输入评价中，常常要考虑以下问题：已经确定的游戏目标是否可行？哪些方法、策略有助于达到游戏目标？各种方法、策略的预期效用与实际效用如何？其理论假设是什么？教师是否有效运用了这些方法、策略？人员配备、时间安排、执行情况的管理与监督问题是否能得到解决？这些方法、策略有无副作用？如何对其进行评价？

3. 过程评价

过程评价是为是否进行游戏服务的，在计划或方案设计完毕并付诸实施时便开始进行。过程评价可以在方案正式实施前进行预测，以确定计划是否可行，并加以修正；也可以通过对游戏实施过程中的实际描述，及时提供有关活动情况的

资料，记录所有的活动过程，以便在游戏后加以分析、确定或预测游戏本身或实施过程中存在的问题，为游戏的角色提供修改或调整游戏的有效信息。

4. 结果评价

结果评价是为循环决策服务的，目的是测量、揭示和评价游戏课程所获得的成果，不仅仅是对游戏的最后鉴定，还是对游戏质量控制的一种手段。可以在整个游戏结束时进行，从而进行价值判断，也可以在方案进行时实施。结果评价应该考查游戏实施达到目标的程度，着重于向幼儿提供信息，较少强调评价者的判断，让教师自己去分析并形成判断，最终采用维持原游戏、微调、大幅度改革或全面改革等不同的游戏选取。

（二）基于CIPP的体育游戏效果评估理论模型

幼儿园体育游戏开展过程中存在着重数量不重质量、重过程轻结果的现状，构建一种贯穿于整个活动过程的游戏效果评估体系迫在眉睫，CIPP 模型重视整个活动过程的评估。因此，本书将运用CIPP 模型的评价理念与方法来探讨、构建体育游戏效果评估体系。模型是借助图表元素阐释社会现象之间的相互关系与作用的表达形式。理论模型是用以描述与社会现象相关的变量之间的关系与作用的理论结构。理论模型侧重于依据可供验证的方法系统化地阐述社会现象（图13-6）。

（三）体育游戏效果评估理论模型的解析

CIPP模型强调收集关于需要、资源、课程方案的选择等方面的信息，向教师提供有用的信息，尤其有利于制订新的课程计划。体育游戏效果评估的CIPP理论模型的要素贯穿于体育游戏活动的始终，渗透游戏活动的各个环节，始终以体育游戏目的为中心，为进行体育游戏活动提供科学、有效的信息。

1. 基于CIPP的体育游戏评估理论模型要素与关系

基于CIPP评价的理论模型，以体育游戏的效果为主，围绕游戏环境基础、游戏资源配置、游戏过程和游戏成效等四个方面进行探索。以体育游戏的目标、计划、行动和结果为评价焦点，贯穿体育游戏开展的背景、输入、过程和成果的

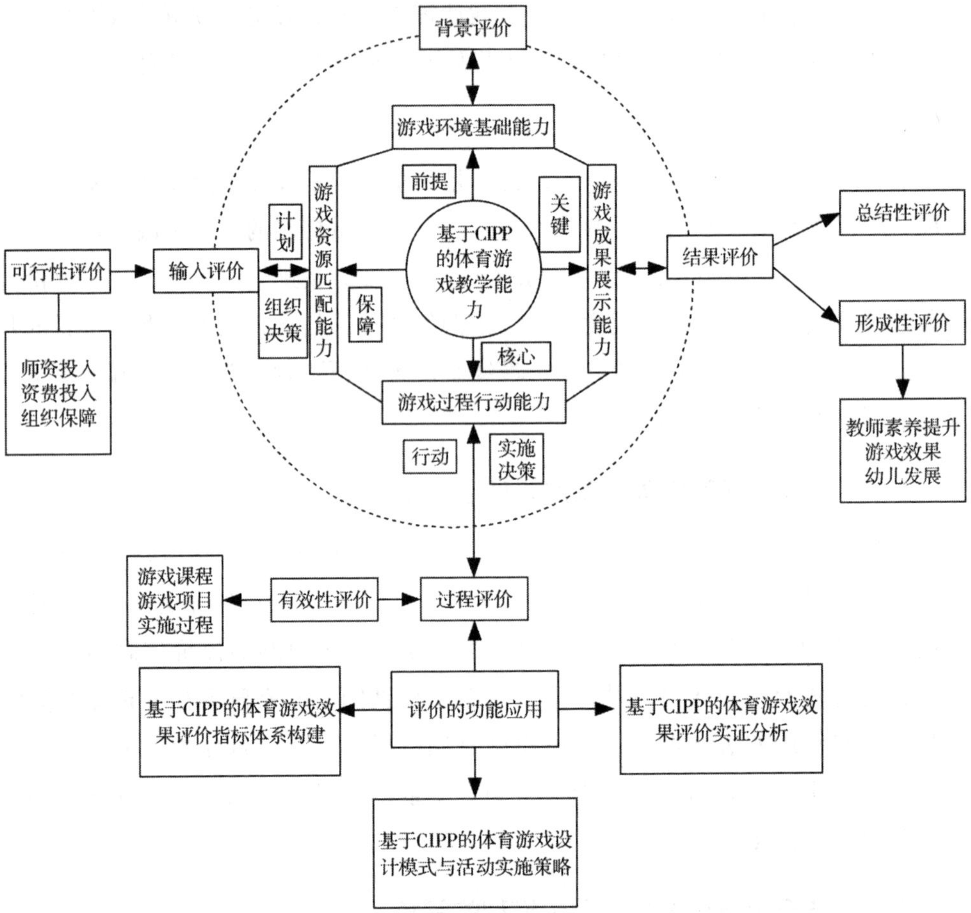

图13-6　基于CIPP的体育游戏效果评估理论模型

CIPP评价要素，整合可行性、有效性、形成性、总结性评价类型，从而为体育游戏的设计、组织、实施和重复服务。体育游戏效果的CIPP理论模型要素由三个层次构成：基于CIPP的体育游戏的教学能力、体育游戏组织能力和CIPP评价要素。教学能力和组织能力之间的单向箭头，体现了教学能力与游戏环境基础能力、资源配置能力、行动过程能力和成果展示能力之间的种属线性关系。组织能力和CIPP评价要素之间的双向箭头，体现了体育游戏组织能力构成与背景、输入、过程和成果四个评价要素的彼此互动、相互影响的对应关系。其中，不同评价要素关注相应的评价焦点的流程，即为不同游戏选择类型提供有效信息的服务过程，从而整合幼儿园体育游戏的可行性、有效性、形成性不同评价类型，总结性评价为后续评价做准备，以追踪和评估结果和影响，突出形成性评价和改进功能。

2. 体育游戏效果评估体系建构

本研究从背景、输入、过程和结果等四个评价要素的目标、方法、CIPP与游戏关系的维度归纳出模型的特征（表13-8）。

表13–8 体育游戏活动中CIPP模型特征

	背景评价	输入评价	过程评价	结果评价
目标	界定教师的知识体系背景；确认教学对象及其需求；确认满足需求的可能条件；诊断需求所显示的困难；判断目标是否充分满足了已知需求	确认和评估系统的各种能力；确认和评估选择方案的策略；确认和评估实施策略的程序设计、预算及进度	确认或预测游戏设计或实施中的缺点；为设计好的游戏提供信息；记录和判断依次发生的游戏活动	收集对结果的描述及判断；将其与目标以及背景、输入及过程的信息相联系；解释其价值及意义
方法	使用系统分析、调查、文献、诊断测验等方法	分析可用的人力和物力资源，解决问题的策略，及游戏设计的可行性和经济性；利用探讨、小型试验、建议小组、询问幼儿等方法	控制游戏中的潜在障碍，并对非预期障碍保持警觉；描述真实的过程；与任课教师不断交流，观察他们的言行举止	制定可操作、可测量的评价结果标准；收集与游戏相关人员对结果的评断；从质与量上加以分析
CIPP与游戏的关系	为设计游戏服务，决定游戏实施的背景，与满足需要有关的目的或使用时机，以及与解决问题有关的目标提供判断结果的基础	为组织游戏服务，选择资源，解决问题的测量，以及游戏设计，提供判断游戏实施状况的基础	为实施游戏服务，为有效地开展、实施和完善游戏设计及过程；并为以后解释结果，提供大量真正过程的记录	为设计相应游戏服务，为提供清晰的有关效果（预期的与非预期的、积极的与清晰的）记录

基于CIPP的体育游戏效果评估指标体系，如表13-9所示。教师的角色，如游戏机会的提供者、游戏材料的提供者、游戏的支持者和援助者、游戏的伙伴和参

与者、游戏的观察者、儿童在分享游戏经验时的倾听者和发问者。

表13-9　基于CIPP的体育游戏效果评估指标体系

主指标	分指标	子指标
背景评价 游戏环境	教师	毕业专业 培训历程 教龄 任教的课程
	环境	主动激发幼儿潜在的动作出现 主动激发幼儿达到一定的运动负荷 激发与维持幼儿主动参与游戏的兴趣 激发幼儿运动创造能力
	幼儿	年龄 动作水平 体能水平 心理特点 认知水平
输入评价 游戏资源 配置	场地	场地大小 场地数量
	器材	器材种类 器材数量
	组织形式	自主活动 集体活动
过程评价 游戏过程	教师	导入语 热身内容 上下衔接方式
	环境	情境设置 角色设置 空间利用 器材投放
	幼儿	运动负荷 学习热情 学习态度

续表

主指标	分指标	子指标
成果评价 游戏成果	教师	教师基本了解相关理论知识 教师基本掌握相关动作技能
	环境	合理利用场地 针对性地投放器材
	幼儿	幼儿基本掌握相关动作技能 幼儿能合理运用相关技能 幼儿对该游戏保持兴趣与热情

依据基于CIPP的体育游戏效果评估理论模型，在遵循体育游戏效果评估指标体系的构建原则和选取基于CIPP的体育游戏效果评估指标的基础上，建立了基于CIPP的体育游戏效果评估指标体系，集体育游戏设计的背景评价、输入评价、过程评价和成果评价于一体，分别由游戏环境、游戏资源配置、游戏过程和游戏成果4个主指标，富于幼儿体育游戏特色的12个分指标和36个子指标所构成。

3. 基于CIPP的体育游戏效果评估理论模型的应用

作为游戏效果评估理论和实践的纽带，CIPP模型具备理论指导性和实践操作性的行为范式。在CIPP框架下构建的体育游戏效果评估的理论模型为构建幼儿园体育游戏效果评估指标体系与开展实证分析，为提炼幼儿园体育游戏教学模式与剖析能力提升策略提供了参考与依据。

教案

足球游戏小猪运果子（中班）

一、游戏目标

1.练习脚背运球，掌握软垫运球的基本技巧。

2.愿意大胆地尝试，喜欢挑战不同场地的足球游戏。

二、游戏准备

软垫、足球、音乐。

三、场地布置

小路、泥坑、绿地，连成一条挑战线。

四、游戏过程

1. 听音乐入场

——小猪们，今天妈妈要带你们去玩，来，我们一起带上足球活动下身体吧！

2. 过泥坑

（1）第一次尝试过泥坑。

——小猪们，前面是一个大泥坑，我们该怎么把足球运过去？

注意：只能用脚怎么过去？

（2）第二次集体过泥坑。

——刚才我们的小猪，想出了好多的办法，我也发现用脚背运球最快了（边说边示范）。那我们再试一次，用脚背把球运过去。

3. 穿过障碍

——瞧，前面还有窄的小路，怎么过？

——妈妈最喜欢敢于尝试的小猪了，谁愿意来试试？

——那么问题来了，这么多小猪，怎么过？

——我们一起出发吧！（多走几次）

4. 结束

——哇，我们终于到了绿草坪了，快展示下自己的球技吧！

（1）背景评价：界定教师的知识体系背景；确认教学对象及其需求；确认满足需求的可能条件；诊断需求所显示的困难；判断目标是否充分满足了已知需求。

①教师方面：任教教师毕业于幼儿舞蹈专业，身体动作发展较好，缺乏足球技术与足球专业知识，曾经参加过为期七天的幼儿足球教练员培训，对足球运动的认识较为粗浅。具有较高的教学热情，好学的态度，乐于吸取他人经验教训，学习能力较强。

②幼儿方面：中班幼儿年龄为4~5岁，能较流畅、协调地进行跑、跳、爬等基本动作。能听从教师的指令进行活动。他们对足球运动有一定的兴趣，也喜欢踢球。

③可能条件：场地、器材能满足幼儿需求；教师的教学态度认真；通过多媒体弥补教师足球素养的不足。

④存在的困难：教师欠缺相应的足球基本技术与知识。

⑤教师虽然存在足球技术与知识的不足，但通过运用多种媒体的综合教学，基本上能满足教学需要。

（2）输入评价：确认和评估游戏的可行性；确认和评估游戏策略；确认和评估实施策略的程序设计及进度。

①场地较为光滑，不容易控制球速。

②教师的基本能力有待提高。

③软垫使用的目的不清晰。

④音乐能激发幼儿的练习热情。

⑤使用情境能激发幼儿的学习激情。

（3）过程评价（从场地、器材，教师指导，幼儿表现等三个方面进行分析）。

①课前利用足球视频，激发幼儿学习动机；导入语让幼儿快速进入角色。

②游戏情境的创设基于幼儿的兴趣，但是幼儿自主活动和自由探索的时间严重不足。

③虽然新技术学习激起了幼儿好奇心，由于教师的高控，幼儿练习的积极性不高。

④小猪运果子的故事情境下缺失了幼儿之间的互动与协助。练习内容太多，反而导致技术掌握不到位。

⑤游戏空间划分不合理，未能充分利用园区现有场地与标志组织游戏。

⑥教师能较好地控制幼儿活动，但是缺乏相应的体育教学知识。尤其是对体育活动中的运动负荷不能较好地掌控，等待现象较为突出，集中说话次数太多，导致幼儿练习时间太少。幼儿练习不尽兴、不充分。设计没有遵循幼儿经验积累的规律进行。

练习脚背运球→大场地脚背运球→限制区内的脚背运球→脚背运球过软垫。

随着幼儿经验的提升，游戏难度逐渐增加。

（4）结果评价

①学习目标基本达到。幼儿基本掌握脚背运球技术，以及能运球过软垫。

②教师的指导针对性不强，游戏未能满足不同发展水平幼儿的需求。

③教学过程中，运动负荷偏低，幼儿活动不充分，幼儿活动积极性不高。

④整个游戏可以从情境性、层次性、规则性以及性别差异性等方面考虑。

建议：

①针对教师足球技术以及知识欠缺的问题，可以采用视频、图片等媒介方式介入。

②邀请专业人士进行指导。

③邀请男性家长参与。

④多观察体育活动课程的示范课，从中找出体育教学规律。

⑤所有足球课程使用统一的角色进行，如《小猪斑斑踢球记》。

三、基于CIPP的体育游戏模式与实施策略

体育游戏不仅是体育游戏理念与实践相统一的动态发展过程，也是集游戏设计、环境创设、教师实施于一体的，旨在逐渐促进幼儿体质健康的活动过程。将理论与实践结合起来，多样化与个性化结合起来，传承与创意结合起来，探索适合学龄前儿童身心发展特点的体育游戏设计模式，进而剖析有效开展体育游戏的策略已成为当务之急。

（一）基于CIPP的体育游戏模式

幼儿园体育游戏模式并非标准化的活动模式，而是一种设计与实施的导向。单一、标准、理想的体育游戏模式不具备现实性与有效性，体育游戏模式必将各具特点，因材施教，因人而异。不同阶段、不同对象、不同幼儿园的体育游戏模式也各具特点。根据CIPP中四个评价要素在体育游戏效果评估的不同组合方式和幼儿园环境、资源配置、实施过程和结果的不同组合形式，在幼儿园资源配置的前提下，提炼出基于CIPP的体育游戏模式，即强调游戏实施过程的过程导向模式、强调游戏环境的环境导向模式、强调游戏结果的结果导向模式。

1. 强调游戏实施过程的过程导向模式

强调游戏实施过程的过程导向模式以老鹰抓小鸡、丢手绢、切西瓜、水果蹲、贴人、木头人等游戏为代表。这一模式的特点是，具有一定的空间即可进行，不在乎游戏结果，强调游戏过程实施，围绕大肌肉动作发展，促进幼儿体质健康。过程导向模式中，教师选取游戏的能力是关键，游戏的内容是否适宜，技术难度是否匹配幼儿动作发展水平，等等，将直接关系到教师对幼儿运动能力，以及游戏内容本身的认识程度。如何找到幼儿的“最近发展区”，如何让幼儿体验到通过努力就能获得成功的感觉，这些都是以游戏实施过程为导向的（图13-7）。

图13-7　过程导向模式的游戏活动

2. 强调游戏环境的环境导向模式

强调游戏环境的环境导向模式以自主性游戏为代表。这一模式的特点是，在提升基于输入的游戏资源配置能力的前提下，强调基于背景的游戏环境，兼顾游戏实施过程，围绕环境的设置、材料的投放进行。在游戏过程中，幼儿可以自主地选择运动的环境、使用的材料、玩法、同伴，以幼儿动作发展为主，促进体质健康。包含环境的多元化及材料的多样化、层次化。环境的多元化体现在幼儿可以自主选择攀爬区、投掷区、草地、泥地、沙地等不同的区域；材料的多样化则表现为使用多种多样的材料进行相应的活动，例如，要发展幼儿的平衡素质，可以提供平衡板、荡桥、梯子、高跷、跳跳球、自行车等材料；层次化为环境的难度，大小不一、高低不一致的场地和材料，使幼儿能感受到挑战和冒险，不断地促进其发展，如攀爬，可由攀爬矮梯子、高梯子，向上爬、平爬、向下爬，爬堆叠的轮胎、攀爬网、爬绳等活动达到，所有游戏的生成均为环境导向的结果（图13-8）。

图13-8　环境导向模式的游戏活动

3. 强调游戏结果的结果导向模式

强调游戏结果的结果导向模式以各类竞赛型活动为代表，如系手绢接力赛、投准比赛、射门得分比赛。这一模式的特点，就是在资源匹配的基础上，强调游戏的结果，以动作技能完成的成效展现出来。比如，射门比赛，幼儿根据自己的能力选择相应的球洞进行射门，得分是比赛的结果展现方式（图13-9）。

图13-9　结果导向模式的游戏活动

（二）实施策略

游戏的实施主要包括游戏的生成、自由与规则的融合、愉悦与教育的结合方式等几个层面。

1. 游戏的生成

由游戏生成的教学是指从游戏经历中捕捉教学契机，包括游戏中即时介入、游戏后分享、延伸为预设教学活动三种形式。游戏的生成，主要是生成游戏的内容。幼儿的学习是以直接经验为基础，在游戏和日常生活中进行的，要创设丰富的教育环境。幼儿在活动过程中表现出的积极态度和良好行为倾向是终身学习与发展所必需的宝贵品质。为了尊重和保护幼儿的好奇心和学习兴趣，帮助他们逐步养成积极主动、认真专注、不怕困难、敢于探究和尝试、乐于想象和创造等学习品质，教师就需要及时地从游戏活动中观察、捕捉、提炼幼儿的兴趣点，为下一次游戏提供内容，跟随幼儿的兴趣与思维挖掘游戏内容。在此过程中，教师要注意以下三点：①帮助幼儿形成经验连续体，注重已有经验与发展可能性的连接；②敏感于教学的契机，能够通过环境判断和时机判断使游戏向教学转化；③形成平衡性互动，注意游戏与现实之间的协调。为此，教师必须具备三种能力：①准确解读幼儿游戏行为中所蕴含的发展水平；②判断课程目标与幼儿当前发展的可能性；③在支持幼儿行为意愿前提下的引导机制[1]。

2. 自由与规则的融合

蒙台梭利曾说过："规则给人自由。"游戏中的规则不是教师为了维护自身权威而提出的要求，也不是为了控制幼儿而制定的条条框框，它是整个游戏活动顺利开展的一种内在需求，是所有幼儿能够自由开展游戏的保障。在进行游戏时，首先必须明确幼儿享有哪些自由，有可选择的自由、不被打扰的自由、探索的自由、表达的自由。在此前提下，围绕着对这些权利的保障来制定相应的规则，这样幼儿才会主动去遵守，才会控制自己的行为。不论是游戏的设置、材料的投放，还是规则的制定，教师都应在游戏前后组织幼儿进行讨论，交流经验，从而建立规则，执行规则，逐步培养幼儿的规则意识和习惯。鼓励幼儿参与规则的制定，游戏规则的制定由教师和幼儿来共同完成，充分体现幼儿的主体性。只有自由和规则并存才是游戏的最好选择。给予幼儿自由的规则有很多种简单有效的方式。例如，采用游戏活动自选牌制度：每个幼儿持一张自选牌，每个游戏场地用插卡袋限制进区人数，当

---

[1] 华爱华. 探索反思超越——走向广覆盖、保基本和有质量的学前教育[J]. 幼儿教育（教育教学），2017（1.2）：5-6.

插卡袋插满后表示该区已满，不能再进入，提示幼儿考虑选择其他游戏。或先让幼儿自由选择游戏内容，当他们同时选择同一游戏时，教师要尊重幼儿，给他们自由的空间。这样不但让幼儿遵守规则，而且使其充分获得自由和权利。有了各种潜在的能被幼儿理解和接受的规则的制约，幼儿之间的交往自然变得更加轻松、友好、和谐。这一切都将对游戏的质量起到积极作用，幼儿也会对自由与规则有更进一步的理解，进而在游戏中的主动发展。

3. 愉悦与教育的结合

愉悦，即喜悦、欢快之意。愉悦与教育的结合，就是融愉悦于教育之中。在体育游戏中突出以幼儿为本，把学习知识、掌握动作技能、提高认知的过程，营造成既是学习掌握知识、技能，提升认知的过程，也是享受快乐、丰富游戏的过程，使教育成为一种愉悦的社会活动。其宗旨是用愉悦、欢快的、富有人性的教育形式和手段培育人，在人与教育内容的互动中达到学习和发展的目的，最终实现人的社会化和社会的个性化。对幼儿来说，体育游戏中的愉悦主要体现在快乐和成功两个方面，而这两个方面都是幼儿个人的情感体验，是建立在幼儿在体育游戏中的收获与体验上的。在轻松愉快的游戏环境中，幼儿的动作技能得到提升，运动水平获得提高。

附 录

附录 1

小龟爬爬

日期		年龄段	中班
内容	小龟爬爬	准备	竹梯、各种具有高度的器材
目标	1. 练习四肢着地（膝盖悬空）爬行动作，利用竹梯的难度提高动作能力 2. 锻炼四肢的肌肉力量以及身体协调性，增强自我保护意识和能力 3. 乐意参加体育活动，体验爬行带来的快乐		
活动过程	活动的导入 1. 小乌龟冬眠：利用彩虹伞制造一个50~60厘米高度的空间，利用冬眠的提问，引导幼儿自由地进到彩虹伞中寻找自己的家 2. 春天来了：小乌龟睡醒，出来伸伸懒腰、动动身体 活动的展开 1. 利用提问的方式，引导幼儿春游（自由爬行） 师：现在春天到了，你们想去干什么 2. 总结幼儿动作经验，投放竹梯，幼儿体验在梯子上的小乌龟又是如何爬行的 3. 通过幼儿的自身体验，引导幼儿动作的改进练习：手膝着地爬行→手脚着地（膝盖悬空）爬行 4. 情境练习：利用竹梯以及各种具有高度的器材设置出各种难度的春游路线，幼儿根据自己的选择进行挑战 （注：平地上的梯子、具有一定斜度的梯子、高台之间的梯子等等） 5. 幼儿自创情境，利用现有的器材设置春游情境，并进行练习 活动的结束 春游归来，幼儿伴随儿歌进行放松活动 “春游的小乌龟，回家了”——幼儿集合 “回家的小乌龟，洗一洗”——幼儿模仿洗澡动作、舒展身体 “洗完的小乌龟，躺一躺”——幼儿仰卧，就地躺下 “躺下的小乌龟，睡大觉”——幼儿模仿睡觉，闭眼放松 “睡醒的小乌龟，上学校”——幼儿离开场地		
课后小结			

说课稿

本次活动的内容主要是一个手脚着地（膝盖悬空）的爬行动作，这是一个幼儿发展身体平衡能力以及四肢力量的内容。在《指南》的健康领域中对于中班年龄（4~5岁）幼儿的平衡能力的发展，其中就提到了4~5岁幼儿的一个行为表现就是“能以匍匐、膝盖悬空等多种方式钻爬”，而5~6岁幼儿则是能在斜坡、荡桥和一定间距物体上平稳行走。作为这个阶段的幼儿，我们要考虑的是他们即将升入大班，因此，在活动的设计中，我们将更高年龄段的内容进行融合，以便幼儿能够满足个体能力以及发展水平的需求，便于在幼儿原有的基础上得到提升，用《指南》中的语言来描述就是“按照自身的速度和方式达到发展的‘阶梯’”。

春天去春游是本次活动的主要情境的设计，利用幼儿感兴趣的内容吸引幼儿。幼儿活动初期的小游戏以及自由爬行，一是让幼儿能够得到自我的肯定，即今天爬幼儿不会怕；二是为随后在竹梯上的爬行奠定动作经验，便于幼儿能够在体验竹梯时区分、改进动作。而自主地探索上下梯子如何爬，是手脚着地还是手膝着地爬。而平地爬的动作对于中班下学期的幼儿在难度上略显简单，因此，本次课设计在竹梯上爬，由于竹梯的构造以及竹梯在心理上对幼儿的影响都是对动作难度的提高，在爬的同时需要在手脚协调的基础上还要具有手眼协调、平衡感以及精神上的一定要求。

情境化的设置吸引幼儿的兴趣，提高幼儿动作练习的兴趣，以及引导其对于更高难度的挑战。而自创情境便于更好地满足幼儿的需求，让幼儿在活动中具有归属感。而幼儿今天以俯身爬行动作较多，结束环节主要利用放松活动帮助幼儿减缓动作所带来的对于身体结构上的压力，避免幼儿长时间同一动作练习对于健康体态的不利影响。

我们把美国作家佩特·哈群斯的绘本《母鸡萝丝去散步》改编为一个练习跑、跳、走的游戏，然后配上了挪威作曲家格里格的《在山妖的宫殿里》的音乐，音乐的不断重复和逐渐变快变强的情绪性质与故事情节中狐狸跟在母鸡身后，不断碰到倒霉事情的情节以及越来越紧张的气氛非常类似，幼儿在动作游戏过程中非常自然地理解并体验到了这些，并充分地享受到了动作、理解和体验的乐趣。

足球游戏大脸娃娃（中班）

一、游戏目标

练习直线运球，掌握控球方法。

二、游戏准备

音乐、五官卡纸、空白大脸足球门。

三、游戏过程

1．热身运动

今天好开心，居然有这么多足球宝宝和我们一起玩，动起来吧！

2．与足球比赛

（1）你追我赶

——今天，老师接到电话，足球宝宝想和你们一起玩个小游戏：你追我赶。游戏规则是：音乐声起，你们带着球往前跑，看谁能先到终点。

（2）再一次游戏

——刚才大家都玩得很不错，可是球宝宝不想离你们太远，怎么办?

——那我们再试一次。

3．完成大脸娃娃

——你们看，在终点线上有什么?我们该怎么把脸拼完整?

——我们分为6组，从起点出发，第一位小朋友运球到点，完成一个部位的粘贴，然后运球回去拍下一个小朋友的手，第二位小朋友出发。等所有部位粘贴完成以后，哪组先完成，哪组就获胜。

注意：来回都要运球哦，不能把球宝宝丢了。

4．结束

——小朋友们都很棒，一起做一下放松运动吧！

附录 2

身体移动

第一部分：游戏设计
一、学习目标分析 （一）幼儿分析 幼儿对大致的身体部位掌握得较为熟悉，已经能够找到对应的身体部位，同时可以控制好每一个身体部位。 幼儿在之前就有根据指令（教师口令、音乐）控制身体部位和停止身体部位的练习。他们已经基本上能够在停在原地的状态下，十分快速地停止和活动各个身体部位。因而，这次的教学是让幼儿在进行中停止自己身体的各个部位。 （二）游戏任务设计 根据幼儿的能力以及教学目标，主要在每个环节设计了以下几个任务。 1.认识冰块 任务：理解身体的停止，就是一动不动、立马停止。 2. 我是冰块 任务：（1）根据口令起止，做出相关身体部位和身体的起止。 （2）能够停止某一身体部位，根据口令做出身体的起止。 3.冰块跳舞 任务：（1）能够在音乐下动自己的身体，并及时起止。 （2）尝试停止某一身体部位，其他部位照常运动。 （三）游戏情境设计 整个活动以“结冰块”为主线，孩子们就是冰块，能够在教师的指令下结冰（停止）和融化（运动）。“冰块”是借用了孩子们能够理解的概念，让孩子们在快乐的游戏状态下练习身体的停止。 （四）游戏规则设计 （1）在大圆圈内游戏，且将自己的身体动作控制在个人空间内。 （2）根据各类指令做出对应的起止，并且注意安全。 （五）游戏音效设计 因为这个活动需要孩子们在动态下进行，营造动的感觉，因而选择的音乐较为活泼、轻快。

第二部分：教案设计
活动时间：15～20分钟 **活动目标**： 1.幼儿能立刻静止运动中的身体。 2.能跟着音乐进行练习。 **活动准备**： 音乐：不同节奏的音乐即可。 **活动过程**： 1.认识冰块 ——我们的身体是冰块：身体可神奇了，可以像冰块冻起来变得硬邦邦不能动了，也可以马上融化运动起来。 ——结了冰的身体部位还能动吗？小朋友们今天玩的游戏就叫结冰块。 2. 我是冰块 （1）移动性动作体验：让幼儿从事动态性动作，但要依据教师的命令结冰并静位不动。 ——教师示范：我的一只手结冰了，我的另一只手和一条腿结冰了。 ——游戏：教师可以让幼儿在空间内动但要告诉他们以下部位停止： 一只手； 一只脚、头； 一只脚和一双手； 两只脚、手和膝盖； 坐下和两只脚； 脚趾和手指； 一双脚、两只手和头。 （2）允许幼儿在教师“急冻”的命令下选择停止和放置的方法。 3.冰块跳舞 **活动评价**： 当教师发出停止指令时，你的身体能够马上停下来吗？为什么能或不能？ 身体的哪一个部位最难停下来？ 当身体停下来的时候，你有什么样的感觉？认同幼儿的回应，并强调可以用有趣或滑稽的动作来活动身体。 **延伸活动**： 加上音乐重复同样结构的活动，并尝试用走、跑、跳等其他不同的动作，直到教师突然停止音乐时，幼儿要立刻静止。 运用不同节奏的音乐开展同样结构的活动。

第三部分：幼儿情况分析	
活动名称：身体移动	活动时长：20分05秒
记录时间：2016年12月6日	
幼儿情况分析： 在整个游戏活动过程中，借用“冰块”这一概念让孩子们去体验身体的突然停止，这种停止是僵硬式的停止。孩子们在活动中，基本能够根据教师的口令快速停止，同时也可跟着音乐练习。 一、不同部位的停止 （1）停止是全身性的停止。当第一次要求孩子们冻结自己想冻结的一个身体部位时，幼儿虽然知道只停止一个身体部位，但往往会伴随着整个身体的停止。第一次指向性的口令练习时，我要求幼儿停止手时，幼儿也和之前一样停止了全身。在之后的几个练习中，我也发现幼儿停止部分身体部位都会伴随着全身的停止。 （2）口令下部分身体部位的停止。幼儿一般可以在教师的口令下，停止对应的身体部位，并且能够在移动中去有意识地控制所停止的身体部位。幼儿一般可以一次性准确停止4个及以上的身体部位。 （3）部分身体部位的停止偏好。幼儿在停止身体部位时，相对来说，比较喜欢停止脚、腿、手等身体部位，这些都是平时比较容易控制的身体部位。相对来说，肩膀、脑袋等身体部位幼儿比较容易忽视。幼儿在停止一只脚的时候，往往会采用单脚跳的方式来停止一只脚。 （4）部分身体部位的停止，其他部位的继续运动。这一点要求对于幼儿来说有一点难，虽说幼儿有意识地停止了某个身体部位，可是还是会动一点。但是在运动过程中，幼儿都会有意识地去控制停止的那个身体部位。 二、音乐下身体的停止 在整个活动过程中，幼儿可以根据教师的口令停止对应某一部位身体的运动，其他身体部位还会在行进中进行。幼儿在行进中，停止教师所说出的对应的身体部位时，他们一般都会在原地停一会儿思考停哪个部位，之后又继续行进。当音乐停止时或听到全身停止口令时，幼儿会快速停止自己的身体，有些还会有意识地回位子。	
延伸活动分析： 根据评价要求和幼儿情况，接下来的小活动将分为： （1）哪个部位最难停？ （2）在不同的动作中停止身体。 （3）在不同音乐中移动状态下的身体停止。	

空间移动

第一部分：游戏设计
一、学习目标分析 （一）幼儿分析 在幼儿的日常生活中，幼儿已经可进行各种类型的基本身体移动，包括走、跑、跳、爬等。在平时的游戏生活中，幼儿也会在无意之中用到这些身体动作。但在日常生活中，幼儿也经常出现碰撞从而受伤，这些是因他们不能很好地在空间内移动。幼儿在狭小空间内的任意移动，相对来说是十分困难的，他们还没有掌握合适的移动方法。 （二）游戏任务设计 根据幼儿的能力以及教学目标，主要在每个环节设计了以下几个任务。 （1）了解移动的基本动作，并初步尝试移动。 （2）在不同的节奏中进行各类移动，并且将自己的身体移动动作控制在个人空间内。 （3）在不同空间内，寻找合适的移动方法。 （三）游戏情境设计 由于这个游戏需要幼儿将自己的身体控制在个人空间内，不去触碰到别人，因而此次游戏我选择了“口香糖”这一关键词，让孩子们在口香糖的角色中在共存的空间内游戏。同时，在整个活动过程中，我应用了“口香糖学习跳舞（初步了解各类移动方法）—口香糖练习跳舞（跟着音乐节奏移动）—口香糖的舞林大赛（各类空间的移动）”这一条主线，让幼儿探索在空间内移动的方法。 （四）游戏规则设计 （1）在空间内，自主根据指令移动，但不可以触碰到他人。 （2）无意触碰到他人时，将被停止游戏一次。 （3）能够跟着教师的指令和音乐的起止，自主游戏。 （五）游戏音效设计 音乐主要以凳子鼓这一乐器敲打发出的各类不同的声音来配合游戏。

第二部分：教案设计
活动时间：15~20分钟 **活动目标：** 1.能进行各种移动的动作（走、跑、跳、滑步、弹跳、爬、滚）。 2.在空间里任意移动，但不可触碰到其他人。 3.狭小空间移动方法。 **活动准备：** 材料：鼓或其他乐器可以用来做快和慢的伴奏；容易移动的扶杆可以扩大或缩小空间。 音乐：《小金鱼》。 **活动过程：** 1.引发动机 ——小朋友们，幼儿园是我们大家做游戏、学本领的地方，每一个小朋友都可以在这里游戏。今天呀，我就要请小朋友们在这里玩一个口香糖的游戏。你们说，如果两块口香糖粘在一起会怎么样? ——在玩口香糖游戏的时候，你们移动时不能触碰到其他人，如果违反了，去黏别人的那块口香糖就会被粘住，粘住了以后还能动吗（在空间里像柱子一样站着不动）？也可以让幼儿自己讨论处罚条例。 2.移动动作 （1）口香糖学习跳舞。 ——口香糖会有哪些方法来动起来? 单脚跳、弹跳、滑步、爬行（介绍不同的高度水平），快速和慢速的滚、旋转、行军步、跑等。 ——集体尝试移动的动作，要求不能碰到其他小朋友。 （2）口香糖练习跳舞：用鼓声帮助口香糖们感受快与慢的速度（教师应该跟着幼儿一起跳，并且有语言上的提醒）。 一根棒子敲鼓：单脚跳。 两根棒子敲鼓：双脚跳。 鼓边缘轻弹：旋转。 当行军步时鼓可以用力击点，滑行时可以轻轻击点。 不定时以在鼓面上抓的方式让幼儿做滚的动作，当幼儿在跑时可以急促击鼓。 （3）口香糖舞林大赛。 大空间进行：如果有人触碰到其他人，先以练习为例，清楚告诫他们要遵守规则，如果有碰到其他人的要担负责任，退出游戏。结束后，对成功的幼儿要表扬他们是有礼貌、不会影响他人的口香糖。 缩小空间，重复上述动作。空间逐渐缩小到原来的一半，重复上述活动。

活动评价：
你可以如何动作而不会碰到其他人?
空间小的时候怎么做?
当你成功地结束的时候有什么样的感觉？当隐形的时候你又有什么样的感觉?
你认为规则重要吗？你会怎么修改规则?
延伸活动：
可以随时随地进行这个活动。幼儿也可以修改规则。

第三部分：幼儿情况分析	
活动名称：身体移动	活动时长：26分05秒
记录时间：2017年3月7日	

幼儿情况分析：
在整个活动过程中，幼儿已经基本掌握各种类型的移动方法，他们可以自己想出走、跑、跳、滚等较为普遍的方法，但都以站立式动作为主。同时，在移动过程中，在每一种移动方法下幼儿还会出现不同的方式。在大空间范围内，幼儿基本上不会在移动时触碰到别人；在小空间内，幼儿有几个移动的动作会触碰到别人，但基本上还是可以在独立的个人空间内完成的。

一、学习跳舞
大多数移动动作类型基本一致。在逐个认识移动动作时，我报一个动作名称，幼儿第一反应基本一致的动作包括跳、跳、旋转、跑、滚。

二、练习跳舞
1.幼儿能够在大空间内，听不同的鼓声做出正确的移动动作，并且很少会触碰到他人。绝大多数的移动动作幼儿都不会碰到他人；但是快跑和滚，这两个动作幼儿会在运动的过程中和其他人发生身体上的触碰。跑是正面性的冲撞；滚主要是脚的触碰和在翻转的那一瞬间没有注意而触碰到别人。
2.移动动作基本上会受节奏快慢的影响。幼儿在移动过程中的动作，基本上都是会受节奏快慢的影响而对应变换的快慢。但以下几个动作除了变换的快慢外，还有一些有趣的变化：
（1）跳。
单脚跳：在节奏缓慢时，幼儿跳得更不稳定，更容易触碰到别人；在节奏较快时，幼儿一般都能够稳定、快速地在空间内移动，且会避让。
弹跳：弹跳过程中，绝大多数幼儿不会听节奏跳，部分幼儿会听节奏跳。在节奏缓慢时，幼儿会跳得高一些；在音乐节奏快时，孩子们跳得高度会低一些。
助跑式跳：幼儿在跳之前会有一段习惯性的助跑，助跑后跳。

（2）滚。
滚这个动作，慢速滚时，幼儿做出的动作没有多大的区别；但是当教师要求快速滚时，有的幼儿是线式地滚（从一头一直滚到另一头），有的则是原地来回滚，并且快速滚幼儿基本上会选择左右来回滚。
根据滚的方式不同，幼儿还有以下几种滚法：侧身躺下全身绷直的轴轮式滚动；翻跟头式滚动；人蹲下利用手部助力的脚部陀螺式滚动。

三、舞林大赛
1.大空间相对于小空间来说，幼儿触碰到别人的次数较少。大多数动作，在大空间范围内，幼儿触碰到别人的概率较小空间来说要少很多；跑这个动作，幼儿在小空间范围内触碰到别人的概率反而小（可能是由于在小空间范围内，幼儿跑步的速度变慢了）。
2.幼儿基本上是用躲避的方式来避免触碰到其他人。

延伸活动分析：
根据评价要求和幼儿情况，接下来的小活动将分为：
1.小空间时，怎样不碰到其他人？
2.规则的重要性。

身体七巧板——抖动与急冻（快、中、慢）

第一部分：游戏设计

一、学习目标分析
（一）幼儿分析
在上次活动中，幼儿已经能够在音乐节奏中准确认识对应的身体部位，同时他们也开始尝试在行进中跟着音乐节奏找身体部位。在行进中找身体部位，幼儿总体都是在节奏上，但是对于个人空间的把握还是有待加强的。
此次活动，我利用音乐这个元素，让幼儿抖动或抖动自己身体部位的同时，还能够跟着音乐的起止来进行身体急冻的练习。

（二）游戏任务设计
1. 引发动机
任务：认识手摇铃，能够抖动身体各个不同部位。
2. 我们都是机器人
（1）会抖动的机器人。
任务：①能够按要求抖动不同的身体部位。
②能根据手摇铃声音的起止，急起急停自己的身体，控制身体部位。

（2）能说话的机器人。

任务：①按照自己语言节奏自主抖动不同的身体部位。

②根据音乐的起止控制自己身体的运动。

3. 机器人的舞会

任务：按照音乐节奏在个人空间内抖动自己的身体。

（三）游戏情境设计

机器人的特点主要是能够按指令做事，并且能够及时快速地做出相应的反应。“机器人”这个概念非常符合本次游戏的需要。因而，在整个游戏过程中，教师利用“机器人”这一角色来带幼儿进入游戏。幼儿始终为机器人，这机器人受手摇铃、音乐、口令等的支配，使得幼儿能够在有趣的情境中游戏。

（四）游戏规则设计

1. 能够用不同的身体部位按照节奏抖动。

2. 将自己的活动控制在个人空间内。

（五）游戏音效设计

选择节奏活泼的音乐，具有抖动感觉的音乐。

第二部分：教案设计

活动时间：15~20分钟

活动目标：

1.幼儿能做到抖动或振动不同的身体部位，并尝试跟着音乐练习。

2.体验身体急停急起的感觉。

活动准备：

音乐：手臂律动。

材料：手摇铃。

活动过程：

1. 引发动机

（1）展示手摇铃，什么样的动作可以使得手摇铃发出声音？

（2）刚才手摇铃在抖动，那我们的身体哪些部位可以做这样的动作？

2. 我们都是机器人
（1）会抖动的机器人。
①让幼儿围成一个圈，告诉幼儿：现在你们是机器人，我是可以控制机器人的指挥员，摇铃就是我的遥控器，我的铃声一响，你们就要用肩膀跟着铃声一起抖动，手摇铃声音一停就要立即静止或急冻，像机器人一样站在那里不能动了。如果动了的话就不是机器人了，也就失败了。（开始的时候他们可以先坐着或站着进行抖动、急冻、伸展与屈收的练习）
②机器人们，都很棒的，能够按照指挥员的要求抖动，现在请你们用自己喜欢的部位进行抖动来玩这个游戏。教师示范。重复2~3次，直到他们都能成功地做到为止。教师提醒他们，所有动作都要保持在他们的个人空间内。
（2）能说话的机器人。
①你们这些机器人都会用身体的不同部位来抖动了，指挥员决定要帮你们升级一下了，让你们变成能说话的机器人。这能说话的机器人，就是边抖动边说“抖、抖、抖，用我的×来抖”。重复2次。（前几次教师和幼儿一起用固定的身体部位抖动，之后幼儿自主抖动）
②提醒幼儿可以用身体的不同部位进行尝试。跟着音乐重复2次。
3. 机器人的舞会：跟着音乐练习抖动。

活动评价：
当手摇铃停止时，你的身体能够马上静止吗？
身体的哪一个部位最难抖动？
当抖动身体的时候你有什么样的感觉？教师认同他们的回应，并强调可以用有趣或滑稽的动作来活动身体。

延伸活动：
1. 加上音乐重复同样结构的活动，并尝试用摆动、踢、伸展等其他不同的动作，手摇铃或音乐突然停止时他们要立刻静止。可以选择各种不同节奏的音乐进行练习。
2. 幼儿可以尝试在行进间进行摆动、绕环等不同动作，手摇铃或音乐突然停止时他们要立刻静止。可以选择各种不同节奏的音乐进行练习。
3. 幼儿相互合作尝试进行不同的动作，加上音乐重复同样结构的活动，手摇铃或音乐突然停止时要立刻静止。

第三部分：幼儿情况分析	
活动名称：身体七巧板—— 抖动与急冻（快、中、慢）	活动时长：23分52秒
记录时间：2016年11月22日	

幼儿情况分析：
在整个游戏活动过程中，我是借用手摇铃这个媒介，让幼儿去体验抖动的感觉。在活动中，幼儿能够充分利用自己的身体表现出细细碎碎抖动的感觉。同时，幼儿都基本上可以跟着音乐在教师的提醒下进行游戏，并完全根据音乐的起止控制自己身体的急停急起。

1. 引发动机

当我提问第一个问题：怎么样可以使手摇铃发出声音时，幼儿的最直接的反应就是用手摇一摇。哪些动作可以做出抖动感觉的动作？幼儿第一反应是用手，接下来是头部、肩部、脚。

2. 我们都是机器人

（1）会抖动的机器人。

要求：根据手摇铃的起止，做出相关抖动动作的起止。

幼儿能够根据教师的指挥做出相应身体部位的抖动，并且可以根据节奏的快慢做出相应节奏的动作。在进行上半身的身体部位抖动时，幼儿往往是单个身体部位的抖动；但是下半身的身体部位抖动大多数幼儿往往会表现为全身跳动式的抖动，主要表现为双脚上下快速交叉落地，双手前后细碎却快速地摆动，其中伴随着这样的抖动，有几个幼儿还加上了脑袋的快速摇动。

幼儿能够根据手摇铃节奏的快慢，做出相应快慢的动作；同时，还能够根据手摇铃的起止做出身体动作的相应起止。在自主抖动自己身体部位时，幼儿都能够按照自己的想法抖动自己的身体部位。

（2）能说话的机器人。

要求：边说话边抖动身体部位，根据音乐起止做出相应反应。

①语言、动作：幼儿能够根据自己说的节奏抖动出对应身体部位的节奏，并且能够做出相应的起止。

②音乐、语言、动作：

第一种情况：让幼儿自主跟着音乐边说边做动作。绝大多数幼儿会出现只抖动不说语言的问题，并且很难跟上音乐的节奏。只有个别幼儿能够同时完成这三个要素，但节奏也是不对的。至于根据音乐起止，幼儿基本上能够快速做出反应并且完成。

第二种情况：让幼儿跟着教师一起做。幼儿基本上能够达到教师的要求，能够边说固定句式边做动作，但节奏感有待加强。至于根据音乐起止，幼儿基本上能够快速做出反应并且完成。

3. 机器人的舞会：跟着音乐练习抖动

幼儿能够在自己个人空间内抖动，绝大多数幼儿能够按照节奏抖动身体部位，但个别幼儿有点兴奋，没有按节奏抖动。

延伸活动分析：
根据评价要求和幼儿情况，接下来的小活动将分为： （1）不同指令的身体动作的起止。 （2）在行进间进行摆动、绕环等不同动作的起止。 （3）幼儿相互合作尝试进行不同的动作，加上音乐重复同样结构的活动，直到摇铃或音乐突然停止时要立刻静止。

第四部分：幼儿活动观察	
活动一：不同指令的身体动作的起止	记录时间：2016年11月24日
幼儿情况分析： 在这个活动中，我主要做了三种指令的比较：教师口头语言、摇铃、音乐三种急停和开始的比较。 （一）音乐准备：熟悉的音乐《库企企》，不熟悉的音乐《拥有》 在此过程中，我发现利用音乐的效果相对来说最好。在游戏的过程中，教师只需要在游戏之前，告诉幼儿“当音乐开始的时候，可以自由做动作；当音乐停止，立马停止”，幼儿差不多都会在音乐停后立即停止。 不同的音乐有不同的效果：①在这个过程中，我发现简单重复（幼儿熟悉）的音乐效果没有段落多变（幼儿相对较为陌生）的音乐效果好。幼儿对于他们熟悉且较为简单的音乐也会比较开心地做动作，但是他们做的相对比较随意，没有过多的热情度，而且会提前停止。对于陌生的音乐，幼儿就会更加兴奋地去表现音乐，同时也能够在听到音乐停后快速停止。②不同风格的音乐幼儿会有不同情绪的表达，也能够在音乐停止后立即急冻。我选取的陌生的音乐是《拥有》，相对来说还是比较优美的，幼儿会用同样风格的动作去表现，但节奏感还有待加强。③部分幼儿能够根据音乐的节奏速度，改变自己表现动作的节奏。但是，当幼儿过于兴奋的时候他们也不会去听着音乐做动作了，但是当听到音乐停止后也能够比较快速地停止。 （二）音乐中的摇铃 停止摇铃的效果相对来说没有直接停止音乐的效果好。在伴随着音乐，教师利用摇铃让幼儿们停止的话一般都要加上手势，因为手摇铃相对来说声音有些轻，很多幼儿都不能够及时地接收到这个信息，只有当部分幼儿停止后，其他幼儿看见才会跟着停下来，反应还是需要一定时间的。 （三）口头语言 在让幼儿急停的过程中，口头语的作用和手摇铃的作用差不多，但是要注意在幼儿游戏表现动作，利用动作玩音乐的时候，教师的口头语是越少越好，否则幼儿都不能够专心听音乐了。 在没有音乐陪衬的情况下，幼儿相对会特别地关注教师的语言，当听到指令后会立马停止。	

<table>
<tr><td>活动二：在行进间进行摆动、绕环等不同动作的起止</td><td>记录时间：2016年11月25日</td></tr>
<tr><td colspan="2">幼儿情况分析：
动作类型。摆动的类型：绝大多数孩子听到摆动这个词语做出的主要动作为身体整体像钟一样的整体摆动、双腿分开的摆动。同时，摆动的方向主要以左右摆动为主，前后摆动的幼儿较少。绕环的类型：转圈圈；像大象一样（一只手抓着耳朵，一只手伸出来）；躺在地上转动。
反应时间的比较：大幅度动作停止时间长度比小幅度动作所需要的时间长。幼儿在做摆动和绕环等动作时，都可以根据音乐的起止而做出相应的反应。但是相对于抖动来说，摆动和绕环等大幅度的动作的停止反应需要的时间稍微长一点。
动与静的比较：原地动作比行进动作所需的停止时间长。幼儿在游戏过程中，原地摆动和绕环所需的停止时间要比行进中摆动和绕环所需的时间长。同时，摆动的行进动作所需要的停止时间会更加长一点。</td></tr>
<tr><td>活动三：幼儿相互合作尝试进行不同的动作，加上音乐重复同样结构的活动，直到摇铃或音乐突然停止时要立刻静止</td><td>记录时间：2016年11月29日</td></tr>
<tr><td colspan="2">幼儿情况分析：
实验音乐：已经学习过的《库企企》；未学习过的《挪威舞曲》
音乐分析：两首歌的音乐结构相对来说较为简单，《库企企》分为两个部分。但是，就其结构下的其他方面来说，《库企企》的节奏和旋律都要比《拥有》简单。与此同时，音乐的长度两者差不多。但是，《库企企》相对来说要活泼一些，而《挪威舞曲》有一段相对是比较优美的风格。
实验结果分析：
1.幼儿的合作：由于幼儿的年龄较小，幼儿在第一次自己自主表演这两个音乐时，都是以单独表演为主；第二次，在教师提出要求时，幼儿的合作都是停留在面上的合作，这些合作只是幼儿一起面对面看着对方，很少会有两者动作上的配合；第三次，在教师的指导下幼儿会尝试合作表现，可是都是以单一的模仿为主。
2.音乐突然停止：无论是熟悉的音乐还是陌生的音乐，幼儿都能够及时地停止。但是，与我想象不同的是，对于熟悉的音乐反而有部分幼儿停止得慢（幼儿会继续做一两个接下来的动作）。</td></tr>
</table>